Wolfram Baentsch

Der Doppelmord an Uwe Barschel

Wolfram Baentsch

Der Doppelmord an Uwe Barschel

Die Fakten und Hintergründe

Mit 53 Fotos und Dokumenten

Herbig

Bildnachweis

Alle Abbildungen aus dem Privatarchiv des Autors und der Familie Barschel, außer: 11, 15, 17, 18, 37, 38 (dpa/picture-alliance – 11 u. 18 Wulf Pfeiffer, 15 DB Horst Pfeiffer, 17 Werner Baum); 12, 13, 14, 16 (ullstein – 12 Sven Simon, 13 Kuchharz, 14 AP, 16 dpa); 19, 20 (STERN/Picture Press); 21, 34 (AP keystone); 32, 33 (Kieler Nachrichten – 32 Helmut Beckmann, 33 Michael August); 35 (RDB/Illustré/Christian Rochat).

Besuchen Sie uns im Internet unter:
www.herbig-verlag.de

© 2006 by F. A. Herbig Verlagsbuchhandlung GmbH, München
Alle Rechte vorbehalten
Umschlaggestaltung: Wolfgang Heinzel
Umschlagbild: Privatarchiv der Familie Barschel
Herstellung und Satz: VerlagsService Dr. Helmut Neuberger
& Karl Schaumann GmbH, Heimstetten
Gesetzt aus der 10,8 Punkt Minion
Drucken und Binden: GGP Media GmbH, Pößneck
Printed in Germany
ISBN-13: 978-3-7766-2489-2
ISBN-10: 3-7766-2489-2

»Es ist leichter, eine Lüge zu glauben,
die man hundertmal gehört hat,
als eine Wahrheit,
die man noch nie gehört hat.«

Robert S. Lynd
(amerikanischer Soziologe, 1892–1970)

Inhalt

Zu diesem Buch 11
Die Gesellschaft blieb verstört zurück 13

1. Kapitel: Glanz und Elend der Ermittler 21

   Akten zu und alle Fragen offen 21
   Knüppel vom Generalstaatsanwalt 25
   Ein Schuh wird zum Reden gebracht 26
   Maulkorb für den Staatsanwalt 32
   Höchststrafe für den Chef der Fahnder 36
   Das Dogma vom Selbstmord 41
   Pfeiffer auf der Höhe des Ruhmes 46
   Die Richter Gnadenlos 49
   Lohn für die Laienspielschar 51
   Rechtsbruch in Serie 53

2. Kapitel: Barschels aufhaltsamer Aufstieg 59

   Aus »kleinen Verhältnissen«? 59
   Fast ein Liebling der Götter 61
   Stoltenbergs Erbe 68
   Warum ausgerechnet Pfeiffer? 72
   Die Aktionen des Medienreferenten 78
      I. Aktion Aids 78
      II. Aktion Steueranzeige 79
      III. Aktion Observierung 85
      IV. Sonstige Taten 88

3. Kapitel: Bündnis gegen Barschel 89

Das frühe Wissen der Opposition 89
Der Absturz – Unfall oder Attentat? 93
Der Brief der Pilotenmutter 99
Lysia und die Wanze 101
Ahrendsens Freundschaftsdienst 104
Die Dramaturgie der Bündnisgenossen 106
Lügen und lügen lassen 110
Ehrenwort und politisches Aus 113

4. Kapitel: Die unsichtbaren Mächte 119

Bonner Verlangen 119
Blaupausen oder mehr? 121
Stasi weiß alles 129
Geheimdienste in Deutschland 132
Geschenkartikel aus der Bundesrepublik 136
Der nichterklärte Wirtschaftskrieg 141
Der Killerauftrag 146

5. Kapitel: Leben ohne Politik 155

Besessen von der Macht? 155
Gran Canaria und ein geplantes Buch 157
Ein verlockendes Angebot 163
Die Notizen 166
Letzte Ankunft 170
Hoffnungs- und Lebenszeichen 175

Inhalt 9

6. Kapitel: Genfer Betriebsamkeit 181

   Der Tag danach 181
   Schlamperei oder Absicht? 185
   Eike stört den Justizbetrieb 189
   Keine Spuren von Gewalt? 192
   Hamburger Korrekturen 196
   Brandenbergers Paukenschlag 199
   Fryc und die chemischen Reaktionen 204

7. Kapitel: Auf eigene Faust 209

   Spurensuche 209
   Kurzer Prozeß 213
   Der Edelhelfer 215
   Kurz vor dem Ziel 217
   Die Ehre der Justiz 222
   stern-Stunden 226

8. Kapitel: Die Heimkehr der Affäre 233

   Wahrheit aus der Schublade 233
   Hamburgische Dramaturgie 239
   Parlamentarische Revision 245
   Mit falschen Karten am Runden Tisch 250

9. Kapitel: Ein Ende als Anfang? 259

   Spuren im Sand 259
   »Amerikanischer Entscheidungsfeldzug« 266
   Unverhoffte Offenbarung 271
   Nochmals Kalter Krieg 277
   Bekenntnisse 281

Anhang

Linguistische Analyse des »Bekennerschreibens«
vom 15. August 2005 290
Danksagung 292
Anmerkungen 294
Literaturverzeichnis 298
Abkürzungsverzeichnis 300
Zeittafel 301
Personenregister 312

Zu diesem Buch

Die Entstehung dieses Buches geht auf einen tiefsitzenden Zweifel zurück. Die gängige Version vom plötzlichen Tod des jungen CDU-Politikers Uwe Barschel im Oktober 1987 und von den vorausgegangenen Kabalen im Wahlkampf wies zu viele Ungereimtheiten auf. Seine Entstehung verdankt das Buch schließlich dem glücklichen Umstand, daß sein neugieriger Autor als erster Dokumente einsehen und auswerten durfte, die bis heute als Verschlußsache gelten. Fahndungsberichte, Ergebnisse kriminalpolizeilicher Ermittlungen, Gutachten von Sachverständigen, medizinische und chemische Obduktionsberichte, Vernehmungsprotokolle und staatsanwaltliche Schriftwechsel haben durchweg strikter Vertraulichkeit unterlegen. Die Begründung war plausibel: Nichts durfte an die Öffentlichkeit dringen, was den Fortgang der staatsanwaltlich geleiteten Ermittlungen erschweren, stören oder gefährden könnte.

Inzwischen aber sind die Gründe für die Geheimhaltung gegenstandslos geworden. Im Todesfall Uwe Barschel gibt es keine Ermittlungen mehr, die womöglich gestört werden könnten. Ironischerweise hat es sie über lange Zeitstrecken hinweg gar nicht gegeben. Ganz offiziell hat nach den Schweizer Behörden auch die in Deutschland zuständige Staatsanwaltschaft Lübeck im Jahre 1998 ihre zeitweiligen Bemühungen zur Erforschung der Wahrheit eingestellt und die Akten mit dem Zeichen 705 Js 33247/87 geschlossen.

Heute kann eine Veröffentlichung von bislang geheimen Informationen der Aufklärung des Todesfalls also nicht mehr schaden, sondern sie im Gegenteil nur befördern. Und in der Tat sind viele der unter Verschluß gehaltenen Unterlagen geeignet, endlich Licht ins Dunkel des Geschehens zu bringen und Fragen zu beantworten, die seit den turbulenten Ereignissen von 1987 unbeantwortet geblieben sind. Die Akten zeigen beispielsweise die geradezu bewundernswerten Leistungen polizeilicher Spurensuche, die wie so manche Entdeckung scharfsinniger Wissenschaftler der Geheimhaltung wegen bislang keine öffentliche Würdigung erfahren konnten. Dabei hat es sich nicht ganz vermeiden lassen, daß auch Gestalten ins Licht gerückt werden, die viel lieber im Dunkel der bislang ungeklärten Vorgänge geblieben wären.

Auf Klarheit und Wahrheit in dem obskuren Todesfall haben alle Anspruch, die damals als Zeitzeugen fassungslos eine menschliche Tragödie miterleben mußten und die in der wohl größten Politaffäre der bundesdeutschen Geschichte zugleich ihr Vertrauen in den demokratischen Rechtsstaat beschädigt sahen. Es mag aber auch sein, daß die Aufklärung dieser einen besonderen Affäre ganz allgemein Hinweise auf die Gründe für die überall und in allen Bevölkerungskreisen um sich greifende Verdrossenheit an der Politik und ihren Repräsentanten bloßlegt. Ein Grund für den schleichenden Ansehensverlust der Politiker liegt sicher in dem weitverbreiteten Eindruck, daß sie es den Wählern gegenüber bisweilen an Redlichkeit fehlen lassen. Dieses Manko kennzeichnet die Affäre von Kiel und Genf in hohem Maße; denn als politisch und publizistisch gängige Version wird den Menschen im Lande eine Version der Geschehnisse gereicht, an die niemand glaubt, der in seiner Person zwei Voraussetzungen vereint: Sachkenntnis und Unabhängigkeit.

Die jahrelangen Recherchen zu diesem Buch waren für den Autor mit Enttäuschungen verbunden. Er war in jungen Jahren selbst einmal Redakteur des Nachrichtenmagazins *Der Spiegel* und hat dem Blatt wichtige Erfahrungen zu verdanken. Er lernte dort den Wert unabhängiger Pressearbeit schätzen, konnte seine journalistischen Maßstäbe entwickeln und zum eigenen beruflichen Ethos finden. Immer auch die andere Seite zu hören und Recherchen hart, aber fair und ergebnisoffen zu führen gehörte zu den Grundsätzen der journalistischen Arbeit, die ihm Lehrmeister vom *Spiegel* vermittelt haben. – Daß sich von alledem in den vielen Beiträgen des Blattes zum Thema Barschel nichts mehr finden ließ, gehörte zu den deprimierenden Erkenntnissen bei der Arbeit an dem Thema.

Der Autor hat mit seinem Buchprojekt zu keiner Zeit das Ziel verfolgt, den ehemaligen Ministerpräsidenten von Schleswig-Holstein zu rehabilitieren oder seinen Gegenspieler zu belasten. Er war Uwe Barschel nie persönlich begegnet. Wenn sich als ein Fazit gleichwohl die Rehabilitierung des einen und die Belastung des anderen herausstellt, so nur deshalb, weil die Auswertung der Dokumente und die Aussagen der vielen befragten Zeitzeugen andere Resultate nicht zugelassen haben.

Ich wünsche mir, daß eine geneigte Leserschaft in diesem Buch das ernsthafte Bemühen um die Erhellung der Wahrheit in einem Vorgang von historischer Tragweite wiederfinden möge.

W. B.
Köln, im Juli 2006

Die Gesellschaft blieb verstört zurück

Es ist ein wohlgehütetes Geheimnis, das bis heute über dem Tod des Politikers Uwe Barschel liegt. Als Ministerpräsident von Schleswig-Holstein kurz zuvor zurückgetreten, starb er auf der Durchreise in Genf im Alter von 43 Jahren. Die Nachricht war ein Schock, wie er die Öffentlichkeit weit über das damals noch geteilte Deutschland hinaus lange nicht erschüttert hatte. Und so zeitlich fern das Geschehen von Genf inzwischen auch gerückt ist, die Rätsel um die tödliche Politik-Affäre sind ungelöst und gerade deshalb unvergessen geblieben. Sie haben bei den Menschen einen ähnlich starken Eindruck hinterlassen wie der gewaltsame Tod des 46jährigen John F. Kennedy fast anderthalb Jahrzehnte zuvor.

In Europa und in den Vereinigten Staaten wird der Fall Uwe Barschel nicht selten in einem Atemzug mit der Tragödie von Dallas genannt. Das ist merkwürdig. Denn anders als das vor Millionenpublikum verübte Attentat von 1963 trat der Tod von Genf im Oktober 1987 für keinen Zeugen sichtbar durch die Tür des Zimmers 317 im diskreten Luxushotel Beau Rivage.

Ein Unterschied ist noch augenfälliger: Der 35. Präsident der USA wurde zu Lebzeiten und mehr noch im Tode weltweit als Lichtgestalt verehrt und verklärt. Wie anders Uwe Barschel! Sein Bekanntheitsgrad hatte über das nördliche Bundesland zwischen den Meeren zunächst kaum hinausgereicht, um dann schlagartig von einer Affäre in die Höhe katapultiert zu werden, der die Medien seinen Namen gaben: Barschel-Affäre. In der Person des neunten Ministerpräsidenten von Schleswig-Holstein sah die veröffentlichte Meinung mehrheitlich bald den Drahtzieher in einem Intrigennetz, wie es skrupellose Machtpolitiker übler nicht spinnen können. Seine Unschuldsbeteuerungen klangen hoffnungslos angesichts der Massivität von Vorwürfen und der Fülle von belastenden Aussagen, Indizien und angeblich gesicherten Beweisen.

Die Affäre polarisierte wie keine andere und spaltete die Gesellschaft entlang der Trennungslinie zwischen den beiden Volksparteien. Das konservative Lager schien in Entsetzen zu erstarren und rührte keine Hand zur Verteidigung des Beschuldigten. Bewegte Empörung unterdessen auf der Gegenseite, wo schon Barschels Rücktritt vom Amt des Regierungschefs als Eingeständnis seiner schweren Schuld interpretiert wurde. Dieser Eindruck sollte sich über den Tod hinaus verfestigen. Am Nachmittag des 11. Oktober 1987, einem Sonntag, brachten die Rundfunksender aus allen Teilen der Bundesrepublik eine Falschmeldung, deren Herkunft bis heute im dunkeln geblieben ist, der Christdemokrat habe sich in der Schweiz erschossen. Etwas später lief eine Korrektur über die Sender: Der Politiker sei vollständig bekleidet leblos in der gefüllten Badewanne seines Hotelzimmers aufgefunden worden. Spuren von Gewaltanwendung gebe es nicht. Die Behörden gingen von Vergiftung durch Medikamente aus und vermuteten Selbstmord.

Lag damit definitiv das Schuldeingeständnis vor? Hatte ein Gescheiterter nach dem abrupten Ende seiner politischen Bilderbuch-Karriere angesichts plötzlicher Schande nur noch den Ausweg in den Tod gesehen? Daran glaubte keiner, der ihm nahestand. Aber es war doch die beherrschende Deutung in der Presse, die dem Toten von Genf eine vermeintlich letzte Täuschung als besonders infam ankreidete: Sollte er doch noch sein Sterben mit äußerster Raffinesse so inszeniert haben, daß viele Spuren auf Mord deuteten! – Entsprechend mitleidlos fielen die Kommentare zum Tod von Genf aus.

In der Bevölkerung war das Meinungsbild ganz anders als in den Medien. Eine Woche nach der Todesnachricht berichtete *Bild am Sonntag* von einer Umfrage des Tübinger Wickert-Instituts: Unter den 2000 befragten Deutschen äußerten 55 Prozent, der Politiker Dr. Uwe Barschel sei ermordet worden, 44 Prozent meinten, er starb von eigener Hand. Viel eindeutiger – und denkwürdig in der Abweichung vom Bundesdurchschnitt – fiel das Ergebnis in Schleswig-Holstein aus, wo man Barschel besser kannte: 71 Prozent zeigten sich von Mord überzeugt, und nur 27 Prozent vermuteten Selbstmord.

Es ist müßig, über das heutige Meinungsbild zu spekulieren. Viele junge Menschen verbinden mit den Vorgängen von damals überhaupt keine eigene Erinnerung, und bei den Älteren hat das Vergessen seinen Mantel über die Details gebreitet. Die Medien hatte das Affären-Thema wochen- und monatelang wie kein zweites beherrscht. Dabei setzten sich Darstellung und Bewertung der markt- und meinungsführenden Zeitschriften *Spiegel* und *stern* immer stärker durch. Auch die letzten Zweifel an deren gängiger Version verstummten in der Presse, als ein Parlamentarischer Untersuchungsausschuß des Kieler Landtags die Aufklärung des Wahlkampfgeschehens mit dem Ergebnis abschloß, die Schuldvorwürfe gegen den ehemaligen Ministerpräsidenten, wie sie insbesondere der

Spiegel erhob, seien allesamt begründet. Kein anderer als Uwe Barschel sollte die heimlichen Aktionen geplant und angeordnet haben, die von seinem nun geständigen Medienreferenten Reiner Pfeiffer sodann gegen den Spitzenkandidaten der Opposition Björn Engholm ins Werk gesetzt wurden.

Wie die zweite Halbkugel einer runden Wahrheit schien sich an die Kieler Untaten mit dem Tod in Genf schlüssig das Schuldeingeständnis zu fügen. Selbstmord, nichts anderes kam für die Meinungsführer in Betracht. Und das aus den zwei Hälften gefügte Konstrukt erwies sich als ungemein stabil. Nur dies schien die plausible Lösung des Falles zu sein, die für die meisten Beteiligten auch die bequemste war. Was immer die Witwe, die Geschwister Barschel und ihr unermüdlicher Anwalt an Argumenten gegen die Schuld- und Selbstmord-Version auch vorbrachten, sie stießen auf Ablehnung und Unglauben, falls sie sich in den Medien überhaupt einmal Gehör verschaffen konnten.

In der Folgezeit sprachen die Gerichte dem sogenannten Kronzeugen Pfeiffer, dem einzigen originären Beschuldiger Barschels, in mehreren Verfahren jegliche Glaubwürdigkeit ab. Aber die Presse nahm nur am Rande Notiz davon. Sogar die sensationellen Enthüllungen in der »Schubladenaffäre«, die eine komplette Neubewertung der Wahlkampf-Ereignisse notwendig gemacht hätten, waren für den Medien-Mainstream kein Grund, den Fall wieder aufzurollen. Ein zweiter Untersuchungsausschuß der Kieler Parlamentarier stellte die Ergebnisse des ersten Ausschusses regelrecht auf den Kopf. Kaum einer der alten Schuldvorwürfe gegen Barschel hatte danach noch Bestand. Statt dessen wurden die vermeintlichen Opfer der Intrigen, Barschels Wahlkampfgegner Björn Engholm und seine Leute, nun einer Kette von Falschaussagen überführt. Ihre frühen Kontakte zu Pfeiffer kamen ans Licht und ihr Wissen um dessen nur scheinbar gegen Engholm gerichteten Aktionen. Die sollte Pfeiffer im Wahlkampf »mit gebremstem Schaum« fortführen, hatte ihn ein Engholm-Vertrauter sogar ausdrücklich ermuntert. In wessen Interesse also war dieser Medienreferent tätig, in dem Barschels oder in Engholms und der SPD Interesse? Die Frage schien mit allerletzter Klarheit beantwortet, als herauskam, daß Engholms bester Freund, der SPD-Landesvorsitzende Günther Jansen, Pfeiffer nach der Wahl heimlich zweimal 25 000 Mark hatte zukommen lassen.

Aber seltsam milde werteten die gestrengen Barschel-Richter in den Redaktionsstuben nun die Verfehlungen der Genossen. Der Geldspender trat zwar zurück, und auch Engholm gab seine Ämter auf: als Ministerpräsident, als Vorsitzender der Bundespartei und als Kanzlerkandidat der SPD, der 1994 eigentlich antreten sollte, um Helmut Kohl zu besiegen. Mit soviel Rücktritt, so sahen es die freundlichen Kommentatoren, seien die Verfehlungen Engholms und seiner Getreuen nun aber schon fast im Übermaß gesühnt. Für weit schlimmere Vergehen hätten andere früher viel weniger bezahlen müssen; mit dem kompletten Rückzug aus der Politik sei der sensible Lübecker Engholm schon entschieden zu weit gegangen.

Bis heute hat sich an der alten Rollenverteilung wenig geändert. In die Geschichtsbücher soll die Kieler Affäre nach dem Willen der Deutungsmächtigen mit Uwe Barschel als dem Urheber der Intrigen eingehen und mit Engholm als dem Opfer. Mitsamt dem Tod von Genf wird das Geschehen überdies als ein für allemal geklärt betrachtet und nur noch für zeitgeschichtliche Rückblenden als Konserve aus den Archiven geholt; Merkposten ohne Neuigkeitswert. Aus Jubiläumsanlässen taucht dann regelmäßig das bekannte Klischee vom hemmungslosen Karrieristen auf, der des Erfolgs wegen über Moral und Gesetz hinwegschreitet, den politischen Gegner diffamieren läßt, bis er sich nach seiner Enttarnung schließlich selbst richtet, weil ihm ein Leben ohne Amt und Macht nichts mehr bedeutet. Aus der Medienkulisse wird dem Publikum auch das Fazit souffliert: Da hat einer die Strafe bekommen, die er verdient.

Nach solchem Muster war einmal mehr der Fall Barschel parat, als der provokante FDP-Politiker Jürgen W. Möllemann mit geschlossenem Fallschirm vom Himmel fiel. »Eine bestürzende Parallele«, hieß es in ungezählten Kommentaren des Sommers 2003. Wieder ein Selbstmord, der einem Schuldeingeständnis gleichkommt, so rauschte es allerorten im Blätterwald.

Woran mag es liegen, daß ein einmal fixiertes Bild von der Person Barschels und von den Vorgängen des Jahres 1987 sich hartnäckig allen von den Fakten längst gebotenen Korrekturen widersetzt? Ausschließen darf man, daß an einer gründlichen Revision mittlerweile nicht mehr genügend allgemeines Interesse bestünde. Was immer noch unter der falschen Rubrizierung »Barschel-Affäre« in den Archiven ruht, hat die Gesellschaft aufgewühlt, heftiger als jeder andere Skandal. Die Folge ist ein bleibendes Trauma. Weil viele Fragen offengeblieben sind, hat sich ein weitverbreitetes Mißtrauen festgesetzt: in die Bereitschaft zur rückhaltlosen Aufklärung, in die Redlichkeit von Mandatsträgern und Amtsinhabern, in die Glaubwürdigkeit der Medien und letztlich in die Integrität und das Funktionieren der demokratischen Institutionen schlechthin.

Die größte politische Affäre der deutschen Nachkriegsgeschichte, so wurde das dramatische Geschehen aus dem Wahlkampf von Schleswig-Holstein schon vor dem Tod in Genf genannt. Gemeint war mit dieser Bewertung, daß Politiker nie zuvor in solche Abgründe haben blicken lassen wie der Christdemokrat Uwe Barschel, dem die berühmt-berüchtigte »Ehrenwort-Konferenz« als Gipfel seiner Skrupellosigkeit angelastet worden ist – und heute noch wird.

Wie aber ist die Affäre zu bewerten, wenn der junge Ministerpräsident damals sein Ehrenwort gar nicht gebrochen, sondern die Wahrheit gesagt hätte? Wie ist es um den Fall bestellt, wenn Barschel nicht durch Freitod aus dem Leben geschieden wäre, sondern als Opfer einer Mordtat? Was für ein Skandal würde sichtbar, wenn sich herausstellte, daß die Ermittlungen über weite Strecken nicht die Aufklärung zum Ziel gehabt hätten, sondern im Gegenteil die Verschleierung des Todesgeschehens und seiner Wahlkampf-Vorgeschichte? – Das wäre dann ganz sicher ein noch größerer Skandal, der in noch tiefere Abgründe blicken ließe.

Die Angst vor der brisanten Wahrheit läßt die unterschiedlichsten Akteure bis heute verbissen ihre politischen oder publizistischen Stellungen verteidigen, so unhaltbar sie mittlerweile auch geworden sein mögen. Angst scheint im übrigen auch die politischen Kontrahenten in einer großen Koalition des Schweigens zu vereinigen. Wo in den Landtagswahlkämpfen auch der späteren Jahre die Debatte über die offenen Fragen zum Fall Barschel dem dringenden Informationsbedarf in weiten Teilen der Bevölkerung entsprochen hätte, blieb geflissentlich jeglicher Hinweis auf diese unbewältigte Vergangenheit ausgespart.

Für die SPD ist die Tabuisierung der Wahlkampfereignisse, genannt Kieler Affäre, noch am einfachsten nachvollziehbar. Sie hatte auf den Trümmern der christdemokratischen Parteimoral als vermeintlich blütenreine Alternative im Mai 1988 einen fulminanten Wahlsieg eingefahren und scheut seither begreiflicherweise das Eingeständnis, daß sie die Regierungsmacht im Lande, an deren Resten sie noch heute als Juniorpartner im Kabinett Carstensen festhält, womöglich nur einer Täuschung der Wähler verdankt. – Aber warum zieht die CDU aus dieser Lage nicht ihren Vorteil? Zu den Auffälligkeiten gehört im Verhalten der Partei, die Uwe Barschel auch bundespolitisch einmal als großen Hoffnungsträger gehandelt hat, daß sie seit seinem Rücktritt nichts tat, um auch nur den offenkundigen Lügen und Diffamierungen zu begegnen, die ihn über den Tod hinaus verfolgen. Keine der Parteigrößen hat je ernsthaft den Versuch einer Rehabilitierung unternommen, auch nicht, als dafür viele gute Argumente zur Hand waren. Was mag Uwe Barschel in den Augen der Parteifreunde wirklich verbrochen haben, da er doch in allen früheren Punkten der Anklage post mortem längst freigesprochen ist?

In eigener Entscheidung hatte der gerade noch knapp im Amt bestätigte Ministerpräsident Barschel Ende September 1987 seinen Rücktritt erklärt. Er tat den Schritt gegen die geradezu flehentliche Bitte aller maßgeblichen Funktionsträger sowohl der Landes- wie der Bundespartei CDU. Alle bestürmten ihn, im Amt zu bleiben und seine Verteidigung gegen die Anschuldigungen Pfeiffers und des *Spiegel* aus solcher Position der Stärke heraus zu führen. Und selbstverständlich hatten dabei alle ihre eigenen Besitzstände im Sinn. Barschel aber blieb bei seiner Rücktrittsentscheidung. Er übernahm keineswegs die Schuld, wohl aber die politische Verantwortung für die Aktionen, die sein Zeitangestellter aus der Staatskanzlei heraus gegen die Opposition unternommen hatte – ohne seine Kenntnis, wie er mit seinem Ehrenwort versicherte.

Von der Stunde des Rücktritts an mußte er erfahren, wie die politische Klasse mit einem Abtrünnigen verfährt. Er wurde von sämtlichen politischen Weggefährten fallengelassen und von nicht wenigen verleumdet. Aber war es denkbar, daß sich politische Gegnerschaft – sei es in der eigenen oder der oppositionellen Partei – bis zum Plan und der Realisierung seiner physischen Vernichtung steigerte? Oder gab es Mächtigere als die in der Bundesrepublik Regierenden, in deren Händen die Entscheidung über Leben und Tod lag?

Mit dem Tode bedroht zu sein war keine neue Erfahrung für Uwe Barschel. Schon als Innenminister hatte er zu Anfang der 1980er Jahre mehrfach Morddrohungen erhalten und frühzeitig sein Testament gemacht. Seit damals wußte er, daß er auf der Todesliste der »Rote Armee Fraktion«, der RAF, weit oben stand. Für seine Feinde gab es triftige Gründe, ihn auszuschalten: sein Wissen um Machenschaften, die der Politbetrieb sorgsam vor der Öffentlichkeit abzuschirmen bestrebt war. Um seine Ehre wiederherzustellen, war Barschel tatsächlich entschlossen, aufzudecken, was er um dunkle Waffengeschäfte und um die eigentlichen Hintergründe der Kieler Affäre wußte. Den Beginn wollte er mit seiner Aussage vor dem Parlamentarischen Untersuchungsausschuß machen. Außerdem wollte er ein Buch zum Thema politische Kultur und Unkultur schreiben.

Für seine ehemaligen politischen Freunde, für seine politischen Gegner und für seine Todfeinde starb Uwe Barschel gerade noch rechtzeitig, bevor ihm die Weltpresse einen Tag später bei seiner Aussage im Kieler

Landeshaus jedes einzelne Wort von den Lippen hätte ablesen können. Aber auch der Ort, an dem er starb, hätte für eine Mordtat und ihre anschließende Vertuschung günstiger kaum gewählt werden können.

Viel Zeit ist seither vergangen. Aber auf Dauer läßt sich die Wahrheit nicht unterdrücken – auch die um den Tod des Politikers nicht. Die Affäre mit Kiel und Genf als den Schauplätzen der Handlung ist auch zwanzig Jahre nach den Ereignissen noch keineswegs abgeschlossen.

1. Kapitel: Glanz und Elend der Ermittler

Akten zu und alle Fragen offen

Im Juni des Jahres 1998 klappt die Staatsanwaltschaft Lübeck die Akte Barschel zu. Zeitweilig bis zwölf Kopf stark, hat sich die »Ermittlungsgruppe Genf«, kurz EG Genf oder Soko Genf genannt, dreieinhalb Jahre lang an dem Fall abgearbeitet – und ihn doch nicht gelöst. Das »Ermittlungsverfahren gegen Unbekannt wegen Verdachts des Mordes an Dr. Dr. Uwe Barschel« bleibt ohne Ergebnis: Der oder die Mörder sind nicht gefaßt, nicht einmal das Mordmotiv ist geklärt. »Nach wie vor liegen zureichende tatsächliche Anhaltspunkte für ein Kapitalverbrechen vor«, heißt es im Einstellungsbeschluß, der keine Spekulation ausschließt, indem er fortfährt: »Daneben bleibt die Möglichkeit offen, daß es sich um Selbsttötung handeln kann.«

»Sichere Erkenntnisse für die eine oder andere Version gibt es nicht«, schreibt der Leitende Oberstaatsanwalt Heinrich Wille in dem 250 Schreibmaschinenseiten umfassenden »Gesamtbericht«, dem Schlußdokument in einem Kriminalfall, der an öffentlichem Aufsehen und politischer Bedeutsamkeit fast alles übertrifft, was Staatsanwälten in ihrem Berufsleben sonst so widerfährt. Willes Bericht belegt seinen Fleiß und den seiner Beamten. Er zeigt, wieviel Zähigkeit und Scharfsinn Ermittler brauchen, aber auch welches Maß an Leidensfähigkeit: um Hindernisse zu überwinden, vor denen sich immer neue auftürmen; um Spuren zu deuten, die schließlich im Nichts enden; um Falschaussagen zu durchschauen, hinter denen kein Motiv sichtbar wird; um Information von gezielter Desinformation zu unterscheiden, ohne jede Aussicht, die Irreführer dingfest zu machen.

Mehr als 300 Zeugen hat die EG Genf vernommen, Dutzende von Sachverständigen angehört, wissenschaftliche Gutachten in Auftrag gegeben. Aber je höher sich die Akten türmen, desto diffuser wird das Spurenbild. Normalerweise, so die Staatsanwälte, sei es gerade umgekehrt.

»Alles menschenmögliche ist geschehen, weitere Ermittlungen sind sinnlos.« Das ist in einem Satz die Botschaft, die der Lübecker Bericht transportieren soll. So versichert es auch der Leitende Oberstaatsanwalt, als er, flankiert von seinen Vorgesetzten, dem Generalstaatsanwalt und dem Justizminister, vor die Presse tritt. Über das Land zwischen den Meeren hinaus soll die Öffentlichkeit überzeugt werden, daß die Justiz mit der Politik im Rücken zum Todesfall Barschel bis an die Grenze zur Erschöpfung gearbeitet und zur Wahrheitsfindung alles in ihren Kräften Stehende getan hat.

Die Zeitungen schreiben wenig mehr als in der vorbereiteten Presseerklärung steht. Da ist die Rede von Privatdetektiven, einem früheren Staatspräsidenten, von Hotelangestellten, von Zeugen, die plötzlich tot sind, von Stasi-Mitarbeitern und Waffenhändlern, die vernommen wurden oder nicht mehr vernommen werden konnten, von Wissenschaftlern, die an Runden Tischen kein Einvernehmen über das Todesgeschehen erzielen, und von Spuren im Bad des Hotelzimmers, die nicht von dem Verstorbenen stammen können – möglicherweise aber von einem Sterbehelfer? Und dann findet sich auch die Botschaft im Text, auf die es den Verfassern ankommt: »Im Rahmen des Menschenmöglichen sollte sichergestellt werden, daß nichts versäumt wurde, was zur Aufklärung des Sachverhalts hätte beitragen können.«

Überprüfbar sind die Angaben in der Presseerklärung so wenig wie die im Gesamtbericht, den nur ein kleiner Kreis von Journalisten zu Gesicht bekam. Darin sind Hunderte von Namen unkenntlich gemacht und über Seiten hinweg als geheim eingestufte Passagen geschwärzt. Die Lektüre ist auch sonst mühsam. Die immer wieder im Sande verlaufenden Spuren frustrieren die Leser. Außerdem kann kein Außenstehender abschätzen, bis zu welchem Grade die Ermittlungen im Bericht überhaupt richtig und angemessen wiedergegeben sind. Denn die Originalakten sind bis heute unter Verschluß. Wer sie einsehen möchte, muß sich auf eine ungewöhnliche Bedingung einlassen: die Verpflichtung, vor einer Veröffentlichung das auf der Grundlage der Akteneinsicht erstellte Manuskript zur Genehmigung vorzulegen. Die Staatsanwaltschaft als Zensor?

Wenn ein berechtigtes Interesse besteht, verweigern Justizbehörden die Akteneinsicht in der Regel nur, falls dadurch ihre laufenden Ermittlungen gefährdet werden. Seit 1998 finden im Todesfall Barschel aber keine Ermittlungen mehr statt. Staatsanwaltliche Gründe für die seltsame Bedingung gibt es also nicht, wohl aber politische. Und tatsächlich sind die Hürden vor der Akteneinsicht auch keine Erfindung des Behördenchefs Heinrich Wille, sondern seiner vorgesetzten Instanz. Das ist die Generalstaatsanwaltschaft in Schleswig, die offenbar den politischen Willen vollstreckt, der bis heute zu lauten scheint: Die Aufklärung des Todesfalles von Genf ist zu verhindern.

Heribert Ostendorf war 1988 nach dem SPD-Sieg bei der Landtagswahl von seinem Kieler Lehrstuhl für Rechtswissenschaft in den Sessel des Generalstaatsanwalts in Schleswig gewechselt. In der Folgezeit scheint er sieben Jahre lang dafür gesorgt zu haben, daß Ermittlungen im Todesfall Barschel nicht stattfanden. Sie überließ er den Schweizern in Genf mit der Begründung: Bei einem Todesfall dort könne es neben der lokalen Zuständigkeit keine deutschen Ermittlungen geben. Man würde sonst die Souveränität der Eidgenossenschaft verletzen, mindestens aber Mißtrauen gegenüber der dortigen Polizei und Justiz bekunden. – Sagte Ostendorf die Wahrheit? Denn die deutsche Zuständigkeit, die gab es längst.

Verschwiegen hat der Generalstaatsanwalt, daß die Lübecker Staatsanwaltschaft auf die Todesnachricht hin sofort tätig geworden war – in Deutschland und in der Schweiz, und immer eindeutig auf dem Boden des Rechts. Unter dem Aktenzeichen 705 Js 33247/87 eröffnete der damalige Chef der Lübecker Staatsanwaltschaft, Oswald Kleiner, das »Todesermittlungsverfahren zum Nachteil von Dr. Dr. Uwe Barschel«. Einen tüchtigen jungen Staatsanwalt schickte er noch am Todestag in die französischsprachige Schweiz. Bei der zuständigen Behörde beantragte er den Abschluß eines Rechtshilfeabkommens, was die Genfer Justiz ohne viel Federlesens akzeptierte. Mit Wappen und Siegel der »Justizgewalt von Republik und Kanton Genf« heißt es in dem Dokument vom 15. Oktober 1987 überaus kooperativ: »In der Erwägung, daß im internationalen Privatrecht allgemein zugelassen wird, daß die internationale Zuständigkeit an mehreren Orten gegeben ist«, wird neben der Genfer auch die »strafprozessuale Zuständigkeit der Lübecker Justiz begründet«.

Weit entfernt, die Beteiligung der deutschen Behörden als Einmischung oder Mißtrauen zu deuten, erklären die Genfer Juristen realistisch, ohne eine solche Beteiligung sei die Ursache für den Todesfall schwerlich aufzuklären. Tatsächlich beginnt sich die grenzüberschreitende Kooperation auch schnell auszuzahlen. Der energische Lübecker Fahndungsleiter Kleiner läßt bei Hausärzten und in Kliniken Schleswig-Holsteins alle verfügbaren Krankenunterlagen des Patienten Uwe Barschel beschlagnahmen und nach Genf expedieren, um so zur Klärung von Todesgeschehen und Todesursache beizutragen. Bilateral lassen die ergebnisoffen anlaufenden Untersuchungen anfangs auch auf eine rasche Lösung des weltweit beachteten Kriminalfalls hoffen. – Aufklärung aber durfte nicht sein.

Die Justiz sollte womöglich nicht ermitteln, sondern ein erwünschtes Ergebnis liefern. Einen frühen Hinweis auf dieses politische Diktum bringt am 15. Oktober 1987 die *Baseler Zeitung (BAZ)* in einer unter Mitwirkung der Rechtsabteilung sorgsam formulierten Meldung. Da heißt es:

»Nach sehr zuverlässigen Informationen, welche die *BAZ* bekam, haben die politischen und die Justizbehörden von gewichtiger deutscher Seite und über mehrere Kanäle den Wunsch übermittelt bekommen, daß es in aller Interesse wäre, wenn man diesen Fall als Selbstmord einstufen könnte.«

Die Veröffentlichung war ein wohlkalkulierter Protest. Denn selbstverständlich kommt die Schweizer Zeitung dem Wunsch der »gewichtigen deutschen Seite« nur nach, wenn sie ihn strikt vertraulich behandelt. So aber will die Chefredaktion der *BAZ* nicht mit sich umspringen lassen. Indem sie vier Tage nach dem Auffinden des Leichnams im Hotel Beau Rivage die deutschen Sondierungen bei politischen Instanzen und Justizbehörden in der Schweiz ins Licht der Öffentlichkeit rückt, wird daraus ein knallharter Vorwurf: Schweizer Politiker und eidgenössische Gerichtsbarkeit würden von deutschen Behörden respektive Regierungsstellen unter Druck gesetzt. Sie sollten mit dazu beitragen, einen Selbstmord vorzutäuschen. Mit anderen Worten ist das die ungeheuerliche Zumutung, sich von Staats wegen an einem Mordkomplott zu beteiligen.

Nach vernünftigem Ermessen muß eine Mitteilung vom Kaliber der *BAZ*-Meldung hohe Wellen schlagen. Die Bezichtigten auf beiden Seiten, der deutschen wie der schweizerischen, können gar nicht anders, sie müssen mit einem geharnischten Dementi reagieren. Die Zeitung muß zum Abdruck einer Gegendarstellung gezwungen werden, besser noch eines Widerrufs. Denn für die Schweizer Justiz und die Regierung rührt der Vorwurf, sich von amtlicher deutscher Seite in ein Kapitalverbrechen verwickeln zu lassen, an die nationale Ehre ihrer auf Glaubwürdigkeit besonders angewiesenen direkten Demokratie. An die deutsche Adresse richtet die Meldung im Klartext den unerhörten Vorwurf, Mafia-Methoden auf internationalem Parkett zu etablieren. Unvorstellbar also, solch einen Verdacht im Raum stehen zu lassen.

Aber das Unvorstellbare wird wahr. Die Dementis bleiben aus. Die Zeitung, die zu den geachteten publizistischen Stimmen der Schweiz gehört, hat offenkundig ins Schwarze getroffen. Schon damals hätte sich die zweckgerichtet gestreute Legende vom angeblichen Selbstmord des jungen deutschen Politikers in nichts auflösen müssen. Daß dies nicht geschah, hat mit einem denkwürdigen Umstand zu tun: Obwohl es in den Tagen ihres Erscheinens kein vergleichbar brisantes Thema gab, wurde die *BAZ* nirgends und von niemandem zitiert. Obwohl alle Sender, Zeit-

schriften und Zeitungen fortlaufend über alle möglichen Details berichteten und die BAZ-Information zum Sensationellsten des Falles gehörte, blieb die gesamte Medienlandschaft zu den Vorwürfen stumm.
Lag es also tatsächlich, wie die deutsche der Schweizer Seite signalisiert hatte, »in aller Interesse«, wenn man diesen Fall als Selbstmord einstufte?

Knüppel vom Generalstaatsanwalt

Die Legende vom Selbstmord war eine politische Erfindung. Und bis heute ist das Bemühen, sie über Jahre und Jahrzehnte am Leben zu halten und gegen bessere Einsicht zu verteidigen, politisch motiviert. Über den Abschluß der Lübecker Ermittlungen hinaus wird ein Rest der Selbstmordthese der Öffentlichkeit als eine wenn auch vage Möglichkeit des Geschehens im Hotel Beau Rivage verabreicht. – Die kriminalistischen Erkenntnisse zu den Todesumständen in der Nacht vom 10. auf den 11. Oktober 1987 sind über die Suizid-Version allerdings längst hinweggegangen.

Wohl oder übel mußte sich der Leitende Oberstaatsanwalt Heinrich Wille mit der politisch verordneten Sprachregelung arrangieren. Aber abgesehen davon, daß der Formelkompromiß ihm den Burgfrieden mit den Politikern sichert, hatte der Chef der Fahnder wenig Grund, sich darüber zu freuen. Der Jahrhundertfall hätte sein stolzes Lebenswerk werden können. Und Wille ist überzeugt, daß er mit seiner Truppe in der Lage war, die ganze Wahrheit – über den Mord an Uwe Barschel – herauszufinden: »Ohne die ständigen politischen Widerstände hätten wir den Fall gelöst«, sagte er dem Autor leise, aber sehr bestimmt.

Politische Widerstände? Der Spitzenbeamte ist nicht darauf erpicht, sich um Kopf und Kragen zu reden – und womöglich auch noch um die nicht mehr allzu ferne Pension. Aber für offene Worte ist der undogmatische Sozialdemokrat Heinrich Wille schon immer gut gewesen. Blankes Entsetzen löste er beispielsweise in der rot-grünen Koalition aus, als er die Unterbringung jugendlicher Straftäter in geschlossenen Heimen forderte. Mit Heribert Ostendorf, dem Generalstaatsanwalt in Schleswig, hat er hinter verschlossenen Türen und auch lautstark über die Presse regelmäßig Krach gekriegt. Mit schikanöser Häufigkeit forderte Ostendorf in Lübeck Zwischenberichte an. Vertrauliche Details der Ermittlungen ließ er dann mitunter an ihm ergebene Journalisten durchsickern. In die Gazetten gelangten so Attacken, die den Absender Ostendorf erkennen ließen, zum Beispiel diese: »Muß der Lübecker Ermittler Heinrich Wille abgelöst werden, weil er sich in wilde Mordtheorien verrannt hat?«

Der Attackierte sah nicht nur sich, sondern auch seine Arbeit massiv gefährdet, wenn die Namen von Zeugen und Details ihrer Aussagen auf den Markt getragen wurden. Wer würde sich nach solchem Bruch der Vertraulichkeit noch als Informant zur Verfügung (und an den Pranger) stellen? Der Generalstaatsanwalt, der die Ermittlungen sieben Jahre lang total blockiert und in der Folgezeit mit Schikanen und Mißtrauen begleitet hatte, wollte am liebsten ganz schnell wieder Schluß machen mit der Aufklärungsarbeit. Einen mißmutigen Staatsanwalt aus Schleswig setzte er Wille als Aufpasser an die Seite, und einmal entzog er ihm sogar die Zuständigkeit. Nach energischen Protesten durch den Anwalt der Familie Barschel ruderte Ostendorf zurück und nahm schließlich entnervt seinen Hut. Sein Nachfolger ließ in scheinbarer Großzügigkeit noch ein paar Monate weiterermitteln.

Für Wille waren »die Knüppel, die uns von der Generalstaatsanwaltschaft zwischen die Beine geworfen« wurden, aber nur ein Teil der politischen Widerstände. Wie der als Dezernent zuständige Oberstaatsanwalt Sönke Sela und der junge Staatsanwalt Bernd Kruse hat er immer wieder die Erfahrung machen müssen, daß ihnen auch oberste Bundesbehörden jegliche Kooperation verweigerten. Namentlich Bundesnachrichtendienst (BND), Bundesamt für Verfassungsschutz (BfV) und Bundeskriminalamt (BKA) erschwerten sogar systematisch die Arbeit. Gezielt und wirksam torpedierten sie Ermittlungen durch Falschinformationen, Einschüchterungen und Drohungen. Die Staatsanwälte über ihre leidvollen Erfahrungen mit den obersten Polizei- und Geheimdiensten: »Zeugen, die bei uns geladen waren, hatten zwei Tage vorher immer schon Besuch gehabt. Kein Wunder, daß sie uns nichts mehr sagten.«

Ein Schuh wird zum Reden gebracht

Spätestens seit dem Frühjahr 1997 lagen der Staatsanwaltschaft Lübeck klare Beweise vor, daß Uwe Barschel nicht von eigener Hand gestorben sein konnte, sondern einem Gewaltverbrechen zum Opfer gefallen ist. Diese Beweise haben die Staatsanwälte fast ein Jahrzehnt nach dem Genfer Ereignis selbst erarbeitet, zusammen mit den polizeilichen Helfern in ihrer »EG Genf« und mit dem Landeskriminalamt in Kiel. Die Ergebnisse dieser brillanten kriminalistischen Arbeit sind dokumentiert in ihrem

»Bericht zum Verfahrensstand in dem Ermittlungsverfahren gegen Unbekannt wegen Verdachts des Mordes an Dr. Dr. Uwe Barschel«, datiert Lübeck, 14. März 1997. Dieses Zeugnis polizeilich wie staatsanwaltlich bester deutscher Wertarbeit hat die Öffentlichkeit nie zu Gesicht bekommen. Abgesandt wurde der Bericht an die Generalstaatsanwaltschaft in Schleswig. Es ist einer der Zwischenberichte, mit denen sich Heribert Ostendorf (und durch ihn das Kieler Justizministerium) immer wieder ins Bild setzen ließ. Aber was darin steht, hat den politischen Aufsehern nicht gefallen – und zwar gerade wegen der fachlichen Qualität.

Der Tatort muß zum Reden gebracht werden, lautet ein grundlegender Lehrsatz der Kriminologie, der besonders wichtig ist, wenn es keine Augenzeugen gibt. Die stummen Zeugen zum Reden zu bringen, das gelingt um so besser, je frischer der Ort des Geschehens von den Ermittlern gesichert und abgearbeitet werden kann: Alle Spuren sind zu registrieren und zu dokumentieren, damit Abläufe und Tatumstände zeitnah ausgewertet werden können. Im Genfer Hotel Beau Rivage waren die Voraussetzungen für eine ergiebige Tatortanalyse allerdings denkbar schlecht.

Schon der Genfer Erkennungsdienst, der am Sonntag, dem 11. Oktober 1987, nachmittags gegen 15 Uhr die Arbeit aufnahm, stieß sofort auf Schwierigkeiten. Wie sich rasch herausstellte, war der Tatort vorher schon verändert worden. Ein Reporter der Hamburger Zeitschrift *stern*, Sebastian Knauer mit Namen, war in das Zimmer 317 eingedrungen und hatte sich mehr als anderthalb Stunden dort zu schaffen gemacht. Knauer hatte von Barschels Apparat aus telefoniert und Notizen an sich genommen. In der Badewanne fand er den im Wasser liegenden regungslosen Körper. Obwohl er als Nicht-Mediziner kaum in der Lage sein konnte, zu erkennen, ob er einen bewußtlos Schlafenden oder einen Toten sah, nahm sich Knauer die Zeit, den Körper, das Badezimmer, Schlaf-/Wohnraum und Notizen zu fotografieren. Fünf Filme belichtete er dabei, und diese Beweismittel ließ er verschwinden, bevor er schließlich über die Hoteldirektion die Polizei verständigen ließ.

Zu den vorgefundenen Schwierigkeiten produzierten die Genfer Ermittler unterdessen reihenweise eigene Fehler. Dem als tatverdächtig einzustufenden Journalisten Knauer und seinem Kollegen Jörg Anders (der behauptete, lediglich vor dem Todeszimmer gewartet zu haben) nahmen sie keine Fingerabdrücke ab. Sie unterzogen die beiden nicht einmal einem richtigen Verhör. Sie durchsuchten sie auch nicht, weshalb in ihren Hosentaschen auch die unterschlagenen Beweismittel unentdeckt bleiben konnten. So ermöglichten sie den Reportern als besonderes Bubenstück auch noch, alle fünf der widerrechtlich belichteten Filmrollen in einem krimireifen Manöver auszuschmuggeln: Wie in Drogenhändlerkreisen übernahm ein vom *stern* eigens angeforderter Kurier heimlich die Filme, um sie in den Hohlräumen seiner präparierten Stiefelabsätze auf dem Luftweg aus Genf heraus, über Frankreich nach Hamburg in die Redaktionszentrale zu transportieren.

Zwei Gerichtsmediziner fanden sich am Tatort ein, um den Tod des Prominenten aus Deutschland zu protokollieren. Keiner von ihnen hielt es für nötig, die Körpertemperatur zu messen, ohne die der Todeszeitpunkt nicht festgestellt werden kann. Nicht einmal die Temperatur des Wassers in der Wanne wurde gemessen. »Lauwarm« soll das Wasser gewesen sein, heißt es in dem dürftigen Tatortbericht, für dessen Erstellung der Erkennungsdienst der Genfer Polizei dreieinhalb Monate benötigen sollte. Normalerweise muß solch ein Bericht nach einem Tag vorliegen, spätestens nach zwei Tagen.

Den Gipfel des Unvermögens erreichten die Genfer als Polizeifotografen: Von den am Tatort belichteten Filmen war angeblich nicht eine einzige Aufnahme brauchbar. Junge Kripobeamte lernen in den ersten Wochen ihrer Ausbildung, daß bei Todesermittlungen mit mindestens zwei Kameras gearbeitet und anschließend die Entwicklung der Bilder abgewartet wird, bevor der Tatort freigegeben werden darf.

Als die Lübecker Staatsanwälte und ihre polizeilichen Helfer im Jahre 1995 – über sieben Jahre nach dem Todesereignis – ihre eigene Ermittlungsarbeit endlich wieder aufnahmen, war die bis dahin erfolgte Tatortarbeit ein einziges Desaster. Was konnte da noch zu retten sein? Um so erstaunlicher bleibt, was die Soko aus Deutschland über den längst erkalteten Tatort nach den vielen verpaßten Möglichkeiten und verwischten Spuren doch noch alles herauszufinden imstande war.

Der »Bericht zum Verfahrensstand« vom 14. März 1997 rekonstruiert auf der Grundlage von später aufgenommenen Fotografien und den von Knauer aufgenommenen *stern*-Bildern die »Tatortsituation«. Auf eine präzise Beschreibung des Hotelzimmers mit allen Einrichtungsgegenständen folgt die mit gleicher Gründlichkeit protokollierte »Auffindesituation«. Dokumentiert werden die mitgebrachten Sachen, die Bekleidung des Körpers in der bis 10 cm unter dem Rand mit Wasser gefüllten Wanne. Vermerkt ist, daß an dem Oberhemd unter der gebundenen Krawatte der zweite Knopf von oben fehlt, der sich mit Ausrißresten des Hemdenstoffs auf dem Teppichboden zwischen Wohnraum und Bad wiederfand. Dort wird auch der rechte Schuh gefunden, in verschnürtem Zustand, während der linke Schuh mit offenem Schnürband im Badezimmer auf dem verschmutzten Frotteestoff des Badevorlegers liegt.

Diesen braunen Schuh zum Reden gebracht zu haben ist allein schon ein kriminalistisches Meisterstück. Die Verfärbungen auf der Badematte waren nach Genfer Vermutung Spuren von Schuhcreme. Das waren sie mitnichten, wie Untersuchungen im Kieler LKA ergaben. Es handelte sich vielmehr um Auswaschungen von Farbe aus dem inneren Schuhleder, Auswaschungen, die nicht durch Wasser, Alkohol, Äther oder sonst leicht zu beschaffenden Flüssigkeiten bewirkt worden sein konnten. Die Verfärbungen konnten nur durch ein organisches Lösungsmittel entstanden sein, etwa den Wirkstoff Dimethylsufoxid, DMSO, der die Fähigkeit hat, durch die Haut zu dringen und auf diesem Weg auch den Transport von anderen Stoffen mit zu besorgen. DMSO ist nicht frei verkäuflich. Es wird nur für berufliche Verwendungen, etwa an Tierärzte abgegeben, die damit verletzte Pferdebeine behandeln: Versetzt mit einem schmerz- und krampflösenden Medikament, sorgt DMSO dafür, daß die Heilwirkstoffe durch Fell und Haut der Tiere schnell an die Entzündungsherde gelangen.

Ein Versuch, der die erstaunliche Transportfähigkeit von DMSO belegt: Man nehme einen Spritzer Tomatenketchup, verrühre ihn mit ein paar Tropfen DMSO und tauche die Spitze des Zeigefingers hinein. Es dauert nur wenige Sekunden, bis der Geschmack des Ketchups auf der Zunge ankommt, die von der Soße doch gar nicht benetzt wurde.

Auch den Transport von Giften besorgt das Lösungsmittel, das in seiner Genfer Verwendung auch ein artverwandter Stoff gewesen sein konnte. Darauf wollten sich die Kieler Spezialisten nicht festlegen. Wohl aber erklärten sie nach einer langen Serie von Versuchen mit Bestimmtheit, daß ein Lösungsmittel der DMSO-Familie von oben über den Schuh gegossen worden war, und zwar während der Fuß noch im Schuh steckte.

Eine Leseprobe aus dem »Bericht zum Verfahrensstand« verdeutlicht die Akribie, mit der die Verfasser ihre Arbeit verrichtet haben:

»Danach ist eine Flüssigkeit auf oder/und in den linken Schuh des Dr. Dr. Uwe Barschel auf-/eingebracht worden und hat ihre Wirkung sowohl im Oberleder, als auch in den darunter liegenden Bereichen des Schuhes entfaltet. Dies führte zu Farbstoffauswaschungen aus mehreren Bereichen des Schuhmaterials, die sich in Flüssigkeitsschüben dem Badewannenvorleger mitteilten. Für die Einwirkung des hochwirksamen, flüssigen Stoffes auf den Schuh spricht ferner, daß das Sohlenmaterial desselben im Gegensatz zu dem rechten Schuh rissig und spröde ist. Die eingefärbten Sohlenränder des linken Schuhes erscheinen matter als die des rechten Schuhes. Auch die Stoffverkleidung des linken Innenschuhs ist insgesamt rötlich verfärbt und unterscheidet sich somit deutlich von dem beige-braunen Farbton der Stoffverkleidung des rechten Schuhs. Ferner wurden im Außenbereich des linken Schuhs an der Lauffläche röntgenmikroanalytisch Aluminiumflakes festgestellt, die aus der Innenbeschriftung des Schuhs herausgeschwemmt wurden und sich zuvor aus dem für die Beschriftung verwendeten Lack gelöst haben.«[1]

Die Schlußfolgerung, die der Bericht nach einem Mosaik von vielen Details allein zur Aussage des Schuhs zieht, hätte ausgereicht, der Selbstmordthese endgültig den Boden zu entziehen – wenn sie der Generalstaatsanwalt nicht der Öffentlichkeit vorenthalten hätte: »Der Geschehensablauf, der zur Verschiebung der Badematte geführt hat, deutet auf eine nicht ganz gewaltlose Einwirkung auf die Person Dr. Dr. Barschels hin. Ausgangspunkt dieser Überlegungen sind die sachverständigen Feststellungen des Landeskriminalamtes. Danach sind die Substanzen, die den Badewannenvorleger verfärbt haben, schubweise aus dem Schuh herausgeschwemmt worden. Ein solcher Geschehensablauf ist nur denkbar, wenn sich erhebliches Gewicht auf dem Schuh befunden hat, somit eine Person noch die Schuhe mit ihrem Gewicht belastet hat.«[2]

Eine Uwe Barschel nicht zuordenbare fremde Fußspur auf der Badematte wurde von den Experten zweifelsfrei identifiziert. Denselben Ursprung wie die Verfärbungen auf dieser Matte hatten die braunen Spuren auf einem weißen Hotelhandtuch, das zusammengeknüllt auf einer Ablage im Flur vor dem Badezimmer unmittelbar vor der Zimmerzugangstür lag. Ein Handabdruck ließ den Schluß zu, daß sich jemand, der im Bad mit den Schuhverfärbungen in Berührung gekommen war, daran die Finger abgewischt hat. Uwe Barschel konnte es nicht gewesen sein. Seine Hände waren sauber. Er konnte auch die vielen Gegenstände nicht beseitigt haben, die sich am Vorabend noch im Zimmer 317 befunden haben mußten: die Flasche, in der Zimmerkellner Vergori den von Uwe Barschel bestellten Rotwein brachte, den Behälter für das Lösungsmittel, die Verpackungen der Medikamente, die später in seinem Körper gefunden wurden, die aus dem Terminkalender herausgerissenen Seiten, das Plastiktütchen, in dem der Reisende seine eigenen Medikamente mitgeführt hatte u. a. m.

Indizien sind noch keine Beweise. Aber eine Kette von Indizien ist ein Beweis. Auf solche Weise verknüpft die EG Genf eine Vielzahl von Beobachtungen, die dem Genfer Erkennungsdienst größtenteils entgangen waren. Neben den Scherben eines zerbrochenen Weinglases enthielt der

Abfalleimer im Bad ein kleines Whiskyfläschchen aus der Minibar. Sein Etikett trug die Aufschrift »Jack Daniels«. In der Neige des Fläschchens hatten Genfer Analytiker einen schwach mit Alkohol versetzten Rest Wasser identifiziert. Was sie nicht fanden, blieb den Lübecker Ermittlern vorbehalten, die den winzigen Rest ein weiteres Mal untersuchten. Ergebnis: Die Flüssigkeit enthielt auch noch Spuren von Diphenhydramin – eines der vier Medikamente, die bei der Autopsie in Genf im Körper des deutschen Politikers sicher nachgewiesen werden konnten. Sollte Barschel etwa mehrere Dutzend Tabletten des Medikaments in das 5-ml-Fläschchen gezwängt, das Gemisch zu sich genommen haben, um das Fläschchen anschließend gründlich auszuspülen, bevor er sich zum Sterben in die Wanne begab? – Der Bericht macht die zynische Behauptung, daß der Politiker den Freitod als Mord maskiert haben sollte, einmal mehr zur Absurdität.

Nüchterne Klarheit kennzeichnet den »Bericht zum Verfahrensstand«, in dem gleichwohl der Stolz auf die erbrachte Leistung zwischen den Zeilen lesbar bleibt. Aber auch mit einfachen Mitteln hätten die Lübecker Staatsanwälte das Todesgeschehen von Genf klären können – wenn sie daran nicht gehindert worden wären. Sie hätten dann beispielsweise einige der Fotografien zur Veröffentlichung freigeben können, die sie bald nach der Entdeckung des Leichnams vom Gerichtsmedizinischen Institut in Genf erhielten, aufgenommen am 12. Oktober 1987, einen Tag nach Auffinden des Leichnams und unmittelbar nach der Obduktion. Die Bilder zeigen den ganzen Körper des Toten aus jeder Perspektive und im Detail alle seine Gliedmaßen, schließlich den Kopf und das Gesicht en face und im Profil.

Schon ein einziges dieser Bilddokumente reicht zum Beweis dafür, daß dem Sterben von Uwe Barschel massive Gewaltanwendung vorausgegangen war. Es ist die Aufnahme mit der gerichtlichen Registriernummer 288/87, die das Gesicht des Toten in annähernd natürlicher Größe zeigt. Die Augen sind geschlossen. Das dunkle, gewellte Haar sieht sorgsam frisiert aus. Der Kopf ist kaum merklich nach rechts geneigt. Die Züge wirken entspannt. Um den Mund scheint ein leichtes Lächeln zu liegen, was im Kontrast zu den Spuren des Leidens, die der Abgebildete noch kurz zuvor ertragen haben mußte, seltsam ergreifend wirkt.

In Farbe ist das Foto, soweit bekannt, nie veröffentlicht worden[3]. Vorgelegen aber hat das Bild einer Zeitungsredaktion, die aus grundsätzlichen Erwägungen auf die Veröffentlichung verzichtet hat. »Warum zeigen wir es nicht auf dieser Seite?«, fragt die *Genfer Zeitung* in ihrer Wochenendausgabe vom 7./8. Dezember 1991 und gibt den Lesern zur Antwort: »La Tribune de Genève s'est toujours refusée à publier des photos de cadavres pour des raisons déontologiques. Elle n'entend faire aucune exception.« – »Die *Tribune* hat sich aus berufsethischen Gründen immer geweigert, Fotos von Leichen zu veröffentlichen. Sie macht davon keine Ausnahme.« Sodann folgt allerdings die detaillierte Beschreibung der »zahlreichen Spuren von Gewalt«. In freier Übersetzung lautet die Beschreibung wie folgt:

Deutlich zu erkennen ist auf der rechten Stirnseite ein violett-rot unterlaufenes kreisrundes Hämatom mit dem Durchmesser einer größeren Münze und ausgefranster Begrenzung. Quer über der ganzen Stirn verläuft unmittelbar am Haaransatz entlang eine blutunterlaufene beulenartige Wulst, die sich auf der linken Stirnseite verbreitert. Parallel dazu auf der Stirnmitte, etwa 2,5 cm über der Nasenwurzel, ist eine strichförmige Rötung zu erkennen, ca. 3 cm lang. Seitlich neben dem linken Auge ist ein leichter Einschnitt sichtbar, der in Rötungen um das obere und untere Augenlid übergeht. Tiefer und länger ist ein weiterer Einschnitt dicht darunter am linken Wangenknochen. Die Hautpartien am rechten Wangenknochen weisen erhebliche Schwellungen und einen kurzen blutig verfärbten Einschnitt auf. Spuren von Blut finden sich auch im inneren Winkel des rechten Auges sowie unterhalb des linken Nasenlochs, ferner an der Oberlippe und rechts unterhalb des Mundes sowie in der parallel zur Unterlippe verlaufenden Kinnfalte (vgl. Abbildung 37).

Schon die Beschreibung der Fotografie in der *Tribune de Genève* sollte eigentlich ausgereicht haben, die mit der Berichterstattung über den unaufgeklärten Todesfall betrauten Journalisten zu elektrisieren. Die Nachrichtenagenturen von upi über ap und afp bis dpa, so stünde zu erwarten, würden das Zeugnis der Gewalteinwirkung mit Priorität über ihre Netze jagen. Aber nichts rührte sich im Blätterwald. Schweigen, ganz so, wie bei der Meldung der *BAZ*.

Maulkorb für den Staatsanwalt

Eine Freigabe der Aufnahme und ihre Veröffentlichung in den Massenmedien wäre ein entscheidender Beitrag zur Aufklärung des Genfer Todesgeschehens gewesen. Sie hätte eine Debatte über die Verletzungsspuren anstoßen und zu dem Ergebnis führen können, daß kein Zweifel mehr an der Ermordung Uwe Barschels besteht. Aber wie beim »Bericht zum Verfahrensstand«, so hatten auch bei der aussagekräftigen Fotografie die ermittelnden Staatsanwälte nicht zu entscheiden. Das war Sache des politischen Beamten, des Herrn Generalstaatsanwalt, der den Willen seines Justizministers zu vollstrecken hat. Damit ist nicht nur ein Problem der Rechtspflege in Schleswig-Holstein angesprochen, sondern ein generelles deutsches Rechtsstaatsproblem. Denn seit Gründung der Bundesrepublik befinden sich die Staatsanwaltschaften in einem permanenten Dilemma.

Unbestritten sind die Staatsanwälte Teil der »Dritten Gewalt«. Die Judikative ergänzt im Rahmen der in Deutschland grundgesetzlich garantierten Gewaltenteilung Legislative und Exekutive. Diese Dritte Gewalt hat nach allgemeinem Demokratieverständnis unabhängig zu sein, so wie das ein jeder von den Gerichten erwarten kann. Als Teil der Justiz ist die Staatsanwaltschaft ein genauso wichtiges Organ der Rechtspflege wie das Gericht (und wie die Verteidigung). Staatsanwälte sind es, die darüber entscheiden, ob strafbare Handlungen ermittelt werden, in welchem Umfang die Ermittlungen anlaufen und unter welchem rechtlichen Aspekt sie geführt werden. Ihre Ermittlungsergebnisse und die ihrer polizeilichen Helfer unterbreiten die Staatsanwälte dann den Gerichten, denen die weitere Untersuchung und Entscheidung obliegt.

Die Herren über den ersten wichtigen Teil des Strafverfahrens sind in den Augen der Öffentlichkeit aber nicht unbedingt die leuchtenden Ritter der Gerechtigkeit. Ihr Image ist eher zwiespältig. So spielt der Staatsanwalt im landläufigen Krimi nicht ganz zufällig meist den Taktierer, einen, der die tüchtige Kommissarin mit sachfremden Einlassungen und politisch motivierten Forderungen unter Druck setzt und ihr die Arbeit unnötig schwermacht. Mit der Wirklichkeit hat das Klischee nicht immer viel zu tun. Aber es enthält doch ein Körnchen Wahrheit. Das vergleichsweise geringe Sozialprestige der Staatsanwälte ist ein Faktum, und es hat Gründe. Sie sind den Richtern gegenüber nämlich klar benachteiligt, deren Status und Unabhängigkeit im »Deutschen Richtergesetz« geregelt und garantiert wird.

Eine vergleichbare rechtliche Grundlage gibt es für die Staatsanwälte nicht. Lediglich »in Analogie« leiten sie ihren Status aus dem Richtergesetz ab und nehmen so wie die Richter beispielsweise auch das Recht in Anspruch, ihre Arbeitszeit selbst zu bestimmen. Viel mehr an vergleichbarer Freiheit und Unabhängigkeit aber gibt es auch nicht.

Rechtsgrundlage für den Beruf des Staatsanwalts ist das »Gerichtsverfassungsgesetz« (GVG), und das bestimmt in § 146: »Die Beamten der Staatsanwaltschaft haben den dienstlichen Anweisungen ihres Vorgesetzten nachzukommen.« Staatsanwälte sind also, anders als die Richter, Befehlsempfänger. Der nächste Paragraph bestimmt, wem sie zu gehorchen haben: »Aufsicht und Leitung« gegenüber den einzelnen Staatsanwälten einer Behörde steht dem Leitenden Oberstaatsanwalt zu. Der nutzt innerhalb seiner Behörde sein »internes Weisungsrecht«, wie es in der Amtssprache heißt. Und ein solches internes Weisungsrecht haben auch die Generalstaatsanwälte gegenüber den Leitenden Oberstaatsanwälten in ihrem jeweiligen Oberlandesgerichtsbezirk. Der Generalstaatsanwalt hat seinerseits den dienstlichen Anweisungen des Landesjustizministers nachzukommen, sofern der von seinem »externen Weisungsrecht« Gebrauch macht. Ein externes Weisungsrecht hat schließlich auch der Bundesjustizminister gegenüber den Bundesanwälten und dem Generalbundesanwalt.

Heikel wird es immer, wo es um Grenzfragen der Aufsicht und des Weisungsrechts geht. Nach herrschender Meinung und weithin unbestritten ist Dienstaufsicht definiert als »Kontrolle der Richtigkeit der Dienstausübung«. Das klingt plausibel, und zu den Weisungen heißt es auch ganz vernünftig weiter: »Außer im Bereich des Ermessens ist für Weisungen nur Raum, soweit die Beurteilung zweifelhaft ist.« Im Kommentar zur Strafprozeßordnung (StPO)[4] folgen nun zwei Sätze, die wohl jeder junge Staatsanwalt, gern in Stein gemeißelt, über dem Eingang seiner Behörde sehen möchte: »In keinem Fall darf sich der Weisungsberechtigte von justizfremden Zwecken, von rechts- oder sachwidrigen Erwägungen leiten lassen. Dabei ist Richtschnur, daß die Staatsanwaltschaft nur den Rechtswillen, nicht den politischen Machtwillen des Staates zu vertreten hat.«

Das Problem der deutschen Justiz besteht nun darin, daß zwischen dem rechtsstaatlichen Anspruch, den die beiden Sätze markieren, und der alltäglichen Praxis eine ziemlich große Lücke klafft.

In Nordrhein-Westfalen hat der Justizminister vor Jahr und Tag eine Untersuchung in Auftrag gegeben, in der die Unabhängigkeit der Staatsanwälte in den 16 Bundesländern zu überprüfen war. In kleiner Runde erklärte der Minister zu den Ergebnissen seiner internen Studie: »In der Hälfte der Länder gibt es gar keine Regelung, die machen, was sie wollen. Sie greifen lustig rein in die Staatsanwaltschaft. Und Sie kennen vielleicht auch Presse- und Fernsehdarstellungen, nach denen einzelne Staatsanwälte bei Justizministern antreten müssen und zusammengedonnert werden. Da gibt es andere Länder, da liegen wir an der Spitze, die machen es genau andersherum. Die haben sich Enthaltsamkeit verordnet und das auch niedergelegt. Und das haben wir in Nordrhein-Westfalen getan.«[5]

Tatsächlich ist die Praxis im Umgang mit Staatsanwälten von rechtsstaatlichem Verhalten weit entfernt. Aber nicht nur die Praxis. Auch das Amtsrecht der Staatsanwälte ist mit den Grundsätzen der Demokratie eigentlich unvereinbar. Ein Relikt aus obrigkeitsstaatlichen Zeiten ist beispielsweise die uneingeschränkte Verpflichtung zum Gehorsam, die dem einzelnen Staatsanwalt keine andere Wahl läßt, als jede Anweisung zu befolgen. Selbst wenn ihm eine Anweisung rechtswidrig erscheint, hat er keine andere Wahl. Denn: »Das Risiko des Ungehorsams bleibt dem Angewiesenen. Er hat nicht das Recht der gerichtlichen Anfechtung.« So wollen es die Dienstvorschriften.[6]

Von elementaren Individualrechten, die jedem Bürger und jedem Arbeitnehmer selbstverständlich zustehen, ist der Staatsanwalt in seiner Berufsausübung ausgeschlossen. Er kann gegen einen noch so eklatanten Fall von Vorgesetztenwillkür nicht gerichtlich vorgehen. Und er erfährt immer wieder, wie wehrlos er im Zweifel ist. Er kennt nämlich die überall geübte Methode, wonach die Weisungen und Einflußnahmen der Vorgesetzten im einzelnen Verfahren nicht Bestandteil der Ermittlungsakten werden, sondern in den »Handakten« verschwinden. Diese Handakten werden in den Behörden durchweg als Dienstgeheimnisse eingestuft. Die Folge ist: Macht ein Staatsanwalt darüber Mitteilung an Dritte, muß er strafrechtliche Konsequenzen gewärtigen. Mit dem Grundgesetz ist das alles schwerlich zu vereinbaren.

Bezeichnend für die Mißstände ist es, daß sie seit langem in Fachkreisen beklagt werden, die Kritik aber nicht an die Öffentlichkeit dringt. Als Wähler und als Rechtsuchende sollen die Menschen offenbar in der Illusion von der Unabhängigkeit der Staatsanwälte befangen bleiben. Von den Parlamenten ist das rechtsstaatliche Defizit nie aufgegriffen worden und auch von den Massenmedien nicht.

Warum nur, so fragt sich manch ein geknechteter Staatsanwalt, ist in der Sache niemals Klage vor dem Bundesverfassungsgericht in Karlsruhe erhoben worden? – Die Antwort, nach bestem Wissen und Gewissen gegeben, ist wenig erbaulich: Kein Staatsanwalt kann, wegen seiner politischen Abhängigkeit, eine solche Klage wagen, und bei denen, die die Macht dazu haben, fehlt es am politischen Willen, den Staatsanwälten mehr Unabhängigkeit zu verschaffen. Über ihre fortbestehende Abhängigkeit soll der Durchgriff der Politik in den Raum des Rechts bei Bedarf stets möglich sein. Das soll auch in Zukunft so bleiben – und unter dem Deckmantel der vermeintlich unabhängigen Justiz soll die politische Einmischung unsichtbar und wenn auch schmerzlich für den betroffenen Staatsanwalt, so doch nach außen unbemerkt erfolgen können.

Der Problemdruck wird nicht überall und ständig als besonders schmerzhaft empfunden. Viele haben sich mit dem Zustand der verordneten Unmündigkeit abgefunden. Auch muß sich manch ein altgedienter Staatsanwalt sein ganzes Berufsleben lang kein einziges Mal über illegitime Eingriffe beklagen. Wie der nordrhein-westfälische Justizminister erklärte, gibt es in der Tat Bundesländer, die sich Zurückhaltung gegenüber ihren staatlichen Ermittlern und Anklägern auferlegen (wenn auch Nordrhein-Westfalen darin nicht unbedingt die reine Tugend verkörpert). Unter den neuen Ländern gehört Sachsen-Anhalt sicherlich zu den Zurückhaltenden, während in Mecklenburg-Vorpommern der politische Durchgriff ständiger Brauch sein soll. Schleswig-Holstein ist eines der Länder, wo Staatsanwalt ganz und gar kein Traumberuf ist; denn hier hat sich die Politik qua Institution in der Justiz festgesetzt: Seit eh und je ist der Generalstaatsanwalt im nördlichsten Bundesland ein politischer Beamter. »Internes Weisungsrecht« ist für seine Eingriffsmöglichkeiten das falsche Etikett. Er vollstreckt in der Regel den politischen Willen der jeweiligen Landesregierung. – Nichts anderes tat Heribert Ostendorf lange Jahre gegenüber dem Leitenden Staatsanwalt in Lübeck.

Der politische Beamte kann vom Minister jederzeit entlassen werden, mit und ohne Angabe von Gründen. Und um solchem Schicksal zu entgehen, vertritt der Generalstaatsanwalt in aller Regel die Politik seiner Regierung. Das setzt ein höheres Maß an Opportunismus voraus, als einem ausschließlich dem Gemeinwohl und dem hohen Gut Gerechtigkeit verpflichteten Amt bekömmlich ist. Schon gar nicht wird sich der politische Beamte in der mit Abstand bedeutendsten politischen Affäre, die je ein Bundesland erlebt hat, in der Ausübung seines Amtes politischen Zweckhandelns enthalten können. – Den Maulkorb sollte jeder auf der Rechnung haben, bevor er über die Leistungen der Staatsanwälte bei der Ermittlung im Todesfall Uwe Barschel ein Urteil fällt.

Höchststrafe für den Chef der Fahnder

Die Grenzen der staatsanwaltlichen Möglichkeiten im Fall Barschel erfuhr als erster und mit aller Härte Oswald Kleiner. Der Leitende Oberstaatsanwalt war seit 1975 Chef der Lübecker Behörde und galt als der richtige Mann für die schwierigen Fälle. Über tausend vielfach politisch heikle Ermittlungsverfahren hatte er zum Erfolg geführt, als der SPD-Politiker Björn Engholm am 7. September 1987 bei ihm Anzeige erstattete. Es war der Montag, an dem der *Spiegel* die Kieler Affäre zum Medienereignis machte. »Waterkantgate: Spitzel gegen den Spitzenmann« war der Aufmacher betitelt, und im Vorspann heißt es: »An ›dirty tricks‹ im Kampf um die US-Präsidentschaft erinnern mysteriöse Vorkommnisse vor der Schleswig-Holstein-Wahl: Ein Anonymus verbreitet Details aus illegal beschafften Steuer-Akten über den SPD-Spitzenmann Engholm. Mitarbeiter eines Detektivbüros beschatteten den populären Sozialdemokraten im Auftrag geheimer Hintermänner – offenbar auf der Suche nach politischen oder privaten Seitensprüngen Engholms.«

Der Oppositionsführer im Kieler Parlament gab an, seine Privatsphäre und sein Steuergeheimnis seien verletzt worden, und klagte »gegen alle als Täter, Mittäter, Beihelfer oder Anstifter in Betracht kommenden Personen«. – Kleiner nahm die Ermittlungen auf »wegen des Verdachts der falschen Verdächtigung, des Verdachts der Verletzung von Privatgeheimnissen und wegen Verletzung des Steuergeheimnisses«.

Am Tag der Landtagswahl, dem 13. September 1987, traf die zweite Strafanzeige ein, diesmal erstattet vom Ministerpräsidenten Uwe Barschel (CDU) wegen Verleumdung und übler Nachrede, nicht gegen Unbekannt, sondern »gegen Reiner Pfeiffer u.a.«. Mit »u.a.« waren die Verantwortlichen des *Spiegel* gemeint, die in der neuen, vorab verbreiteten Nummer schweres Geschütz auffuhren: Barschels Kopf auf der Titelseite, wie er durch den Spalt zwischen zwei Glasscheiben späht, darunter die Affärenmarke »Watergate in Kiel« und in Balkenlettern die durch kein Fragezeichen relativierte Beschuldigung »Barschels schmutzige Tricks«.

In der Titelgeschichte selbst wird nun auch die Identität des Gegenspielers enthüllt, von dem es in der Vorwoche nur vage geheißen hatte: »Einem hochgestellten Informanten aus dem Kieler Regierungsapparat« hätten die Sozialdemokraten die Hinweise auf die Bespitzelung zu verdanken. Nun zeigte der *Spiegel* Reiner Pfeiffer in Bild und Text, nannte ihn »einen der engsten Vertrauten« des Regierungschefs, »Barschel-Berater, betraut mit der besonderen Aufgabe der psychologisch-publizistischen Beratung des Ministerpräsidenten«. Wiederholt und ausgeschmückt werden die Vorwürfe aus der Vorwoche diesmal der Person Barschel offen angelastet, alles immer gestützt auf Pfeiffer. Der hatte seine Anschuldigungen, wie vom *Spiegel* verlangt, mit einer vor einem Notar abgegebenen eidesstattlichen Erklärung unterlegt: Er, Pfeiffer, hätte die Aktionen gegen die Opposition zwar ausgeführt, dabei aber immer nur auf Anweisung des Ministerpräsidenten Barschel gehandelt. Bei wachsendem Widerwillen gegen dessen Praktiken würde er, Pfeiffer, sich nunmehr reumütig und im Interesse der Gerechtigkeit dem *Spiegel* und der Öffentlichkeit offenbaren.

Auf die Beschuldigungen »Detektiveinsatz« und »Steueranzeige« hatten Pfeiffer/*Spiegel* im neuen Heft noch einmal draufgesattelt: Noch am Dienstag, dem 8. September 1987, sei er von Barschel angerufen worden, der ihn beauftragt habe, »eine sogenannte Wanze oder ein anderes Abhörgerät« zu beschaffen, um es in seine Telefonanlage einzubauen und die Manipulation dem Oppositionsführer Engholm anzulasten. Pfeiffer wollte zum Schein eingewilligt, in Wirklichkeit aber nichts unternommen haben. Die ganze Sache habe ihn »angewidert«, behauptete er, und dieser letzte Auftrag hätte bei ihm »das Faß zum Überlaufen gebracht«.

Das alles stand nicht nur in der Titelgeschichte des regulär am Montag, dem 14. September, auszuliefernden Heftes. Es wurde hochkonzentriert schon am Sonnabend, dem Tag vor der Landtagswahl, unter ganz und gar ungewöhnlichen Umständen verbreitet[7]. Usus beim Hamburger Magazin war seit langem, schon am Freitag Vorabhinweise auf *Spiegel*-Geschichten an Nachrichtenagenturen und Funkhäuser zu geben. Das aber unterblieb an diesem Wochenende erst einmal – aufgestaut zugunsten einer einzigen geballten Info-Ladung. Geradeso, als wäre der Papst gestorben, unterbrach der NDR sein laufendes Unterhaltungsprogramm um 15.12 Uhr für eine Extrameldung kurz vor den aktuellen Bundesligareportagen: Der *Spiegel* würde am Montag berichten ...

Früh genug plaziert, um bis in die letzte Kate zwischen den Meeren auch wirklich jede und jeden zu erreichen, aber doch so spät, daß der attackierte Regierungschef ohne alle Chancen zur publizistischen Gegenwehr war, konnte der Sprengsatz seine ganze Wirkung entfalten. Fortan kam keine Nachrichtensendung in Rundfunk oder Fernsehen mehr aus ohne das Neueste von Pfeiffer über »Barschels schmutzige Tricks« – an jenem Samstag nicht, am Wahlsonntag nicht und nicht in den folgenden Wochen und Monaten. Die Wähler von Schleswig-Holstein sahen sich urplötzlich im Auge des Taifuns. *Der Spiegel* und NDR versicherten treuherzig, nichts hätte ihnen ferner gelegen als eine Beeinflussung der Landtagswahl.

Den Lübecker Oberstaatsanwalt Kleiner ließ der ganze Medienwirbel kalt. Er zog sechs seiner fähigsten Staatsanwälte zu einer schlagkräftigen Ermittlungsgruppe zusammen, ergänzte sie um drei erfahrene Kriminalkommissare und übernahm selbst die Leitung in den Ermittlungen der Strafanzeigen von Engholm und Barschel. Die Lübecker Fahnder tauchten zeitgleich an unterschiedlichen Orten auf, observierten Verdächtige und durchsuchten Wohnungen. Darunter auch das Quartier, wo der *Spiegel* seine sprudelnde Informationsquelle namens Pfeiffer versteckt hielt. Und die Beamten wurden fündig. Sehr schnell hatten sie den Beweis, daß Journalist Pfeiffer seine Bewerbung bei der Landesregierung auf ein gefälschtes Abiturzeugnis gestützt hatte. Eine Anklage wegen Urkundenfälschung war damit fällig.

In Pfeiffers beschlagnahmtem Terminkalender fanden die Ermittler aber noch sehr viel Brisanteres: Der Kalendereintrag »Treffen mit Nili« unter dem 16. Juli 1987 wurde zum Beweis dafür, daß Pfeiffer ein Überläufer war, der schon lange vor der Landtagswahl konspirative Kontakte zu maßgeblichen SPD-Funktionären unterhielt. »Nili« stand für Klaus Nilius, den Pressesprecher und Intimus von Engholm. Nach der sensationellen Entdeckung stellte Kleiner dem Spitzenmann der Sozialdemokraten unbequeme Fragen. Wann hatte Engholm von der heimlichen Kooperation seiner Leute mit dem Mann aus Barschels Staatskanzlei erfahren? War das wirklich erst am Wahlabend des 13. September, wie von Engholm in aller Öffentlichkeit versichert? War die Opferrolle, die ihm so gut zu Gesicht stand, in Wahrheit eine wahlwirksame Kostümierung? Was hat sein Freund, der Landesvorsitzende der SPD, bei einem heimlichen Treffen eine knappe Woche vor der Wahl mit Reiner Pfeiffer verabredet? – Das waren alles gute Fragen, wie sich später herausstellte. Aber dem Leitenden Oberstaatsanwalt brachten sie eine Menge Ärger.

Aus den Medien schlug dem Behördenchef offene Feindschaft entgegen. Parteinahme für den Ministerpräsidenten warfen ihm die Sozialdemokraten vor. Gegen Barschel sollte er endlich ein Ermittlungsverfahren eröffnen, forderten sie. Auch der Justizminister übte vernehmlich Kritik an dem vermeintlich Übereifrigen. Von der Mehrheit im neukonstituierten Untersuchungsausschuß wurden Kleiners Fahnder für jeden Ermittlungsschritt zur Rechenschaft gezogen. Der Ausschußvorsitzende warf Kleiner »einseitige Ermittlungen« zum Nachteil der SPD vor. In einem Zeitungsinterview orakelte Engholm, wie wenn er schon den Sessel des Ministerpräsidenten erklommen hätte: »Ein Austausch von Führungskräften scheint in der Lübecker Staatsanwaltschaft erforderlich zu sein. Über deren Verhalten und Funktionsfähigkeit ist bereits mit dem Justizminister gesprochen worden. Vermutlich passiert da bald etwas.«

Der Noch-Oppositionsführer (SPD) Arm in Arm mit dem Noch-Justizminister (CDU) bei der öffentlichen Demontage der Staatsanwaltschaft! Als Kleiner im Ministerium kein Signal des Vertrauens erhielt, griff er zum letzten verfügbaren Mittel: Beim Generalstaatsanwalt stellte er den Antrag auf »Durchführung disziplinarischer Vorermittlungen« gegen sich selbst. Er verlangte ein sogenanntes Reinigungsverfahren.

Als er auf die Nachricht aus Genf hin ohne Zögern das Todesermittlungsverfahren eröffnete und mit energischen Untersuchungen in der

Schweiz und in Schleswig-Holstein aktiv wurde, bekam er auch dafür Feuer aus allen Lagern. Der Justizminister Hoffmann war schon vorher zur Vorverurteilung Barschels geschritten. Dem zurückgetretenen Ministerpräsidenten, vor dem er bis vor wenigen Wochen noch die tiefsten Verbeugungen gemacht hatte, empfahl Hoffmann öffentlich, sich so zu verhalten, wie ein Ehrenmann das im alten Preußen getan hätte: zur Pistole zu greifen.

Im April 1988 sprach der Vorsitzende Richter am Oberlandesgericht in Schleswig den Lübecker Ermittler von jedem Verdacht frei, seine Pflichten nicht ernstgenommen oder sein Amt parteiisch ausgeübt zu haben. Der Erweis seiner Unschuld aber war eine teure Genugtuung. Oswald Kleiner hatte die politischen Intrigen mit der Höchststrafe seiner ruinierten Gesundheit bezahlt. In monatelangen Klinikaufenthalten mußte er wegen schwerer Depressionen behandelt werden. Als er entlassen wurde, war an eine Rückkehr zu seinen Amtsgeschäften nicht mehr zu denken. Dem 58Jährigen blieb nur der vorzeitige Ruhestand.

Kleiners Nachfolger als Chef der Lübecker Staatsanwaltschaft wurde mit Joachim Böttcher der bisherige Sprecher der Behörde. Mit ihm sollten der neue Ministerpräsident Engholm und die übrigen Politiker der im Mai 1988 bestellten Regierung keinerlei Schwierigkeiten haben. Er ließ das von Kleiner mit Genf getroffene Rechtshilfeabkommen samt der vereinbarten doppelten Zuständigkeit dem Vergessen anheimfallen. Die Ermittlungstätigkeit stellte er vollständig ein und hatte trotzdem die Stirn zu behaupten, er befinde sich in voller Kontinuität mit seinem Vorgänger.

Kleiners Untersuchungsansatz war darauf gerichtet, den Tod Uwe Barschels aus seinem Leben heraus zu erklären und den für möglich gehaltenen Mord auf alle nur denkbaren Motive hin zu untersuchen. Deshalb mußte er auch den Gegenspieler und Schädiger Pfeiffer zum Objekt der Ermittlungen machen und durfte dessen Medienpartner *Spiegel* bei der Spurensuche nicht aussparen. Böttcher hingegen wollte von Bedrohungen nichts wissen, die mit Barschels Funktion, seinem Handeln und seinem Umfeld in Zusammenhang stehen könnten. Er kappte solche Verbindungen und ließ in öffentlichen Stellungnahmen nur Raum für die politisch erwünschte Version, Barschel hätte sich das Leben genommen. »Bezüglich des Todes von Barschel haben wir keine eigenen Ermittlungen geführt«, erzählt er einer Zeitung vor Ort, »das machen die Genfer. Wenn die etwas von deutschen Stellen wünschten, haben sie das im Zuge der Rechtshilfe erhalten. Das weiß ich. Wir Lübecker sind aber nie gebeten worden, haben nach dem Tod Barschels seine Krankenunterlagen hingeschickt, eine unwesentliche Zeugin vernommen und zwei Strafanzeigen bearbeitet.«

Außerdem habe man auf Genfer Wunsch die Lübecker Akten hingeschickt. Böttcher: »Aber das waren Kopien der Ermittlungsakten, die wir von dort bekommen hatten.« – Aus Lübeck grüßt Kleists Dorfrichter Adam.

Das Dogma vom Selbstmord

Warum mußte Uwe Barschel sterben? Diese entscheidende Frage wurde in Deutschland öffentlich kaum gestellt. Sehr seltsam, da doch die Suche nach den Gründen für einen Todesfall – neben der Abarbeitung des Tatorts – immer zum Kern der Ermittlungen gehört. Wenn beim Auffinden einer Leiche auch nur die geringsten Anhaltspunkte für ein Gewaltverbrechen vorliegen, ist zwingend der Frage nachzugehen, wer ein Interesse an der Beseitigung des Opfers gehabt haben könnte. Wem war er im Wege? Wer waren seine Feinde? Für wen hat der Verstorbene möglicherweise eine Gefahr bedeutet? Wer kann einen Vorteil aus seinem Sterben ziehen?

Das alles sind Fragen, die für jeden professionellen Ermittler zum Einmaleins gehören. Sie sind aber auch die unabweisbaren Fragen, die bei Personen der Zeitgeschichte im öffentlichen Interesse von den Medien zu stellen und, wo eben möglich, zu beantworten sind. Daß dies nach dem Tod von Uwe Barschel nicht geschah, hatte Gründe, und es hatte weitreichende Folgen.

Die Schwester von Uwe Barschel erhielt in ihrem Haus in Kiel am frühen Sonntag nachmittag des 11. Oktober 1987 anonym die telefonische Nachricht, ihr Bruder hätte sich in Genf erschossen. Das meldete ohne Quellenangabe um dieselbe Zeit auch Radio Schleswig-Holstein. »Der frühere Ministerpräsident hat sich nach Informationen der *Bild*-Zeitung auf dem Rückflug von seinem Urlaub in die Bundesrepublik erschossen«, lautete um 15.25 Uhr die erste dpa-Eilmeldung. Im Abstand von wenigen Minuten folgten Aktualisierungen. Um 15.32 Uhr: »Wie *Bild* nach eigenen Angaben aus der engsten Umgebung Barschels erfuhr, habe Barschel keinen Ausweg mehr gesehen.« Einen Abriß der vermeintlichen Ereignisse schließt dpa um 17.13 Uhr mit den Sätzen: »In seinem Zimmer im Hotel Beau Rivage in Genf wird Barschel erschossen in der mit Wasser gefüllten Badewanne liegend gefunden. Das Landeskriminalamt in Kiel bestätigt den Selbstmord.« – Der Anker saß damit erst einmal fest im Bewußtsein der Massen.

Kein Mensch sollte je erfahren, woher die gezielte Falschmeldung stammte. An der Erklärung Selbstmord aber war augenscheinlich nicht nur den Behörden gelegen. Sie paßte auch den Meinungsführern unter den Medien ins Konzept – so gut, daß sie nach Gründen, die vielleicht für ein Verbrechen sprachen, gar nicht erst suchten. Der *Spiegel* erklärte den Tod durch Selbstmord zur unumstößlichen Tatsache. Eine Vielzahl von Scheingründen und Indizien führte er an, vor allem aber wollte er damit die Vorwürfe bewiesen sehen, die er mit seinem Informanten Pfeiffer nun schon fünf Wochen lang gegen Barschel erhob. Selbstmord unter der Last der Schuld des Anstifters, basta – nur ob mit oder ohne Sterbehelfer, ließ das Nachrichtenmagazin noch als diskussionswürdig gelten.

In der Kieler Affäre unbestritten Meinungsführer, fand der *Spiegel* mit seinem Dogma auch noch ganz in seiner Nachbarschaft einen starken Bundesgenossen. Die Illustrierte *stern* war in der Person ihres Reporters Knauer im Todeszimmer des Genfer Hotels selbst dabeigewesen, was dem Blatt nicht nur die exklusive Erstveröffentlichung der Fotos vom Genfer Schauplatz sicherte, sondern auch eine kaum bezweifelte Autorität in der Frage, wie Barschel zu Tode gekommen war. Beide Blätter vertraten nun einvernehmlich die Ansicht, er sei durch Freitod aus dem Leben geschieden.

Das Zweckbündnis, dem sich fugenlos die *Süddeutsche Zeitung* anschloß, hat die Aufarbeitung der Doppelaffäre von Kiel und Genf entscheidend beeinflußt. Insbesondere die Rolle des *Spiegel* kann aber gar nicht hoch genug veranschlagt werden. Das »Sturmgeschütz der Demokratie«, wie sich die Hamburger Zeitschrift in frühen Jahren gern nannte, hat Teil eins der Affäre geschaffen und damit eine Menge erreicht: die Auflage und die Anzeigenumsätze gesteigert, eine Landtagswahl entschieden, einen Ministerpräsidenten zum Rücktritt veranlaßt, einen Regierungswechsel herbeigeführt, den neuen Ministerpräsidenten zu dauernder Dankbarkeit verpflichtet, die politische Landschaft umgepflügt. Leicht mag dagegen Teil zwei der Affäre wiegen: mit dem Tod eines Menschen und der Tragödie, die sein Tod und seine Diffamierung für seine Frau, seine vier Kinder, seine Mutter, seine Geschwister, den Rest der Familie und die Freunde bis heute bedeuten – von der verstörenden Wirkung auf die Öffentlichkeit ganz zu schweigen.

Kurz vor dem Geschehen in Genf sprach *Spiegel*-Gründer Rudolf Augstein beim 40jährigen Verlagsjubiläum zu seinem scheidenden Chefredakteur: »Hans, es wird dich freuen, daß wir in diesen Tagen schon wieder das haben, was zwei hochgestellte Schleswig-Holsteiner eine *Spiegel-*

Affäre nennen.« – Die zweite sollte für Augstein noch einträglicher werden als die erste *Spiegel*-Affäre, die mit der Titelgeschichte »Bedingt abwehrbereit« im Herbst 1962 das Blatt beim Zusammenprall mit der Staatsmacht erst zur Institution gemacht hatte. Der Doppelaffäre von Kiel und Genf widmeten die Augstein-Redakteure mehr Titelgeschichten als allen anderen Ereignissen vorher und nachher.

Kurz nach dem Geschehen von Genf machte im Norden das Wort eines leitenden Polizeibeamten die Runde: »Was sollen Kripo und Staatsanwaltschaft im Fall Barschel denn noch ermitteln? Der *Spiegel* hat doch schon alles recherchiert.« Die Redaktion des Hamburger Nachrichtenmagazins im Dienst der Wahrheitsfindung? Nichts macht die Täuschung über die wahre Rolle der Zeitschrift deutlicher als diese Polizei-Illusion.

Mindestens so stark wie die öffentliche Meinung hat der *Spiegel* auch die Arbeit des Parlamentarischen Untersuchungsausschusses geprägt, der nach der Wahl eingesetzt wurde, um »Planung, Duldung und Durchführung von möglicherweise rechtswidrigen Aktionen im Landtagswahlkampf« aufzuklären. Als Ministerpräsident noch im Amt, hatte Barschel selbst diese Untersuchung gegen sich und freilich auch gegen Pfeiffer energisch verlangt. Zehn vom Landtag bestellte Abgeordnete sollten zwischen Anfang Oktober 1987 und Anfang Februar 1988 Licht ins Dunkel des Wahlkampfs bringen. Er wurde »erster Parlamentarischer Untersuchungsausschuß« genannt, so als hätte es schon eine Vorahnung gegeben, daß irgendwann ein »zweiter« Ausschuß in derselben Sache erforderlich werden würde.

Der »erste« mußte nicht bei Null anfangen. In den Medien gab es täglich Neues zum damaligen Thema Nummer eins. Vor allem aber standen den Parlamentariern ja die Ermittlungsergebnisse der Lübecker Staatsanwaltschaft zur Verfügung. In kürzester Zeit hatte Kleiner mit seiner Truppe eine Fülle von Ergebnissen recherchiert, zu den Vorgängen und zu den beteiligten Personen, zumal über Pfeiffer.

Das gefälschte Zeugnis über ein Abitur, das Pfeiffer nie gemacht hatte, war ein erster Hinweis. Hinzu kam ein Register von zehn Strafverfahren, die bei der Staatsanwaltschaft Bremen gegen Pfeiffer anhängig waren – die meisten wegen Beleidigung, übler Nachrede, Verleumdung oder wegen Presseinhaltsdelikten. In einem Fall war es auch zu einer Verurteilung gekommen wegen übler Nachrede; »die übrigen Verfahren wurden wegen Geringfügigkeit, mangels Beweises und/oder Verjährung eingestellt«, heißt es in einem Bericht des Leitenden Oberstaatsanwalts Oswald Kleiner, der dem Ausschußvorsitzenden frühzeitig vorlag.

Darüber hinaus war es für den Ausschuß ein leichtes, über die einzig verbliebene Schlüsselfigur und seine Glaubwürdigkeit Erkenntnisse zu gewinnen. Daß der 1939 im westfälischen Lünen als Sohn eines Kriminaloberkommissars Geborene seinen Eltern schon als Kind eine Menge Kummer gemacht hatte, mußte der Ausschuß vielleicht nicht als relevant betrachten. Interessant war immerhin, warum er später bei Bewerbungen mit unterschiedlichen Lebensläufen hantierte. Das wurde dem Ausschuß zwar bekannt, aber von diesem nicht sonderlich zur Kenntnis genommen.

Unschwer war dem Ausschuß auch zugänglich, was sich Pfeiffer als Journalist bis dato geleistet hatte. Für den *Spiegel* hin und wieder als freier Mitarbeiter tätig, wurde er in Bremen zeitweilig sogar Chefredakteur: bei einem Blatt mit dem Titel *Weser-Report*, einer gratis verteilten Zeitung, herausgegeben von der CDU der Hansestadt. Im Streit mit dem Verlagsleiter mußte Pfeiffer seinen Schreibtisch räumen, weil er mit unbewiesenen Behauptungen und allerlei Verleumderischem sein Konto überzog. Acht Gegendarstellungen zu seinen »phantasievollen Lügengeschichten«[8] und ein zu zahlendes Schmerzensgeld von 5000 Mark, das reichte dem Verlag schließlich.

Der Gekündigte schlug sich erst einmal als Eisverkäufer und Grabredner durch, bevor er den Ghostwriter für einen ihm befreundeten Hochstapler machte: Der Bremer Briefträger Gert Postel hatte sich als Mediziner ausgegeben und inkognito ein paar Wochen lang in Flensburg praktiziert. Aus diesen Erfahrungen entstand ein Buch mit dem Titel »Die Abenteuer des Dr. Dr. Bartholdy – Ein falscher Amtsarzt packt aus«. Die »redaktionelle Bearbeitung« leistete Reiner Pfeiffer. Der beiden Freunde Verhältnis zur Wahrheit kann ein jeder in dem Buch nachlesen. Darin heißt es beispielsweise: »Nur der Betrug hat Aussicht auf Erfolg und lebendige Wirkung in den Menschen, der den Namen des Betruges gar nicht verdient, sondern nichts anderes ist als die Ausstattung einer vorhandenen Wahrheit mit denjenigen materiellen Merkmalen, deren sie bedarf, um von der Welt anerkannt und gewürdigt zu werden. Und in diesem Sinne war mein Tun eben doch die Wahrheit, so seltsam es klingen mag, zugegebenermaßen. Das Reich der Freiheit ist eben das Reich der Täuschung.«[9] – Ob hier Postel ein Bekenntnis zur Lüge ablegt oder doch Pfeiffer? Die Frage hätte sich der Ausschuß wenigstens stellen können.

Recherchen in Bremen hätten auch zutage gefördert, daß der skandalfixierte Journalist lange schon »von dem ganz großen Ding« geträumt hat, davon, daß er eines Tages »eine Sache wie Watergate« bringen würde. Der Ausschuß hatte auch davon anscheinend keine Ahnung.

Wie Pfeiffer sonst so beurteilt wurde, von Leuten aus dem öffentlichen Leben etwa, das mußte dem Ausschuß auch nicht unbedingt verborgen bleiben. Der damalige Bremer Oberbürgermeister Hans Koschnick (SPD) nannte ihn »ein subjektives Ferkel«. Der langjährige Senator Grobecker warnte einen SPD-Parteifreund: »Laß die Finger von dem!« Der Bremer CDU-Vorsitzende Bernd Neumann – als Mitinhaber des *Weser-Report* hatte er Pfeiffers Arbeitszeugnis unterschrieben – meinte: »Dem glaube ich gar nichts. Der lügt wie gedruckt.« Und auch in der eigenen Zunft wurde Pfeiffer eindeutig beurteilt. Aus der bremischen Journalistenvereinigung trat er aus, um einem drohenden Rausschmiß aus sehr unehrenhaften Gründen zuvorzukommen. Für Gerhard Mumme, stellvertretender Chefredakteur der *Bild*-Zeitung und selbst kein Klosterschüler, war Pfeiffer »die zwielichtigste Figur, die in Politik und Medien der deutschen Nachkriegsgeschichte ihr Unwesen trieb«[10].

Lange bevor er seine Kieler Aktivitäten entfaltete, waren auch Pfeiffers professionelle Verhaltensmuster einschlägig bekannt: seine ausgeprägte Neigung, »in fremden Kellern nach Leichen zu suchen«, und seine Methode der Ehrabschneidung aus der Deckung heraus«[11]. Dies wurde Ende der 70er Jahre aktenkundig, als Pfeiffer im *Weser-Report* »enthüllte«, was unter Politikern mit dem Mantel der Nachsicht gegenüber einer Jugendtorheit zugedeckt worden war: Ein SPD-Senator hatte 1944, als kaum 18Jähriger, einen Zeitungsartikel mit politischen Dummheiten unter seinem Namen veröffentlicht. Pfeiffer zog den Vorgang ans Licht und konnte sich seiner Heldentat nicht genug berühmen, als der unglückliche Senator nach Veröffentlichung der Schülerdummheit den Hut nehmen mußte.

Wahrheiten über Pfeiffer drangen bis zum Ausschuß nicht vor, oder sie wurden verdrängt. Ähnlich wie bei den getürkten Lebensläufen wurden die staatsanwaltlichen Hinweise auf das gefälschte Abiturzeugnis von den Parlamentariern mit der Bemerkung beiseite gewischt, die Ermittlungen seien ja noch nicht abgeschlossen. Mit Wohlwollen reagierten sie selbst da, wo Pfeiffers Falschaussagen beim besten Willen nicht zu übersehen waren. »Insoweit muß sich der Betroffene Pfeiffer irren«, merkten sie dann verständnismilde an[12].

Vorgeladen und vernommen wurden über 100 Zeugen. Die wichtigsten Aussagen aber wurden nie gemacht – nämlich die der »Betroffenen«, wie in Parlamentsausschüssen die Beschuldigten heißen. Einer von ihnen war Uwe Barschel, der am Sonntag starb, bevor er am Montag dem Ausschuß zum erstenmal Rede und Antwort hätte stehen sollen und wollen. Auf den Toten konnte der andere »Betroffene« nun alle Verantwortung abladen – und kaum einer im Ausschuß stellte seine Aussagen in Frage. Dabei sagte Reiner Pfeiffer vor den Schranken der Parlamentsjury nur ein einziges Mal aus. Mit dem Hinweis auf den Staatsanwalt, der gegen ihn ermittelte, weigerte er sich, erneut zu erscheinen. Und obwohl er sich schon bei dieser einen Aussage in zahlreiche Widersprüche verwickelte oder Antworten auf unbequeme Fragen ganz verweigerte, nahmen ihm die Parlamentarier fast alle Beschuldigungen Barschels zum Nennwert ab. Durchgängiger Tenor: Er habe die subversiven Aktionen gegen die Partei der Grünen, gegen eine »Unabhängige Wählergemeinschaft« und vor allem gegen die SPD und ihren Vorsitzenden Björn Engholm zwar allesamt durchgeführt, aber stets auf Anweisung des Ministerpräsidenten gehandelt.

Weil er sich mit seinem Geständnis, wie es schien freiwillig, selbst belastete, stufte der Ausschuß den Betroffenen Pfeiffer als »Kronzeugen« ein. Man nahm ihm sogar ab, daß ihn Gewissensgründe veranlaßt hätten, kurz vor der Landtagswahl sein subversives Treiben zu beenden und sich dem *Spiegel* zu offenbaren. Pfeiffer tingelte, während der Ausschuß tagte, durch alle verfügbaren Talkshows und nahm jedes erreichbare Interview-Angebot wahr. Die Botschaft seiner millionenfach verbreiteten Ausführungen, die wirkungsmächtig von immer neuen Beiträgen im *Spiegel* bestätigt wurden: Er, Pfeiffer, mag »ein schlimmer Finger« sein, aber der gewissenlose Anstifter war der seinerzeitige Regierungschef.

Die aus dem Angelsächsischen entlehnte Rechtsfigur des Kronzeugen bezeichnet im Strafprozeß einen Tatbeteiligten, der gegen das Versprechen der Straflosigkeit oder die Erwartung einer geringeren Strafe dem Gericht behilflich ist, andere, der Vermutung nach noch stärker belastete Tatbeteiligte zu überführen. In Großbritannien sind die Richter verpflichtet, vor Anerkennung eines solchen Kronzeugen (im Englischen genannt »Queen's Evidence«) die Geschworenen auf die Gefahr dieser Art Beweisführung hinzuweisen. Eine derartige Warnung hätten die Kieler Abgeordneten dringend nötig gehabt.

Pfeiffer auf der Höhe des Ruhmes

Erfahrene Kriminalisten wissen, daß Geständnisse, insbesondere die aus freien Stücken, oft einen Haken haben. Die »Flucht nach vorn« dient nicht selten der Tarnung. Es ist die Methode des Brandstifters, der »Feuer« ruft.

Und der Trick funktioniert, »wenn es dem Selbstoffenbarer gleichzeitig gelingt, die Schuld für das Geschehen, das er nunmehr offenbart, von sich weg einem anderen zuzuschieben«[13]. Pfeiffer gelang der Trick dank einer Reihe für ihn glücklicher Umstände.

Dem betroffenen Selbstoffenbarer kam zugute, daß es unter den zehn Landtagsabgeordneten, die über ihn und Barschel zu Gericht saßen – neun Männer und eine Frau –, an Sachverstand mangelte. Die fehlenden juristischen und kriminalistischen Kenntnisse waren keinem von ihnen persönlich vorzuwerfen, wohl aber allen miteinander eine schwerwiegende Unterlassung: Sie versäumten es, den Rat von Fachleuten einzuholen.

Für Polizeibeamte oder Staatsanwälte gehört es zum Tagesgeschäft, bei Vernehmungen Aussagen gerade auch gegen die ursprüngliche Absicht der Befragten zu provozieren, aus dem Gedächtnis Rekonstruiertes von Konfabuliertem zu unterscheiden, Widersprüche aufzudecken, Handlungsabläufe zu rekonstruieren, Indizien und Beweise zu würdigen, Täterprofile, Motivationen und Täuschungshandlungen zu entschlüsseln. Solche Expertise stand abrufbereit beim Landeskriminalamt in Kiel zur Verfügung, und Pfeiffers widersprüchliche Angaben in Interviews und Talkrunden bot ihr Betätigung in Fülle. Aber die Expertise wurde vom Ausschuß nicht abgerufen. Nur so ist erklärlich, daß den Parlamentariern gar nicht bewußt wurde, welche Vorteile sich Pfeiffer mit seinem freiwilligen Geständnis bei gleichzeitiger Beschuldigung Barschels zu verschaffen verstand.

Pfeiffers Zeitvertrag bei der Landesregierung endete vertragsgemäß nach der Wahl. Ohne das Geständnis wäre er ein Niemand ohne feste Beschäftigung gewesen. So aber hatte sich sein Lebenstraum erfüllt. Er war berühmt. Die Zeitungen und Zeitschriften brachten sein Foto auf Seite eins. Wo immer er erschien, stand er im Blitzlichtgewitter der Fotografen. Die Rundfunk- und Fernsehsender rissen sich um seine Interviews. Er, der in der Vergangenheit immer wieder Verkannte und oft Gedemütigte, der seine wahren Talente nie so recht gewürdigt sah, er war zu einer Figur der Zeitgeschichte emporgestiegen – einzig und allein durch eigenes Verdienst und wegen seiner Taten. Die mochten andere ruhig Untaten nennen. Was kümmerte es ihn? Und was kümmerte ihn das Schicksal dessen, den er ins Unglück gestürzt hatte, war Barschels tiefer Fall doch die Voraussetzung für seinen großartigen Aufstieg? Pfeiffer rühmte sich denn auch: »Wenn ich nicht gewesen wäre, dann würde Barschel noch leben«[14].

Ob die Aussicht auf Ruhm und Anerkennung ein Motiv für den geständigen Beschuldiger war, ließ der Ausschuß außer Betracht, genauso die Rolle, die das Geld für ihn gespielt haben mochte. Tatsächlich brachten ihm seine Bezichtigungen aber erkleckliche Summen ein. Vom Springer-Verlag bekam er für eine Proforma-Kurzanalyse über den Bremer Markt der Anzeigenblätter 50 000 Mark Honorar, die gleiche Summe noch einmal zum Ausgleich für das bei der Landesregierung niedrigere Gehalt und zusätzlich 45 000 Mark Abfindung nach Beendigung des Anstellungsverhältnisses mit dem Zeitungshaus, das während seiner Tätigkeit im Landesdienst lediglich geruht hatte. Der *Spiegel* beglich alle Anwaltskosten und spendierte großzügige Spesen sowie einen Portugal-Urlaub für Pfeiffer und seine zeitweilige Lebensgefährtin. An Honoraren für die Beschuldigungen des Ministerpräsidenten erhielt er von dem Nachrichtenmagazin in bar mehr als 199 000 Mark. Den Ausschuß interessierte das nicht. Er habe »keine Beweise dafür erbringen können, daß Pfeiffer vom *Spiegel* Leistungen oder Versprechungen erhalten hat, die über eine Entschädigung für entgangenes Gehalt bei der Landesregierung und die Übernahme der Anwaltskosten hinausgingen«, so steht es im Bericht des »ersten« PUA[15].

Mit unzureichender Sachkunde allein ist die fehlende Distanz gegenüber dem »Betroffenen« Pfeiffer kaum zu erklären. In dem von den Medien aufgeheizten Klima jener Wochen erlagen viele einer Art suggestivem Jagdfieber, auch die Parlamentarier. Rationale Kontrolle trat tendenziell zurück hinter Wahnvorstellungen. Die Ungeheuerlichkeit Pfeifferscher Enthüllungen produzierte in immer stärkerer Dosis das Bedürfnis, in bislang nie gesehene Abgründe zu blicken. Hatte der kleine Mann auf der Straße nicht schon immer gesagt, Politik sei ein schmutziges Geschäft? Pfeiffer, selbst so ein Mann auf der Straße, schien nun die Beweise zu liefern. Man wollte hören, was er vorbrachte. Der Ausschuß war geradezu erpicht auf seine Schuldzuweisungen, auch wenn er sie nicht vor ihren Augen und Ohren, sondern im *Spiegel* oder im Fernsehen vornahm.

Ihren Kronzeugen wollten sich die Parlamentarier um keinen Preis beschädigen lassen. Sie sperrten sich gegen jede Wahrnehmung, die Anlaß zu Mißtrauen gegenüber Pfeiffer bot. Sie schritten nicht ein, wenn er die Antwort auf unbequeme Fragen verweigerte, unternahmen nichts, als er nach seinem ersten Auftritt alle weiteren Aussagen ablehnte. Mit der wachsenden Ungeheuerlichkeit der Pfeifferschen Vorwürfe sahen sich die bislang namenlosen Parlamentsrichter in eine geradezu historische Dimension gehoben. Eine Entlarvung Pfeiffers als Lügner hätte auch sie wieder auf Normalmaß schrumpfen lassen. Der ehrenwerte Ausschuß bescheinigte ihm schließlich sogar volle Glaubwürdigkeit.

Die Richter Gnadenlos

Parlamentarische Untersuchungsausschüsse (PUA) sind von Hause aus problematische Veranstaltungen. Wann immer sich im Deutschen Bundestag oder in einem der Landtage ein PUA konstituiert, findet er die gesteigerte Aufmerksamkeit der Medien. Die Ausschüsse werden ungleich stärker beachtet als die meisten Gerichtsverfahren. Für Wirbel sorgt dabei weniger der Sachverhalt, den es aufzuklären gilt. Oft ist es vielmehr das Interesse der Parteien, die sich von dem Thema einen Popularitätsgewinn erhoffen, weshalb sie regelmäßig um Skandalisierung bemüht sind. Umgekehrt aktivieren die negativ betroffenen Parteien alle ihre publizistischen Bataillone zur Abwehr drohender Einbußen in der Wählergunst. Die Sachfrage wird zum hochgeschaukelten Medienereignis.

Die Schwachstellen der PUA sind denn auch ihre begrenzte Ernsthaftigkeit in der Sache und der hohe Stellenwert des Faktors Propaganda. Dies der Allgemeinheit bewußtzumachen ist aber den Medien nicht sonderlich wichtig. Das hieße ja auch, die eigene mediale Darstellung um ein Stück Bedeutsamkeit und Attraktivität zu bringen. Grundsätzliche Kritik an den Parlamentsausschüssen findet deshalb sehr selten statt – auch wenn die Journalisten viel von dem jeweils Gebotenen als Charade durchschauen. Und so lassen sie die Vorstellung munter fortleben, in erster Linie würden die Parlamentsausschüsse der Wahrheitsfindung dienen und sie arbeiteten ähnlich objektiv und effizient wie die Gerichte.

Den Anschein geben sie sich gern. Ihre Arbeitsweise, so wird behauptet, orientiere sich an der Strafprozeßordnung. Falschaussagen sind auch vor dem Ausschuß strafbar. Aber damit endet die Analogie auch schon bald. Die entscheidenden Unterschiede zwischen Gerichts- und Ausschußverfahren erläutert in dankenswerter Klarheit der Jurist und Kriminologe Herbert Schäfer in dem bereits mehrfach zitierten Buch »Pfeiffer contra Barschel«:

»Vor dem Strafgericht muß der Vertreter der Anklage beweisen können, was er in der Anklageschrift behauptet: daß der vor Gericht stehende Bürger sich einer strafbaren Handlung schuldig gemacht hat. Gelingt es dem Staatsanwalt (und der auf der Seite des Anklägers mit der Beweisbeschaffung beauftragten Polizei) nicht, diesen Beweis zur Überzeugung des Gerichts zu führen, so wird der angeklagte Bürger freigesprochen. Im Falle eines PUA sind die bei den Strafgerichten getrennten Funktionen der Ermittlung, der Anklage, der Verurteilung wie in den spätmittelalterlichen

Inquisitionsgerichten in einer Hand vereinigt. Der PUA übt alle diese Funktionen selbst aus. Er ist Ermittler, Ankläger, Richter und durch die Vorlage seines dann veröffentlichten Untersuchungsergebnisses auch der Vollstrecker. Er ist zugleich in erster und letzter Instanz für Befragung, Beurteilung, Feststellung, politische Verurteilung bzw. deren Vorbereitung zuständig. In der Regel akzeptiert das Parlament das vorgelegte Ergebnis, über das dann noch diskutiert und gestritten werden kann.«[16]

Anders als bei Gericht ist kein Einspruch gegen das PUA-Urteil möglich, obwohl Fehlurteile der juristischen Laienspielschar sehr viel häufiger unterlaufen – mitunter sogar beabsichtigt sein sollen. Verschärfend kommt hinzu, daß die Wirkung der Parlamentarier-Urteile mitunter noch weit stärker sein kann als eine vom Richter verhängte Strafe. Mit der besonders hohen Publizität der Ausschüsse erklärt sich die enorme Prangerwirkung, die ihre Verdikte entfalten können. Wer hier schuldig gesprochen wird, hat alle Aussichten, seine Ehre auf alle Zeiten zu verlieren, auch wenn er noch so schuldlos sein mag.

Allerdings endet beileibe nicht jeder PUA mit einem Schuldspruch. Wenn die Parteien über wechselseitigen Vorwürfen die Möglichkeiten der Profilierung erschöpft sehen, erledigt sich das Verfahren mitunter ganz von selbst. Manche gehen deshalb auch nach monatelangen Bemühungen aus wie das berühmte Hornberger Schießen.

Der »erste« PUA des Kieler Parlaments war mit den Nachteilen behaftet, die diese Art Tribunal immer und überall hat. In dem besonderen Kieler Fall aber kam ein weiterer Umstand hinzu: Die Mitglieder schienen alle miteinander das gleiche Ziel zu verfolgen. Denn anders als in den meisten sonstigen Konfliktfällen fehlte offenbar das gegenläufige Parteieninteresse. Während gemeinhin die Bestrebungen der einen Seite durch die Gegenposition der anderen Seite Korrekturen erfährt, gab es an der Kieler Förde anscheinend nur zehn unnachsichtige Richter: Alle regierte nur der Wunsch, den früheren Ministerpräsidenten zu verdammen.

Vor dem Ausschuß hat Uwe Barschel nicht aussagen können. Am Sonntag, dem 11. Oktober 1987, wurde er tot in Genf aufgefunden – einen Tag vor der für Montag eingeplanten Anhörung. Obwohl sich der Betroffene also zu keinem einzigen der zahlreich gegen ihn erhobenen Vorwürfe hat äußern können, brachen die Parlamentarier den Stab über ihn. Es war aber nicht irgendein Schuldspruch, der den Toten traf, sondern die wohl rabiateste Verunglimpfung, die einem Unbescholtenen von einer parlamentarischen Spruchkammer je zugefügt worden ist. Nach einem Hinweis auf die berühmt gewordene Ehrenwort-Konferenz schreiben die parlamentarisch bestellten Laienrichter: »Bei dieser Würdigung war für den Ausschuß von ausschlaggebender Bedeutung, daß der Betroffene Barschel sich allgemein als unglaubwürdig in bezug auf den Gegenstand der Untersuchung erwiesen hat. Er konnte im Laufe der Beweisaufnahme einer Vielzahl von Lügen überführt werden.«[17]

Postum wird einem Menschen von untadeligem Lebenswandel jede Glaubwürdigkeit abgesprochen. Einer, der niemals mit dem Gesetz in Konflikt geraten war, dem als Staatsbürger sein Lebtag nicht mehr anzulasten war als ein paar Punkte in der Flensburger Verkehrssünderkartei, wird zum gemeinen Lügner gestempelt. Gleichzeitig wird einem notorischen Fälscher und Ehrabschneider, der eine breite Spur von Betrug, Beleidigungen, Verleumdungen hinter sich herzieht, bescheinigt, er sei ein unbescholtener Mann mit unbezweifelbarer Glaubwürdigkeit. – Man muß in der Geschichte schon sehr weit zurückblättern, um auf eine vergleichbar absurde simultane Fehlbewertung zweier Personen zu stoßen, vielleicht sogar bis zum Beginn der Zeitrechnung, als der Pöbel schrie: »Gebt Barrabas frei!«

Lohn für die Laienspielschar

Der im Frühjahr 1988 vorgelegte Landtagsbericht ist inhaltlich eine perfekte Kopie der bis dahin erschienenen *Spiegel*-Geschichten zum Thema Wahlkampf Schleswig-Holstein. In dieser Übereinstimmung ist der Grund dafür zu suchen, daß die aufgestellten Behauptungen als geradezu unanfechtbar galten. Wer am *Spiegel* Kritik zu üben wagte, wurde mit dem Hinweis auf den offiziellen Bericht zum Schweigen gebracht, wie umgekehrt das Magazin immer wieder zum Beweis für die Richtigkeit der Parlamentstexte in Anspruch genommen werden konnte. Keinerlei Aussicht auf Gehör fand die naheliegende Erklärung, daß die Abgeordneten womöglich der suggestiven Wirkung der Magazinjournalisten erlegen sein könnten – mitsamt allen denkbaren Fälschungen und Fehleinschätzungen.

»Der Untersuchungsausschuß mußte mit Entsetzen feststellen, daß der Regierungschef des Landes seine Macht willkürlich zu Lasten seiner politischen Gegner mißbraucht hat«, heißt es im Bericht. »Ausgehend vom Ministerpräsidenten hat der Medienreferent Pfeiffer aus der Regierungszentrale heraus Aktionen gegen die Person des Oppositionsführers eingeleitet und damit die Würde des Menschen Engholm angetastet.« Es fehlt auch nicht die Verbeugung vor den journalistischen Helfern: »Daß alle diese Machenschaften aufgedeckt wurden, ist Folge der Wachsamkeit der kritischen Presse.« Schließlich klopfen sich die parlamentarischen Richter auch selbst auf die Schulter und sparen nicht mit Eigenlob: Einen großen Dienst an der politischen Kultur des Landes habe man mit »vorbildlicher Arbeit«[18] geleistet.

Die Schuldzuweisungen, die *Spiegel* und Ausschuß zu Lasten Uwe Barschels vornahmen, haben einen bis dahin in seiner Integrität unbestrittenen Politiker postum um jegliche Verdienste und seine Hinterbliebenen um die Anteilnahme der Bevölkerung gebracht. Meßbar wurden die Resultate der Ausschußarbeit bei den rasch ausgeschriebenen Neuwahlen zum Landtag. Nach 38 Jahren der Regierungsverantwortung kam die CDU im Mai 1988 auf das schlechteste Ergebnis ihrer Geschichte, während die SPD Engholms zum ersten- und einzigenmal das Land mit absoluter Mehrheit regieren konnte.

Der Lohn für die Wahlhelfer aus dem PUA fiel dem Dank der Sieger entsprechend üppig aus. In der neuen Landesregierung erhielt Ausschußmitglied Uwe Jensen den Posten eines Staatssekretärs im Justizministerium. Stephan Pelny, der den Parlamentariern hinter den Kulissen zugearbeitet hatte, wurde im gleichen Rang Chef in der Staatskanzlei des Ministerpräsidenten. Gert Börnsen wurde für seine Verdienste im Untersuchungsausschuß zum gutbezahlten Vorsitzenden der sozialdemokratischen Landtagsfraktion bestellt. Der Ausschuß-Vorsitzende rückte sogar zum Justizminister auf: In dieser Rolle konnte Klaus Klingner hinfort ein waches Auge auf die Staatsanwaltschaft in Lübeck haben. Der von ihm frisch ernannte Generalstaatsanwalt Heribert Ostendorf erwies sich denn auch als braver Mitstreiter in Klingners Bemühen, die staatsanwaltlichen Aktivitäten sicher auszubremsen.

Die Arbeit des »ersten« PUA ist ein selten krasses Beispiel dafür, wie weit Anspruch und Wirklichkeit auseinanderfallen können. Überschwengliches Lob und tätige Anerkennung wurden einer Leistung gezollt, die tatsächlich eine lange Kette von Fehlleistungen war. Die einzige Frage, die der parlamentarische Pfusch jener Wochen wirklich noch offenläßt, ist diese: Lag die Ursache für Verlauf und Ergebnis überwiegend im Unvermögen der Beteiligten, oder war es systematische Irreführung, die im PUA verborgen, aber zielführend Regie geführt hat?

Rechtsbruch in Serie

Die Rolle der CDU im »ersten« PUA hat immer wieder Rätsel aufgegeben. Dabei wird allerdings das schwelende Loyalitätsproblem wenig beachtet, das es damals gab. Mit Barschels Bestellung zum Ministerpräsidenten im Jahr 1982 entstand ein Konfliktfeld, weil es nicht zugleich zum üblichen Wechsel auch im Vorsitz der Landespartei kam. Die Hausmachtposition des Parteivorsitzenden hielt unverändert Vorgänger Gerhard Stoltenberg besetzt, als er Finanzminister im Bonner Kabinett von Helmut Kohl wurde.

Stoltenberg mochte sich über das Gerücht ärgern, daß Kanzler Kohl ein Auge auf Barschel geworfen und nichts dagegen gehabt hätte, wenn dieser junge Hoffnungsträger aus dem hohen Norden in sein Bundeskabinett eingerückt, Stoltenberg aber Ministerpräsident von Schleswig-Holstein geblieben wäre. Von Bonn aus zog der vermeintlich »große Klare aus dem Norden« nun also weiter an diversen Strippen im Land. Er verteilte Ämter und Wohltaten und drangsalierte seinen Nachfolger, indem er gelegentlich die eigenen Gewährsleute gegen ihn in Stellung brachte. Aus Barschels einstigem Förderer war längst sein Gegner geworden, und zwar einer, der nichts Gutes zu erwarten hatte, wenn Barschel einmal auspacken würde.

Nach den Bezichtigungen durch Pfeiffer und *Spiegel* war dem Bundesfinanzminister mit dem streng zurückgescheitelten Weißhaar wenig daran gelegen, daß der Parlamentsausschuß Barschel entlastete. Im Gegenteil. Wenn die Verantwortung für die Wahlkampfmanöver ganz allein Barschel angelastet werden konnte, würde dem vielleicht niemand mehr glauben schenken, sollte er später einmal Belastendes über seinen Vorgänger öffentlich machen. Solch eindeutige Schuldzuweisung würde außerdem die CDU im Bund – und weitgehend auch im Land – vor dem Verdacht bewahren, in die Affäre »Waterkantgate« verstrickt zu sein. Vor dem Tod in Genf wie auch danach rührte Stoltenberg denn auch keine Hand, die Ehre des Vorverurteilten zu retten.

Es fiel Stoltenberg auch nicht ein, den stellvertretenden Ausschußvorsitzenden Trutz Graf Kerssenbrock (CDU) zur Räson zu bringen, als der sich unter dem Beifall des *Spiegel* mit seinem berüchtigten »Zwischenbericht« an die Öffentlichkeit wandte: Zu einer Zeit, als der PUA gerade erst mit der Beweisaufnahme begonnen hatte, als keinerlei Fakten, sondern nur Behauptungen auf dem Tisch lagen, war Kerssenbrock mit seiner Verurteilung des früheren Ministerpräsidenten bereits fix und fertig: Zweifellos sei Barschel Pfeiffers Auftraggeber gewesen, und ohne Zweifel hätte er die Öffentlichkeit belogen.

Auf solche Weise *Spiegel*-folgsam, durfte der Graf im Lob der Medien baden und ungescholten Revanche für Niederlagen üben, die ihm Uwe Barschel früh bereitet hatte. Schon in gemeinsamen Tagen in der Jungen Union Schleswig-Holsteins waren die beiden ein paarmal als Rivalen aufeinandergetroffen. Stets hatte dabei der überlegene Verstand und der wachere politische Instinkt dem Bürgerlichen zum Sieg über den ehrgeizigen Adelsproß verholfen.

In dem mit Landwirten, Politologen und pensionierten Offizieren besetzten PUA war juristischer Sachverstand nicht eben stark vertreten. Er hätte indessen ausreichen müssen, die ganz grundsätzlichen Fehler zu vermeiden, zumal der Vorsitzende im Hauptberuf Jurist war, Familienrichter immerhin. Einer der Grundfehler betraf die anfangs kaum und später gar nicht mehr gewährleistete Verteidigung des Hauptbeschuldigten. Uwe Barschel hatte seine Rechtsvertretung im Ausschuß dem Kieler Strafrechtsprofessor Erich Samson anvertraut. Mit dem Tod erlosch das Mandat, das die Witwe Freya Barschel kurz darauf aber zur Wahrnehmung der Rechte ihres verstorbenen Mannes erneuerte.

Aber Samson sollte nur ein einziges Mal Gelegenheit haben, den »Betroffenen« Reiner Pfeiffer im Ausschuß zu befragen. Dabei gelang es dem gewieften Juristen binnen kurzem die Glaubwürdigkeit des Bremer Journalisten zu erschüttern. Als sich Pfeiffer dann aber weigerte, auf Samsons Fragen überhaupt noch zu antworten, als die Laienrichter mit ihrer Parteinahme gegen Barschel und ihrer kritiklosen Übernahme aller Pfeiffer-Behauptungen eine wirksame Verteidigung blockierten, legte Samson resigniert sein Mandat nieder. Erst später erfuhr ein sehr kleiner Kreis um Samson, daß der Professor noch andere Gründe für die Mandatsniederlegung hatte. Er fürchtete um sein Leben. Darauf wird später noch einzugehen sein.

Der als Verstorbener zunehmend massiv Beschuldigte Dr. Uwe Barschel war fortan schutzlos allen Angriffen der politischen Gegner und der eigenen Parteifeinde ausgesetzt. Nach dem Urteil des Juristen und Kriminologen Herbert Schäfer hat der »erste« PUA damit eindeutig gegen die Verfassung verstoßen:

»Der Artikel 103 des Grundgesetzes bestimmt lapidar: ›Vor Gericht hat jedermann Anspruch auf rechtliches Gehör.‹ Damit wurde ein grundlegendes Prinzip des Verfassungsrechts formuliert, das schon in den römischen Rechten auftauchte (›Audiatur et altera pars‹, d. h., man höre auch die Gegenseite, bevor entschieden werden darf). Dieser Grundsatz ist ein markanter Eckpfeiler der Gerechtigkeit und eines Rechtsstaates. Dieser Rechtsgedanke ist in allen Bereichen zu berücksichtigen, in denen der Staat dem Bürger gegenüber mit Hoheitsmacht auftritt. Er gilt nicht nur für die Verwaltung, sondern natürlich auch in den Verfahren vor den PUA. Keine Volksvertretung darf sich über diesen Verfassungsgrundsatz hinwegsetzen.«[19] – Genau das aber tat in Permanenz der »erste« PUA. Sein Diktum ist damit verfassungswidrig.

Rechtlich unhaltbar ist die Ausschußarbeit aber auch, weil sie sich einer grob fahrlässigen oder sogar vorsätzlich falschen Beweisaufnahme schuldig gemacht hat. Das belegt der Umgang mit Pfeiffer, dessen Vorleben bei der Beurteilung seiner Glaubwürdigkeit ebenso unberücksichtigt blieb wie sein in Kiel erworbener Leumund. Der PUA blendete gegen sein besseres Wissen alle Erkenntnisse der Staatsanwaltschaften aus, die Pfeiffers Kronzeugenrolle unmöglich machten. Aus der Ausschußmitte war Pfeiffer gerade noch »äußerst zweifelhafte Integrität, mit einem äußerst zweifelhaften Ruf« bescheinigt worden. Autor Schäfer konstatiert: »Der PUA war also gewarnt. Er war nicht mehr blind gegenüber der Person Pfeiffer. Er mußte sich dieses Beweismittel Pfeiffer genau ansehen. Diese grundsätzliche Prüfung wurde mit Absicht unterlassen.«[20]

Die Beweisunterdrückung war bemerkenswert. Während noch zu Lebzeiten Barschels die Schuldvorwürfe gegen ihn eskalierten, brachten die Ermittlungen der Lübecker Staatsanwaltschaft ans Licht, daß Pfeiffer seit Monaten konspirative Verbindungen zur SPD unterhielt. Björn Engholm hatte am Wahlsonntag, dem 13. September 1987, in aller Öffentlichkeit versichert, »bis heute« nicht gewußt zu haben, daß sein Pressesprecher mit dem Medienreferenten aus der Staatskanzlei Umgang pflegte und mit dessen Hilfe wirksam Untergrund-Wahlkampf gegen die CDU führte. Der PUA erfuhr, daß Engholm gelogen hatte. Aber er unternahm nichts, um Ausmaß und Hintergrund der offenbar gewordenen Verschwörung zwischen Pfeiffer und der SPD auszuloten.

Bei sachgerechter Arbeit hätte der PUA prüfen müssen, ob es statt des von Pfeiffer behaupteten Barschel-Plans zur Diffamierung des politischen Gegners nicht umgekehrt einen ausschließlich von Pfeiffer entwickelten Plan gegeben haben könnte. Auch die Möglichkeit eines Engholm-Plans, in den Pfeiffer eingebunden war, hätte geprüft werden müssen. Warum hat der Ausschuß niemals die berühmteste aller Kriminalistenfragen aufgeworfen: Cui bono? Wem hat das Pfeiffer-Treiben eigentlich genützt und wem geschadet? Die Antwort konnte und kann auch heute nur lauten, daß Engholm mit seiner Partei Nutznießer der Pfeifferschen Machenschaften war und Barschel ihr Leidtragender. Auch ein Wechsel der Motivation des Reiner Pfeiffer durfte vom Ausschuß nicht von vornherein ausgeschlossen werden. Immerhin lagen erkennbare Hinweise vor, daß sich Pfeiffer aus Enttäuschung über mangelnde Anerkennung und über Zurückweisungen durch Barschel der Gegenseite zugewandt haben könnte.

Arbeitshypothetisch mußte auch die Frage gestellt werden, ob Pfeiffer möglicherweise bei seinen Aktionen ganz oder teilweise im Auftrag anderer Dritter tätig geworden war. Auch dafür gab es Hinweise, die der Ausschuß unbeachtet ließ. Er wollte sich seinen Kronzeugen nicht kaputtmachen lassen und auch nicht die bequeme Lösung, den Toten von Genf zum Urheber aller Schandtaten von Kiel zu stempeln.

Vermutlich wußte der Ausschuß um die eigenen Schwächen und Versäumnisse. Darauf deuten viele Formulierungen des Berichts, der quer durch seine 300 Seiten mit bekräftigenden Floskeln gespickt ist, die den Zweck erkennen lassen, argumentative Mängel zu kaschieren. So ist der PUA »der Auffassung« oder »geht davon aus«, wo er Beweise schuldig bleibt, er »hält für glaubhaft«, wo er wissen sollte. »Unzweifelhaft« oder »außer Zweifel« heißt es, wo im Gegenteil die Fragezeichen nicht zu übersehen sind. Er »ist überzeugt«, beruft sich auf seine »Überzeugung« oder auf »Lebenserfahrung«, wo nicht Meinungen, sondern nur Fakten zählen. Solche und andere Bekräftigungsformeln, »Basta-Wörter«, wie sie Schäfer nennt, sind »generell Indikatoren einer vorrechtlichen, unbefangenen Sprache und hier überdies Findlinge einer gefühlsmäßigen Verstrickung und Grenzmarken einer rechtlich relevanten Befangenheit«[21].

In jedem gerichtlichen Zivil- oder Strafverfahren hat der Kläger die Schuld des Beklagten zu beweisen. Gelingt das nicht, muß der Beklagte freigesprochen werden. Der Kläger wird wegen falscher Anschuldigung belangt. Dieser selbstverständliche Rechtsgrundsatz darf auch in einem parlamentarischen Verfahren nicht verletzt werden. Aber er wurde verletzt. Als Beschuldiger Uwe Barschels trat einzig und allein der Journalist Pfeiffer auf. Alle seine 16 gegen Barschel erhobenen Vorwürfe hat ihm das Landgericht postwendend verboten. Und gegen keine einzige dieser Untersagungen hat Pfeiffer Widerspruch eingelegt. Das alles war im PUA bekannt. Und dennoch übernahm der Ausschuß Pfeiffers gerichtlich verbotene Bezichtigungen nahezu eins zu eins.

Begreiflich ist Pfeiffers Wirkung nur, weil er die Rolle des Kronzeugen schon besaß, als er zum ersten- und einzigenmal vor den Ausschuß trat.

Sie war ihm von einer Institution verliehen worden, die seit ihrem Sieg über den Bundesverteidigungsminister Franz Josef Strauß Anfang der 60er Jahre zu einer Art Retter der Demokratie und fast schon zum Verfassungsorgan emporstilisiert worden war[22]. Ausgestattet mit dem Nimbus der Unfehlbarkeit (und im Bunde mit der SPD) stieg der *Spiegel* auf Pfeiffers Erzählungen ein. Was konnte es da noch für eine Rolle spielen, daß weder Pfeiffer noch das Hamburger »Nachrichtenmagazin« auch nur einen einzigen Beweis für die Bezichtigungen Uwe Barschels in Händen hielten?

2. Kapitel: Barschels aufhaltsamer Aufstieg

Aus »kleinen Verhältnissen«?

Bis er dem Journalisten Pfeiffer begegnete, war das Leben des Uwe Barschel ein einziger pausenloser wundersamer Aufstieg. Jedenfalls konnte es dem Betrachter von außen so scheinen, als hätte sich bei Barschel von Kindheit und Jugend an nur ein Erfolg an den anderen und ein Sieg an den nächsten gereiht. Nichts schien ihm zu mißlingen, seit er seinen Lebensweg ganz klein und ganz unten begann.

Dabei waren ihm keine Geschenke in die Wiege gelegt worden. Er war nicht das Kind reicher Eltern aus einflußreichen Kreisen, dem die Beziehungen der Familie die Wege ebnen konnten. Er war im Gegenteil Halbwaise und Flüchtlingskind. Seinen Vater, dem der zweite Sohn, je größer er wurde, immer ähnlicher sah, hat Uwe nicht bewußt kennengelernt. Heinrich Barschel war zur Wehrmacht eingezogen worden und starb mit 37 Jahren in einer der letzten Schlachten um Berlin. Die Mutter flüchtete 1945 vor den heranrückenden Russen. Sie war im achten Monat schwanger. Mit dem knapp fünfjährigen Sohn Eike an der Hand und dem neun Monate alten Uwe im Kinderwagen, war ein Koffer das einzige Gepäckstück, das Marie-Elisabeth Barschel auf die Flucht mitnehmen konnte. Aber sie erreichten alle unverletzt das Dorf Börnsen östlich von Hamburg, wo die junge Witwe mit den beiden Söhnen bei ihren Eltern Aufnahme fand und ihre Tochter Folke zur Welt bringen konnte.

»Er kam aus kleinen Verhältnissen«, suchte der *Spiegel* seinen Lesern einzureden, um in seiner Affärenserie das Bild eines ehrgeizbesessenen Emporkömmlings zu zeichnen. Kleine Verhältnisse? Dem Vater schwebte eine wissenschaftliche Laufbahn vor. Als Mathematiker hatte er seine Dissertation fast abgeschlossen, als er zur Wehrmacht eingezogen wurde. Die Mutter war examinierte Hauswirtschaftspflegerin mit der Befähigung zur Lehrlingsausbildung. Der *Spiegel* nennt sie »Näherin«. In den Hungerjahren hatte sie tatsächlich die Kleidung für alle drei Kinder selbst genäht und gestrickt. Und mit Geschick und modischem Geschmack brachte sie im Tausch Kleider gegen Speck die Familie durch die schwere Zeit. Die junge Frau war sich auch nicht zu schade, mit bloßen Händen Ziegelsteine aus den Trümmern zu klopfen, um damit neue Wände für das

Häuschen in Börnsen hochzuziehen. Mutter Barschel war also wirklich eine der »Trümmerfrauen«, denen die geschlagene Nation ihren ersten neuen Stolz verdankte.

So klein waren die Verhältnisse also nicht, aus denen der künftige Politiker kam. Beide Elternteile stammten aus gutbürgerlichen Familien in Mecklenburg und Pommern. Die mütterliche Familie Inter stellte wie die Familie Barschel über mehrere Generationen hinweg Verwalter auf den Liegenschaften preußischer Adelsfamilien. Auf den ausgedehnten Besitzungen der Grafen von Schlieffen trug beispielsweise einer der Großväter als Oberverwalter die Verantwortung für alle Bereiche eines land- und forstwirtschaftlichen Groß- und Musterbetriebs.

Sich ihrer Herkunft zu schämen lag allen drei Geschwistern denn auch gleich fern. Sie waren im Gegenteil ihrer Mutter sehr dankbar, und sie waren stolz auf sie, die alles daransetzte, um ihren Kindern nach der Grundschule wie selbstverständlich den Besuch des Gymnasiums in der nahen Kleinstadt Geesthacht zu ermöglichen. Dort machten sie der Reihe nach ihr Abitur, bevor sie alle drei ein Studium absolvierten, das sie alle drei auch mit akademischen Graden abschlossen.

Begabt und fleißig zeigten sich die Kinder Barschel alle drei. Aber Uwe schien die beiden Geschwister doch schon früh zu übertreffen, vor allem mit einer bemerkenswerten Ausdauer. Er war 15, als ihn Eike einmal zu einem Treffen der Jungen Union mitnahm. Während der Ältere der Jugendorganisation der CDU bald wieder den Rücken kehrte (um später ein überzeugter Wechselwähler zu werden), blieb der kleine Bruder dabei, bis er der Landesvorsitzende der Jungen Union von Schleswig-Holstein wurde.

Der große Bruder war es auch, der in Hamburg den Kursus einer Rednerschule besuchte, weil er meinte, das gehöre zum Rüstzeug für den politisch Engagierten. Uwe machte es dem Bruder Eike nach und bewies auch dabei die größere Ausdauer. Er fuhr Woche für Woche zum Haus in den Collonaden, bis er tatsächlich ein guter Redner war, wozu es Eike, der bald wieder die Lust an der Rhetorik verloren hatte, nie bringen sollte.

Die Schule machte Uwe zu keiner Zeit Schwierigkeiten, obwohl er nicht gerade ein Musterschüler war. Schule allein füllte ihn nicht aus. Eine Herausforderung wurde unterdessen die Wahl zum Schulsprecher. Schon mit 17 kandidierte er – und wurde gewählt. Damals soll er, wie der *Spiegel* schrieb, seinen Gegenkandidaten als homosexuell verdächtigt haben. Er hat das energisch bestritten, als ihn seine Schwester auf die Beschuldigung ansprach. Sie glaubte ihm, vor allem, weil sie ihn nicht anders als wahrhaftig erlebt hatte – gerade ihr gegenüber, die eine besonders enge geschwisterliche Vertrauensbeziehung mit dem nur ein Jahr älteren Bruder verband. Wäre an dem Vorwurf etwas dran gewesen, dann hätte sie außerdem, als eine, die den Schulsprecher mitzuwählen hatte, durch Dritte wenigstens gerüchteweise davon erfahren haben müssen.

Von Dementis unbeeindruckt, hielten die Magazin-Autoren an dem Diffamierungsvorwurf fest. Dies sei die Methode gewesen, die den unaufhaltsamen Aufstieg des Uwe Barschel erklärte. Mit den gleichen Tricks der Verleumdung hätte er schließlich auch im Wahlkampf des Jahres 1987 gegen Björn Engholm gearbeitet. Eine für das Jahr 1961 lediglich unterstellte Intrige soll so zum Beweis für eine andere Intrige taugen, die 26 Jahre später ebenfalls bloße Unterstellung ist. Dabei ist denen, die dem erfolgreichen Politiker später gern am Zeug flicken wollten, allerdings auf allen anderen Stufen seines Aufstiegs rein gar nichts zu recherchieren möglich gewesen, so gründlich sie seinen Werdegang auch auf dunkle Flecken abgesucht haben.

Mit einem guten Abiturzeugnis in der Tasche schrieb sich Uwe Barschel zum Jurastudium an der Christian-Albrecht-Universität in Kiel ein. Während die Kommilitonen bis zum Examen neun Semester brauchten, wenn sie sehr zügig studierten, legte der Stipendiat der Konrad-Adenauer-(Begabten-)Stiftung das erste juristische Staatsexamen nach sieben Semestern ab. Das zweite, genannt »großes« Staatsexamen, folgte nach der Minimalfrist. Mit 25 Jahren hatte er schon seinen ersten Doktortitel, summa cum laude, an der juristischen Fakultät. Den zweiten Doktor erhielt er (magna cum laude) nur gut ein Jahr später von der philosophischen Fakultät. Da war er schon Rechtsanwalt und obendrein Lehrbeauftragter an der Pädagogischen Hochschule in Kiel. Notar wurde »Uwe-Uwe«, wie ihn die Freunde riefen, wenig später auch.

Fast ein Liebling der Götter

Die Aura des Siegers ist es, die politischen Erfolg begründet. Barschel hat von Hause aus eine Menge von der Strahlkraft besessen, an der sich andere gern erwärmen – manche vornehmlich die Herzen, andere lieber die Hände. Da sind zuerst die Unterstützer, die dem Siegertyp seiner Überzeugungskraft wegen nahe sein wollen und ihn wohl auch neidlos bewundern können. Und in meist größerer Zahl gibt es auch die Unterstützer, die durch ihn, den Charismatiker, die eigenen Defizite zu kompensieren hoffen. Er wird erreichen, was man sich selbst nicht zutrauen kann. Und auf seinem Weg nach oben wird er einen gewiß ein Stückweit mitnehmen.

Der junge Barschel hat beide Gruppen mobilisieren können, die Idealisten und die Opportunisten. Anders wäre nicht zu erklären, daß er den notorisch roten Arbeiterwahlkreis Herzogtum Lauenburg-Süd, in dem sein Heimatdörfchen Börnsen liegt, sozusagen im Handstreich genommen hat – um ihn nie mehr abzugeben. Im Twenalter war er zum erstenmal als Direktkandidat gegen einen sozialdemokratischen Kämpen angetreten.

Mit 23 Jahren Landesvorsitzender der Jungen Union, wurde der aufgehende Stern schon zwei Jahre später stellvertretender CDU-Landesvorsitzender und nach gerade mal zwei weiteren Jahren Landtagsabgeordneter mit eigenem Wahlkreis. Auf welcher neuen Station seiner Laufbahn er auch ankam – immer war Uwe Barschel der Jüngste, der die Position je eingenommen hatte. Ausgestattet mit Dienstwagen und eigenem Mitarbeiterstab, wurde er schon mit 27 Regierungsbeauftragter für Jugend und Sport und zugleich Parlamentarischer Vertreter des Kultusministers. Mit 28 Jahren war er Vorsitzender der CDU-Landtagsfraktion und damit einer der Einflußreichsten in der Regierungspartei.

Bei allen Abstimmungen die parlamentarische Mehrheit für die damalige Regierung Stoltenberg zu sichern, das war eine der Aufgaben des Fraktionschefs. Bei einer Stimme Mehrheit im Plenum keine leichte Aufgabe. Aber Barschel löste sie in souveräner Manier. In den sechs Jahren seiner Fraktionsführung ist nicht eine einzige Abstimmungspanne bekannt geworden – schon dies eine bemerkenswerte Leistung. Zum Erstaunlichen gehört aber auch, daß der junge Mann offenbar nie ein Autoritätsproblem hatte, obwohl er keineswegs die Peitsche schwang. Er sah sich nicht als »Zuchtmeister« der Partei, wie über lange Jahre Herbert Wehner bei den Sozialdemokraten im Deutschen Bundestag. Der Fraktionsvorsitzende Barschel regierte »freundlich, verbindlich, aber gleichermaßen hart, durchsetzungsfähig und wenig zimperlich, wenn es aus seiner Sicht not tat«[23].

Das Erfolgsgeheimnis schon der frühen Jahre war für alle, die ihn kannten, leicht zu entschlüsseln. Barschel forderte an Disziplin nur ein, was er von sich selber in mindestens gleichem Maße auch verlangte. Nachlässigkeiten ließ er sich selbst nicht gerne durchgehen. Fleiß war bei ihm keine zeitweilige Anwandlung, sondern ein ständiger Impuls. Die Verächtlichmachung der sogenannten Sekundärtugenden – Pünktlichkeit,

Zuverlässigkeit, Ehrlichkeit, Sauberkeit – war in der Blütezeit der Achtundsechziger groß im Schwange. Es waren durchweg Tugenden des jungen CDU-Politikers aus Schleswig-Holstein, der sich vom Zeitgeist wenig beeindrucken ließ. Der gelegentliche Spott über seine betont förmliche Kleidung brachte ihn nicht dazu, in der Öffentlichkeit Bluejeans zu tragen oder in der Debatte Jackett und Krawatte abzulegen. Auch ließ er sich nicht davon abbringen, für seine Ziele länger und härter zu arbeiten, als das die meisten anderen taten. Und er gestattete weder sich noch anderen, sein Privatleben wahlwirksam über die Medien zu inszenieren.

Auch über dem ganz persönlichen Geschick des jungen Mannes schien das Wohlwollen der Götter zu leuchten. Er hatte schon des öfteren bei seinen Reden im Publikum eine Zuhörerin bemerkt, der er gern seinerseits zugehört hätte. Und so ließ er sich der jungen Dame aus der verzweigten Familie des Eisernen Kanzlers vorstellen. Man sprach wenig über Politik und verlor sich auch nicht aus den Augen, als Freya von Bismarck beruflich in Heidelberg zu tun hatte. Als die beiden heirateten, war die Frau, die ihren berühmten Namen nun ablegte, nicht unbedingt die gute Partie im landläufigen Verständnis. Freya war alles andere als reich, und das Haus, das sich die Eheleute kauften, war denn auch bauspar- und hypothekenfinanziert. In der stilvollen Villa mitten im Buchenwald am Schmalsee bei Mölln gelegen, wuchsen die vier Kinder auf, ein Mädchen, zwei Jungen und wieder ein Mädchen. Jedes der Kinder bekam ein eigenes Pony geschenkt, und alle blieben sie vom Scheinwerferlicht der Öffentlichkeit verschont, das doch ein Lebenselement des Vaters war.

Freya Barschel erschien gleichfalls höchst selten auf der politischen Bühne. Eine Ausnahme machte sie einmal im Jahr bei der feierlichen Eröffnung der Segelregatten zur Kieler Woche. Auch später, als sie die erste Dame des Landes wurde, nahm sich Frau Barschel gern zurück – in vornehmer Bescheidenheit, aber auch aus Vorsicht. Die »Rote-Armee-Fraktion« schrieb sich um diese Zeit mit Blut in die Geschichtsbücher ein.

Es war nur eine Frage der Zeit gewesen, bis der vielseitig begabte Fraktionsführer von Ministerpräsident Stoltenberg, wiederum als Jüngster, ins Kabinett berufen wurde. Das angebotene Kultusressort schlug er aus und wurde Finanzminister. Kurz darauf wechselte er ins spannendere Innenressort. Die 70er und 80er Jahre waren Zeiten der Radikalisierung und der zunehmenden Militanz in der Bundesrepublik. Neben der RAF bekämpften ihre Sympathisanten von der »Außerparlamentarischen Opposition« den von ihr sogenannten »Schweinestaat«. Zu Orgien der Gewalt gerieten insbesondere die Demonstrationen gegen Kernkraftwerke. Brokdorf in Südholstein wurde zum Symbol der Systemüberwindung.

Wie Barschel mit den Problemen umging, beschreibt ein Augenzeuge: »Unter seiner politischen Verantwortung als Innenminister kam es bei den Großdemonstrationen gegen das Kernkraftwerk Brokdorf nicht zu Eskalationen. Vielmehr schaffte er es, trotz zum Teil gewaltbereiter Demonstranten, durch eine kluge Polizeitaktik und gute politisch-psychologische Maßnahmen die Lage im Griff zu behalten. Äußerst gelassen, als handele es sich um einen Routinevorgang, gab er sich in den Tagen vor einer Großdemonstration mit 100 000 erwarteten Teilnehmern. Man befürchtete das Schlimmste. Barschel beruhigte sorgenvolle Abgeordnete. Notfalls werde man einen Teil der Demonstranten auf das Gelände lassen und dann die Tore schließen, meinte er augenzwinkernd. Wozu es natürlich nicht kam.«[24]

Aber wie zuvor als Fraktionschef stand Barschel auch als Minister nicht bloß für geräuschloses Funktionieren und perfektes Management. Die politischen Inhalte waren ihm noch entschieden wichtiger als die Abläufe. Und er zeigte auch in seinen Positionen wie wenige sonst klare Kante.

In der Deutschlandfrage gab es keinen schärferen Kritiker der auf Anerkennung der DDR zielenden SPD-Politik. In der Aufgabe des Alleinvertretungsanspruchs der Bundesrepublik sah er die Tendenz zur Verewigung der deutschen Teilung, mit der er sich niemals abfinden wollte. Nicht zuletzt seine konsequente Wiedervereinigungspolitik brachte Barschel das Image des harten Rechtsauslegers ein. Dabei ging es ihm nicht um Konfrontation, sondern um Verständigung. Barschel ließ keine Gelegenheit aus, das Gespräch mit den Menschen im anderen Teil Deutschlands zu suchen. Es gab wohl keinen Bundes- oder Landespolitiker, der in den 70er und 80er Jahren häufiger als er in die DDR gereist war.

Warum Gerhard Stoltenberg ausgerechnet den jüngsten in seiner Kabinettsrunde zum Nachfolger bestimmte, als er im Herbst 1982 nach Bonn wechselte, war eine mitunter gestellte Frage. In der Person Jürgen Westphals gab es zumindest einen, der es an natürlicher Autorität und politischem Format mit dem Innenminister aufnehmen konnte. Der erfolgreiche, populäre Wirtschaftsminister konnte zudem weit mehr Erfahrung in die Waagschale legen. Im Kabinett hatte er oft als einziger dem jungen Heißsporn mit klugen Argumenten witzig und gelassen Paroli geboten. – Stoltenberg hat sich, soweit bekannt geworden, niemals zu der Frage geäußert, weshalb er damals Barschel den Vorzug vor Westphal gegeben hat. Möglicherweise war es eine verfrühte Entscheidung. Ganz sicher aber wäre es Barschel gut bekommen, nicht schon mit 38 Jahren (wieder früher als jemals sonst ein Politiker in Deutschland), sondern erst ein paar Jahre später Ministerpräsident zu werden.

Im Umgang mit politischen Freunden und Gegnern neigte der progressive Konservative zur Ungeduld. Seine Mitarbeiter hatten es nicht leicht, dem vorgelegten Tempo zu folgen. Er konnte mit Zornesausbrüchen reagieren, wenn er sich nicht schnell genug am Ziel sah. So war es im gepanzerten Dienst-Mercedes, als sich sein Fahrer Karl-Heinz Prosch auf der Fahrt nach Bonn in einer Autobahn-Ausfahrt geirrt hatte. Aus dem Fond sah Barschel wütend aus den Akten hoch und stauchte den erschrockenen Prosch zusammen.

Am Ziel angekommen, faßte sich der Fahrer ein Herz und bat den Chef um eine Aussprache. Barschel willigte ein und lud Prosch zum Abendessen ins Bonner Gasthaus »Weinkrüger« ein und zu einer Flasche Wein. Es wurden zwei Flaschen geleert, derweil der gelernte Kfz-Schlosser dem gelernten Politiker klarmachte, daß er sich so wie heute geschehen nicht noch ein zweitesmal behandeln lassen würde. Erstens sei das schlecht für beider Sicherheit, weil er bei solchem Donnerwetter leicht das Steuer verreißen könnte. Zweitens aber sei das schlecht für sein Wohlbefinden, und lieber würde er wieder an Motoren herumschrauben, als sich wieder so beschimpfen zu lassen.

Der Ministerpräsident hörte ruhig zu, bis sein Chauffeur sich den Ärger von der Seele geredet hatte. Dann gab er ihm recht, entschuldigte sich und versprach, dergleichen werde nicht mehr vorkommen. Und es kam nicht wieder vor.

Karl-Heinz Prosch war nicht irgendein Fahrer. In sieben Jahren und auf einer gemeinsam zurückgelegten Fahrstrecke von 500 000 Kilometern lernte er seinen Chef besser kennen, als ihn fast alle anderen Menschen kannten. Und er sagt, »es hat nie einen besseren Chef gegeben«. Selbst ein Mann ohne jede Falschheit, lernte er an Barschel mehr als alles andere dessen Aufrichtigkeit schätzen. Und Prosch war zu jeder Tages- und Nachtzeit für ihn da, in seinem Metier genauso unermüdlich im Einsatz wie der andere in dem seinen.

Das Wort Freundschaft ist in der gänzlich unpathetischen Beziehung der beiden Autoreisenden nie vorgekommen. Prosch hätte es absurd gefunden. Er war sich der Distanz bewußt. Aber sie hinderte ihn nicht, den Jüngeren uneingeschränkt zu bewundern und sich wie ein guter Freund zu verhalten. Gern mischte er sich unter die Zuhörer, wenn Barschel eine Rede hielt. Wenn hinterher, wie immer, in Diskussionsgrüppchen der

Redner beurteilt wurde, hörte Prosch neben Anerkennendem auch schon mal Kritisches. Etwas arrogant kam der junge Ministerpräsident manchen Leuten vor, woraufhin sich Karl-Heinz Prosch zu erkennen gab. Er als sein Fahrer müßte es wissen. Barschel sei ganz und gar nicht arrogant. Er gehöre gerade nicht zu den glatten Politikern. Im Gegenteil seien für ihn die Sorgen und Nöte gerade der kleinen Leute besonders wichtig. – Vor Barschel hielt Prosch solche Plädoyers streng geheim. Er wußte, daß der solche Interventionen nicht billigen würde, aber verkneifen wollte er sich seinen Einsatz nicht.

Der Anschein der Arroganz war tatsächlich eine von Barschels Schwachstellen. Auch sein diplomatisches Geschick war nicht sonderlich ausgeprägt. Er ging im Gegenteil mit manch einem Kontrahenten ausgesprochen ruppig um. Wenig Verständnis zeigte er, wenn ihm Faulheit und Anmaßung begegneten. Er war auch, was bei Politikern vielfach für unerläßlich gehalten wird, kein Künstler der Maskerade und nicht einmal ein guter Schauspieler. Theatralische Gesten und aufgesetzte Herzlichkeit waren seine Sache nicht. Verstellung lag ihm nicht, was nicht ausschloß, daß er in Verhandlungen mit undurchsichtiger Miene hart zu pokern verstand. Er hatte nicht die geringste Neigung zu Selbstmitleid oder Larmoyanz und ließ sich Schmerzen nur ungern anmerken.

Obwohl er früh in Positionen war, zu denen das Verteilen von Pfründen gehört, ist ihm Ämterpatronage in keinem einzigen Fall nachgesagt worden. Es gibt auch keinerlei Zeugnis dafür, daß er nennenswerte Versprechungen gemacht hätte, die er nicht einlösen konnte. Von welchem Politiker läßt sich das schon sagen?

Bemerkenswert ist auch dieses: In 25 Jahren seiner politischen Arbeit ist Barschel nie in den Verdacht geraten, auch nur am Rande mit irgendeinem Fall von Vorteilsnahme oder Korruption zu tun zu haben oder die Aufklärung von zweifelhaften Vorgängen zu behindern. Entscheidungen über die Besetzung von Positionen, die ein Ministerpräsident am laufenden Band zu treffen hat, gaben niemals Anlaß zum Vorwurf der Vetternwirtschaft. Ihm ist im Gegenteil vorgeworfen worden, alte Freunde und Wegbegleiter übergangen zu haben, wenn es um eine fällige Beförderung ging.[25]

Neben Prosch aus dem Blickwinkel des Fahrers gab es niemand, der Ethos und Arbeitsstil des Ministerpräsidenten besser beurteilen konnte als sein langjähriger Persönlicher Referent. Gerd-Harald Friedersen hat diese Aufgabe vom Juni 1983 bis zu Barschels Rücktritt am 25. September 1987 versehen. Sein Büro lag neben dem Zimmer des Ministerpräsidenten, das er ohne Umweg über den Flur durch eine Doppeltür direkt erreichen konnte. So gut wie die Sekretärinnen kannte er den Terminkalender seines Chefs, für den er den offiziellen Tagesablauf auch inhaltlich vorzubereiten und mitzugestalten hatte. Der Persönliche Referent plante und entwarf die Reden und hatte sämtliche Außenveranstaltungen zu koordinieren und bis ins Detail vorzubereiten. Meist war er bei den öffentlichen Auftritten dann auch selbst dabei – als Kritiker, der vom Kritisierten immer mit Respekt behandelt wurde.

Friedersen war eine echte Vertrauensperson. Persönliche Referenten bleiben in dieser Funktion üblicherweise nicht länger als drei Jahre, dann sind sie »verschlissen«. Weil sie regelmäßig vom Arbeitsbeginn des Ministerpräsidenten an bis zu dessen Ende tief in der Nacht eingespannt sind, findet für den Persönlichen Referenten Privatleben genausowenig statt wie für den MP, zumal auch die meisten Wochenenden dienstlich verplant sind. »In seinem konkreten Fall sei es so gewesen«, heißt es im staatsanwaltlichen Protokoll einer zeugenschaftlichen Vernehmung Friedersens, »daß Uwe Barschel nicht nur ihn persönlich, sondern auch sein unmittelbares privates Umfeld eindringlich gebeten habe, auch nach Ablauf der etwa drei Jahre zu bleiben.«[26]

Friedersen blieb, weil er in dem jungen Ministerpräsidenten einen fairen Chef hatte, der ihm alles abverlangte, der selbst aber auch alles gab. Er wußte die Klarheit zu schätzen, mit der Prioritäten gesetzt und Aufgaben delegiert wurden. Und es faszinierte ihn, aus nächster Nähe zu erleben, wie ein bedeutsames Stück Landesgeschichte geschrieben wurde. Denn genau das tat Barschel, der entschlossen war, die bundespolitische Randexistenz von »Schläfrig-Holzbein« in Aufbruch und dynamische Entwicklung zu verwandeln.

Mit einer in der eigenen Partei umstrittenen Arbeitsplatzoffensive setzte Barschel die ersten zukunftsweisenden Akzente. Er gab seiner Regierung außerdem mit landwirtschaftlichen Extensivierungsprogrammen als ökologischer Vorreiter Profil: Gegen den hinhaltenden Widerstand der Landwirtschaftslobby und seines eigenen Landwirtschaftsministeriums setzte der Ministerpräsident die Einrichtung des Nationalparks Schleswig-Holsteinisches Wattenmeer durch. Der Segen für Natur und Menschheit ist bis heute kaum hoch genug zu schätzen, aber es gab auch politischen Ertrag: Die Partei der Grünen hatte während der Regierungszeit Barschel nie den Hauch einer Chance, ins Landesparlament zwischen Nord- und Ostsee einzuziehen.

So wenig wie sein Landwirtschaftsminister mit dem Wattenmeer, mochte sich Barschels Kultusminister mit einem anderen Plan seines Chefs befreunden. Als er im Kabinett seine Überlegungen zu einem sommerlichen, alle Jahre wiederkehrenden Musikereignis an den unterschiedlichsten Stätten des Landes ausbreitete, stieß er auf Skepsis und Ablehnung. Barschel ließ sich nicht beirren. Mit dem Pianisten und Dirigenten Justus Frantz als musikalischem Leiter entwickelte der junge Landesvater ein Konzept, das seinesgleichen nirgendwo hatte. Das Schleswig-Holstein-Musikfestival sollte fortan zum Markenzeichen der Region werden. Wo sich bislang Fuchs und Hase gute Nacht sagten, waren über Nacht kulturell blühende Landschaften entstanden. In den Augen vieler Beobachter grenzte die Verwandlung geradezu an Zauberei. Die Musikwelt verhehlte dem Spiritus Rector ihre Bewunderung nicht, und der alte Leonard Bernstein küßte dem jungen Uwe Barschel vor Dankbarkeit sogar die Hand.

Der 1982 zunächst Ernannte und vom Parlament Bestätigte, der im Jahr darauf die Wiederwahl der Unionsregierung mit absoluter Mehrheit schaffte, hat in der relativ kurzen Zeit seiner Ministerpräsidentschaft mehr für sein Land erreicht als alle seine Vorgänger – gar nicht zu reden von seinen Nachfolgern, die Schleswig-Holstein bald wieder zum Schlußlicht machen sollten.

Stoltenbergs Erbe

Der Parteivorsitz in der CDU von Schleswig-Holstein war für Stoltenberg eine Prestigefrage und eine Frage seiner Hausmacht, die er nach Gutdünken zu nutzen trachtete. Für den Nachfolger ging es um mehr. Er kannte die Defizite der Partei und wollte die in langen Jahren der christdemokratischen Alleinregierung behäbig gewordenen Funktionäre aller Untergliederungen, vom Landesverband bis hinunter in die Ortsgruppen, gehörig auf Leistung trimmen.

Wie Friedersen in seiner Zeugenaussage berichtet, »habe Barschel die müde Partei auf Vordermann bringen wollen. Dazu wäre es erforderlich gewesen, daß Stoltenberg zurücktritt. In Bonn sitzend und sich nicht rührend«, habe sich der Bundesfinanzminister aus allen Querelen herausgehalten, für die dann Barschel als »Feuerwehrmann« einspringen mußte. Der machte das Spiel nicht endlos mit, für Probleme den Kopf hinzuhalten, die zu lösen ihm der Vorgänger unmöglich machte. Aus Protest legte er das Amt des stellvertretenden Parteivorsitzenden nieder. Wahlkampf zu führen und Wahlen zu gewinnen wurde dadurch allerdings nicht leichter für ihn. Er blieb in den Augen der Wähler der Spitzenmann der Union, auf die er ohne Parteiamt allerdings kaum noch direkt einwirken konnte.

Zum offenen Bruch kam es zwischen Barschel und Stoltenberg, als 1986 ein Waffengeschäft ruchbar wurde. Die Kieler Howaldswerke/Deutsche Werft (HDW) und das Industrie-Kontor Lübeck (IKL) wurden in der Presse bezichtigt, unter Bruch eines UN-Embargos mit der Apartheid-Republik Südafrika verbotene U-Boot-Geschäfte abzuwickeln, zumindest aber dem Rassistenstaat die Blaupausen zum Bau der begehrten deutschen Unterseeboote zu liefern.

Barschel erfuhr durch einen Journalisten von der Affäre, in die Stoltenberg mit anderen Ministern der Bundesregierung verstrickt war. Im Aufsichtsrat von HDW saßen zwei Vertrauensleute Stoltenbergs, die ihm berichteten. Ihrem Ministerpräsidenten gegenüber ließen die beiden kein Wort von den U-Boot-Vorgängen verlauten, obwohl sie Mitglieder seiner Regierung waren. Die Verletzung solch selbstverständlicher Loyalitäten empörte Barschel. Es war das Ende allen Vertrauens zu Stoltenberg.

Der Krach unter den Spitzenleuten war wenig dazu angetan, die Wahlaussichten zu verbessern. Die Verkalkungserscheinungen in der Partei der Christdemokraten wurden nicht nur von Barschel wahrgenommen. Sie beunruhigten das bürgerliche Lager insgesamt und verschafften einer vordem bedeutungslosen Unabhängigen Wählergemeinschaft Schleswig-Holstein (UWSH) Zulauf. Ebenfalls auf Kosten der Union und aus ähnlichen Gründen verbesserten sich auch die Chancen der Freien Demokraten, die vorher an der Fünf-Prozent-Hürde gescheitert waren. Immerhin sah Barschel in der FDP aber einen prospektiven Koalitionspartner.

Mit den Liberalen zusammen würde es schon reichen, meinte er zuversichtlich, nach der nächsten Wahl im Herbst 1987 wieder die Regierung im nördlichen Bundesland zu bilden. Unter welch starkem Druck Barschel stand, das wußten die Wähler indessen nicht, und selbst seiner eigenen Familie blieben manche seiner Sorgen verborgen. Auch mit seinen gesundheitlichen Problemen behelligte er andere kaum. Den Reitsport mußte er aufgeben, weil ihn starke Rückenschmerzen plagten. Die nahmen noch zu, als er nach schweren Verkehrsunfällen zweimal aus dem Schrotthaufen kroch, der von seinem Auto noch übriggeblieben war. Seit Anfang der 80er Jahre nahm er, bei steigender Dosierung, Psychopharmaka – gegen Flugangst, wie er zugab, aber wohl auch gegen eine andere Angst, über die er kaum jemals gesprochen hat: Er wußte, daß er auf der Liste der Todeskandidaten weit oben stand, die damals von der RAF geführt und in Terroranschlägen grausam abgearbeitet wurde. Barschel machte frühzeitig sein Testament[27]. Von einer regelrechten Medikamentenabhängigkeit war aber selbst seiner Frau, wie sie sagt, nichts bekannt, auch seine engsten Mitarbeiter bemerkten davon nichts.

Zusätzlichen Druck gab es auch von der sozialdemokratischen Oppositionspartei im Lande, als der ehemalige Bundesbildungsminister Björn Engholm 1983 nach der Demission der Regierung Schmidt/Genscher ins angestammte Schleswig-Holstein zurückkehrte. Der nonchalante Lübecker hob sich vorteilhaft von seinem spröden Vorgänger Klaus Mathiessen ab. Mit seinem jugendlichen Charme schien Engholm endlich auch die Ära des langjährigen SPD-Vorsitzenden Steffen vergessen zu machen, den alle nur »den roten Jochen« genannt hatten. Mit Positionen, die sogar in der traditionell linken Sozialdemokratie von Schleswig-Holstein als marxistisch in Verruf gerieten, hatte Steffen die Wähler mehr geschreckt als gelockt und es den Christdemokraten damit relativ leicht gemacht. Engholm hingegen schien frei zu sein von dogmatischer Verhärtung. Es hieß zudem, er sei ein ausgesprochener Frauentyp, und er verbreitete tatsächlich eine Leichtigkeit des Seins, die von dem regierenden Ministerpräsidenten und seiner steten Ernsthaftigkeit so ganz und gar nicht ausging.

Weniger mit einem schlüssigen politischen Gegenentwurf als vielmehr punktuell und vom Zeitgeist inspiriert, trug Engholm im Parlament seine Attacken gegen die Regierungspolitik vor. Wie er sich über eine deutsche Wiedervereinigung mokierte, so suchte er eine aktive Familienpolitik und die Zielvorstellung von steigenden Geburtenraten ins Lächerliche zu ziehen. Barschels Forderungen, zur Bekämpfung von Straftaten bei Demonstrationen bundesweit einen Meldedienst über gewalttätige Störer einzuführen und ein gesetzliches Vermummungsverbot zu verhängen, stellte der Oppositionsführer als Marsch in den Polizeistaat unter Verdacht. Gegen den vom Ministerpräsidenten gleichfalls geforderten bundesweiten Kriminalakten-Nachweis zog er ebenfalls mit Verve vom Leder. Seine Forderung nach der Einheitsschule (Rot-Grün-Programm auch im schleswig-holsteinischen Wahlkampf des Jahres 2005) prallte unversöhnlich mit Barschels Schulkonzept zusammen.

Wie vergleichsweise wegweisend und fortschrittlich die Politik des Ministerpräsidenten auch immer war, den Beifall der Medien fand eher der andere. Alle Umfragen sahen zwar die Regierungspartei ein gutes Stück vor der Opposition, und auch im persönlichen Vergleich schnitt der

Ministerpräsident deutlich besser ab als sein Herausforderer. Insbesondere wurde ihm die mit Abstand größere Kompetenz bescheinigt. Aber der Vorsprung schrumpfte.

Einen Grund für die schwache Medienpräsenz seiner Regierung hatte Barschel in der personellen Besetzung seiner Presse- und Informationsstelle erkannt, die ein Erbstück seines Vorgängers war. Der »Mangel an Kompetenz« war auch seinem Persönlichen Referenten Friedersen sogleich ins Auge gesprungen, der Barschels ständigen Ärger darüber zu Protokoll gibt, »daß die Opposition im Umgang mit der Presse wesentlich geschickter agiere. Es sei der Opposition ständig gelungen, selbst kleine Erfolge in günstigem Licht erscheinen zu lassen, während die eigene Abteilung nicht in der Lage gewesen sei, die tatsächlich erzielten Erfolge in eine entsprechende Pressearbeit umzusetzen.«[28]

Die Texte aus der Pressestelle waren oftmals so unzulänglich, daß Barschel mehr und mehr dazu überging, die Pressemeldungen selber abzufassen. Auch die Pflege von Kontakten zu den verschiedensten Redaktionen und Meinungsbildnern übernahm er notgedrungen ganz überwiegend in die eigene Regie. Mit dieser Art der Kompensation von Defiziten dürfte er wohl eine Alleinstellung unter den Regierungschefs gehabt haben. Die Zustände in der wichtigen Stabsstelle wurden damit aber nicht besser. Die Krux war, daß der Stellenplan von anderthalb Dutzend mindestens zur Hälfte mit Versagern besetzt war, »fachlich vollkommen untauglich«, so Friedersen. Die wenigen Fähigen unter den Mitarbeitern sahen sich bald nach anderen Aufgaben im Journalismus um, wenn sie mit dem Versuch gescheitert waren, Ordnung in die desolate Abteilung zu bringen.

Verantwortlich für die in der Staatskanzlei angesiedelte Informations- und Pressestelle war der von Stoltenberg übernommene Leiter, der immer noch den gemütlicheren alten Zeiten nachhing. Er war von lauterem Charakter, wie alle bekunden, die ihn kannten. Gutmütig sei er vor allem gewesen, der Herr Staatssekretär. Aber er war mit seiner Aufgabe als Führungskraft entschieden überfordert. Der Mann hatte ein Autoritätsproblem. »Dadurch sei es ständig dort möglich gewesen, daß Alkohol getrunken wurde«, hat der Zeuge Friedersen ausgesagt, »oftmals habe dort bereits vormittags um 11 Uhr Wein auf dem Tisch gestanden und man habe sich angeregt unterhalten. Die Alkoholaufnahme habe sich mittags sogar in der Kantine fortgesetzt.« Immer mit dabei, wenn gebechert wurde, war eine Sekretärin mit Namen Jutta Schröder, von der bald wieder die Rede sein muß.

Für Barschel sind die Alkoholgelage unter seinem Dach ein Horror gewesen. Er selbst hatte seit dem Sommer 1986 konsequent auf Alkohol in jeglicher Form verzichtet. Niemand versteht so recht, warum er in der Pressestelle kein Alkoholverbot verhängt hat. Aber Barschel, der sich immer schwertat, eine Kündigung auszusprechen, konnte gerade in dieser Abteilung beim besten Willen nicht richtig durchgreifen. Der unter Stoltenbergs Schutz stehende Staatssekretär war nahezu unangreifbar und an ihm vorbei der Zugriff auf seine Schutzbefohlenen auch nicht einfach.

Besserung der Lage suchte er, indem er einen Beamten zum stellvertretenden Leiter der Pressestelle machte, von dem er wußte, daß er hart zupacken konnte. Der gelernte Steuerfahnder war ein großer Sportsmann, Handballer beim THW Kiel und über mehrere Jahre auch Stammspieler der deutschen Handball-Nationalmannschaft. Rauh, aber herzlich war Herwig Ahrendsen auch im beruflichen Umgang. Barschel schätzte an ihm, daß er seine Meinung geradeheraus sagte. Ahrendsen wurde so rasch zum Vertrauensmann für den Ministerpräsidenten. Auch von ihm wird bald wieder die Rede sein.

Warum ausgerechnet Pfeiffer?

Bei der Auswahl seines Personals pflegte Uwe Barschel die bewährten Vorsichts- und Sorgfaltsregeln einzuhalten, die im öffentlichen Dienst ganz allgemein gelten und in sicherheitspolitisch sensiblen Bereichen ein Muß sind. Bevor er beispielsweise seinen Persönlichen Referenten einstellte, hatte der MP sich erst einmal eine Reihe von jungen Kandidaten empfehlen lassen, die von den Zeugnissen und der Ausbildung her alle geeignet erschienen. Mit einem engeren Kreis wurden dann Auswahlgespräche geführt. Für Gerd-Harald Friedersen entschied sich der Regierungschef dann erst »nach einer längeren Phase, in der auch eine gründliche Sicherheitsüberprüfung seiner Person vorgenommen worden sei«, so steht es im Protokoll seiner späteren Zeugenvernehmung. Und auch das steht darin: »Er sei damals auch in keiner Partei gewesen.« Dem MP war anderes wichtiger.

Sollte das Prinzip Vorsicht bei der Einstellung des Journalisten Pfeiffer in den Landesdienst keine Rolle gespielt haben? Wie kam es überhaupt dazu?

Drei unbesetzte Stellen in der Pressestelle und deren notorische Ineffizienz waren die Gründe, nach Verstärkung Ausschau zu halten. In dieser

Lage sah sich Barschel nicht zum erstenmal. 1983 hatte er schon einmal einen Helfer in Sachen Öffentlichkeitsarbeit angeworben, der im Wahlkampf mit anpackte. Die durchweg guten Erfahrungen mit dem damaligen Ausputzer veranlaßten Barschel, wieder im selben Haus nachzufragen. Beim Axel-Springer-Verlag in Hamburg nahm der Vorstandsvorsitzende Peter Tamm die Anfrage gern entgegen. Unter den Tausenden von Schreibern im größten Zeitungshaus Europas würde sich schon ein Geeigneter finden, ließ er den Ministerpräsidenten wissen.

Um diese Zeit, Herbst 1986, gab es nicht nur genügend Manpower bei Springer, es gab davon zuviel. Regelrecht auf Vorrat hatte man Journalisten eingekauft. Auf dem Hamburger Markt der Boulevardzeitungen erwartete Springer nämlich den Angriff eines Konkurrenten und baute deshalb vorsorglich eine Entwicklungsredaktion auf, die neben der *BILD-Zeitung* mit einem zusätzlichen Boulevardblatt für jeden Wettbewerber die Räume eng machen sollte. Unter den zwei Dutzend Neuverpflichteten war ein Bremer namens Pfeiffer, empfohlen von einem *BILD*-Kollegen, aber in der Personalabteilung ein unbeschriebenes Blatt. Trotzdem hatte er einen Vertrag als Ressortleiter erhalten, mit einem Monatsgehalt von 9000 Mark.

Als die Frage des mächtigen Peter Tamm ein paar Hierarchiestufen tiefer ankam, fand einer mit Budgetverantwortung, daß sich auf diese Weise vielleicht die Gehaltskosten für den teuren Pfeiffer wenigstens teilweise wieder hereinholen ließen, nachdem der erwartete Vorstoß der Konkurrenz ausgeblieben und der Mann aus Bremen unbeschäftigt war. Keiner im Hause Springer dachte Böses bei der von Barschel als Empfehlung verstandenen Vermittlung. Aber keiner der Beteiligten in Hamburg kannte Reiner Pfeiffer. Barschel *glaubte* nur, er bekäme einen bei den Zeitungsprofis Bewährten und dort für geeignet gehaltenen Könner, einen ihm ausdrücklich Empfohlenen. – Die Empfehlung durch Springer habe ihm mehr bedeutet als alle möglichen Referenzen, hat Barschel den Irrtum später kommentiert.

Jede beliebige Pressestelle einer x-beliebigen Landesregierung hätte, als die Personalie anstand, per Recherche den Hintergrund des Kandidaten abgeklärt. Dem gutmütigen Staatssekretär und Leiter der Kieler Pressestelle, Gerd Behnke sein Name, ist diese naheliegende Idee indessen nicht gekommen. Dabei war Behnke in die Anbahnung maßgeblich eingeschaltet. Er war es sogar, der in Hamburg das erste Gespräch mit Pfeiffer allein führte, dem er am Schluß der Unterredung erklärte, der Rest sei nun nur noch Routine.

Behnke war auch dabei, als Pfeiffer dem Ministerpräsidenten in einem kurzen, tatsächlich routinemäßigen Kennenlerngespräch vorgestellt wurde. Völlig unstrittig war und blieb, daß Barschel den Mann überhaupt nicht kannte, den er da in die Staatskanzlei holte. Das allein ist aber ein starker Hinweis, daß die Aufgaben weder wichtig noch delikat sein konnten, die er dem Helfer auf Zeit zugedacht hatte. Dem entspricht auch die besoldungsmäßige Einstufung. Während der Ausleihphase erhielt Pfeiffer nur knapp die Hälfte seiner Springer-Bezüge von der Landesregierung. Die andere Hälfte, so wurde vereinbart, zahlte weiterhin der Verlag.

»Reiner Pfeiffer habe nach dem Eindruck des Zeugen lediglich eine untergeordnete Rolle gespielt«, steht im Protokoll der Friedersen-Vernehmung. Seine Aufgaben bestanden in der Beobachtung der Medien; er hatte Grußbotschaften für den Ministerpräsidenten und Namensartikel für diverse Blätter abzufassen und Pressemeldungen zu schreiben. Von irgendwelchen Sonderaufträgen des MP war keiner Person im Hause des »Entleihers« Springer oder in der Staatskanzlei etwas bekannt. Bei den eingehenden Befragungen aller Beschäftigten der Pressestelle durch die Staatsanwaltschaft gab es nicht den geringsten Hinweis darauf, daß an Pfeiffers Behauptungen etwas dran sein könnte, er sei »einer der engsten Mitarbeiter des Ministerpräsidenten« gewesen oder dessen »persönlicher psychologischer Berater«, wie im *Spiegel* zu lesen stand.

Milde belächelt wurde im Kollegenkreis, »daß Pfeiffer sich für besonders befähigt hielt, sich auch das Amt eines Ministers zutraute«, heißt es in den staatsanwaltlichen Ermittlungsakten, und weiter: »Zum Teil wurden solche Erzählungen ohne weiteres als Übertreibung abgetan. Zum Teil hatten die Zeugen damals selbst festgestellt, daß seine Angaben, zu einem bestimmten Zeitpunkt mit dem Ministerpräsidenten zusammengewesen zu sein, nicht stimmen konnten ...« – Pfeiffer log in allen Lebenslagen.

Der Neuling hat keinerlei Veranlassung gegeben, ihm anspruchsvolle Aufgaben zu übertragen. »Er habe die Erwartungen, die an ihn bzw. die Funktion gestellt wurden, keineswegs erfüllt«, sagt Friedersen aus, »es sei vielmehr so gewesen, daß Pfeiffer auch regelmäßig an den Trinktreffen teilnahm. Insbesondere habe er mit Frau Schröder getrunken ... Die Presseerklärungen, die aus der Feder von Reiner Pfeiffer herrührten, seien nicht nur häufig nicht erwartungsgemäß abgefaßt, sondern sogar in der Sache falsch gewesen.«

Offenkundig hatte Barschel mit Pfeiffer eine Niete gezogen. Sollte er ihm dennoch reihenweise Aufträge der heikelsten Art übertragen haben? Niemand konnte das bestätigen, außer einer »Zeugin vom Hörensagen«,

Jutta Schröder, der Sekretärin aus dem Schreibpool, für die Reiner Pfeiffer rasch zum Zechkumpan wurde und, wiewohl in Bremen verheiratet, flugs auch zum Kieler »Lebensgefährten«.[29] Frau Schröder bestätigte, alles, was Pfeiffer im *Spiegel* erzählte, habe sie vorher auch von ihm erfahren.

Verbürgt durch die Aussagen von seriösen Zeugen sind nur wenige Begegnungen des Ministerpräsidenten mit seinem neuen Medienreferenten. Nur eine davon, gerade mal eine halbe Stunde, fand »unter vier Augen« statt, wie von Pfeiffer dringend schriftlich erbeten. Wenn er in Fragen einer zu verbessernden Arbeit der Pressestelle in Barschels Dienstzimmer gerufen wurde, dann in der Regel zusammen mit dem anderen Neuen, der in dem lahmen Laden für Remedur sorgen sollte, dem Regierungsdirektor und stellvertretenden Leiter der Abteilung, Herwig Ahrendsen.

Gegen die von Pfeiffer und niemandem sonst behaupteten »häufigen Treffen zu zweit« sprach schon der Comment des Hauses. Der Chef der Staatskanzlei, Staatssekretär Hans-Günter Hebbeln, wachte über den Zugang aller Besucher zum MP. Das gehörte zu seiner »Filter-Funktion« (Friedersen), die den Sinn hatte, dem Vorgesetzten den Rücken freizuhalten. Die Referenten haben nicht gewagt, sich an Hebbeln vorbeizudrücken. Wie sollte das ausgerechnet Reiner Pfeiffer gelungen sein? Auch Friedersen, der Tür an Tür mit dem MP arbeitete, hat nichts von Pfeifferschen Soloauftritten in Barschels Büro bemerkt. – Die Staatsanwaltschaft wußte all das, aber die Öffentlichkeit hat davon bis heute nicht erfahren. Dabei ist die Frage der Begegnungen Barschels mit Pfeiffer von größter Bedeutung.

Nicht allein aus Geltungssucht behauptete Pfeiffer, mit dem MP rege und auf vertrautem Fuß verkehrt zu haben. Angeberei mochte ihn veranlaßt haben, seinen goldfarben gespritzten Mercedes immer mal wieder provozierend auf dem für Uwe Barschel reservierten Parkplatz vor dem Landeshaus abzustellen. Den vertrauten Umgang mit dem Dienstherrn sollte man ihm aber aus wichtigem Grund glauben: damit man ihm auch abnahm, daß er ganz persönlich Aufträge erhalten hätte, von denen nicht einmal die engste Umgebung wissen durfte.

»Streng geheim«, sei das gewesen, was der MP ihm auftrug, hat Pfeiffer erklärt – ohne zu merken, daß er sich schon damit selbst verriet: Pfeiffer erklärte nämlich gleichzeitig auch, daß er Jutta Schröder in alle Gespräche mit Barschel und in dessen Aufträge umgehend eingeweiht hätte. Aufträge, die so brisant gewesen sein sollen, daß davon weder die langjährige Chefsekretärin von Uwe Barschel noch dessen Persönlicher Referent auch nur ein Sterbenswort erfahren durften. Solche nur bei Strafe der politischen Selbstentleibung zu verratenden geheimen Kommandosachen, will Pfeiffer brühwarm einer alkoholgeneigten Schreibpool-Sekretärin erzählt haben, die er gerade erst kennengelernt hatte. – Dieser Zusammenhang hätte allein schon ausreichen sollen, Pfeiffer auszulachen, statt seinen Räuberpistolen im *Spiegel* eine Titelgeschichte nach der anderen zu widmen.

Aber es gab noch viele andere Belege dafür, daß Barschel nicht der Anstifter der von Pfeiffer begangenen Untaten war, es gar nicht gewesen sein konnte.

Zur Aussprache unter vier Augen, um die Pfeiffer wieder einmal brieflich gebeten hatte, war es schließlich tatsächlich gekommen. Abwechselnd unterwürfig und naßforsch, haben die Briefe Pfeiffers dem Empfänger Rätsel aufgegeben. So schrieb der Medienreferent dem Ministerpräsidenten, er wolle »bis zum Umfallen für Ihren Wahlsieg kämpfen«, oder er zog über mehrere Minister im Kabinett her, sie seien »untragbar« und »absolut unfähig«. Als er zur Begründung für seinen Gesprächswunsch auch ernste persönliche Probleme anführte, lud ihn Barschel schließlich für den »Tag der Arbeit« ins Haus der Familie nach Mölln ein.

Pfeiffer kam am späten Nachmittag und durfte auch zum Abendbrot bleiben. Worüber die Herren außer bei Tisch sprachen, erfuhr die Dame des Hauses nicht. Auch wenn Bundeskanzler Kohl zu Besuch erschien, war Freya Barschel nicht neugierig auf das politisch Erörterte. – Pfeiffer hatte einen »Maßnahmen-Katalog« ausgearbeitet, Verhaltensregeln für den erfolgreichen Wahlkämpfer, wie er meinte. Darin kamen die Empfehlungen vor, Seniorentreffs zu besuchen, Kinder auf den Arm zu nehmen oder sich für die Zeitungen mit erfolgreichen Sportlern ablichten zu lassen. Darüber wird unter anderem gesprochen worden sein. Freya Barschel weiß, daß Pfeiffer auf seine »angespannte finanzielle Lage« infolge einer »bevorstehenden Scheidung« zu sprechen kam. Aber Uwe Barschel konnte und wollte ihm nicht helfen. Beide Ehepartner waren sich einig, daß ihnen der Mensch unsympathisch sei. Als er sich dann abends nach ein paar Gläsern Rotwein, die er zur Brotzeit in sich hineinschüttete (während das Ehepaar Barschel Wasser trank), auch noch ans Steuer seines Wagens setzte, wurde Pfeiffer weder ihr noch ihm sympathischer.

Barschel hat nach der Wahl erklärt, der 1. Mai 1987 sei seine letzte Begegnung mit Pfeiffer gewesen. Das stimmte nicht ganz. Er traf den Zeitangestellten vier Tage später noch einmal in einem Hamburger Fischrestaurant bei einem Mitarbeiteressen, freilich ohne ihn zu beachten. Ein anderer Teilnehmer meinte, Pfeiffer habe »nur dagesessen wie ein begossener Pudel«[30]. Ein Resultat der Aussprache vom 1. Mai war auch, daß Barschel fürderhin jeden Kontakt mit dem Journalisten aus Bremen vermied. Die mehrfach geäußerte Bitte, die Anstellung auf Zeit doch in ein unbefristetes Arbeitsverhältnis umzuwandeln, stieß beim MP auf taube Ohren. Als er nach einem Flugzeugabsturz, den er als einziger schwerverletzt überlebt hatte, acht Wochen lang im Krankenhaus lag, lehnte Barschel alle Bitten Pfeiffers um eine Besuchserlaubnis ab. Nicht einmal ein Telefongespräch nahm er von dem ihm penetrant nachstellenden Medienreferenten an. – Hätte sich ein zur Tat anstiftender Barschel so brüsk ablehnend gegenüber einem ausführenden Täter Pfeiffer verhalten? Oder hätte er einen Komplizen, der ihn ja jederzeit ans Messer liefern konnte, nicht doch pfleglicher behandelt?

Und noch ein Ereignis macht den Verdacht der Anstiftung durch den Ministerpräsidenten geradezu unmöglich:

Am Tag vor Erscheinen der ersten *Spiegel*-Geschichte zum Thema »Waterkantgate« saß Gerd-Harald Friedersen im Fond des Dienstwagens neben dem Ministerpräsidenten, der den Vorabdruck der Geschichte in den Händen hielt. Keiner der beiden hat die Vorwürfe mit Reiner Pfeiffer in Verbindung gebracht, die in dieser ersten Story noch einem Anonymus zugeschrieben wurden: »Einem hochgestellten Informanten aus dem Kieler Regierungsapparat verdanken die Sozialdemokraten einen Hinweis, der ihrer Meinung nach den Hintergrund der Spitzelaffäre erhellen könnte.« – Nun, so hochgestellt war Pfeiffer nicht, als daß man ihn sogleich hätte verdächtigen müssen. Friedersen berichtete der Staatsanwaltschaft, daß Uwe Barschel auch »keineswegs ängstlich gewesen« sei. »Er habe nicht irgendwelche Enthüllungen gefürchtet. Die im *Spiegel* angedeuteten bzw. ausgesprochenen Vorgänge seien sowohl Uwe Barschel als auch ihm selbst als ›absurd‹ erschienen. Für beide sei das, was im *Spiegel* angedeutet wurde, nicht vorstellbar gewesen. Aus seinem – Friedersens – Verständnis von der damaligen Situation hätte Uwe Barschel auf der Fahrt für den Fall seiner ›Täterschaft‹ gar nicht mit ihm über die Sache sprechen dürfen. Er hätte vielmehr – so sei er jedenfalls einzuschätzen gewesen – nach Bekanntwerden solcher, mutmaßlich mit ihm in Zusammenhang zu bringender Vorwürfe gänzlich anders reagieren müssen.« Soweit der Persönliche Referent, der seinen Chef besser gekannt hat als fast alle anderen aus dem beruflichen Umfeld.

Die Aktionen des Medienreferenten

Was Pfeiffer auch immer vorzuwerfen ist, an Fleiß und an Bösartigkeit hat er es nirgendwo fehlen lassen, auch in der Staatskanzlei nicht. In seinem Büro im Landeshaus war er hin und wieder schon im Dezember 1986 aufgetaucht. Ab dem 5. Januar des neuen Jahres legte er richtig los. Es waren drei Aktionen, die er zeitlich parallel nebeneinander fuhr. Gemeinsam war ihnen die Zielperson Björn Engholm, Oppositionsführer im Kieler Landtag. In der folgenden Übersicht kommt es auf die exakte zeitliche Abfolge nicht an, sondern auf das Verstehen der konspirativen Vorgehensweise.

I. Aktion Aids

Am Schreibtisch des gerade abwesenden Herwig Ahrendsen wählte Pfeiffer die Lübecker Privatnummer Engholms und stellte sich als »Dr. Wagner« vor. In seiner Praxis, so der falsche Doktor, hätte er einen Fall von Aids festgestellt. Die HIV-positive »Person« hätte von Kontakten mit Björn Engholm gesprochen, und deshalb wolle er ihn mit diesem Anruf davon unterrichten, daß er sich wohl angesteckt hätte. Pfeiffer wiederholte nach knapp zwei Wochen den Anruf bei Engholm, der ihn dabei an seinen Hausarzt verwies. Bei dem rief der falsche »Dr. Wagner« noch dreimal an, »von außerhalb«, wie er sagte, und ohne daß er per Fangschaltung dingfest gemacht werden konnte.

Abrunden wollte Pfeiffer die Aktion Psychoterror durch einen Beitrag für die *BILD-Zeitung*. Er bot »Material« an, in dem Engholm als homosexuell und aidskrank dargestellt war. Die diffamierende Absicht war so offenkundig, die angeblichen Beweise aber waren so dürftig, daß die Chefredaktion von *BILD* eine Veröffentlichung kategorisch ablehnte. – Frau Schröder wurde von Pfeiffer beschwichtigt, indem er sie glauben machte, ihm sei die Aids-Geschichte selber widerwärtig, aber der Ministerpräsident bestünde nun mal darauf und ließe ihm leider keine andere Wahl.

Die Aids-Aktion wurde erst bekannt, als die Computerausdrucke über die Telefongespräche aus der Staatskanzlei ausgewertet waren. Pfeiffer hatte bei seinen *Spiegel*-Enthüllungen kein Wort darüber verloren und im Gegenteil angestrengt versucht, Presseberichte darüber zu verhindern[31]. Die Vertuschungsversuche dürfte Pfeiffer kaum aus Scham oder Reue über die Schmutzaktion unternommen haben. Ein Grund mag darin gelegen haben, daß ein Abwälzen der Schuld auf etwaige Mittäter in diesem Fall für ihn schwer möglich war. Außer seiner Behauptung gab es nicht den geringsten Hinweis darauf, daß sein Dienstherr ihn tatsächlich mit den perfiden Anrufen oder mit der Kontaktaufnahme zu *BILD* beauftragt haben könnte. Und Herwig Ahrendsen schied als Mittäter ohnehin aus: Er konnte hieb- und stichfest nachweisen, daß er zur Zeit des ersten Anrufs bei Engholm nicht in seinem Büro, sondern unterwegs zu einem Redaktionsbesuch in Bergedorf war. Andernfalls hätte ihm der nachgewiesenermaßen von seinem Apparat erfolgte Anruf bei Engholm leicht zum Verhängnis werden können.

II. Aktion Steueranzeige

Der Sekretärin Schröder, die ihn heiraten wollte, erzählte Pfeiffer, was über den *Spiegel* auch alle Welt erfuhr: In Barschels Auftrag erstattete er eine Anzeige wegen Steuerhinterziehung. Der Text des Schreibens an das Finanzamt Lübeck sei ihm vom Ministerpräsidenten persönlich »Wort für Wort« diktiert worden. Darin wird der Abgeordnete Engholm bezichtigt, seine Diäten, die Vergütung als Chef der Landtagsfraktion sowie die Abstandszahlungen, die er nach dem Ausscheiden aus seinem Bonner Ministeramt erhalten hatte, nicht ordnungsgemäß versteuert zu haben. Außerdem sei der geldwerte Vorteil, den Engholms Dienstwagennutzung, auch zu privaten Zwecken, bedeute, steuerlich nicht berücksichtigt worden. Steuern von mehreren hunderttausend Mark seien so von dem Politiker hinterzogen worden.

Gezeichnet war der korrekt adressierte Begleitbrief zur anonymen Anzeige mit »Ein besorgter Steuerzahler«; er dürfe seine Identität nicht preisgeben, weil sein Arbeitgeber keine politischen Aktivitäten dulde, vermerkte der Absender noch. Auf dem Briefumschlag die pseudonyme Absenderangabe »H. Sapiens« aus der Holstenstraße.

Die Finanzbeamten hatten keine Mühe mit der Anzeige. Engholms Bezüge unterlagen nämlich dem sogenannten Steuerabzugsverfahren: Ausgezahlt wurden lediglich Nettobeträge, von denen die Steuern bereits in Abzug gebracht waren. Bis zu dem Homo sapiens war diese steuerliche Selbstverständlichkeit offenbar nicht vorgedrungen. Die läppische Anzeige wäre denn auch schnell in Vergessenheit geraten, hätte Pfeiffer nicht vorgesorgt. Irgendwie hatte er sich in den Besitz eines gelben Zettels mit Notizen des Ministerpräsidenten gebracht. Auf diesem Zettel stehen drei Zahlenkolonnen nebeneinander: augenscheinlich die Bezüge von MP (wie Ministerpräsident), Min (wie Minister) und E (wie Engholm?). Eine Gedächtnisstütze, ihm von seinem Dienstherrn zur auftragsgemäßen Fertigung der Anzeige übergeben, behauptete Pfeiffer später; eine Notiz, die er

Der Zettel mit Barschels Notizen über die Bezüge von Ministerpräsident, Minister und Abgeordnetem E. reichte dem Parlamentarischen Untersuchungsausschuß als Beweis dafür, daß er die Steueranzeige in Auftrag gegeben hätte. Die Gerichte stuften den Zettel als belanglos ein.

in einer Parlamentsdebatte eventuell hätte brauchen können, wie Barschel sagte. – Der *Spiegel*, der »erste« PUA und ein Großteil der Öffentlichkeit haben in dem Zettel den Beweis dafür gesehen, daß Barschel der Urheber der Steueranzeige gewesen sei. Erst Jahre später stellte das Landgericht Kiel unmißverständlich fest, daß es zwischen dem Zettel und der Anzeige keinerlei vernünftigen Zusammenhang gibt.

Von Herwig Ahrendsen, dem stellvertretenden Leiter der Pressestelle, hatte sich Pfeiffer einen Experten im Hause benennen lassen, der ihm die Zahlen über die verschiedenen Einkunftsbestandteile des Oppositionsführers im schleswig-holsteinischen Landtag von April 1983 bis Januar 1987 zusammenstellen sollte; die Zahlen würde er brauchen zur Beantwortung einer Presseanfrage aus dem Bremer Raum, sagte Pfeiffer. Ahrendsen bat denn auch den für Personal und Besoldung zuständigen Referenten (und nicht den Steuerreferenten des Hauses) um eine entsprechende Übersicht. Der Referent, Claus Asmussen sein Name, ließ die Übersicht über die samt und sonders gesetzlich festgelegten Zahlungen von einer Mitarbeiterin handschriftlich zusammenstellen.

Pfeiffer legte das Papier zum Beweis für die Mittäterschaft von Ahrendsen und Asmussen vor. Die beiden seien informiert gewesen über den streng geheimen Auftrag des Ministerpräsidenten, behauptete er. Der *Spie-

gel und der Ausschuß nahmen ihm das für die Person Asmussen zwar nicht ganz ab. Herwig Ahrendsen aber sahen die Ankläger aus Parlament und Redaktionsstuben aufgrund der Zahlenzusammenstellung als Mittäter überführt. Darin mußte der Sportsmann Ahrendsen einen Anschlag auf seine moralische Integrität sehen, aber auch schlicht eine berufliche Beleidigung: Der stellvertretende Regierungssprecher war immerhin Leiter der Steuerfahndung gewesen, bevor er in die Staatskanzlei kam. Ihm wäre sofort aufgefallen, daß der Asmussen-Vermerk für eine Steueranzeige gar nichts hergeben konnte. Und wie hätte er gar den steuerlichen Unsinn verzapfen können, der aus allen Zeilen der Anzeige spricht?

Auch mit Barschels Kompetenz war solcher Nonsens niemals vereinbar – er war immerhin Finanzminister gewesen. Außerdem: Wieso eigentlich hätte der MP ausgerechnet den ihm unbekannten Pfeiffer mit der heiklen und fachlich anspruchsvollen Aufgabe betrauen sollen? Wenn er schon zu einem solchen Mittel gegriffen haben sollte, warum dann nicht seinen Vertrauten Ahrendsen, den Steuerfachmann, mit der Durchführung beauftragen? Auch diese Fragen und die daraus folgenden Einsichten blieben späteren Gerichtsverhandlungen vorbehalten. Die Magazin-Journalisten und die Parlamentarier waren damit offenbar überfordert. Sie folgten Pfeiffer.

Unverdrossen führte der Medienreferent neue Indizien und vermeintliche Beweise an. Er hatte quer durch Schleswig-Holstein seine Telefonspuren gelegt. Beim CDU-Kreisgeschäftsführer von Dithmarschen war er durch Ahrendsen wegen einer Pressesache avisiert worden. Pfeiffer aber fragte den verdutzten Mann, ob er seine Unterschrift unter eine Steueranzeige gegen Engholm setzen würde. Der lehnte nach kurzer Bedenkzeit dankend ab. Aber die angeblich streng geheime Steueranzeige hatte nun noch einen Mitwisser – und einen zusätzlichen Beleg für Ahrendsens Mittäterschaft hatte Pfeiffer damit auch gewonnen. Daß der Dithmarscher wie Ahrendsen Stein und Bein schworen, sie beide hätten nie über eine Steueranzeige geredet, nützte dem Regierungssprecher im PUA gar nichts.

Bei einem höchst erstaunten Anwalt in Bad Segeberg meldete sich ein gewisser »Lindemann« und stellte die Frage, wie hoch wohl die Vergütung für den Fraktionschef der Opposition im Landtag wäre. Auch wieder als Lindemann fragte Pfeiffer in gleicher Sache dann im Büro des Landtagspräsidenten nach. Unter Klar- oder Decknamen rief der Vieltelefonierer, der sich als wahrer Stimmenimitator präsentieren konnte, schließlich beim Lübecker Finanzamt an, um sich nach der exakten Adresse zu erkundigen. Das ergab wieder eine Spur, die sich später zurückverfolgen ließ.

Für den PUA, der sich sehr schlau dabei vorkam, Pfeiffers Fährten zu folgen, war auch das ein Beleg dafür, daß der Kronzeuge die Wahrheit sagte. Richtig, Pfeiffer hatte tatsächlich beim Finanzamt angerufen!
Dabei hätte auch der berühmte Blinde mit dem Krückstock auf Pfeiffers Widersprüche stoßen müssen:
– Der Text der Anzeige sei ihm vom Barschel »Wort für Wort« diktiert worden, behauptete Pfeiffer und legte zum Beweis die angebliche Mitschrift vor. Der Text, der das Finanzamt erreichte, enthielt allerdings einen längeren Absatz, der gar nicht in der vermeintlichen Mitschrift stand. Auf diesen Passus stieß bei einer Durchsuchung der Pfeifferschen Wohnung später die Staatsanwaltschaft; geschrieben war er auf einem persönlichen Briefbogen Pfeiffers, der nicht erklären wollte, woher der Passus stammt. Hatte er womöglich Helfer, von denen bisher nicht die Rede war? – Der Ausschuß erließ dem Kronzeugen die Antwort, wie auch die Erklärung des folgenden Widerspruchs:
– In der zum Beweis vorgelegten angeblichen Mitschrift nach Diktat findet sich die Korrektur einer Zahl. In Pfeiffers Handschrift ist der Satz zu lesen: »Demnach sind von ihm bis heute DM 235 000 nicht der steuerlichen Veranlagung zugeführt.« Die Zahl 235 000 ist durchgestrichen. Darüber steht von fremder Handschrift die Zahl »470 000«. Wer hat die Korrektur vorgenommen? – »Als erstes wäre im Kontext der Pfeiffer-Darstellung natürlich zu fragen, ob die unbekannten Mittäter zur damaligen Regierung gehören könnten«, so Sylvia Green-Meschke in einer brillanten Analyse der Pfeifferschen Aktionen. Und die Autorin gibt die Antwort: »Die Frage ist ohne Spekulation mit einem klaren Nein zu beantworten. Wenn nämlich eine der genannten drei Personen tatsächlich Urheber der Zeichen wäre, hätte Pfeiffer dies mit absoluter Sicherheit sofort bekannt gemacht. Man stelle sich die Sensation vor, die es bedeutet hätte, wenn auch nur einer der drei – am besten selbstverständlich Barschel – als Schreiber dingfest zu machen oder auch nur zu verdächtigen gewesen wäre. Daß Pfeiffer dies erst gar nicht versucht, ist Beweis genug, daß die abweichende Schrift von jemand anders stammt.«[32] Aber von wem? – Kein *Spiegel* und kein Ausschuß hat von Pfeiffer je Aufklärung darüber verlangt.
– Auf welcher Schreibmaschine hat wer die Anzeige schließlich geschrieben? Pfeiffer sagte (und der *Spiegel* schrieb), es sei eine elektrische Typenrad-Maschine gewesen. Das Typenrad hätte er zum Verwischen von Spuren sodann vernichtet. Als die Staatsanwaltschaft in seiner Wohnung seine Reiseschreibmaschine beschlagnahmte, war rasch festge-

stellt, daß die Anzeige darauf getippt worden war. Nun bot Pfeiffer als neue Version feil, er hätte seine Reiseschreibmaschine mit in die Staatskanzlei gebracht, und darauf hätte seine Sekretärin und Vertraute Schröder die Anzeige geschrieben. Warum aber sollte die Profi-Maschinenschreiberin sich an das mechanische Altgerät gesetzt haben? Hat nicht vielmehr Pfeiffer auf gewohnter Tastatur die Anzeige zu Hause getippt? Warum will Pfeiffer die Maschine überhaupt mit ins Büro gebracht haben, da doch im Landeshaus auf Wunsch jede Art von Schreibmaschine zur Verfügung stand? – Auch auf diese Fragen kamen weder Ausschuß noch Nachrichtenmagazin.

– Zum Versand der Anzeige sagte Frau Schröder aus, sie hätte die drei Briefe (das Original ans Finanzamt und je eine Kopie an den Ministerpräsidenten und an das Finanzministerium) in den Briefkasten neben dem Landeshaus gesteckt. Das war so kaum möglich, denn es ging um Einschreibebriefe. Pfeiffer reicht als neue Version nach, er hätte die Briefe beim Postamt Dänische Straße selber eingeliefert und die Quittungszettel aus Vorsichtsgründen verbrannt. Warum hat Frau Schröder eine andere Variante präsentiert? – Für den Ausschuß war auch das kein Thema. So wie der »erste« PUA in allen Punkten dem geständigen Beschuldiger folgte, befand er auch, Barschel hätte die Unwahrheit gesagt, als er versicherte, von Pfeiffers Steueranzeige erst aus dem *Spiegel* erfahren zu haben. Tatsächlich vermerkt das Posteingangsbuch der Staatskanzlei ein von Barschels Sekretärin quittiertes Einschreiben mit der passenden Seriennummer 683. In dem Umschlag befand sich auch das Begleitschreiben, unterzeichnet mit »Ein besorgter Steuerzahler«. Nicht erwiesen ist hingegen, daß auch die anonyme Steueranzeige in dem Umschlag gewesen sein soll. Beide Barschel-Sekretärinnen sagten übereinstimmend, wie ihr Chef, die Anzeige hätten sie nie zu Gesicht bekommen.

Die Lösung des Rätsels kann recht banal sein: So alt wie die Post ist nämlich der Trick, zur Produktion von Scheinbeweisen einen Umschlag ganz ohne Inhalt oder nur mit Teilinhalt zu verschicken. Damit ist dann erst einmal die Beweislast auf den Empfänger übertragen. Bei Pfeiffers subversivem Repertoire darf ausgeschlossen werden, daß er diesen simplen Trick nicht gekannt haben sollte.

»Dummerhaftig« hat Uwe Barschel die Steueranzeige genannt. Da ahnte er allerdings noch nicht, daß sie ihm von allen Pfeiffer-Aktionen am gefährlichsten werden und seine Glaubwürdigkeit bis in die Grundfesten erschüttern sollte. Diese Wirkung lag weniger an Pfeiffers Bezichtigungen als vielmehr an einer gänzlich unerwarteten Attacke aus den eigenen Reihen: Sein Staatssekretär aus dem Finanzministerium gab Anfang Oktober an, der MP hätte sich bei ihm schon früh im Jahr, »Ende Januar/Anfang Februar«, per Telefon nach der Steueranzeige erkundigt. Hatte Barschel also gelogen? Lag nunmehr der Beweis auf dem Tisch, daß er von Pfeiffers Anzeige zumindest Kenntnis gehabt hatte, wenn er nicht sogar ihr Initiator war? – *Spiegel* und PUA sahen das so. Aber sie lagen falsch.

In der Debatte um das vermeintlich beweiskräftige Telefonat wurde niemals die Frage gestellt, nach *welcher* Steueranzeige sich der MP bei dem Staatssekretär erkundigt haben soll. Es konnte *irgendeine* Steueranzeige gegen Engholm gewesen sein, nach der er gefragt hat, erstattet von irgendeinem Anonymus. Das Gerücht von einer solchen Anzeige hätte Barschel, gezielt oder zufällig, auf irgendwelchen Wegen erreichen können. Daß er dann den Finanz-Staatssekretär fragt, was aus der Anzeige gegen Engholm geworden ist, versteht sich von selbst. Wenn er den Vorgang aber überhaupt nicht mit seinem Medienreferenten in Verbindung bringen konnte, wie das von seinem Persönlichen Referenten Friedersen überzeugend bestätigt wird, dann hat er dieses irrelevante Ereignis auch schnell wieder vergessen können. Bei den Hunderten von Vorgängen, die täglich auf den Schreibtisch des Ministerpräsidenten kommen, ist das Vergessenkönnen von Belanglosem ein Akt des notwendigen Selbstschutzes.

Die ungeklärte Frage, ob Barschel die Kopie der Steueranzeige (und nicht nur das Begleitschreiben) erhalten hat, ist im Grunde ohne Bedeutung. Denn wie hätte er der clownesken Absenderangabe ansehen sollen, wer sich hinter »H. Sapiens« verbarg?

In der Bewertung der Aussage über das Telefonat, in dem sich der MP angeblich nach der Steueranzeige erkundigt hat, war ein besonderer Umstand niemals berücksichtigt worden: daß nämlich der Staatssekretär seinem Ministerpräsidenten gegenüber keineswegs loyal war. Dr. Carl Hermann Schleifer war der engste Vertraute von Barschels Vorgänger Stoltenberg. Als dessen Gewährsmann war er tief in die U-Boot-Affäre verstrickt. Schleifer (und nicht Barschel) saß als Stoltenbergs Platzhalter im Aufsichtsrat der Kieler HDW, des heimlichen Südafrika-Lieferanten von verbotenem Kriegsmaterial. Und Schleifer hat seine Aussage über das Telefonat bewußt auf größtmögliche Schädigung des damals gerade vom Amt des Ministerpräsidenten Zurückgetretenen ausgelegt. Zu einem Zeitpunkt, da sich Barschel nicht wehren konnte, holte Schleifer zu seinem vernichtenden Schlag aus. Subversiv-Kämpfer Pfeiffer hatte in ihm einen Verbündeten gewonnen, von dem er in der heißen Phase seiner Aktion Steueranzeige noch nicht zu hoffen gewagt hatte.

III. Aktion Observierung

Die Überwachung des Oppositionsführers durch angeheuerte Detektive ist Pfeiffers erste Aktion aus der Staatskanzlei heraus. Vier Tage nach Dienstantritt läßt er sich am 9. Januar von einem Bremer Bekannten, einem Kripobeamten, eine geeignete Detektei empfehlen. Es soll darum gehen, Engholms Sexualverhalten auszuspähen – homosexuelle Kontakte, aber auch »Geschichten mit anderen Frauen«.[33]

Der Inhaber der Detektei, Harry Piel sein Name, erfährt bei einem gemeinsamen Mittagessen von seinem Auftraggeber, »Geld spielt keine Rolle«. Und er erhält von Pfeiffer den Text eines Anschreibens, das er wörtlich unter Firmenbriefkopf Detektei Piel an die Hamburger Kosmetikfirma Schwarzkopf GmbH schicken soll, zu Händen des Geschäftsführers Dr. Karl Josef Ballhaus. Das Anschreiben ist formuliert als »Angebot über eine Sicherheitsüberprüfung der Firma Schwarzkopf«, zum Festpreis von DM 50 000. 25 Prozent des Rechnungsbetrags sind bei Annahme des Angebots als Anzahlung sofort fällig.

Die Formulierung des Angebots, das dann auch prompt bei dem Kosmetikhersteller ankommt, ist für Ballhaus keine Überraschung. Sie entspricht dem Vorschlag, den ihm zuvor ein Anrufer gemacht hat, der seinen Namen nur undeutlich nuschelte. Aber was der Anrufer zu sagen hatte, trifft den Nerv des Geschäftsführers.

Das Fernseh-Magazin »Monitor« hatte kurz zuvor Schwarzkopf in arge Schwierigkeiten gebracht. In mehreren Beiträgen war behauptet worden, ein Haarwaschmittel der renommierten Firma enthalte die gesundheitsgefährdende Substanz Dioxan. Man spielte gekonnt auf der Klaviatur der Ängste in der Bevölkerung, die das vielseitig verwendbare Lösungsmittel Dioxan kaum von dem berüchtigten Sevesogift Dioxin unterscheiden konnte. Obwohl gesundheitlich unbedenklich, wurde das Shampoo von Schwarzkopf über Nacht zum Ladenhüter. Bedrohliche Umsatzeinbußen waren die Folge.

Ballhaus und sein Mitgeschäftsführer Peter Schwarzkopf waren selbstverständlich brennend interessiert, was hinter den »Monitor«-Attacken steckte – vielleicht einer der in diesen Jahren nicht eben seltenen verdeckten Angriffe eines östlichen Geheimdienstes? War der Leiter von »Monitor« nicht der langjährige Moskau-Korrespondent der ARD, Klaus Bednarz? – Genau auf diese Fragen Antwort zu geben, versprach der geheimnisvolle Anrufer dem Geschäftsführer Ballhaus, wenn er das als

»Sicherheitsüberprüfung« deklarierte Angebot annähme, das demnächst bei ihm eintreffen würde. Ballhaus und Schwarzkopf akzeptierten und überwiesen Piel die Anzahlung.

Von ihrem Chef nach Kiel geschickt, standen zwei Piel-Mitarbeiter denn auch bald bei Pfeiffer auf der Matte und warteten auf nähere Instruktionen. Den jungen Detektiv Dierken machte Pfeiffer mit »seiner« Sekretärin Schröder bekannt und schärfte ihm ein, er dürfe mit sonst niemandem über seine Aufgabe reden. Auf Schritt und Tritt sollte er dem Politiker folgen, wies er Dierken an und verlangte, laufend informiert zu werden. Ein regelrechtes »Bewegungsbild« wolle er über Engholm haben. Von der Pressetribüne aus könne er ihn studieren, um dann auch festzustellen, was er macht, wenn er mal den Plenarsaal verläßt.

Nicht allen Anforderungen Pfeiffers fühlte sich der junge Mann gewachsen. Als er nach Abhörgeräten gefragt wurde und den Rat bekam, heimlich in Engholms Büro einzudringen und den Inhalt von Schränken und Schubladen zu erforschen, weigerte sich Dierken und berief sich auf Recht und Gesetz. So wurde es also vorerst nichts mit Pfeiffers altem Traum von der Inszenierung seines Watergate.

Überhaupt war er bald sehr unzufrieden mit den Detektiven. Von Piel ließ er »zwei bessere Leute« kommen. Aber auch die fanden nichts heraus über Seitensprünge. Sie ließen sich ertappen, als sie das Haus fotografierten, in dem die Engholms wohnten. Bei der Verfolgung des Dienstautos fielen sie nicht nur dem Engholm-Chauffeur auf, sondern auch der Polizei, die über das BKA feststellen ließ, daß es sich bei den Stümpern nicht um Terroristen handelte, sondern um Billigausgaben von Sherlock Holmes. – Nach sieben Einsatztagen war der Spuk der Detektive auch schon vorbei, die Nachwirkungen sollten Jahre anhalten.

Selbstverständlich glaubten PUA und *Spiegel* ohne einen Anflug von Beweis, daß auch der Detektiveinsatz auf Barschels Kappe ging. Die moralische Entrüstung entbehrte bei den Magazinmachern der unfreiwilligen Komik nicht. Denn normalerweise ist das Observieren ja ihre ureigene tägliche Praxis.

Von allen Pfeifferschen Untaten hat die Aktion Observierung Uwe Barschel am meisten beunruhigt. Da gab es für ihn ein Rätsel, das er lösen mußte, um den Schlüssel zum Verständnis der gesamten Agitation in die Hand zu kriegen: Wie um alles in der Welt konnte Pfeiffer in Erfahrung bringen, worüber er, Barschel, mit seinem väterlichen Freund Ballhaus tatsächlich Anfang des Jahres 1987 mehrfach telefoniert hatte?

Ballhaus hatte den Freund in der Staatskanzlei angerufen und von den

»Monitor«-Attacken erzählt. Er bat ihn, einen Kontakt zum Bonner Gesundheitsministerium herzustellen, das vielleicht etwas gegen die Panik um die vermeintlich gesundheitsgefährdende Substanz unternehmen könnte. Den Kontakt hat Barschel auch prompt vermittelt. Später erzählte ihm Ballhaus auch von der Einschaltung der Detektei Piel. Aber wie konnte Pfeiffer von der Notlage des Schwarzkopf-Geschäftsführers erfahren haben? Hatte er sich das möglicherweise nach den »Monitor«-Beiträgen irgendwie zusammenreimen können, so blieb immer noch die bohrende Frage, wie Pfeiffer wissen konnte, daß in den Versuch einer Problemlösung bei Schwarzkopf der Ministerpräsident in Kiel eingeschaltet war?

Pfeiffer hatte diese Kenntnis frühzeitig, soviel stand für Uwe Barschel fest. Sonst hätte der falsche Medienreferent gar nicht auf die Behauptung kommen können, der Ministerpräsident hätte die Umwegfinanzierung des Detektiveinsatzes über seinen Freund Ballhaus in die Wege geleitet. Erwiesen ist, Ballhaus hatte Barschel sein Leid am 8. Januar 1987 geklagt. Am 9. Januar setzte Pfeiffer die Suche nach der Detektei in Gang.

Wo war die undichte Stelle? Der Antwort sollte Uwe Barschel bald gefährlich nahe kommen.

Dem »ersten« PUA konnte der ehemalige MP sein Wissen nicht mitteilen. Und sein Freund Dr. Ballhaus hatte dieses Wissen nicht. Er wurde um so härter hergenommen von den Richtern. »Verwerflich« sei sein Handeln gewesen. Er wollte dem Ausschuß doch nicht im Ernst einreden, daß er von der wahren Verwendung der Schwarzkopf-Anzahlung an die Detektei Piel nichts gewußt hätte. Die Aufklärung der »Monitor«-Hintergründe sei von ihm doch immer nur vorgeschoben worden. In Wahrheit hätte er doch seinem Freund Barschel die Schnüffelei gegen Engholm finanziert. Auch die sogenannte »Sicherheitsüberprüfung« sei ja schließlich nur Tarnung gewesen. Verdächtig sei, daß er die Rechnung von Piel in seinem Schreibtisch aufbewahrt hätte, und »in besonderem Maße verwerflich«, daß die Zahlung vermutlich auch noch bei der Steuer geltend gemacht werden sollte.

Der angesehene Geschäftsmann, Präsident der Hamburger Arbeitgeber-Vereinigung, sein Leben lang von untadeligem Leumund, wurde wie ein Verbrecher an den öffentlichen Pranger gestellt. Für die Massenwirkung sorgte der *Spiegel*. Wieder einmal, wie bei der »Landschaftspflege« durch Flick, hätte »das große Geld« heimlich zugeschlagen.

Karl Josef Ballhaus wirkte um Jahre gealtert und wie ein Schatten seiner selbst, als alle gegen ihn vorgebrachten Beschuldigungen dann doch in sich zusammenfielen. Nicht Parlamentarier, sondern ordentliche Gerichte hatten die Vorwürfe in mehreren gründlichen Verfahren Punkt für Punkt widerlegt. Damit waren zugleich die Anschuldigungen gegen Uwe Barschel ins Nichts zerstoben, er hätte die Finanzierung des Detektiveinsatzes aus der Schwarzkopfkasse lanciert. – In den Medien kam die Rehabilitierung von Ballhaus nur am Rande vor. Von der postumen Entlastung Barschels war noch weniger die Rede.

IV. Sonstige Taten

Die drei geschilderten Aktionen waren im Zeitraum von wenigen Wochen nicht alles, was der Medienreferent aus der Staatskanzlei heraus zustande brachte. Mit ungebremster Energie hetzte er beispielsweise noch zwei Professoren aufeinander, die eine »Unabhängige Wählerinitiative Schleswig-Holstein«, UWSH, ins Leben gerufen hatten. Aus der Deckung heraus machte er jeden von beiden glauben, der andere rede hinter seinem Rücken schlecht von ihm. Er schaukelte die Intrige so lange hoch, bis sich die vordem in Sympathie verbundenen Akademiker im Haß voneinander und von ihrer Wählerinitiative trennten.

Ein weiteres Schurkenstück mit Unterhaltungswert inszenierte der verdeckte Regisseur zwischen den Grünen und den Sozialdemokraten. Unter dem Briefkopf mit der Sonnenblume plazierte Pfeiffer einen mokanten Text über die späte christliche Taufe von Björn Engholm. Der war nicht amüsiert, und die Grünen waren es auch nicht. Von dpa verbreitet, brachte die Meldung eine empfindliche Irritation in die ersten zarten Annäherungsversuche der beiden späteren Koalitionspartner. Die Grünen verklagten Pfeiffer, der daraufhin wegen Urkundenfälschung zu einer Geldstrafe von 9800 Mark verurteilt wurde. Es sollte Pfeiffers einzige Strafe für alle seine Kieler Taten bleiben.

3. Kapitel: Bündnis gegen Barschel

Das frühe Wissen der Opposition

Björn Engholm hat jahrelang versichert, er sei von den Kontakten seiner Genossen zu dem Medienreferenten Pfeiffer erstmals am Abend des Wahlsonntags, am 13. September 1987, unterrichtet worden. Bis Mitte März des Jahres 1993 hat ihm das die Öffentlichkeit auch geglaubt. Reiner Pfeiffer wußte es freilich seit langem besser.

Er hatte aus der Kieler Staatskanzlei schon im Frühjahr 1987 den Bremer SPD-Finanzsenator Claus Grobecker mit einer brisanten Mitteilung aufgeschreckt: Per Du mit dem kantigen Senator, teilte er am Telefon mit, auf Veranlassung des Ministerpräsidenten Barschel liefen in Schleswig-Holstein derzeit »unglaubliche Schweinereien« ab, »dicke Hunde«, Aktionen, die den Oppositionsführer Engholm diffamieren und um alle Wahlchancen bringen sollten. Weil er das durch frühzeitige Warnung verhindern wollte, so Pfeiffer, sollte Grobecker ihm doch den Kontakt zu Engholm vermitteln.[34]

Grobecker ließ sich nicht lange bitten. Nach Gesprächen mit seinem Parteifreund Engholm gab er Pfeiffer den Rat, vorsichtigerweise »auf seiner Ebene« den Kontakt aufzunehmen, zu »seinem Pendant« bei der SPD, dem Pressesprecher Engholms und der Landespartei. An Klaus Nilius möge er sich wenden, das sei ein »absolut wasserdichter Typ«. Pfeiffer und Nilius kamen ins Geschäft miteinander. Man telefonierte und traf sich gelegentlich im Landeshaus. Zur ersten gründlichen Aussprache kam es spätestens am 16. Juli. Da hatte man sich am Gewerkschaftshaus in der Legienstraße verabredet, und Pfeiffer spulte seine Version zu Steueranzeige und Detektiveinsatz ab – mit Barschel als dem angeblichen Initiator.

Von nun an reißt der Kontakt nicht mehr ab. Pfeiffer kopiert in der Staatskanzlei, was immer für die oppositionellen Sozialdemokraten von besonderem Interesse sein könnte. Dazu gehört der Entwurf einer Regierungserklärung, die der Ministerpräsident als Bilanz der zu Ende gehenden Legislaturperiode im August im Landtag abgeben wird. Diesen Entwurf bringt Pfeiffer Nilius schon zwei Tage nach ihrem konspirativen Treffen am Gewerkschaftshaus in dessen Hamburger Privatwohnung vorbei, wo sich die neuen Freunde zum Wein auf der Terrasse zusammensetzen.

In dem für die Presse verteilten Text der Rede, mit der Engholm auf die Regierungserklärung Barschels antworten will, heißt es ironisch: »Wer das alles eine der erfolgreichsten Legislaturperioden der schleswig-holsteinischen Nachkriegsgeschichte nennt ...« – peinlich für Engholm, daß der MP den Satz gestrichen hatte. »Die 10. Legislaturperiode zählt zu den erfolgreichsten der schleswig-holsteinischen Nachkriegsgeschichte« kommt in Barschels Regierungserklärung gar nicht mehr vor. Die Formulierung, auf die Engholm antwortet, stand so nur in dem ersten Entwurf, den Nilius von Pfeiffer bekommen hatte. Und trotzdem wußte Engholm noch immer nichts von Pfeiffers Wirken?

Tatsächlich gibt es viele Zeugen für das frühe Wissen des Spitzenkandidaten. Er saß mit am Tisch, als Nilius in Raisdorf über »unseren Informanten in der Staatskanzlei« berichtete. Ihm blieb nicht verborgen, daß Pfeiffer regelmäßig die Druckfahnen der geplanten CDU-Wahlkampfzeitung vorab an den Chefredakteur der SPD-Wahlkampfzeitung schmuggelte.

»Im Mai oder Juni«, erinnern sich die Eheleute Angelika und Dr. Jens Christian Jensen, erzählte ihnen das Ehepaar Barbara und Björn Engholm, daß er observiert worden sei; ob man sich vorstellen könne, wer dahinterstecke, die CDU und Barschel? Außerdem sei seine Steuerakte aus dem Lübecker Finanzamt verschwunden; jemand habe ihm erzählt, sie sei im Kieler Finanzministerium gelandet. Dagegen müßte man doch etwas unternehmen, empörten sich die Jensens. »Ja, wir verfolgen das«, antwortete der Spitzenkandidat.

»Vermutlich im Mai«, so erinnert sich die zeitweilige Wahlkreishelferin Michaela Stein-Zenker, habe ihr die Ehefrau des SPD-Geschäftsführers Karl Rave »von Machenschaften gegen Björn Engholm« erzählt, die man »dem bösen Feind« zugeordnet hätte, der CDU. Später, als die heutige Kultusministerin Ute Erdsiek-Rave längst Landtagspräsidentin war, ist sie den Berichten ihrer früheren Praktikantin Stein-Zenker energisch entgegengetreten: Sie habe erst aus den Veröffentlichungen im September von den Machenschaften erfahren.

Wie früh der Hoffnungsträger der Sozialdemokraten allerdings tatsächlich informiert war, das ist ein Geheimnis geblieben. Nur in der »nichtöffentlichen« 103. Sitzung des »zweiten« Parlamentarischen Untersuchungsausschusses, verkürzt meist »Schubladenausschuß« genannt, war am 20. März 1995 zu vernehmen, daß Björn Engholm schon seit Anfang des Jahres 1987 Bescheid wußte – »Januar/Februar«, wie ein Zeuge vor der Parlamentsjury aussagte.

Das frühe Wissen der Opposition

Am Wahrheitsgehalt dieser Zeugenaussage war nicht zu rütteln. Engholm gehörte 1987 zu dem Kreis von Politikern, Managern, Journalisten und Geheimdienstleuten, denen das besondere Interesse des Ministeriums für Staatssicherheit (MfS) der damals noch real existierenden DDR galt. Deshalb wurden Engholms Telefonate wie die Dutzender anderer »Zielpersonen« in Schleswig-Holstein von der Stasi systematisch abgehört. Beim Autotelefon war das besonders einfach.

Vom Stützpunkt »Sperber« aus, so hieß die »Funkanlage Am Hellberg« bei Roggendorf im Bezirk Schwerin, wurde im Drei-Schichten-Betrieb der sogenannte Öffentliche Bewegliche Landfunk, sprich Autotelefonie, flächendeckend im Raum nördliches Niedersachsen, Hamburg und südliches Schleswig-Holstein abgehört und aufgezeichnet – mit »Technik vom Feinsten«, wie der Zeuge nicht ganz ohne Stolz auch Jahre nach der Wende noch betont.

»Die Anlage war rechnergestützt«, heißt es im Protokoll der Zeugenaussage. »Dort waren die Telefonnummern, die unter Kontrolle standen, eingegeben. Wenn das Warnsignal kam, dann hat der Rechner das Bandgerät angeschaltet, und dann lief es auf. Man konnte zum Beispiel eines herunternehmen oder auch zehn von diesen Teilnehmern auflaufen lassen, für die man sich interessiert hat, egal, ob Festanschluß – also ein Haustelefon – oder ein Dienstanschluß oder eben ein Autotelefon. Es war auch egal, ob er angerufen wird oder selbst aktiv wird.«

Die aufgenommenen Gespräche wurden anschließend »abgearbeitet«, wobei dem Zeugen im militärischen Range eines Hauptmanns die Entscheidung zufiel, wie die Gespräche einzuordnen waren. Als »Vorauswerter« kategorisierte er sie entsprechend ihrer angenommenen Wichtigkeit von Stufe eins über zwei, drei, vier, fünf und sechs. Stufe eins hieß für seine Mitarbeiter: vom Band alles »wörtlich schreiben und innerhalb von drei Stunden auf telefonische Vormeldung per Fernschreiben nach Berlin schicken«. Berlin, das war für die Funküberwacher ihre damals oberste Dienststelle, die für »Horch & Guck« zuständige »Hauptabteilung III« im Ministerium für Staatssicherheit in der Normannenstraße. Leider haben die Kieler Parlamentarier den Exhauptmann aus Mecklenburg am 20. März 1995 nicht gefragt, ob die abgehörten Telefonate des Björn Engholm, so wie die des damaligen Ministerpräsidenten Uwe Barschel auch, unter »eins« als besonders wichtig und folglich in Volltext zu übermitteln eingestuft worden sind. Es ist allerdings zu vermuten, daß sie im vollen Wortlaut das Ende der DDR überstanden haben. Engholm hat sich immer mit Verve dafür eingesetzt, daß die Stasi-Abhörprotokolle, da »rechtswidrig entstanden« und »eines Rechtsstaats unwürdig«, nie und nirgendwo als Beweismittel verwendet oder zugelassen werden dürften. Selbst als die Gauck-Behörde als Wächterin über die Einhaltung des Stasi-Unterlagengesetzes und nach strenger Vorprüfung, dem »zweiten« PUA von Kiel eine Sammlung der Protokolle aus der Zeit der Kieler Affäre zur Verwendung überließ, mußte das hochinteressante Informationsangebot auf Geheiß der SPD-geführten Landesregierung unter Verschluß bleiben und ohne Auswertung zurückgeschickt werden. Nicht alle diese Materialien sind aber auf alle Zeit im politisch verordneten Giftschrank geblieben. Und immerhin gibt es eine Reihe von Zeugenaussagen darüber, was in den Protokollen stand.

Die Aussagen des ehemaligen Hauptmanns vom ehemaligen Stützpunkt Sperber belegen, daß Engholm nahezu zeitgleich mit den Pfeifferschen Aktionen – Observierung, Aids und Steueranzeige – Kenntnis von den Vorgängen erlangte. Bestätigt wird die Erkenntnis von einer Kollegin des Hauptmanns, die getrennt und ganz unabhängig von ihm im »Funkaufklärungsstützpunkt Falke« den Norden der Bundesrepublik abhörte. (Neben »Sperber« und »Falke« waren »Kormoran« und »Albatros« für das Abfischen der Mobiltelefonie zuständig, während Stützpunkt »Lupine« vom Harzer Brocken aus den Richtfunk und die grenzüberschreitende Festnetz-Telefonie lückenlos abhörte.)

Die »Kollegin« vom Stützpunkt Falke hat ihre Aussage nicht vor dem »zweiten« PUA gemacht, sondern beim Landeskriminalamt Schleswig-Holstein in Kiel. Bekannt geworden ist auch diese Aussage nicht. Ein halbes Jahr nach dem Kollegen gab die Zeugin folgendes zu Protokoll: »SPD-Pressereferent Nilius informierte seinen Chef Engholm Ende Januar/Anfang Februar 1987 darüber, daß Barschel unsaubere Wahlkampfmethoden anwende (angebl. Steuerhinterziehung Engholm).«

Der Nachweis, daß Engholm viel früher als bislang immer angenommen über die Aktionen aus der Staatskanzlei informiert war, ist für sich genommen schon interessant genug. Ganz entscheidend ist aber darüber hinaus ein weiteres Ergebnis der Aussagen: Die ersten Informationen erhielt der Oppositionsführer nicht durch Reiner Pfeiffer!

Der ungetreue Medienreferent hat seine Kontakte zur SPD nachweislich nicht vor April 1987 angebahnt. Als er nach den Erkundigungen in Bremen dann in Kiel die ersten Gespräche mit Nilius führte, dürfte Pfeiffer indessen nicht gewußt haben, daß er auf einen vorinformierten Engholm-Intimus traf. Es gab eine kenntnisreiche Macht im Hintergrund, die mit verdeckten Karten spielte, niemanden ins eigene Blatt schauen ließ und die Mitspieler nach ihren Interessen lenkte. Pfeiffer beispielsweise wurde vorenthalten, daß er nicht der eigentliche Engholm-Informant war. Von den auch ihm nicht wirklich durchschaubaren Hintermännern hatte Pfeiffer den Hinweis auf die Nöte des Barschel-Freundes und Schwarzkopf-Managers Ballhaus erhalten (»Monitor« und die Dioxan-Problematisierung); so konnte er Ballhaus zum unfreiwilligen Financier der Detektiveinsätze machen. Von den Hintermännern hat Pfeiffer auch Unterstützung bei der Vorbereitung der Steueranzeige erfahren – die sechsstellige Zahl über die Höhe der vermeintlichen Steuerhinterziehung Engholms hatte »von unbekannter Hand« eine Korrektur erfahren.

Die Aussagen der Stasi-Horcher belegen eindeutig, daß Pfeiffer nicht der erste Informant der SPD war, obwohl er das annehmen sollte. Die Zeugenaussagen sind aber auch ein Beleg dafür, daß die Sozialdemokraten, mindestens zu Beginn ihrer konspirativen Zusammenarbeit mit Pfeiffer, fest daran glaubten, daß Ministerpräsident Barschel der Urheber der subversiven Attacken war – und Pfeiffer lediglich Barschels ausführendes Organ.

Der Absturz – Unfall oder Attentat?

Wenn es nicht wirklich ein Wunder war, daß ein Mensch den Absturz der Maschine lebend überstand, dann hat es wenigstens an ein Wunder gegrenzt.

Am Abend des 31. Mai 1987 flog ein zweistrahliges Verkehrsflugzeug, vom Flughafen Köln-Bonn kommend, zum Flughafen Lübeck-Blankensee. Es war eine zur Beförderung von fünf Fluggästen und zwei Flugzeugführern zugelassene Cessna 501 Citation. An Bord befanden sich ein Pilot (39 Jahre) am Steuerknüppel, rechts neben ihm eine Co-Pilotin (48 Jahre) und ein Fluggast mit seinem Begleiter. Der Begleiter war ein 29jähriger Polizist und Personenschützer, der Fluggast war der Ministerpräsident von Schleswig-Holstein, der zweieinhalb Wochen zuvor 43 Jahre alt geworden war.

Das Flugzeug kollidierte um 23.08 Uhr bei diesigem Wetter im Landeanflug mit einem 15 Meter hohen Sendemast des Flugplatzfunkfeuers, 700 Meter vor Erreichen der Landebahn 7. Der Mast war unbeleuchtet – und er war zu hoch, wie das Braunschweiger Luftfahrtbundesamt bei der Unfalluntersuchung feststellte: Er ragte mit einer Länge von 1,57 Metern in die Anflugbahn. Und er stand erst kurze Zeit so verboten im Raum.

Zu Fragen der Verantwortlichkeit für die Errichtung des zu hohen – und zudem *unbeleuchteten* – Sendemastes sind niemals amtliche Erklärungen bekannt geworden, auch dem Kenner Ulrich Klose nicht. Der Rechtsmediziner der Medizinischen Universität zu Lübeck schließt seine »Untersuchungen zu Pathomechanik und Rekonstruktion des Flugunfalles von Lübeck-Blankensee« mit einem interessanten Hinweis: »Abschließend darf bemerkt werden, daß der beim Unfall geknickte, ursprünglich 15 Meter hohe und unbeleuchtete Funksendemast, der ausschließlich zur Sicherheit des Flugverkehrs hätte beitragen sollen, nicht mehr durch einen gleich hohen ersetzt wurde; sondern durch einen neuen, in wesentlich geringerer Höhe.«[35]

Gemäß den Feststellungen des Braunschweiger Amtes ist das Flugzeug nach der Kollision in unkontrolliertem Sinkflug innerhalb des Flughafengeländes abgestürzt. Bis zum Erreichen seiner Endposition aber ist das stürzende Wrack durch Bäume und Sträucher abgebremst worden. Als Glück im Inferno aber erwies sich vor allem, daß der erste Aufprall auf ein Hindernis traf, das die Vorwärts-Abwärts-Energie der Cessna in Horizontalenergie verwandelte: Eine ausgediente Gleisanlage schluckte einen Großteil der Aufprallwucht, die das Cockpit verformte und unter den Rumpf schob. Der Rumpf konnte so, auf einer Art Kufenknäuel, 70 Bremsmeter über Grasgelände rumpeln, bevor er haltmachte.

Ohne die sich beim Aufprall verformenden, zugleich aber auch zurückfedernden Gleise »wäre die Bewegungsenergie am Aufprallort restlos als Zerstörungsenergie verbraucht worden; hätte vermutlich das gesamte Flugzeug zerdrückt und einen Krater in das Erdreich gerissen. Jegliches Überleben in einem solchen mechanischen Kräftefeld wäre unmöglich gewesen«, ist Rechtsmediziner Klose überzeugt.[36]

Die Schädel des Piloten und der Co-Pilotin waren zur Unkenntlichkeit zerschmettert. Der begleitende Beamte, der zunächst lebend aus den brennenden Trümmern geborgen werden konnte, erlag sieben Tage später den schweren Verletzungen der Schädelbasis, des Gehirns, der Lunge und den zahlreichen Verbrennungen. Er hatte das Bewußtsein nicht wiedererlangt.

Daß er als einziger überlebte, hatte der Fluggast seiner Sitzposition im Mittelrumpfabschnitt der Kabine zu verdanken, wo sich die geringsten Zerstörungen entwickelten. Klose: »Dieser Bereich wäre hier vergleichbar mit dem Drehpunkt einer Balkenwaage, bei der selbst heftige Bewegungen der Wägebalkenenden mit eventuellen Anprallstößen dem Drehpunkt nur geringe Stoßenergie mitteilen.«

Der Absturz – Unfall oder Attentat?

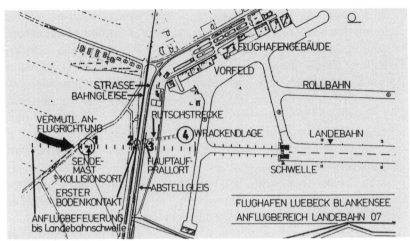

Die Cessna mit dem Ministerpräsidenten schwebte am 31. Mai 1987, von Bonn kommend, aus diesigem Abendhimmel in den Flughafen ein, streifte einen gegen alle Vorschriften erst kurz zuvor errichteten, viel zu hohen Sendemast, prallte im unkontrollierten Sinkflug auf Bahngleise, bevor die Reste der Kabine vor der Landebahn zum Stehen kamen.

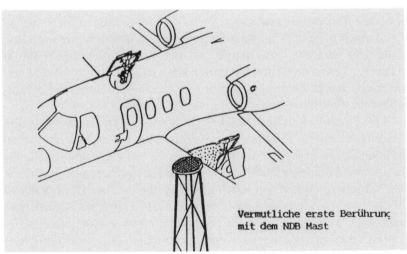

Die beiden erfahrenen Piloten waren sofort tot. Ein Sicherheitsbegleiter starb wenig später an seinen Verletzungen. Nur Uwe Barschel überlebte schwerverletzt. Die Rekonstruktion ergab, daß die Kollision mit dem – unbeleuchteten – Sendemast den Absturz verursacht hatte. Es wurde nie geklärt, auf wessen Veranlassung der Mast errichtet worden war. Er wurde nach dem Unfall entfernt.

Bei Stillstand der Unglücksmaschine befindet sich der Fluggast noch im Flugzeug. Nach eigenen späteren Aussagen sitzt er noch angeschnallt auf seinem Sitz. Er kann sich alleine aus dem Wrack retten. Trotz schwerer Verletzung durch den Aufprall gelangt er nach Wrackstillstand selbst zur künstlichen Rumpföffnung, läßt sich aus dem Wrack fallen und robbt auf dem Gras weg von dem sich ausbreitenden Feuer. – So berichtet der Rechtsmediziner vom Überleben des Fluggastes. Und so bestätigt es auch der Augenzeuge des Absturzgeschehens, Karl-Heinz Prosch, der Minuten später seinen Chef findet, etwa 15 Meter entfernt von den brennenden Flugzeugtrümmern.

»Was ist passiert, Proschi?« fragt Uwe Barschel seinen Fahrer und Vertrauten. Dann streckt er ihm den rechten Arm entgegen und bittet: »Geben Sie mir mal die Hand.« Die Berührung vermittelt ihm wohl ein Stück Gewißheit, daß er noch am Leben ist. Aber wer weiß, vielleicht täuscht er sich? Für alle Fälle zieht er, im Gras sitzend, nun den Ehering vom Finger, nimmt die Armbanduhr vom Handgelenk, legt beides in die Hände von Prosch mit der Aufforderung: »Geben Sie das meiner Frau. Ich weiß nicht, ob ich im Himmel bin.«

Dann bemerkt der Verletzte den Sicherheitsbeamten, der mit dem Fahrer zur Unfallstelle geeilt ist, und weist ihn an: »Holen Sie meine Tasche.« Tatsächlich findet der Mann die braune Aktentasche an der bezeichneten Stelle in einer Entfernung von circa zehn Metern im Gras. Bald trifft auch der Notarztwagen ein, der den Ministerpräsidenten ins Lübecker Universitätsklinikum bringt. Dort sollte Uwe Barschel von nun an reichlich acht Wochen zubringen, um die schweren Beckenbrüche auszuheilen.

Karl-Heinz Prosch hat sich sehr gewundert, daß er, genau wie der ihn begleitende zweite Augenzeuge, zu dem Absturzgeschehen nie befragt worden ist – nicht von der Kripo, nicht von der Staatsanwaltschaft. Für die staatlichen Instanzen schien von vornherein festzustehen, daß der Absturz der Cessna ein Unfall war. Das Luftfahrtbundesamt sprach von einem »Pilotenfehler«, »der Flugzeugführer habe den Flug in nichtkontrolliertem Luftraum nach Sichtflugregeln fortgesetzt, obwohl Instrumentenflugbedingungen gegeben gewesen wären. Er sei räumlich desorientiert gewesen und habe in der geringen Flughöhe sowie auch bei der schlechten Sicht das unbeleuchtete Hindernis nicht erkannt.«[37]

Mit dem, was der Augenzeuge zu berichten hat, fügt sich die amtliche Begründung schlecht zusammen. Wie die Co-Pilotin auch, war der Pilot Michael Heise ein vorzüglicher Flieger, dem sich Uwe Barschel trotz sei-

1 Als junges Ehepaar die Eltern Marie-Elisabeth und Heinrich Barschel, der im Alter von 37 Jahren starb – vermißt in einer der letzten Schlachten um Berlin

2 Die junge Witwe mit ihren drei Kindern (von links): Uwe, Folke, Eike

3 Der junge Erfolgstyp – dem Vater wie aus dem Gesicht geschnitten

4 Die Hand an der Pinne und den Blick auf ferne Ziele gerichtet

5 Für die Mutter war die Nähe des geliebten Sohnes Entschädigung für erlittenes Leid.

6 Für die jüngste Tochter wird der Vater zur fernen Erinnerung.

8 Ein Rückenleiden bedeutet: Schluß mit dem Reitsport.

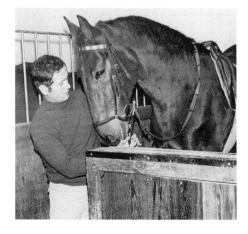

7 Einmal Kanzler werden? Alles scheint möglich.

9 Freya Barschel, geborene von Bismarck, mit ihrem Mann und den ersten drei der vier Kinder: zwei Töchter, zwei Söhne

10 Das Wahlkampfbild des jungen Innenministers

11 Der jüngste Ministerpräsident im Kreis der Vorgänger (von l.): Lemke, Stoltenberg, von Hassel

12 Mit Stoltenberg sollte es bald Krach geben.

13 Der Rivale im Wahlkampf: Engholm verspricht Klarheit und fischt im Trüben.

14 Das Wrack der abgestürzten Cessna gab nur einen Überlebenden frei.

15 Leonard Bernstein erweist dem Schwerverletzten seine Reverenz.

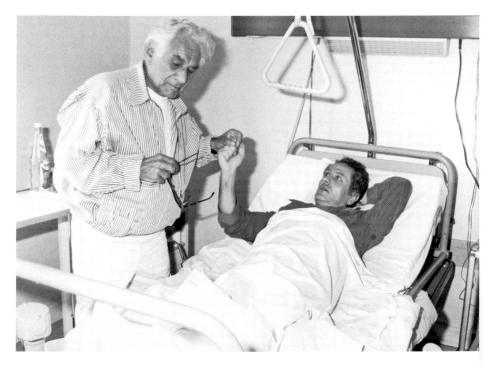

16 Barschels Verhängnis trug den Namen Pfeiffer.

17 Auf die schlimmen Anwürfe im Spiegel …

18 … antwortete Barschel in der »Ehrenwort-Konferenz«.

19 Bei der Ankunft auf dem Genfer Flughafen entsteht das letzte Bild des Lebenden, der Fotografen und Journalisten abwimmelt.

Der Absturz – Unfall oder Attentat?

ner notorischen Flugangst gerne anvertraut hat. Auch *Spiegel*-Herausgeber Rudolf Augstein wählte am liebsten Michael Heise, wenn er die Dienste der Charterfluggesellschaft Travel Air in Anspruch nahm. Erfahren und umsichtig, so wird der Pilot von seinen Fluggästen geschildert. Und obendrein kannte er den Flugplatz Lübeck-Blankensee wie den Inhalt seines Pilotenkoffers.

Am Morgen des 31. Mai 1987 hatte Prosch seinen Chef von zu Hause in Mölln abgeholt und nach Blankensee gefahren. Mit Michael Heise und seiner Kollegin sprach der MP unter anderem über das Wetter. Prosch hörte Barschels Frage, ob man bei dem trüben Wetter den abendlichen Rückflug nicht vielleicht besser in Hamburg-Fuhlsbüttel beenden sollte. Heise meinte, das sei nicht nötig. Er könne hier in Blankensee bei jedem Wetter landen, Hauptsache, der Tower sei besetzt. – Besetzt war der Tower am Abend wohl. Aber möglicherweise hat er die einfliegende Cessna doch nicht richtig einweisen können.

Über die Frage, ob der Flugzeugabsturz vielleicht ein Anschlag auf sein Leben war, hat Uwe Barschel kaum gesprochen. Als er anfangs noch in Lebensgefahr schwebte, fehlte ihm auch die Energie, auf gründliche Untersuchung aller Umstände zu dringen. Wenn Prosch oder die Familienangehörigen den Patienten im Krankenhaus besuchten, wollten sie ihn mit Erfreulichem aufheitern, statt ihn mit Attentats-Szenarien aufzuregen. Und er selbst war einfach dankbar, »daß ihn Gott diesen Absturz hat überleben lassen«. – Als er Anfang August auf Krücken die Klinik verlassen konnte, hatte der Regierungschef mehr als acht der wichtigsten Wahlkampfwochen versäumt und keine Zeit zurückzuschauen.

Es war um diese Zeit, als ein alter Mann den Fahrer des Ministerpräsidenten am Ärmel zupfte, um ihm sehr vertraulich zu erzählen, wie es seiner Ansicht nach zu dem Absturz gekommen war. Er berichtete dem aufmerksamen Karl-Heinz Prosch, wie er einstmals bei der Deutschen Wehrmacht im Zweiten Weltkrieg Dutzende von britischen Kampfflugzeugen ohne einen einzigen Schuß vom Himmel geholt hatte: mittels eines besonders starken Senders, der Funkkontakt zu den Angreifern aufnahm, um sie mit falschen Angaben zur einzuhaltenden Flughöhe auf Grundberührung und Absturz zu trimmen.

Ein mobiler Sender, stärker dimensioniert als das reguläre Flugleitsystem, kann, in einem Fahrzeug installiert und unweit des Tower postiert, auch in Lübeck-Blankensee seine Fehleinweisung vorgenommen haben. Nicht auszuschließen ist, daß der Pilot im Anflug außerdem mit starken Scheinwerfern geblendet worden war und deshalb den Mast nicht sehen konnte. Das wäre eine Erklärung für die letzten Worte, die der Pilot Michael Heise kurz vor dem Crash an den Tower richtete. »Dim the light!« war seine dringende Aufforderung.

Die Behörden schien das alles nicht zu interessieren. Ihre Passivität mußte schon damals befremdlich anmuten; vollends unverständlich aber wurde sie, als nach dem gewaltsamen Ende des Politikers in Genf von niemandem mehr die Möglichkeit geleugnet werden konnte, daß es schon vorher eine Gefährdungslage für ihn gegeben hatte.

Die Dringlichkeit von tiefschürfenden Untersuchungen offenbarte schließlich der private Rundfunksender RSH (Radio Schleswig-Holstein). Zuvor hatte sich der Sender wochenlang an einer geradezu gespenstischen Mediendiskussion um den Flugzeugabsturz beteiligt.

Die ersten Reaktionen auf den Absturz waren verständlicherweise Trauer über die zu Tode Gekommenen und Erleichterung, daß wenigstens einer das Unglück überlebt hatte. Sehr bald aber verschafften sich seltsam mitleidlose Medienstimmen mehr und mehr Gehör: Uwe Barschel konnte nur überleben, »weil er – entgegen den Vorschriften unangeschnallt – aus der Maschine herausgeschleudert worden sei. Wenn er sich wie alle anderen korrekt verhalten hätte, hätte auch er zu den Opfern gehört. Über Wochen wurde auf dieser These mit unverständlichem Nachdruck bestanden.«[38] – Es war, wie wenn Enttäuschung über einen ausgebliebenen Tod eine schräge Journaille motivierte. Nebenher: Wäre Barschel tatsächlich unangeschnallt gewesen, dann hätte es an diesem letzten Tag im Mai mit Sicherheit nicht drei, sondern vier Tote gegeben.

»Wie konnte eine solche Welle der Feindseligkeit entstehen, und warum wurde sie von den meisten Medien so eilfertig transportiert?« fragt die Autorin der »Gegendarstellung zum Fall Barschel«. Und Sylvia Green-Meschke schließt die Vermutung an, »gezielte Desinformation« habe eine beträchtliche Rolle gespielt. Dann konstatiert die Medienforscherin: »Die Verunglimpfungen des schwerverletzten Barschel setzten sich fort in dem zunächst andeutungsweise geäußerten Verdacht, Barschel könnte den Piloten angewiesen haben, trotz der Sichtverhältnisse in Blankensee zu landen und sei somit mitschuldig an dem Unfall.«

»Wenig später brachte der private Rundfunksender RSH die Meldung, der Pilot sei vom Flughafen Fuhlsbüttel angewiesen worden, dort zu landen, habe die Anweisung aber ignoriert. Eine Anfrage beim Sender ergab, daß ohne jede Gegenrecherche die möglicherweise zielgerichteten Beschuldigungen eines anonymen Anrufers über den Sender landesweit verbreitet worden waren.«[39]

Es gibt eine Branche, in der gezielte Desinformation und Diffamierung aus der sicheren Deckung heraus zu den Hauptmerkmalen der Betätigung gehören. Man weiß in dieser Branche selbstverständlich, daß private Sender sich aus Kostengründen keine Redaktion leisten, die redaktionelle Inhalte selbst zu recherchieren oder auch nur zu überprüfen in der Lage ist – ideale Voraussetzungen für das Lancieren von Ehrabschneidung.

Der Brief der Pilotenmutter

An der Beerdigung Michael Heises nehmen auf Bitten des ans Bett Gefesselten seine Frau Freya und der Persönliche Referent des Ministerpräsidenten teil. Die Mutter des toten Piloten begegnet ihnen mit unverstellter Freundlichkeit und ist ohne jeden Vorwurf gegen den Überlebenden. Danach erst entfaltet die über die Medien geträufelte Desinformation auch bei ihr die gewünschte Wirkung. In ihrem Schmerz schreibt sie einen Brief mit dem folgenden Wortlaut:

»Herr Dr. Barschel, können Sie nachts ruhig schlafen, Sie haben drei Menschenleben auf dem Gewissen! Ihnen war es bekannt, daß Lübeck-Blankensee nur auf Sicht angeflogen werden konnte. Ihr Dienstwagen hätte Sie in Fuhlsbüttel erwartet, und für Sie hätte es gegenüber Lübeck-Blankensee eine Zeitverzögerung von 30 Minuten bedeutet! Diese 30 Minuten haben drei Menschenleben gefordert. Sie als glücklicher Familienvater! Unser Michael hat einen kleinen Sohn, der am 6. Juni zwei Monate alt wird! Nie wird er seine kleine Kinderhand vertrauensvoll in die Hand seines Vaters legen können! Und alles nur, weil Sie nicht in Hamburg ausgestiegen sind! Was haben Sie uns bloß angetan. Ich wäre der letzte Mensch, der Ihnen nun gute Besserung wünschen würde!«

So begreiflich die Verzweiflung der Mutter ist, so abwegig sind ihre Vorwürfe. Bei jedem Flug obliegt die Entscheidung, ob Start oder Landung bei gegebenen Bedingungen vertretbar sind oder nicht, allein dem verantwortlichen Flugzeugführer. Er allein ist für die Einhaltung der Sicherheitsregeln verantwortlich. Anregungen, Empfehlungen oder gar Befehle von Fluggästen sind gegenstandslos und dürfen keinerlei Verbindlichkeit entfalten. Das ist ehernes Gesetz des Pilotenberufs.

Frau Heise hat den Brief an die Staatskanzlei in Kiel gerichtet. Die Mitarbeiter dort zögern eine Weile, dem Schwerverletzten die Lektüre zuzumuten. Dann faßt sich Herwig Ahrendsen ein Herz. Abgesehen von der Familie, wird der stellvertretende Leiter der Pressestelle der häufigste

Besucher im Lübecker Krankenzimmer sein. Er wird nun zum wirklichen Vertrauten und erlebt doch einen zuvor nicht gekannten Uwe Barschel, als er ihm den Brief vorlegt: »hemmungslos weinend, in sich versunken, nicht ansprechbar«[40]. Zu den körperlichen Schmerzen, die er fast klaglos erträgt, kommt mit den bitteren Vorwürfen ein seelischer Schmerz, den der Patient nicht verwinden kann. Seiner Schwester, seiner Frau und seiner Mutter ging seine Erschütterung besonders nahe; sie erlebten, daß der Unfall selbst und alle Todesdrohungen ihn weniger zu treffen vermochten als nun diese Anschuldigung. Die Veröffentlichung des Briefes, die gegen den strikten Willen der trauernden Mutter erfolgte, hat Barschel an den Rand der Verzweiflung gebracht. Und das war auch so gewollt.

In der letzten *stern*-Ausgabe des Monats Juli 1987 konnte ein Millionenpublikum lesen, was die Mutter des toten Piloten dem Ministerpräsidenten von Schleswig-Holstein zum Vorwurf machte. Wie der Brief den Weg in die Zeitschrift finden konnte, blieb zunächst verborgen.

Pfeiffer war es gelungen, in den Besitz einer Kopie zu gelangen. Die bot er erst einmal dem *Spiegel* an, der sich indessen uninteressiert zeigte (Augstein hatte erklärt, daß für eine Landung immer nur der Pilot, niemals aber ein Fluggast verantwortlich sei). In der Wohnung seines konspirativen Freundes Klaus Nilius dagegen traf Pfeiffer auf einen dankbaren Abnehmer. Dem SPD-Pressesprecher gelang es dann auch ohne Schwierigkeiten, den *stern* für die Veröffentlichung des Heise-Briefes zu gewinnen.

An menschlicher Niedertracht markiert die Lancierung des Briefes einen Tiefpunkt, wie er vordem allenfalls mit der Pfeifferschen Aids-Attacke auf Engholm einmal erreicht worden war. Aber die von Pfeiffer mit Nilius nun ins Werk gesetzte Diffamierung galt einem wehrlosen Schwerverletzten und zielte auf seine psychische Vernichtung. Wie bei vielen anderen seiner unanständigen Wahlkampfaktionen leugnete Engholms Vertrauensmann Nilius jede eigene Beteiligung so lange, bis seine Lügen gerichtsfest bewiesen waren. Und auch dann noch war der Drahtzieher weit entfernt von jeglicher Regung des Gewissens. Schließlich habe nicht er den Brief veröffentlicht, meinte Nilius lakonisch, sondern der *stern*.

Nilius versah auch das Amt des Chefredakteurs bei der SPD-Wahlkampf-*Zeitung am Sonntag* (ZaS), in der der Parteivorsitzende Günther Jansen sich als Biedermann in Positur werfen konnte: »Wir haben einen anständigen Wahlkampf geführt. Fair im Umgang mit dem politischen Gegner und sachlich. Wie es zu Björn Engholm und der SPD Schleswig-Holstein paßt.«[41] Und der Spitzenkandidat selbst konnte sich nicht genug loben, weil er während des Krankenhausaufenthaltes seines politischen

Gegners angeblich »alle persönlichen Angriffe« unterlassen habe. – Leicht gesagt, die Drecksarbeit erledigten Nilius und Pfeiffer. Aus dem Lübecker Uni-Klinikum gerade entlassen, gab der Ministerpräsident in Mölln eine Pressekonferenz zum Absturzgeschehen. »Sensibel und souverän zugleich«, wie sich Teilnehmer erinnern, wies er die Vorwürfe aus dem *stern* zurück. Klaus Nilius war allerdings nur gekommen, um die Wirkung seines Untergrund-Wahlkampfs auf die Psyche des Gegners zu taxieren. Zufrieden konnte er nicht sein, denn Barschels Energie schien ungebrochen.

Lysia und die Wanze

Wie es in seinem Inneren aussah, hat der preußisch-disziplinierte Patient nicht vor Publikum ausgebreitet. Er behielt ganz selbstverständlich auch für sich, daß er spontan und auf eigene Kosten für die kleine Tochter des sieben Tage nach dem Absturz verstorbenen Leibwächters eine Ausbildungsversicherung abgeschlossen hatte. Und nur sehr wenige erfuhren von seiner Angst.

»Die haben gewartet, bis ich aus dem Krankenhaus bin. Dies ist nur der Anfang, man will mich fertigmachen«, sagte er zu der Krankengymnastin Inge Gärtner, bei der er die Behandlung auch nach dem Klinikaufenthalt fortsetzt. »Total aufgelöst« sei er gewesen, sprach von einem »Komplott«, ohne daß er gewußt hätte, »von welcher Seite das ausgeht«[42]. Uwe Barschel fühlte sich von unbekannten und unsichtbaren Feinden umstellt. Einem Hamburger Journalisten sagte er: »Sie werden sehen, man wird mich vernichten.«

Gutgläubig bis zum Schluß, hat der Ministerpräsident auch seinen Zeitangestellten Reiner Pfeiffer keineswegs zu seinen Feinden gezählt. Er schöpfte auch keinen Verdacht, als in der CDU-Wahlzeitung *Schleswig-Holstein am Wochenende*, für die Pfeiffer als Chef vom Dienst zuständig war, Anfang September ein Beitrag erschien, der die SPD beschuldigte, sie wolle Sex mit Kindern von Strafe freistellen. Es fiel den Sozialdemokraten leicht, damit kurz vor der Wahl noch Punkte zu sammeln, denn das Gericht gab ihrem Antrag statt und die Verbreitung der Polemik wurde per einstweiliger Verfügung untersagt. Die CDU mußte den Vorwurf der üblen Diffamierung schlucken. Barschel sah in Pfeiffer den Schuldigen für die Entgleisung und wies ihn telefonisch wegen seiner Fehlleistung rüde zurecht. Aber mit keinem Gedanken nahm er an, daß Pfeiffer die Kindersex-Schote womöglich absichtsvoll zum Schaden der CDU ins Blatt gehoben haben könnte.

Als eine Woche vor der Wahl, am Montag, dem 7. September, der *Spiegel* mit seiner ersten »Waterkantgate«-Geschichte herauskam – immerhin war darin schon von »einem hochgestellten Informanten aus der Staatskanzlei« die Rede, der den Sozialdemokraten Hintergrundwissen über eine Beschattungsaktion und eine Steueranzeige gegen Engholm liefern würde –, war Uwe Barschel immer noch ohne Argwohn gegen Pfeiffer. Mit seinem Persönlichen Referenten Gerd-Harald Friedersen zusammen hatte der Ministerpräsident schon am Sonntag einen Vorabdruck der Magazingeschichte analysiert, ohne daß ihm dabei Pfeiffer eingefallen wäre. Pfeiffer fühlte sich vor einer Enttarnung durch Barschel auch vollkommen sicher: An diesem 7. September machte er den Verbündeten von der SPD sogar neue Ankündigungen zur Wahlkampfhilfe.

Man traf sich heimlich im Lübecker Hotel Lysia: Pfeiffer mit Nilius und vor allem mit dem Landesvorsitzenden der SPD, Günther Jansen, der auch den Hamburger Rechtsanwalt Peter Schulz zu der konspirativen Sitzung bestellt hatte. Schulz war früher einmal Hamburger Bürgermeister gewesen und hatte nun sein Mandat sowohl von Jansen als auch von Björn Engholm. Für Peter Schulz jedenfalls war neu, was Reiner Pfeiffer über seine verdeckten Aktionen erzählte, über die Steueranzeige und den Detektiveinsatz, die angeblich Barschel in Auftrag gegeben haben sollte. Von der Aids-Attacke sagte der Journalist kein Wort.

Der kluge Anwalt Schulz dürfte sich sehr gewundert haben, daß der nicht weniger kluge Ministerpräsident Dr. iur. und Dr. phil. Barschel nach der *Spiegel*-Veröffentlichung vom selben Tage keinerlei Verdacht gegen Pfeiffer geschöpft haben sollte – und das, obwohl er doch Pfeiffers Anstifter bei den beiden beschriebenen Aktionen gewesen sein sollte. Beides ging nicht zusammen. Und Peter Schulz hatte noch ein Problem. Heute erst hatte er im Namen Engholms Strafanzeige erstattet wegen Auspähens der Privatsphäre und des Verdachts auf Verletzung des Steuergeheimnisses – »gegen Unbekannt« hatte er die Anzeige erstattet. Und schon am Abend desselben Tages sitzt ihm nun der Täter gegenüber. Nichts mehr mit Unbekannt. Und selbstverständlich sah sich der korrekte Rechtsanwalt in der Pflicht, über das von Pfeiffer Erfahrene unverzüglich auch seinen Mandanten, den Spitzenkandidaten Engholm, zu unterrichten.

Für Nilius waren Pfeiffers Erzählungen im Hotel Lysia natürlich alles andere als neu, und auch Jansen hatte schon manches läuten gehört. Aber wer wann was erfahren hatte über Pfeiffers Schandtaten, darüber hätten die Sozialdemokraten am liebsten nie geredet, jedenfalls nicht öffentlich. Das ganze Lysia-Treffen sollte mit allen Umständen seines Zustandekommens, den Teilnehmern und der Frage über damals erfolgte Zusagen an Pfeiffer strikt unter der Decke bleiben. Kein Sterbenswörtchen wollten die Beteiligten auch jemals über alle früheren Kontakte mit dem heimlichen Konfidenten aus der Regierungszentrale verlauten lassen. Und allemal sollte die Kenntnis von der neuerlichen Ankündigung Pfeiffers, daß vor der Wahl »noch ein neuer, sehr gravierender Vorgang« zu gewärtigen sei, ein ewiges Geheimnis bleiben. Daraus wurde nichts.

Die Ankündigung über seinen »neuen, sehr gravierenden Vorgang« machte Pfeiffer, angeblich ohne Einzelheiten zu nennen, gegenüber SPD-Chef Jansen »unter vier Augen«. Anwalt Schulz hatte sich schon auf den Weg gemacht, seinen Mandanten Engholm zu informieren. Schulz konnte nicht wissen, daß Engholm längst bestens im Bilde war. Und Jansen wußte nicht, daß »der neue, sehr gravierende Vorgang« von Pfeiffer an diesem ereignisreichen 7. September schon eingeleitet worden war.

Ministerpräsident Barschel soll dem vielseitigen Medienreferenten einen Auftrag gegeben haben, den der nur mit Abscheu entgegengenommen haben will. Pfeiffer sollte eine sogenannte Wanze beschaffen, die sich der Ministerpräsident in sein Diensttelefon einbauen wollte. Bei einer allfälligen Überprüfung der Telefonanlage würden die Techniker die Wanze entdecken. Das Fundstück wollte Barschel sodann als Beweis dafür präsentieren, daß er abgehört würde. Von wem wohl? Natürlich von der SPD und ihrem Spitzenkandidaten, der – wer sonst hätte ein Interesse daran? – hinter der Lauschaktion stecke. Für ihn aber, Reiner Pfeiffer, sei jetzt »das Maß voll« gewesen. Dieser Auftrag hätte »das Faß zum Überlaufen gebracht«. Er hätte es nicht länger ertragen, bei den unanständigen Machenschaften seines Ministerpräsidenten mitzutun, und deshalb hätte er sich »zu einem Schlußstrich entschlossen«. Dies und nichts anderes sei das Motiv, sich dem deutschen Nachrichtenmagazin aus Hamburg zu offenbaren.

So dummerhaft die Story klingt, sie stand so tatsächlich in der nächsten Ausgabe des *Spiegel*, dem regulär am 14. September ausgelieferten Heft. Die Titelgeschichte (»Waterkantgate: Beschaffen Sie mir eine Wanze«) wurde als Vorabmeldung am Sonnabend vor der Wahl zum Politknaller schlechthin. Und weil die Geschichte schwarz auf weiß zu lesen stand, wurde sie auch vielerorts geglaubt, ganz und gar kritiklos jedenfalls vom wenig später eingesetzten »ersten« PUA.

Laut Pfeiffers Geständnis sei der MP auf die Wanzenidee verfallen. Der habe ihm den Auftrag zur Beschaffung einen Tag nach dem Treffen im Hotel Lysia, am Dienstag, dem 8. September, telefonisch erteilt und am selben Tag noch zweimal telefonisch nachgefragt. Vorher sei von Wanzen zwischen ihnen nicht die Rede gewesen. – Wieso aber hatte sich Pfeiffer schon Wochen vorher bei Elektronikhändlern nach solchen Tierchen erkundigt, für die er in Verbindung mit dem Traum von seinem Watergate schon immer eine besondere Vorliebe hatte? – Pfeiffer mußte auf solche Fragen nie eine Antwort geben. Die *Spiegel*-Redakteure fanden den ganzen Wanzenkomplex zwar »kaum glaublich« und verlangten von ihrem Informanten zusätzlich eine eidesstattliche Versicherung. Dann aber druckte das Blatt hemmungslos die Version Pfeiffers – und ist von dem Unsinn bis heute nicht abgerückt.

Ahrendsens Freundschaftsdienst

Tatsächlich hat es zwischen dem Ministerpräsidenten Barschel und seinem Zeitarbeiter Pfeiffer zwei Telefonate zum Thema Wanze gegeben: Das erste, am Montag, dem 7. September, gegen 14.30 Uhr, dauerte 8 bis 9 Minuten. Das zweite, am Dienstag, dem 8., um 20.07 Uhr, dauerte 90 Sekunden.

Über die Zeitangabe hinaus stehen auch Verlauf und Inhalt der Gespräche fest, ohne daß diese ganz entscheidenden Informationen je bekannt geworden wären. Sie gelangten dem Kriminaloberkommissar Jacobs von der »Soko Genf« beim LKA Kiel am 26. Januar 1995 bei der Vernehmung des ehemaligen Hauptmanns vom »Stützpunkt Sperber« zur Kenntnis und wurden von diesem Zeugen in der »nichtöffentlichen Sitzung« vom 20. März auch dem »zweiten« PUA vermittelt, der in seinem umfänglichen »Schlußbericht« vom Dezember 1995 das Telefongespräch indessen weder erwähnt noch auswertet.

Am frühen Montag nachmittag wählte Pfeiffer das Autotelefon im Dienstwagen des Ministerpräsidenten an, um ihm einen Vorschlag zu machen. Im Protokoll des »zweiten« PUA heißt es wörtlich: »Am 7.9. ist Uwe Barschel angerufen worden von Herrn Pfeiffer, und der hat so langatmig irgend etwas vom Wochenende erzählt, das davorliegende Wochenende, was er dort erlebt hat, daß er mit jemand gesprochen hat und daß er eben ziemlich umschweifend schöngeredet hatte diese Variante, in Barschels Telefon müßte eine Wanze stecken, das müßte man aufdecken, und man könnte dem Wahlkampfgegner dort mit dieser Variante Schaden zufügen.«

Mehrere der Ausschußmitglieder haben insistierend nachgefragt, von wem der Vorschlag mit der Wanze kam, ob nicht vielleicht doch der Ministerpräsident der Initiator gewesen sei. Nein, der »Auswerter« von Sperber blieb sehr klar dabei, Pfeiffer war der Anrufer, und er war es, der den Wanzentrick wortreich empfahl. Der Zeuge hatte auch den Eindruck gewonnen, daß über den Gegenstand zuvor noch nicht gesprochen worden war, und berichtete, daß Barschel den langatmigen Ausführungen von Pfeiffer nur zugehört hat. »Er gab aber keinerlei Kommentar von sich aus«, heißt es dazu im LKA-Protokoll. Sein Beitrag zum ganzen Gespräch habe in Lauten wie »mh« oder »ja?« bestanden. »Dann wurde das Gespräch beendet, ohne daß eine Entscheidung zum Thema erkennbar gefallen wäre.«

Dem Exhauptmann ist das Gespräch gut in Erinnerung geblieben, weil bei ihm »knapp zwei Stunden später« eine unerhörte Überraschung auflief. Auf seinem Autotelefon wurde Oppositionsführer Engholm angerufen »von jemandem aus dem SPD-Bereich, und es war recht vertraulich«. Auch dabei ging es um den Einbau einer Wanze. »Ich war total von den Socken«, erklärte der Zeuge und erinnert sich: »Der Anrufer fragte, ob man daran denken sollte, eine Nachricht in der Abhörgeschichte herauszugeben.« Engholm entschied: »Nein, das machen wir nicht.«

Und über ein letztes kurzes Gespräch am Abend des 8. September, kurz nach 20 Uhr, berichtete der frühere Stasi-Abhörer auch. Er konnte sich allerdings nicht mehr erinnern, ob Barschel der Anrufer oder der Angerufene war. Das Wort Wanze sei dabei nicht gefallen. Der Ministerpräsident habe nur wissen wollen, was aus der Sache geworden sei. »Nichts«, erfuhr er von Pfeiffer, womit das Gespräch zu Ende war und das Thema eigentlich hätte erledigt sein können. Aber es sollte ganz anders kommen.

Erst als Barschel die Vorabnachrichten zur *Spiegel*-Nummer vom 14. September hörte, wurde ihm das Intrigenspiel seines falschen Medienreferenten bewußt. Der vermeintliche Wanzenauftrag wurde nun zum Gipfel der angeblichen »Barscheleien« emporstilisiert. Würde man ihm glauben oder es als Eingeständnis seiner Schuld werten, wenn er in dieser hochgeschäumten Verdachtstimmung einräumte, mit Pfeiffer ein paar Tage zuvor tatsächlich über eine Wanze telefoniert zu haben? Würde man ihm abnehmen, daß ihn das Thema Wanze nur interessiert hat, weil er den Verdacht hatte, daß er seit längerem abgehört wurde? Ihm waren Geräusche in seinem Dienstapparat aufgefallen, und deshalb hatte er tatsächlich die Telefontechniker bestellt, die am Mittwoch, dem 9. September in der Tat auch einen Defekt in seinem Telefon feststellten und behoben. Aber wer würde ihm diese einfache Erklärung glauben?

Erfahren im Umgang mit den Medien, war dem Politiker klar, was es bedeutete, daß der *Spiegel* ihn ins Zentrum einer so ungeheuerlichen medialen Anklage gerückt hatte. Das Blatt würde ohne Beschädigung des eigenen Ansehens den Attackierten nicht so bald aus seinen Fängen lassen können. War sie das, die Vernichtung, von der er sich seit dem Flugzeugabsturz ständig bedroht sah?

Mit Herwig Ahrendsen zusammen hatte Uwe Barschel die Redaktion der *BILD-Zeitung* besucht, bevor er um 20.07 Uhr an diesem Abend des 8. September vom Auto aus den Kurzanruf bei Pfeiffer tätigte. Den Vertrauten Ahrendsen bat er am 27. September, diesen Anruf als von ihm getätigt auf seine Kappe zu nehmen. Und Ahrendsen wollte dem Bedrängten den Freundschaftsdienst nicht verweigern. In diesem Punkt machten beide in der Folgezeit falsche Aussagen. Ihre Not- und Freundschaftslüge konnte indessen nicht lange verborgen bleiben. Die Auswertung der Telefonlisten, damals noch von der Deutschen Bundespost geführt, machte klar, daß der Anruf aus dem fahrenden Dienstwagen erst erfolgt war, als sich der Ministerpräsident und sein stellvertretender Pressechef schon voneinander verabschiedet hatten.

Für den Sportsmann Herwig Ahrendsen begann eine lange Leidensstrecke. Als er die Falschaussage zugegeben hatte, wollte man ihm auch alle anderen Aussagen zu den Pfeiffer-Aktionen nicht mehr abnehmen. In der Steueranzeige sei er als Mittäter Pfeiffers überführt, urteilte der »erste« PUA. Fünfeinhalb Jahre lang mußte sich der Regierungsdirektor in Disziplinarverfahren und Strafprozessen gegen ungerechtfertigte Beschuldigungen zur Wehr setzen. Erst als das Landgericht Kiel Pfeiffers falsche Anschuldigungen aufdeckte, erlebte Herwig Ahrendsen seine vollständige Rehabilitierung – Freispruch wegen erwiesener Unschuld. Daß dies auch einen späten Freispruch für den zu Unrecht der Anstiftung beschuldigten ehemaligen Ministerpräsidenten bedeutete, ging im Medienalltag unter.

Die Dramaturgie der Bündnisgenossen

Über die ersten Kontakte Pfeiffers zur SPD war ein Zweierbündnis zustande gekommen, das zum gemeinsamen Ziel die politische Vernichtung des regulär kaum besiegbaren Ministerpräsidenten Barschel hatte. Dieses Ziel verfolgte Pfeiffer, gelenkt von einer für alle anderen unsichtbaren Regie, zunächst allein. Er sammelte Indizien, weihte Zeugen ein und legte Spuren, die sich später zu einem Bild zusammenfügen ließen, die einem

Die Dramaturgie der Bündnisgenossen

Beweis für die Anstiftung durch Barschel gleichkommen sollten. Daß diese von ihm lediglich behauptete Anstiftung von der SPD-Seite auch geglaubt wurde, war eine notwendige Voraussetzung für deren Beteiligung am Bündnis mit Pfeiffer. Ein subversiv gegen sie agierender Solist Pfeiffer wäre nicht mehr als ein Ärgernis für Engholm und seine Leute gewesen; ein Pfeiffer, der die maßgebliche Beteiligung seines Regierungschefs offenbarte, war hingegen kaum in Gold aufzuwiegen. Ihm konnte man getrost auch die Untaten gegen Engholm nachsehen. Ja, man ermunterte ihn sogar, sie »mit gebremstem Schaum« fortzusetzen. Es müßten ja nicht unbedingt wieder Bosheiten vom Kaliber der Aids-Anrufe sein. In der Erwartung, das Schuldkonto Barschels weiter zu belasten, wollte man sich gern noch ein bißchen triezen lassen. Die Opferrolle ist überaus kleidsam, wie man weiß.

Die »explodierende Enthüllung zum richtigen Zeitpunkt«[43], so lautete monatelang das von Nilius und Pfeiffer gemeinsam verfolgte Ziel. Ihre auf größtmögliche Wirkung bedachte Dramaturgie schloß nicht aus, daß dem großen Knall kurz vor der Landtagswahl zeitlich gestaffelt eine Reihe von vorbereitenden Explosionen vorausgeschickt wurden. Die Lancierung des Briefes der Pilotenmutter erfüllte die Funktion, das Ansehen des Ministerpräsidenten zu untergraben, schon sehr wirksam.

Kurz darauf wurde die auf Pfeiffers Angaben gestützte Diffamierung in der *Frankfurter Rundschau* fortgesetzt. Der Beitrag »Wahlkampf aus der Staatskanzlei« hatte den folgenden Wortlaut:

»Eine umstrittene Wahlkampf-Broschüre der schleswig-holsteinischen CDU, an der vor einiger Zeit ein Fairneßabkommen zwischen den Parteien gescheitert war, soll nach jetzt bekannt gewordenen Informationen von einem Ministerialdirektor aus der Staatskanzlei des Ministerpräsidenten Uwe Barschel (CDU) und nicht, wie das Impressum ausweist, von der CDU-Parteizentrale in Kiel erstellt worden sein. Die Broschüre hat in der SPD starke Kritik hervorgerufen, weil ihrem Spitzenkandidaten Björn Engholm darin u.a. vorgeworfen wird, seine sicherheitspolitischen Vorstellungen würden Gewalt verharmlosen und Rechtsbewußtsein untergraben. In der Deutschlandpolitik handele er gegen die Interessen der Deutschen, seine Wirtschaftspolitik schwanke zwischen Maschinensturm und Klassenkampf. Zusätzlich erbittert die Sozialdemokraten, daß diese Broschüre gerade zu einem Zeitpunkt herausgegeben wurde, als Engholm dem nach einem Flugzeugabsturz schwerverletzten Ministerpräsidenten zugesagt hatte, er werde ihn im Wahlkampf bis zur Wiederaufnahme seiner Dienstgeschäfte nicht angreifen.«[44]

Die vermeintlich so Fairen wußten die Kampagne weiter anzuheizen. Parallel zu dem am gleichen Tage erscheinenden ersten *Spiegel*-Beitrag der Serie »Waterkantgate« steht im sozialdemokratischen Pressedienst »PPP« am 7. September unter der Überschrift »Barschel und die Detektive« die folgende Polemik zu lesen:

»Leute wie Barschel und seine ehrenwerten Hintermänner sind Demokraten, gewiß ... Droht die Gefahr, daß ein besserer Mann mit einem besseren Programm auf demokratischem Wege die Gunst der Wähler erringt, dann läßt Barschel die Maske des Biedermannes fallen und greift zu anderen Methoden. Mit einer Schmutz- und Schnüffel-Kampagne ohne Beispiel zeigt Barschel sein wahres Gesicht ... Dabei ist keine Lüge zu obszön, keine Verleumdung zu niederträchtig, als daß Barschel sie nicht als geeignet für die Diffamierung seines populären Gegenkandidaten ansähe ... Die Dunkelmänner wurden rechtzeitig vor der Wahl enttarnt, Barschel muß sich vor der Presse von den Machenschaften distanzieren und die Wähler können sich ihr eigenes Urteil über den Demokraten Barschel bilden ... Es wäre nur gerecht, wenn Ballhaus und Barschel die Kosten für die Kampagne aus der eigenen Tasche bezahlen müßten.«[45]

Die Tendenz zu anschwellender Verleumdung kommt in den Unterstellungen der beiden Artikel zum Ausdruck: Einer Lichtgestalt Engholm wird ein absoluter Finsterling ohne Skrupel und Moral gegenübergestellt. Die Verbalinjurien bei siebenmaliger Namensnennung des Gegners geben dem PPP-Beitrag ein kaum steigerungsfähiges Haßformat. In der Annahme, daß sie mit dem Medienreferenten nur den Befehlsempfänger auf ihre Seite zog, mag die SPD anfangs über den Ministerpräsidenten tatsächlich empört gewesen sein; ihre eigenen Wahlkampf-Schandtaten haben die Barschel fälschlich zugeschriebenen Schandtaten indessen sehr bald aufgewogen. Außerdem mußte, je näher die Wahl rückte, der Verdacht mehr und mehr zur Gewißheit werden, daß Pfeiffer einen falschen Anstifter genannt hatte. Denn so naiv wie Barschel gegenüber seinem Medienreferenten konnte ein Komplize gar nicht sein.

Und auch dies mußte eine den Sozialdemokraten leicht zugängliche kritische Überlegung sein: Wenn Barschel die von Pfeiffer ins Werk gesetzten Intrigen zur Diffamierung des Gegenkandidaten wirklich eingefädelt haben sollte, warum machte er dann keinerlei Anstalten, Nutzen aus solchem Tun zu ziehen? Es mußte die Wahlkampfgegner doch sehr wundern, daß der angebliche Drahtzieher von den Resultaten der Pfeifferschen Umtriebe nichts, aber auch gar nichts öffentlich und damit erst wahlwirksam zu machen suchte.

Die Dramaturgie der Bündnisgenossen

Wieviel gewiefter agierten da Engholm und seine Leute. Allein sie betrieben »aktive Pressearbeit« mit den vermeintlich gegen ihren Spitzenkandidaten gerichteten Aktionen, die sie auf raffinierte Weise zu skandalisieren verstanden. Mit der Einbindung des *Spiegel* in den bisherigen konspirativen Zweibund erreichten SPD und Pfeiffer ihr wichtigstes Etappenziel. Der damalige Chefredakteur des Nachrichtenmagazins, Erich Böhme, mochte es als glückliche Fügung betrachten, daß ihm Nilius und Engholm die Geschichte über die angeblichen Machenschaften aus der Staatskanzlei auf dem Tablett servierten und anschließend auch noch den Informanten und Kronzeugen in Person. »Die Sozis haben uns Pfeiffer frei Haus geliefert«, wie Böhme später *BILD am Sonntag* erzählt.

Zur Rolle des *Spiegel* im nunmehrigen Dreibund ist zugunsten der Blattmacher anzunehmen, daß sie – ähnlich der SPD bei ihrem Erstkontakt mit Pfeiffer – anfangs wohl auch an die Version glaubten, Pfeiffer sei nur der Ausführende und Barschel der Urheber der Intrigen gewesen. Will man aber die am Hamburger Speersort versammelte journalistische Intelligenz nicht beleidigen, dann ist definitiv auszuschließen, daß diese Fehleinschätzung in ihren Reihen lange Bestand haben konnte. – Allerdings hat der *Spiegel* viele Jahre lang verbissen an der These festgehalten, die er sich nach Pfeiffers Einflüsterungen im September 1987 zu eigen gemacht hatte – um den Preis der Glaubwürdigkeit, aber doch auch sehr zum eigenen geschäftlichen Vorteil.

Zu einer ironischen Arabeske haben die Enthüllungsprofis gleich zu Anfang ihrer Bündnis-Beteiligung beigetragen: Die Überwachung Engholms durch die Detektive präsentierten sie ihrer Leserschaft als zutiefst verabscheuungswürdige und von Polizei und Staatsanwaltschaft rigoros zu verfolgende Untat. Aber selbst wenn es ein Ministerpräsident gewesen wäre, der einen Oppositionspolitiker hätte beschatten lassen, was wäre schon dabeigewesen? Kein Gesetz verbietet es irgend jemandem, irgend jemand anderen von Detektiven oder wem auch immer beschatten zu lassen. Solange nicht verbotswidrig in die Privatsphäre eingedrungen wird (zum Beispiel Hausfriedensbruch begangen wird), sind Observieren und Observierenlassen kein Vergehen und schon gar kein Straftatbestand. Wäre es anders, dann hätten die Reporter und Korrespondenten des *Spiegel* fast alle lange Strafregister: Für viele Journalisten ist das Beobachten und Beobachtenlassen ganz normales Alltagsgeschäft – geschützt u.a. durch die grundgesetzlich garantierte Pressefreiheit.

Lügen und lügen lassen

Um die Wahl zu gewinnen, bediente sich die SPD nur allzugern der sprudelnden Informationsquelle namens Pfeiffer. Die Partei war aber zugleich bemüht, ihre Verbindung nicht ruchbar werden zu lassen. Denn nur ein scheinbar unabhängig von der SPD agierender Pfeiffer konnte den gegnerischen Ministerpräsidenten wirksam belasten. Erkanntermaßen von den Sozialdemokraten instrumentalisiert, würde er zum enttarnten Agenten, der damit als »verbrannt« gelten mußte, und – viel schlimmer noch – zur gefährlichen Belastung: Für jeden sichtbar hätte der Medienreferent seine Aufgabe in der Staatskanzlei nur zum Schein versehen, um in Wahrheit dem MP zu schaden und dem Oppositionskandidaten zu nützen.

Die Enttarnung Pfeiffers als Wahlhelfer der SPD konnte von Engholm und seinen Leuten nicht komplett verhindert werden. Die Staatsanwälte um Oswald Kleiner deckten die frühen Kontakte auf. Sie postierten ihre Kripobeamten unauffällig in der Nähe der *Spiegel*-Redaktion und folgten Pfeiffer ebenso unauffällig bis zu der Wohnung, die das Nachrichtenmagazin ihrem Informanten zur Verfügung gestellt hatte. Dort standen die Ermittler plötzlich mit einem Durchsuchungsbefehl auf der Matte und wurden fündig. Pfeiffers Notizbuch enthüllte ihnen das heimliche Treffen im Hotel Lysia. Unter dem 16. Juli wies die Notiz »Nili« auf Pfeiffers sommerliches Treffen mit Engholms Freund und Pressechef vor dem Kieler Gewerkschaftshaus. Sie erfuhren auch, daß Nilius für Pfeiffer die Verbindung zum *Spiegel* herstellte, daß Engholm die Notariatskosten für Pfeiffers eidesstattliche Versicherungen übernahm und viele andere Details der Verschwörung mehr. – Aber dennoch glitt den Sozialdemokraten der konspirative Plan nicht gänzlich aus den Händen. Die Taktik, mit der sie die Fassade aufrecht erhielten, sie seien Opfer eines von Barschel gesteuerten Pfeiffer gewesen, bestand darin, solange wie möglich zu leugnen, und wenn das nicht mehr half, ihr Tun zu verharmlosen.

Als Mittel zur Abwehr der drohenden Enttarnung dienten virtuos gehandhabte Lügen, die von einer verschworenen Gemeinschaft von Lügnern zu wahren Lügengebäuden aufgetürmt wurden. An deren Konstruktion und Haltbarkeit hatten die Veröffentlichungen des *Spiegel* maßgeblichen Anteil.

Den ersten Verteidigungsring suchte Engholm aufzubauen, als er nach der für ihn und seine Partei überaus günstig ausgegangenen Landtagswahl vom 13. September 1987 Antwort auf die Journalistenfrage gab, ob ihm bekannt sei, daß sich Pfeiffer an die SPD gewandt habe, bevor er an den *Spiegel* herangetreten sei. Engholm antwortete: »Also, an mich, ein Gremium meiner Partei, hat sich Herr Pfeiffer nicht gewandt. Wir haben das nachgeprüft. Es gibt weder beim Landesvorstand noch beim Fraktionsvorstand noch bei mir noch sonstwo eine erkennbare Anlaufstelle für Herrn Pfeiffer.« – Ein Nein wäre *eine* Lüge gewesen. Diese Aussage enthielt deren sechs.

Als die Aussage von den Tatsachen eingeholt zu werden drohte, tastete sich der Zeuge Engholm, diesmal vor dem »ersten« PUA, ein Stückchen zurück: »Meine Aussage war richtig, und so habe ich sie von journalistischer Seite verstanden, bezogen auf den Abschluß des Wahlaktes am Abend des 13. September. Ich hätte hinzufügen müssen, daß Tage danach eine erweiterte Information bei mir vorgelegen hat. Das habe ich nicht getan; das mag eine Lässigkeit gewesen sein.«[46]

Der »erste« PUA drückte bei Engholm alle Augen zu. Auch die Lüge ließ man durchgehen, daß er von dem Lysia-Treffen erst Wochen später unterrichtet worden sei. Seinen Anwalt Peter Schulz brachte Engholm damit in arge Gewissensnöte. Der korrekte Hanseat hatte nicht gezögert, seinen Mandanten pflichtgemäß und unverzüglich über das Treffen mit Pfeiffer zu informieren. Noch in der Nacht vom 7. zum 8. September spürte er den wahlkampfreisenden Spitzengenossen im Elbeort Wedel auf und legte ihm dar, was dieser mit gespielter Überraschung aufnahm, weil ihm die Pfeifferschen Enthüllungen in Wahrheit längst bekannt waren.

Zu Engholms Masche gehörten Selbstmitleid und gekonnt gespielte Empörung. Vor der Presse entrüstete er sich über den, wie er meinte, »schlimmsten Vorgang«: »Die Bespitzelung durch angeworbene Detektive. Sie ist Regierungsstellen seit mindestens acht Monaten bekannt. Es hat bis heute keine Information oder Aufklärung von einer relevanten Regierungsstelle mir gegenüber gegeben.«[47] Tatsächlich aber war Engholm sogar früher informiert als das Innenministerium: Über die so plump durchgeführte Beschattung, daß sie der Polizei auffallen mußte, hatte ihn kurz nach ihrer Beendigung im Februar 1987 das Kriminalpolizeiamt umfassend ins Bild gesetzt und ihm auch mitgeteilt, daß zu keiner Zeit irgendeine Gefahr für ihn bestanden hatte.

Engholms Methode der Skandalisierung wird auch am Beispiel der Steueranzeige deutlich. Mit der Unterstellung, daß der Ministerpräsident hinter dem Anschlag auf seine Ehre stecke, spricht der Genosse von der »hohen Technizität« der Anzeige; er behauptet, sein Steuergeheimnis sei gebrochen, seine Steuerakte aus dem Lübecker Finanzamt in den Kieler

Regierungsapparat verbracht worden. Nichts davon entsprach der Wahrheit. Die Steuerakte hatte das Finanzamt nie verlassen. Inhaltlich-fachlich war die Anzeige reine Stümperei. Nur eine einzige Angabe im Text des »H. Sapiens« gab Rätsel auf: Die Zahl 228 978,66 DM gab genau den Betrag an, den Engholm nach seinem Ausscheiden aus der Bundesregierung 1982 als »Übergangsgeld« erhalten hatte. Außer dem Empfänger, seinem Steuerberater, den beiden an der Überweisung beteiligten Banken, dem Finanzamt Lübeck und dem Bonner Finanzministerium hätte es eigentlich niemanden geben dürfen, der Kenntnis von der Höhe der Sonderzahlung hatte. Eigentlich. Was man nicht wissen darf, gehört indessen zum wertvollen Informationskern der Macht im Hintergrund, der Pfeiffer auch sonst manchen Hinweis verdankte.

Die Unwahrheiten, die Engholm allein zur Steueranzeige über Jahre hinweg verbreitet hat, sind abend- und seitenfüllend. Eine der Lügen betraf den Zeitpunkt, zu dem er von der Anzeige erfahren haben will. Vor der Presse erklärte der Wahlsieger zur »Steuerdenunziation. Auch hierüber wissen Regierungsstellen seit Monaten Bescheid. Auch von diesem Vorgang gab es keinerlei Information, keine offizielle Unterrichtung und keinen Hinweis zur Aufklärung an mich.«[48] Diese Behauptung war an Dreistigkeit nicht zu überbieten. Und trotzdem hat es fünf Jahre gedauert, bis sie als Lüge entlarvt war.

Ganz davon abgesehen, daß Engholm aus geheimnisvoller Quelle schon lange vor Pfeiffers Kontaktaufnahme über die Anzeige informiert worden war, gab es sehr wohl auch eine offizielle Unterrichtung. Es war der schon erwähnte Staatssekretär im Finanzministerium, Dr. Carl Hermann Schleifer, der den Oppositionsführer am 3. August 1987 in seinem Dienstzimmer aufsuchte, um ihm von der Steueranzeige zu berichten. Schleifer wies das Lübecker Finanzamt an, Herrn Engholm eine Kopie der Anzeige zu schicken, was auch geschah. Was aber *nicht* geschah, gehört zum Bemerkenswertesten der gesamten Vorwahlaktivitäten: Der Ministerpräsident Uwe Barschel wurde von keinem der Gesprächspartner auch nur mit einem Wort über die Unterredung unterrichtet. Diese unerhörte Illoyalität des Staatssekretärs gegenüber seinem Regierungschef sollte wenig später noch eine dramatische Fortsetzung und Steigerung erfahren: mit Schleifers Aussage, der Ministerpräsident habe sich »Ende Januar/Anfang Februar« bei ihm telefonisch nach der Steueranzeige erkundigt.

Auf Schleifer wird noch in anderem Zusammenhang zurückzukommen sein. Vorher aber ist Engholms bei weitem noch nicht erschöpfend dargestellte Strecke der Phantastereien mit einem methodischen Hinweis abzurunden: Der Mann log nicht nur selbst, er ließ genauso unverfroren seine Leute lügen. Außerdem genoß er das nahezu unerschöpfliche Wohlwollen der Hamburger Zeitschriftenmacher, die es im Interesse ihres Lieblingspolitikers mit der Wahrheit auch nicht immer so genau nahmen.

Die Redlichen in Engholms Umfeld haben nicht wenig darunter gelitten, daß sie entweder mittun oder sich zum eigenen Schaden dem Ansinnen verweigern mußten. Einer von ihnen war der Anwalt Schulz, ein anderer der spätere Oberbürgermeister von Kiel: Norbert Gansel, der es gut mit dem politischen Weggefährten meinte. Er suchte Engholm wenigstens davon abzubringen, die alten Lügen in Interviews und Vorträgen immer aufs neue zu wiederholen. Vergebliche Liebesmühe, wie Gansel feststellen mußte. Bei den Fernsehberichten über Engholms neuerlichen Auftritt »drehte sich mir der Magen um«, so der Zeuge Gansel vor dem »Schubladenausschuß«, dem »zweiten« PUA[49].

Der *Spiegel* gab sich alle Mühe, Reiner Pfeiffer als »Barschels Mann fürs Grobe« zu verkaufen. Tatsächlich aber war er Engholms Mann fürs Grobe. Das belegt die Attacke auf den schwerverletzten Uwe Barschel mit Hilfe des Briefes der Pilotenmutter. Es wird aber auch in Pfeiffers Auftritt als »Dr. Wagner« deutlich. Die Aids-Anrufe – nackter Psychoterror und »strafbare und strafwürdige Belästigung eines Mitmenschen unter Mißbrauch einer Fernmeldeanlage«[50] – sind von Engholm denkwürdigerweise nicht thematisiert und nie verfolgt worden. Eine Erklärung gab es dafür nicht – es sei denn, es erklärt sich von selbst, daß man denjenigen nicht vor Gericht ziehen mag, dessen entscheidendes Zutun einem das Amt des Ministerpräsidenten beschert hat.

Ehrenwort und politisches Aus

Die massivste Medienschlacht zur Herbeiführung eines Regierungswechsels führte nicht ganz zu dem vom *Spiegel* angestrebten Resultat. Die Landtagswahl von 1987 endete (wie später die im Frühjahr 2005) in einer Pattsituation. Für Engholm, der sich wie ein Sieger feiern ließ, reichte es auch mit einer in Aussicht gestellten Duldung durch die dänische Minderheit zum Regieren nicht ganz. Und Barschel fehlten 2000 Stimmen zum 38. Landtagssitz, der ausgereicht hätte, um mit der FDP eine Koalitionsregierung zu bilden. Nach der Landesverfassung bleibt in solcher Lage die Regierung erst einmal geschäftsführend im Amt und hat alsbald Neuwahlen auszuschreiben.

»In diesem Landtagswahlkampf spielen einige wenige Hamburger Presseerzeugnisse in moralisch verwerflicher Weise die Rolle des SPD-Wahlkampfhelfers.«[51] Mit seiner scharfen Presseerklärung hatte Barschel auf das Kesseltreiben von *stern*, *Spiegel* und *Morgenpost* schon vor dem Wahltag reagiert. Doch auch nach dem enttäuschenden Ergebnis vom 13. September war er entschlossen weiterzukämpfen. Gegen alle 16 über den *Spiegel* erhobenen Vorwürfe reichte er Klage beim Kieler Landgericht ein – und bekam recht: Pfeiffer wurde bei Androhung hoher Strafen per einstweiliger Verfügung die Wiederholung sämtlicher Anschuldigungen untersagt. Und Pfeiffer machte nicht den leisesten Versuch, gegen den Gerichtsentscheid anzugehen.

Die wahlwirksam vor dem Urnengang vorab verbreitete Geschichte »Beschaffen Sie mir eine Wanze« wurde von Barschel trocken kommentiert: »Am *Spiegel*-Titel stimmt nur die Schreibweise meines Namens.«[52] Den Wahrheitsgehalt schätzten journalistische Profis, die sich in der Hysterie ein unabhängiges Urteil bewahrten, genauso ein. Erich Kuby, wiewohl bekennender Linksintellektueller, sprach von der *Spiegel*-Redaktion als einer »hochangesehenen Fälscherwerkstatt«. Theo Sommer, damals Chefredakteur der Wochenzeitung *Die Zeit*, diagnostizierte »Betrug am Leser« und fand: »Nicht die Schärfe des Angriffs bestürzt, sondern die schüttere Beweislage, auf der sie vorgetragen wurde. Der Jagdeifer übermannte die professionelle Sorgfalt«.[53]

In der Tat hatte das Hamburger Nachrichtenmagazin keinerlei Fakten in der Hand, die eine Beteiligung Barschels an den Intrigen oder gar seine Supervision zu stützen vermochten. Ein paar vieldeutige Zettel, Pfeiffers Sekretärin als »Zeugin vom Hörensagen«, Verdächtigungen, wie sie ohne echten Anhaltspunkt von der SPD geträufelt wurden – das war alles. Aber man hatte ja den »Kronzeugen« selbst, dem der *Spiegel* jeden Wunsch zu erfüllen suchte: eine heimliche Wohnung, die Bereitstellung erstklassiger Anwälte, ein sattes Honorar und einen Portugal-Urlaub zu zweit, natürlich alles inklusive und alles vom Feinsten.

Von ordentlicher Rechtsprechung hatte der Beschuldigte Barschel nie etwas zu befürchten. Aber der *Spiegel* setzte sein eigenes, sein Mediengericht ein. Und dort wurde der Kronzeuge der Anklage in mehreren Schritten nobilitiert. Aus dem Täter wurde zunächst einmal ein »Tatgehilfe ohne eigenen Tatwillen«[54] gemacht. Dann wurde ihm auch das Mäntelchen der Wohlanständigkeit umgehängt. Im »Nachrichtenmagazin« klang das so: »Bei der Wanzenbeschaffung mochte Pfeiffer – ein früherer Franziskaner-Schüler, der ›mal Pfarrer werden‹ wollte – nicht mehr mitspielen. Die

Abhör-Intrige widersprach dem ›Fairneßempfinden‹ des Konservativen, der in seiner Freizeit ehrenamtlich die Leichtathletik-Abteilung eines Sportvereins leitet.«[55]

Pfeiffer, dem das Gewissen schlägt, der Klosterschüler, der beinahe Pfarrer wurde, der mit dem feinen Fairneßempfinden, der Konservative, der ehrenamtliche Sport- und Jugendfreund. Die Bremer Bekannten dürften sich vor Lachen den Bauch gehalten haben. Aber auch die Redakteure mußten wissen, welchen Stuß sie da anrührten. Aber dafür kontrastierte die Legende in Weiß so ungemein vorteilhaft gegenüber dem Schwarzgrau-Bild, das man von dem angeblichen Initiator zu zeichnen entschlossen war.

Uwe Barschel ist in den Herbstwochen des Jahres 1987 so grundlos und so gründlich verunglimpft worden wie vor ihm und nach ihm keine andere Person der Zeitgeschichte. Am Pranger des *Spiegel* wurde aus dem tüchtigsten Ministerpräsidenten, den das Land zwischen den Meeren je hatte,»der kleine Trübe aus dem Norden« in der bösartigen Umkehrung der auf seinen Vorgänger gemünzten Anerkennung als »der große Klare aus dem Norden«. Auf Haiti herrschte blutig und brutal die Diktatorensippe der Trujillos, der Alte Papa-Doc genannt, der Junior Baby-Doc; Barschels zweifacher akademischer Titel mußte dem *Spiegel* zu dem Spott herhalten: »Baby-Doc Doc«.

Einen vorläufigen Höhepunkt erreichte die mediale Diffamierung, als Barschel fünf Tage nach der Wahl entgegen dem Rat seines Anwalts offensiv in die Öffentlichkeit ging. Das Landeshaus in Kiel verzeichnete am 18. September 1987 einen nie gesehenen Andrang von Presse, Rundfunk und Fernsehen; von mehreren Sendern wurde die Konferenz zeitgleich übertragen. Vier Stunden lang nahm Barschel zu allen Vorwürfen Stellung, die ihm im Rahmen der Kieler Vorgänge gemacht worden waren. Er versicherte, daß sein Zeitangestellter niemals sein persönlicher Berater war und keinerlei Sonderaufträge auszuführen hatte. Von Pfeiffers Machenschaften habe er erst durch den *Spiegel* erfahren, »wie ein Blitz aus heiterem Himmel« habe ihn ihm die Mitteilung getroffen. Er bedauerte, daß sein Gegenkandidat und dessen Familie von den Aktionen behelligt wurden. Dann faßte er zusammen und versicherte, er habe:
– keinen Auftrag gegeben, Engholm zu observieren, und von dem Vorgang nichts gewußt;
– zu keinem Zeitpunkt Engholms Steuerehrlichkeit überprüfen lassen und eine Steueranzeige weder veranlaßt noch gar einen solchen Text diktiert;
– einen Auftrag zur Beschaffung einer sogenannten Wanze nie erteilt.

Auf diese drei Komplexe bezog sich Barschel, als er zum Schluß kam – und am Ende seine Ehre verpfändete. Seine Worte lauteten: »Und so gebe ich Ihnen, gebe ich den Bürgerinnen und Bürgern des Landes Schleswig-Holstein und der gesamten deutschen Öffentlichkeit mein Ehrenwort – ich wiederhole: Ich gebe Ihnen mein Ehrenwort, daß die gegen mich erhobenen Vorwürfe haltlos sind. Ich danke Ihnen.«[55a]
Das Ehrenwort entsprach der Wahrheit. Denn keiner der drei Vorwürfe war berechtigt.

Nach Meinung der großen Mehrheit derer, die ihm zugehört hatten, war dem MP mit einem überzeugenden Auftritt ein Befreiungsschlag gelungen. Von den politischen Freunden prasselte es Gratulationen. Und doch hatte Barschel mit dem Auftritt auf eigene Faust einen verhängnisvollen Fehler gemacht. Sein pathetisches Ehrenwort wurde von den Gegnern so ausgelegt, als hätte es für jedes Wort gegolten, das Uwe Barschel während der vier Stunden seiner Konferenz über die Lippen gekommen war. Und ein Wort war darunter, das entsprach der Wahrheit nicht: Er hätte mit Pfeiffer auch nicht über eine Wanze gesprochen, ließ er unter vielen anderen Sätzen wie beiläufig verlauten – das war zumindest eine halbe Lüge.

Zehn Tage zurückgeblendet: Uwe Barschel hatte den begründeten Verdacht, daß sein Telefon abgehört wurde. Er vernahm störende Geräusche in der Leitung und bestellte den Entstörungsdienst der Bundespost auf Mittwoch, den 9. September. Als Pfeiffer ihm am Montag einen ins Telefon einzubauenden Minispion einzureden suchte, hörte er ihm zu und lehnte den Vorschlag nicht rundweg ab. Als möglicherweise Betroffener wollte er wissen, was es mit solchen Wanzen auf sich hat. Deshalb fragte er am Abend des Dienstags noch einmal nach bei Pfeiffer, der in dem 90-Sekundengespräch mitteilte, seine Bemühungen seien erfolglos geblieben. So ein Ding selbst einzubauen, wenn er es denn bekommen hätte, kann Barschel nicht eingefallen sein. Ihm fehlten dazu alle technischen Voraussetzungen, und es machte auch keinerlei Sinn: Wie sollte für den Fall eines solchen Fundes in einem seiner drei Dienstapparate ausgerechnet der Oppositionsführer dafür verantwortlich gemacht werden können? – Einen Auftrag, eine Wanze zu beschaffen, hatte der MP zweifelsfrei nicht gegeben. Das hatte er mit seinem Ehrenwort bekräftigt. Ob er mit seinem Beitrag zum Telefonat durch »mh« und »ja?« ein Gespräch mit Pfeiffer zum Thema Wanze geführt hatte, ist allerdings nur mit Spitzfindigkeit abzustreiten. Nach seinem abendlichen Anruf in der Sache aber durfte er nicht mehr rundweg abstreiten, mit Pfeiffer darüber gesprochen zu haben, und schon gar nicht das Gegenteil behaupten.

Die Nachricht, daß die Bundespost Verzeichnisse über alle Autotelefonate anfertigte, erreichte Barschel als Zettelnotiz, hereingereicht in eine Konferenz. Augenzeugen war, als würde er in sich zusammensinken. Am nächsten Tag, dem 25. September, erklärte er seinen Rücktritt zum 2. Oktober. Zwei Tage später bat er den Vertrauten aus seiner Pressestelle, Herwig Ahrendsen, das abendliche Kurztelefonat auf seine Kappe zu nehmen. Damit machte er auch den Freund zum Lügner. Spätestens jetzt war der Rücktritt gerechtfertigt. Die Entlarvung war nur noch Routine für die Post – und sie war der lange gesuchte Hebel für den *Spiegel*, die Ehre eines Mannes gänzlich zu vernichten. Unter welchem geradezu unmenschlichen Druck der Politiker stand, als er eine Handbreit vom Weg der Wahrheit abwich, das stand im *Spiegel* allerdings nie zu lesen.

4. Kapitel: Die unsichtbaren Mächte

Bonner Verlangen

Vergeblich waren die Bemühungen des Generalsekretärs der CDU, der damals Heiner Geißler hieß, und auch Kanzler Kohl persönlich bot umsonst seine ganze Überredungskunst auf: Der junge Ministerpräsident ließ sich von seinem Entschluß zurückzutreten nicht mehr abbringen. Er war davon überzeugt, daß er ohne die Rücksichten, die sein politisches Amt einforderte, den Kampf gegen Pfeiffer und *Spiegel* wirkungsvoller würde führen können.

Aber nicht nur diese beim Namen genannten Gegner mußten die Entschlossenheit des Einzelkämpfers fürchten, der Uwe Barschel mit seiner Demission wurde. Auch die politischen Freunde konnten in seiner neuen Unabhängigkeit durchaus eine Bedrohung sehen. Denn gewisse Vorgänge im nördlichsten Bundesland, die bislang immer sorgsam vor der Öffentlichkeit abgeschirmt blieben, standen nun möglicherweise vor ihrer Enttarnung.

Die Geschäftstätigkeit der Howaldtswerke/Deutsche Werft AG (HDW) unterliegt von jeher einer eingeschränkten Publizität, soweit sie den Standort Kiel betrifft. Während am HDW-Standort Hamburg Schiffe für die zivile Seefahrt gebaut oder instand gesetzt und stets stolz vorgezeigt werden, geht es an der Förde ausschließlich um Kriegsgerät; das ist meist nicht für neugierige Blicke gedacht, egal, ob für die Bundeswehr oder für den Export gefertigt wird. Aber es gibt naturgemäß Abstufungen bei der Geheimhaltung.

Zu den größten Geschäftsgeheimnissen der HDW, die zu 74,9 Prozent im Eigentum des Bundes und zu 25,1 Prozent im Eigentum des Landes Schleswig-Holstein lag, gehörte ein Großauftrag, über den seit 1982 verhandelt worden war. Es ging um ein 12 500-Tonnen-Kommandoschiff und um vier U-Boote der besonderen Art, die nirgendwo sonst auf der Welt in vergleichbarer Güte gebaut werden konnten. Der Haken an dem aus Gründen der Beschäftigung höchst erwünschten Auftrag war, daß der Auftraggeber unerwünscht sein mußte. Es war die damals noch mit einem strikten Embargo der Vereinten Nationen (UN) belegte und international geächtete Republik Südafrika.

Die Versuchung, den Großauftrag trotz Verbots an Land zu ziehen, war übermächtig. Allerdings ließ man auch größte Vorsicht dabei walten. Zu den besonderen Maßnahmen gehörte es, den Kreis der Eingeweihten klein zu halten und keine unnötigen Spuren zu hinterlassen. So gab es keinerlei schriftliche Genehmigung aus Bonn, sondern lediglich ein mündliches Okay. Vor allen Dingen aber galt es, den Ministerpräsidenten von Schleswig-Holstein außen vor zu halten, von dem in seiner Geradlinigkeit zu befürchten stand, daß er ein krummes Geschäft wie das mit Südafrika nicht mitmachen würde.

Außen vor war Barschel bei HDW schon dadurch, daß ihm auf besondere Stoltenberg-Weisung hin der Zugang zum Aufsichtsrat versperrt blieb. Als Vertreter des Landes wußte der Bundesfinanzminister zwei seiner Vertrauten in dem Gremium zu etablieren, den Wirtschaftsminister Jürgen Westphal und den Staatssekretär im Kieler Finanzministerium Carl Hermann Schleifer. Obwohl als Mitglieder des Kabinetts dem Regierungschef gegenüber zu uneingeschränkter Loyalität verpflichtet, sagten weder Westphal noch Schleifer Barschel je ein Wort über das heikle Politikum im heimlichen Auftragsbuch der Werft.

Der MP erfuhr durch den Anruf eines Journalisten erst Ende November 1986 von dem Südafrika-Auftrag, einen Tag bevor die *Kieler Nachrichten* nach gezielter Indiskretion darüber berichteten. Der hintergangene Ministerpräsident war doppelt empört. Und bei der ersten Begegnung mit Stoltenberg kam es zum Krach. Der Jüngere brüllte den Älteren voller Zorn an, was trotz der geschlossenen Doppeltüren den Ohrenzeugen nicht entgehen konnte. Er habe ihn nicht informiert, beschied Stoltenberg den aufgebrachten Nachfolger ungerührt, weil dies gemäß bundespolitischer Zuständigkeit nicht erforderlich gewesen sei.

Mit der lautstarken Auseinandersetzung war die Angelegenheit für Barschel keineswegs erledigt. Eine im Februar 1987 von der Opposition erzwungene Landtagsdebatte nutzte er zur Anklage gegen das Procedere seines Nichtinformiertwerdens und gegen das krumme Geschäft an sich. Jeder wußte, wer gemeint war, als Barschel das Wort ergriff und erklärte: »Ich habe – jetzt bitte ich Sie, genau zuzuhören – von dem gesamten Südafrika-Komplex – hier unterscheide ich nicht einmal zwischen dem illegalen Teil und dem legalen Teil; ich nehme diese Differenzierung für mich gar nicht in Anspruch – erst durch die Frage eines Redakteurs der *Kieler Nachrichten* [...] am – so glaube ich – 24. oder 25. November des letzten Jahres erfahren.«[56] – Die in der Berichterstattung stets mit Fragezeichen versehene Illegalität des Geschäftes wird von dem Ministerpräsidenten in aller Öffentlichkeit schonungslos bejaht und beim Namen genannt. Schallende Ohrfeigen sind das für den Drahtzieher in Bonn und für Stoltenbergs zwei Vertrauensleute, von denen zu jener Zeit nur noch Carl Hermann Schleifer den Sessel im HDW-Aufsichtsrat besetzt hielt.

Nach dem Rücktritt vom 25. September 1987 haben die in das verbotene Geschäft Involvierten allen Grund, die Enthüllungen des um die Wiederherstellung seiner Ehre kämpfenden Uwe Barschel zu fürchten. Die dunkle Geschichte hatte noch eine Fortsetzung erfahren: Als die UN in New York im Verlauf des Jahres immer hartnäckiger Aufklärung des Verdachts auf Bruch ihrer Embargo-Bestimmungen verlangten und bloßes Leugnen nicht mehr half, suchte die Bundesregierung ihre Verantwortung für den Deal auf der nachgelagerten Ebene abzuladen. Das Land Schleswig-Holstein sollte in der Person seines Ministerpräsidenten die Schuld für eine »versehentlich erteilte« Genehmigung übernehmen.

Man habe ihm »in Bonn eine Marschrichtung vorgegeben, die er nicht marschieren« könne, umschreibt der Patient gegenüber seiner Physiotherapeutin den auf ihn ausgeübten Druck. Genaueres dürfe er nicht sagen. Im Gespräch mit seiner Frau bedauert er, daß es niemanden gebe, dem er sich in seiner schweren Gewissensnot anvertrauen könnte. Er vermisse seinen Vater, den im Alter von 37 Jahren im Krieg Verschollenen. Dem Vater hätte er sich offenbaren wollen und seinen Rat hören in der Frage, die er nun allein beantwortet: Den Lug und Trug gegenüber den Vereinten Nationen macht er nicht mit.

Es war kurz nach seinem Rücktritt, als bei seiner Schwester Folke das Telefon klingelt und die Stimme des anonymen Anrufers erklärt: »Ihr Bruder wird dasselbe Schicksal erleiden wie Olof Palme.« – Der schwedische Ministerpräsident war im Frühjahr des Jahres 1986 erschossen worden, nachdem er verbotenen Waffengeschäften auf die Spur gekommen war, die er nicht länger dulden wollte.

Blaupausen oder mehr?

Sicherlich hat Uwe Barschel nicht alle Einzelheiten über die Verträge zur Lieferung eines Kommando- und Auftankschiffs von 12 500 Tonnen und von vier Spezial-U-Booten des HDW-Typs 209 in Erfahrung gebracht, seit er von den *Kieler Nachrichten* mit der Neuigkeit überrascht worden war. Aber ihm als dem langjährigen Innenminister standen zu dem geheimgehaltenen Komplex Informationskanäle offen, die Normalsterblichen für immer verschlossen bleiben. Über den ihm ergebenen Staatssekretär im Innenministerium, Dr. Hans Joachim Knack, der seiner unbestrittenen Kompetenz wegen als der eigentliche Innenminister des Landes galt, hatte der MP direkten Zugang zum Wissen der vom Innenressort kontrollierten Polizei- und Geheimdienste, des Landesamts für Verfassungsschutz und der regionalen Untergliederungen des Bundesnachrichtendienstes (BND). So lief auch bei ihm eine Menge Faktenwissen zusammen, das über den Hintergrund der ihm von Bonn zugemuteten Verantwortungsübernahme hinreichend Klarheit verschaffte.

Der deutschen und internationalen Öffentlichkeit sind die folgenden Tatsachen um die Südafrika-Geschäfte bis heute nicht bekannt:

Mitte des Jahres 1982, als in Bonn noch das Kabinett Helmut Schmidt regiert, unterzeichnet für den Apartheidstaat ein Industrieberater aus Kapstadt, Agent einer Tochterfirma der staatlichen Waffenfabrik ARMSCOR, den Vertrag über die Lieferung von vier U-Booten und einem Auftankschiff für die Marine von Südafrika. Kontrahiert wird mit einem Konsortium der Werft HDW und der Ingenieurfirma IKL (Industriekontor Lübeck). Die beiden Firmen gründen zur Abwicklung des Geschäfts eigens eine Tochterfirma in Johannesburg, die Automotive Components Manufacturing Corporation – angeblich ein Zulieferer für die Autoindustrie, tatsächlich aber zuständig für den Bau der Motoren für das Tank- und Kommandoschiff, das später auf den Namen »Drakensberg« getauft wird.

Die Vereinten Nationen (UN) haben gute Gründe, streng über die Einhaltung ihrer Embargobestimmungen sowohl im Hinblick auf Südafrika als auch im Hinblick auf die dem Embargo unterliegenden Seefahrzeuge zu wachen. Das große Land am Kap hat vergleichbare Schiffe immer wieder für Sabotage-Aufträge an den Küsten benachbarter Länder eingesetzt, beispielsweise in Angola und in Mosambik. Die drei bislang verwendeten französischen U-Boote – zu langsam, zu laut, zu wenig flexibel – haben ihren Zweck allerdings nur unzulänglich erfüllt. Die HDW-Boote sind hingegen für staatsterroristische Aktionen geradezu ideal. Sie sind mit Kurzstrecken-Raketen ausgerüstet und können mit Froschmännern bemannte kleinere Boote absetzen, von denen aus überraschende Überfälle und Sabotageakte der verschwiegenen Art gelingen.

Um die Widerstände im Lieferland möglichst gering zu halten, haben sich die Beteiligten auf einen Stufenplan zur Präsentation des heimlichen Deals geeinigt. Im Oktober 1983 schicken HDW und IKL ein vertrauliches Memorandum an die drei Bonner Minister für Finanzen, Verteidigung

Blaupausen oder mehr?

und Äußeres. Um insbesondere auch den Außenminister einzubinden, lesen Genscher, Stoltenberg und Wörner unter »Vertraulich« in dieser »Notiz« mit Datum 6. Oktober 1983 zu Punkt 1: »Aufgrund schlechter Erfahrungen (Frankreich) will der Kunde die Fahrzeuge im eigenen Land bauen. Voruntersuchungen haben ergeben, daß er hierzu in der Lage ist. Auch die Lieferung von Booten oder Sektionen über Drittländer wird vom Kunden abgelehnt. Der Kunde ist lediglich bereit, in geringerem Umfang Stahlbauteile und evt. einige nackte Sektionen zu kaufen, sofern im Hinblick auf die schlechte Beschäftigung der deutschen Werften uns hiermit ein ›Gefallen‹ getan wird.«

In dem aufschlußreichen Papier heißt es weiter:

»2. Die Einbauteile werden zum größten Teil im eigenen Land hergestellt oder aus anderen Ländern importiert.
3. Gespräche auf Ministerebene haben ergeben, daß die Mittel in den nächsten Haushalten vorhanden sind.
4. Die gleichen Gespräche haben ergeben, daß man jetzt nur noch exclusiv mit IKL/HDW verhandelt.
5. Man will einen Satz Fertigungsunterlagen der Boote, die bei HDW nach IKL-Zeichnungen für Indien im Bau sind, kaufen.
6. Die Unterlagen gehen als Mikrofilme im Diplomatengepäck über die Grenze (werden abgeholt).
7. 40 Mio. DM gehen an HDW. HDW will sich damit Handelsschiffsaufträge zur Sicherung von Arbeitsplätzen ›kaufen‹.
8. 10 Mio. DM gehen an IKL. IKL will damit vor allem Eigenentwicklungen für deutschen Ubootbau (Bundesmarine und Export) finanzieren.
9. Es ist außerdem erforderlich: eine begrenzte Umkonstruktion des obengenannten Bootes durch IKL, weil man Komponenten aus dem Kundenland einzubauen hat. Außerdem würde das IKL die Aufbauten verändern, um ›deutsches Design‹ zu vermeiden.
10. Diese Unterlagen würden in gleicher Weise, wie unter Punkt 6 erwähnt, abgeholt werden.
11. HDW und IKL müßten durch Entsendung von Spezialisten im begrenzten Umfang Bauhilfe geben.
12. Verwiesen wird auf […] Verordnung zur Durchführung des Außenwirtschaftsgesetzes.
13. Anfang der 70er Jahre sind in England (bei Vickers) 3 Unterseeboote für Israel ähnlich der deutschen Bundesmarine-Klasse 206 gebaut worden. IKL hat hierfür die Entwürfe und Bauzeichnungen geliefert.

Die damalige Bundesregierung hat das IKL hierzu mündlich aufgefordert und ›Rückendeckung‹ zugesichert, für den Fall, daß sich Schwierigkeiten ergeben würden. Dieser Fall ist dann später auch eingetreten, und das Bauprogramm wurde ohne weitere Schwierigkeiten abgewickelt.
14. Im Falle einer regierungsseitigen Zustimmung zu dem neuen Bedarfsfall würde es für IKL ausreichend sein, wenn ein leitender Beamter eine ähnliche Erklärung, wie seinerzeit im Falle Israel, dem IKL gegenüber abgeben würde.
15. Die mit dem Kunden geführten Gespräche haben ergeben, daß man gegebenenfalls in Anbetracht der besonderen und beim Kunden bekannten Problematik bis zu einer endgültigen Entscheidung mehrere Monate Geduld zeigen würde.«

Soweit der hier nahezu vollständig wiedergegebene Text der »Notiz« für die drei Minister. Einer von ihnen mußte nicht überredet werden. Denn es war der Vertraute von Stoltenberg, der auf der in Punkt 3 und 4 erwähnten »Ministerebene« die Verträge ausgehandelt hatte: Dr. Jürgen Westphal, Wirtschaftsminister von Schleswig-Holstein. Der Verteidigungsminister (Manfred Wörner) machte auch keine Schwierigkeiten. Widerstand war am ehesten noch von Außenminister Genscher zu erwarten, dem das ganze Manöver, mit dem das UN-Exportverbot ausgehebelt werden sollte, gegen den Strich gehen mußte – und insbesondere der ganoveske Schmuggel im Diplomatengepäck. Der Zusatz »werden abgeholt« sollte den Chef der deutschen Diplomaten ein Stückweit beruhigen, wird damit doch versichert, daß der aktive Mißbrauch des Diplomatenstatus von den Südafrikanern, nicht von Deutschen begangen werden würde.

Punkt 13 dient der Beruhigung des Gewissens: Bei der früheren Verletzung der Ausfuhrverbote sei schließlich auch alles gutgegangen. Und wie sich zeigen sollte, hat der zur Komplizenschaft einladende Text seine Wirkung auch nicht verfehlt. Das Geschäft kam zustande.

In den Veröffentlichungen zum Thema U-Boote ist immer nur die Rede von einem möglicherweise illegalen »Blaupausen«-Export an Südafrika. Und auch in der »Notiz« soll den Ministern die Zustimmung mit der Versicherung leichtgemacht werden, daß man aus Deutschland schließlich nur die Anleitung zum Schiffsbau zu liefern gedenke, während die Südafrikaner »die Fahrzeuge im eigenen Land bauen« wollten. Die Version aber war von Anfang an nicht ernst gemeint: Im Land am Kap der guten Hoffnung reichten auch die handwerklich-fertigungstechnischen Kenntnisse nicht aus, um die Schiffe nach Bauanleitung zu fertigen. Und außer-

Blaupausen oder mehr?

dem wollten sich die Exporteure den dicken Brocken des Auftrags keinesfalls entgehen lassen.

Lediglich aus taktischen Gründen wurde der Vertrag mit Südafrika in zwei Teile gegliedert. Im ersten Teil wurde der Wert der Baupläne (Blaupausen) mit 116 Millionen Mark beziffert. Einschließlich der zu liefernden Bootsteile und der in Südafrika zu leistenden deutschen Supervision erreichte der Vertragswert dagegen die Summe von 475 Millionen Mark. Die große Lösung hatte denn auch die einflußreichste Lobby.

Wie groß die Begehrlichkeiten waren, verrät der Meinungsaustausch, den Helmut Kohl und Franz Josef Strauß in der Sache damals pflegten. In einem Brief des bayerischen Ministerpräsidenten, der dem Bundeskanzler der Bundesrepublik Deutschland am 2. August 1984 mit dem Eilvermerk *»Sofort auf den Tisch«* zuging, heißt es wörtlich:

Sehr geehrter Herr Bundeskanzler!
Lieber Helmut Kohl!
Wir haben uns mehrmals über Aufträge aus Südafrika unterhalten. Ich habe das letzte Mal bei unserem gemeinsamen Spaziergang darauf hingewiesen, daß der Vertrag über Software in der Höhe von etwa 116 Millionen DM zwischen dem südafrikanischen Partner und IKL/HDW mit der Klausel abgeschlossen worden ist, daß er nur wirksam wird, wenn bis 15. August der Sicherheitsrat die Genehmigung erteilt. Daher ist größte Eile geboten!

Du hast sowohl bei dem Dreiergespräch am 1. Juni wie auch bei unserem Spaziergang darauf hingewiesen, daß Dir eine große Lösung mit Lieferung von Hardware, die nicht nur finanzielle Entlastung, sondern auch Produktionsaufträge mit sich bringen würde, lieber wäre.

Premierminister Botha beruft sich darauf, daß er Dir überhaupt kein Schreiben zu schicken braucht, weil Du dem Vorhaben – offengelassen ob dem kleineren oder größeren – zustimmst. Dieselbe Meinung scheint auch Ministerialdirektor Teltschik gegenüber Herrn Zoglmann vertreten zu haben. Vor unserem Spaziergang habe ich, wie ich Dir auch berichtet habe, von den Schwierigkeiten berichtet, die anscheinend abermals das Auswärtige Amt mit Auswirkungen auf das Kanzleramt macht. Du wirst Dich erinnern, daß seinerzeit auch der Außenminister bei unserem Dreiergespräch am 1. Juni alle möglichen Vorwände gebraucht hat.

Ich halte die große Lösung, genauso wie Du natürlich, für die bessere. Sie ist auch erzielbar. Ihr Vertragswert ist etwa 475 Millionen DM, ein namhafter Auftrag in unserer Wirtschaftslage.

```
                            A b d r u c k
                            ===========
```

Der Bayerische Ministerpräsident

```
Vorab per Telekopie:
====================

An den
Bundeskanzler der Bundes-
republik Deutschland
Herrn Dr. Helmut Kohl                    SOFORT AUF DEN
Bundeskanzleramt
                                              TISCH
5300 Bonn
```

```
Sehr geehrter Herr Bundeskanzler!
Lieber Helmut Kohl!

Wir haben uns mehrmals über Aufträge aus Südafrika unter-
halten. Ich habe das letzte Mal bei unserem gemeinsamen
Spaziergang darauf hingewiesen, daß der Vertrag über Software
in der Höhe von etwa 116 Millionen DM zwischen dem südafri-
kanischen Partner und IKL/HDW mit der Klausel abgeschlossen
worden ist, daß er nur wirksam wird, wenn bis 15. August
der Sicherheitsrat die Genehmigung erteilt. Daher ist
größte Eile geboten!

Du hast sowohl bei dem Dreiergespräch am 1. Juni wie auch
bei unserem Spaziergang darauf hingewiesen, daß Dir eine
große Lösung mit Lieferung von Hardware, die nicht nur
finanzielle Entlastung, sondern auch Produktionsaufträge
mit sich bringen würde, lieber wäre.

                            ./.
```

- 2 -

Premierminister Botha beruft sich darauf, daß er Dir überhaupt kein Schreiben zu schicken braucht, weil Du dem Vorhaben - offengelassen ob dem kleineren oder größeren - zustimmst. Dieselbe Meinung scheint auch Ministerialdirektor Teltschik gegenüber Herrn Zoglmann vertreten zu haben. Vor unserem Spaziergang habe ich, wie ich Dir auch berichtet habe, von den Schwierigkeiten berichtet, die anscheinend abermals das Auswärtige Amt mit Auswirkungen auf das Kanzleramt macht. Du wirst Dich erinnern, daß seinerzeit auch der Außenminister bei unserem Dreiergespräch am 1. Juni alle möglichen Vorwände gebraucht hat.

Ich halte die große Lösung, genauso wie Du natürlich, für die bessere. Sie ist auch erzielbar. Ihr Vertragswert ist etwa 475 Millionen DM, ein namhafter Auftrag in unserer Wirtschaftslage.

Ich bitte Dich, sich dieser Angelegenheit anzunehmen und das weitere zu veranlassen.

Mit freundlichen Grüßen

Dein

F.J. Strauß

Ich bitte Dich, sich dieser Angelegenheit anzunehmen und das weitere zu veranlassen.

Mit freundlichen Grüßen
Dein
F. J. Strauß« (Unterschrift)

Der Bayer war schon immer ein engagierter Verfechter der Interessen von Hochtechnologie und Rüstungsindustrie. Mit seinem Vorstoß bei Männerfreund Helmut Kohl hatte er nicht nur die Arbeitsplätze an der Küste im Sinn, sondern auch die Interessen der Elektronik-Lieferanten, die, wie Siemens, MTU und MBB, im Freistaat Bayern ansässig waren und sind. Die Zustimmung des Sicherheitsrats der Vereinten Nationen, die angeblich Bedingung für das Zustandekommen des Vertrages sein sollte, war von vornherein illusorisch. Sie wurde denn auch nie beantragt. Aus Anlaß seines Besuches in der Bundesrepublik unterzeichnete der südafrikanische Premier Pieter W. Botha den Vertrag über die »kleine Lösung«, während man sich über die Verwirklichung der »großen Lösung« längst einig war.

Einig war man sich auch über die Modalitäten der Transaktion. Die Lieferung der »Hardware« erhielt ihre perfekte Tarnung, als die Türkei in Kiel einen Auftrag über die Lieferung baugleicher U-Boote plazierte. Weil Nato-Mitglied, war die Türkei als Empfängerland unbedenklich. Was sie vom Bosporus ans Kap weiterleitete, war – wie auch die Lieferungen über Israel – kaum zu kontrollieren. Eine in den Folgejahren stark ansteigende Frequenz im Außenhandel der Türken mit den Südafrikanern war nur für Kenner ein klares Indiz für die Umweggeschäfte. Als noch komplizierter erwies sich die Abwicklung der Bezahlung. »Ein großer Teil des Geldes wurde offensichtlich über die südafrikanischen Homelands gewaschen«, wie am 18. März 1988 in dem Informationsdienst »African Confidential« zu lesen war, wo es weiter heißt: »Diese Technik bezog auch ausländische – oft israelische – Unternehmen mit ein, die öffentliche Verträge überfinanzierten und so unauffällig größere Summen ins Ausland transferieren konnten. Diese Technik wurde insbesondere in Boputhatswana mit der vom Israeli Shabtai Kalmanowitch kontrollierten Firma LIAT angewandt. Vor allem durch Kalmanowitch entwickelte sich ein enger Kontakt zwischen Frankfurt und Boputhatswana«, wie die genannte unveröffentlichte Quelle mitteilt.

Die verdeckten Geschäfte erreichten ihr heißes Stadium, als Uwe Barschel mit seinem Rücktritt zur Gefahr für die verschworene Gemeinschaft der Südafrika-Lieferanten wurde.

Stasi weiß alles

Keine der beiden ihm angebotenen Möglichkeiten war für Barschel akzeptabel: Er wollte weder die politische Verantwortung für die hinter seinem Rücken erfolgten Waffenlieferungen an Südafrika übernehmen, noch war er bereit, mit Ausflüchten und Unwahrheiten die UN über den wahren Hergang zu täuschen.

Wie sich bald zeigen sollte, waren die UN aus verdeckten Quellen über das illegale Geschäft gut informiert. Der Sicherheitsrat der Vereinten Nationen befaßte sich mit dem Vorgang erstmals in seiner 76. Sitzung am 15. Dezember 1986. Gestützt auf den Bericht einer »Non-governmental organization« fragte er bei der Bundesregierung an, ob die Beschuldigung zuträfe, daß eine in Kiel ansässige Firma Konstruktionspläne zum Bau eines U-Bootes an die Republik Südafrika geliefert hätte. Die deutsche Antwort bestand in der Versicherung, seit 1963 habe die Regierung keinerlei Waffenlieferungen nach Südafrika genehmigt, und ehrliche Entrüstung scheint mitzuschwingen, wenn es weiter heißt: »... an authorization for the export of such blueprints to South Africa according to the pertinent Foreign Trade and Payments Act or the Weapons Control Act had never been requested« – also, nicht einmal um eine – nach dem deutschen Außenwirtschaftsgesetz und dem Kriegswaffenkontrollgesetz erforderliche – Genehmigung sei von seiten einer Firma nachgesucht worden.

Ein paar Wochen später schob die bundesdeutsche Regierung zum Beleg ihrer Ehrenhaftigkeit die Zusicherung nach, daß die verantwortlichen Behörden alles in ihrer Macht Stehende täten, um auch den bloßen Anschein eines Verdachts auszuräumen. Im Deutschen Bundestag sei eigens zu Zwecken der Aufklärung ein Parlamentarischer Untersuchungsausschuß eingerichtet worden. Über den Fortgang der Ermittlungen werde man der UN unverzüglich berichten.

Es war mittlerweile Ende Februar 1987, als in einem weiteren Brief nach New York ein halbes Eingeständnis folgte. Nach anfänglichem Leugnen durch HDW und IKL verdichteten sich nun die Anzeichen, daß möglicherweise doch Blaupausen den Weg ans Kap gefunden hätten. Der Wirtschaftsminister (damals Martin Bangemann) sei mit ganzer Kraft um Klärung bemüht. Er habe den Fall an den zuständigen Finanzminister (Gerhard Stoltenberg) transferiert, der wiederum die eigentlich zuständige Landesregierung in Schleswig-Holstein eingeschaltet habe. Und bei der Regierung in Pretoria sei angefragt worden, ob möglicherweise die

Diplomatenpost für den Transport von Plänen mißbraucht worden wäre. Am Schluß heißt es wie gewohnt: »The investigations were not yet completed. As had been indicated in its earlier communications, the Federal Government would inform the Committee of the outcome of those investigations.«

Etwa ein Jahr später schrieb die Bundesregierung erneut an das Komitee des Sicherheitsrats. Das regional zuständige deutsche Finanzamt habe die Ermittlungen wegen strafwürdiger Verstöße eingestellt, weil es herausgefunden habe, daß die beiden beschuldigten Firmen keine Konstruktionspläne an Südafrika geliefert hätten, die den Bau von U-Booten ermöglichen würden. Verstöße gegen die deutschen Gesetze habe es nicht gegeben und folglich auch keinen Bruch der Embargobestimmung, die mit der Resolution 418 aus dem Jahr 1977 integraler Bestandteil der deutschen Gesetze sind.

Die UN schenkten den Unschuldsbeteuerungen keinen Glauben und registrierten mit einer gewissen Verbitterung, daß die Politik auch die Ermittlungen der Kieler Staatsanwaltschaft abgewürgt hatte. In ungewöhnlich scharfer Form ging der Chairman des Komitees im August 1989 die deutsche Bundesregierung an. Der pünktlichste Beitragszahler und zugleich einer der größten Financiers der UN mußte sich eine förmliche Rüge gefallen lassen und die harsche Aufforderung, zu neuerlichen Informationen (wieder aus verdeckter Quelle) umgehend Stellung zu nehmen. Mit der Beantwortung ließ sich die Regierung Kohl ein paar Monate Zeit. Die Antwort vom 3. Oktober 1989 war dann in der Sache genauso falsch wie die gesamte Post an den Sicherheitsrat. Aber sie war in ihrer Ironie wenigstens auch ein bißchen witzig: Verletzt worden seien nicht die UN-Bestimmungen mit ihrem Verbot zur Waffenlieferung an Südafrika. Statt dessen seien vermutlich die offiziellen Bestimmungen zur Geheimhaltung verletzt worden.

Nicht ganz auszuschließen ist, daß es die DDR war, von der die Vereinten Nationen über die bundesdeutschen Geschäfte mit Südafrika ins Bild gesetzt worden waren. Mitglied in der UN war der zweite deutsche Staat seit 1974, und bestens informiert über die Entwicklungen beim westlichen Nachbarn war man drüben ohnehin. Im Ministerium für Staatssicherheit (MfS) war dafür die »Hauptabteilung III« zuständig. Ihr Aufgabengebiet war mit »funkelektronische Abwehr und Aufklärung« umschrieben, und die Heerschar ihrer Spione genoß offenkundig eine vorzügliche Ausbildung. Beim Lesen ihrer teils im Außendienst, teils im Innendienst der Zentrale in der Berliner Normannenstraße geschriebenen Protokolle fällt neben der genauen Beobachtung auch die Beherrschung der grammatikalischen Regeln ins Auge. Interpunktion, Orthographie und Syntax zeugen in den Berichten von einer Schule, die keine Pisa-Studie fürchten mußte.

Alle Personen, die bei HDW oder IKL nur halbwegs wichtig waren, wurden von der Stasi abgehört. Möglichst nahe an den wichtigsten Entscheidern wurden außerdem Spitzel angeworben (sogenannte IM, informelle Mitarbeiter), die das über Telefon Abgehörte durch eigene Berichte ergänzten. So wußte die Stasi selbstverständlich genauestens über den Vorstandsvorsitzenden von HDW Bescheid, der bis zum Dezember 1986 Klaus Ahlers hieß, geboren am 9. August 1935 in Bremen, wohnhaft daselbst, glücklich verheiratet und Vater eines Sohnes und einer Tochter, beide in Hamburg lebend.

Daß der erste Mann bei HDW ein fähiger Manager war, dokumentierten die Agenten anhand vieler Entscheidungen, die er traf. So hatte er sich im Sommer 1986 entgegen dem Rat seiner verantwortlichen Mitarbeiter entschlossen, einen Auftrag des Bundesverteidigungsministers zum Bau von zwölf Booten anzunehmen, obwohl der Preis dafür nicht kostendeckend war. Die einsame Entscheidung erwies sich als völlig richtig. Nicht allein, daß die Ministerialen nun in der Schuld von Ahlers standen, auch betriebswirtschaftlich ging die Rechnung auf: Da es keine anderen Aufträge zur Auslastung der Werft gab, hätte ansonsten Kurzarbeitsgeld an die Beschäftigten gezahlt werden müssen; ein weit über die Kostenunterdeckung hinausgehender Betrag wäre fällig gewesen.

Als gegen Ende des Jahres 1986 durch gezielte Indiskretion Details des Südafrika-Geschäfts ruchbar wurden, setzte bei den Entscheidern die Suche nach dem Bauernopfer ein, das der Öffentlichkeit und den Vereinten Nationen als Schuldiger präsentiert werden konnte, falls alles Lügen und Leugnen nicht fruchten sollte. Die Wahl fiel auf Klaus Ahlers.

Hinter verschlossenen Türen, aber der Stasi dennoch zugänglich, wurde ein dickes Paket geschnürt. Klaus Ahlers erhielt eine großzügige Abfindung und die Zusicherung, daß man dem mit Anfang Fünfzig voll im Saft stehenden Manager bei der weiteren Karriere stets förderlich zur Seite stehen werde. Ein Extra-Angebot erhielt Ahlers noch von der Lübecker IKL: Falls er die Ingenieurfirma bei der öffentlichen Erklärung seiner und der HDW Verantwortung für das verbotene Waffengeschäft ganz außen vor ließe, dann gäbe es auf die üppige Abfindung noch eine erkleckliche Summe obendrauf. Mit der Regelung der Modalitäten seines Ausscheidens erklärte sich Ahlers einverstanden. Die eigentlich Verantwortlichen waren aus dem Schneider.

Das staunenswert umfängliche und tiefe Wissen der Stasi ist mit dem Ende der DDR nicht untergegangen. Samt allen Informationen zur Kieler Affäre und zum Mordfall Barschel hat es lediglich den Verfügungsberechtigten gewechselt.

Geheimdienste in Deutschland

Es war der Stasi-Hauptmann vom Horchposten »Sperber«, der vor dem »zweiten« Parlamentarischen Untersuchungsausschuß in Kiel, dem sogenannten »Schubladenausschuß«, in nichtöffentlicher Sitzung 1995 von einem bemerkenswerten Gespräch berichtete. Er selbst hatte gelauscht, als der damalige Präsident der Hamburger Bürgerschaft und Erste Bürgermeister der Hansestadt, Klaus von Dohnanyi, am Autotelefon von einem guten Bekannten gefragt wurde: »Du, sag' mal, wenn wir hier telefonieren, hast du dann keine Angst vor Geheimdiensten?« Die Antwort von Dohnanyis: »Hier hören mindestens fünf, sechs Geheimdienste ab. Was soll ich mir da noch einen Kopf machen? Welche Informationen über dieses Medium laufen, darüber entscheide ich.« – Dem Hauptmann hat die souveräne Haltung sehr imponiert und auch der Durchblick, den die Äußerung verriet.

Fraglich ist unterdessen, ob der Grandseigneur der SPD sich seine Gelassenheit auch angesichts der schier unbegrenzten Möglichkeiten bewahren kann, die sich den Geheimdiensten heute bieten – ganz besonders in Deutschland. Denn tatsächlich gibt es kaum ein anderes Land auf der Erde, wo sich Agenten unterschiedlicher Herkunft so ungestört entfalten können wie hier. Das war zur Zeit der Kieler Affäre schon so ähnlich. Aber anders als damals stehen dem heimlichen Gewerbe im Zeichen der lückenlosen Datenvernetzung technische Möglichkeiten zu Gebote, neben denen die Stasi-Praxis des Abhörens von Autotelefonie und Richtfunkverbindungen nostalgisch anmutet.

Der ehemalige Bundeswirtschaftsminister und spätere Wirtschaftssenator in Berlin, Günther Rexrodt, sah das Treiben der geheimen Dienste überhaupt nicht gelassen. Gegen heftige Widerstände engagierte er sich für ein deutsches Gesetz, das die Übertragung von Daten wirksam vor unbefugtem Zugriff schützen sollte – durch Verschlüsselung, sogenannte Kryptographie. Einem Journalisten vertraute Rexrodt kurz vor seinem plötzlichen Tod an: »Unsere amerikanischen Freunde versuchen uns dahingehend zu beeinflussen, daß wir nichts unternehmen, oder aber sie wollen uns ihre Kryptographie-Standards aufdrücken. Das mache ich aber nicht mit. Es muß bestimmte Bereiche geben, zum Beispiel Persönlichkeitsdaten oder im Bereich von Firmen untereinander, wo nicht ständig jemand bei der Datenübertragung mit drinhängt, der fünfzig Jahre lang hier sein Spionagenetz aufgebaut hat.«[57]

Günther Rexrodt hatte den Finger in die Wunde gelegt.

Am Beginn der Besonderheiten der deutschen Geheimdienstlandschaft steht das Ende des Zweiten Weltkriegs. Die Siegermächte übernahmen nach der bedingungslosen Kapitulation die Kontrolle und verwerteten die Reste des Dritten Reiches, darunter den geheimdienstlichen Nachlaß. Sie interessierte alles, was die Erfolge des legendären Admirals Wilhelm Canaris erklären konnte, der den deutschen Auslandsgeheimdienst, die »Abwehr«, über viele Jahre geprägt hatte, bevor er kurz vor Kriegsende wegen seiner Verbindungen zum Kreis der Hitler-Attentäter des 20. Juli im KZ Flossenbürg hingerichtet wurde.

Vom Widerstand gegen Hitler weit entfernt war dagegen ein Mann, der das besondere Interesse der Amerikaner finden sollte. Generalmajor Reinhard Gehlen leitete seit 1942 im Generalstab des Heeres die Abteilung »Fremde Heere Ost«. Die nachrichtendienstlichen Spezialisten hatten in den einmal von deutschen Truppen eroberten Gebieten Osteuropas ein Netzwerk von vielen tausenden von Unterstützern und Zuträgern geknüpft, deren Motiv für die Zusammenarbeit mit den Deutschen größtenteils in ihrem ausgeprägten Antikommunismus und dem Haß auf die Despotie Stalins lag.

Rechtzeitig vor dem militärischen Zusammenbruch hatte sich Gehlen, dem ein geniales Organisationstalent zugesprochen wird, von Berlin aus in die Alpen abgesetzt. Eine Hundertschaft seiner engsten Mitarbeiter nahm er mit in sein Versteck. Der wichtigste Schatz der Männer war das in Kisten wasserresistent verpackte und im Erdreich vergrabene Archiv: auf Mikrofilm gebannt, alles Wichtige über »Fremde Heere Ost«. Es fiel Gehlen nicht sonderlich schwer, die Begehrlichkeit der US-amerikanischen Besatzer zu wecken. Nach einem längeren Aufenthalt in den Vereinigten Staaten und ohne die übliche umständliche »Entnazifizierung« konnten sich die frisch zu Demokraten gewendeten Nazis nunmehr für ihre neuen Dienstherren ins Zeug legen. Die »Organisation Gehlen« war geboren.

Für die Amerikaner war der Überläufer ein Überraschungsgeschenk von unschätzbarem Wert. Sie hatten gerade erst ihren Auslandsgeheimdienst Central Intelligence Agency (CIA) gegründet, in den sich die Organisation Gehlen ideal einfügen ließ. Osteuropa war den US-Boys nicht mehr als eine riesige weiße Fläche auf der Landkarte. Sie wußten so gut wie nichts über das Sowjetreich. Die Macht des eben noch kriegsverbündeten Josef Stalin aber war ihnen unheimlich. Der Antikommunismus Gehlens und seiner Leute kam sehr gelegen.

Solange der Kalte Krieg dauerte, hat sich am amerikanischen Grundauftrag der Organisation Gehlen wenig geändert. Sie blieb, wie das den Interessen der USA entsprach, auf die Spionage im Ostblock ausgerichtet. In dieser geographischen Zuständigkeit gab es nur eine Ausnahme: Auch auf die arabischen Länder erstreckte sich die nachrichtendienstliche Tätigkeit der deutschen Abteilung der CIA, was den Amerikanern eine vorzügliche Tarnung für ihre so zukunftsweisenden Nah- und Mittelost-Interessen verschuf.

Die Organisation Gehlen blieb auch unter dem neuen Namen Bundesnachrichtendienst (BND), was sie war. Die bundesdeutsche Verfassung war 1949 in Kraft getreten, und angeblich wurde die Bundesrepublik Deutschland 1955 ein souveräner Staat. Tatsächlich blieb sie ein Teilstaat mit entschieden begrenzter Teilsouveränität. Das Besatzungsrecht war in seinen wesentlichen Bestimmungen nach wie vor gültig. Die 6000 Kopf starke Mannschaft um Gehlen war eine Abteilung der CIA, finanziert und kommandiert aus der CIA-Zentrale in Langley/Virginia. 1956 wurde der BND zwar formal von der Bundesregierung übernommen. Damit änderte sich aber im wesentlichen nur die Zuständigkeit für die Gehälter. Das Weisungsrecht änderte sich noch lange nicht.

Als Juniorpartner der CIA baute seit den 1950er Jahren auch der israelische Geheimdienst Mossad eine Führungsrolle in der Hierarchie der Geheimdienste auf deutschem Boden auf. Seine abgeleitete Autorität, verbunden mit dem moralischen Anspruch, der auf die Vernichtung der Juden im Dritten Reich gegründet wird, machte den BND zum stets beflissenen Helfer, wann immer der Mossad seine Wünsche anmeldete. Und Wünsche hatte der Mossad reichlich. Viele ließen sich trefflich damit vereinbaren, daß die Deutschen in der arabischen Welt in hohem Ansehen standen – weniger wohl aus arabischer Sympathie für den Nationalsozialismus, mehr wegen der historischen Tatsache, daß sie anders als Briten und Franzosen frei von den Lasten einer kolonialen Vergangenheit sind.

Die Freundschaftsdienste gegenüber dem Mossad haben Israelis häufig die Möglichkeit gegeben, unter dem Deckmantel deutscher Identität in arabischen Ländern oder im Iran Spionage zu treiben. Beim BND und in Bonn wurde dabei in Kauf genommen, daß in jedem Fall der Enttarnung eines Israelis mit deutschem Paß wertvolles Vertrauenskapital zu Bruch ging. Auffällig an der »Zusammenarbeit« ist, daß sie notorisch einseitig verläuft. So würde man sich beim Mossad vor Vergnügen über den gelungenen Scherz auf die Schenkel schlagen, wenn der BND den Wunsch vorbrächte, auch nur einen einzigen Bericht einer x-beliebigen israelischen Botschaft in irgendeinem Land der Welt einsehen zu wollen. Umgekehrt aber ist es eine seit Jahren geübte Praxis des BND, alle Botschaftsberichte, die das Auswärtige Amt, früher nach Bonn, heute nach Berlin, erhält, umgehend den Israelis zur Verfügung zu stellen[58].

Aber das Unglaubliche ist noch steigerungsfähig: »Obwohl die Mossad-Truppen schon seit Jahrzehnten auf deutschem Boden agieren, erhielten sie im Frühjahr 1998 auch noch offiziell die Erlaubnis der Bundesregierung, Deutschland als Einsatzgebiet zu nutzen, ›wenn der Verdacht besteht, daß von hier aus terroristische Aktivitäten vorbereitet werden, die gegen Israel gerichtet sind‹.«[59] Ein Verdacht läßt sich im Zweifel jederzeit mühelos konstruieren. Aber nicht einmal das ist nötig, denn der Mossad ist nicht verpflichtet, über sein Tätigwerden in Deutschland irgendeiner deutschen Behörde gegenüber Rechenschaft abzulegen. – Und die »Tätigkeiten« des Mossad, sie haben es in sich.

»Israel hält wahrscheinlich zusammen mit dem Teheraner Regime den Weltrekord an Geheimdienstmorden«, schreibt der langjährige FAZ-Redakteur und ausgewiesene Geheimdienst-Experte Dr. Udo Ulfkotte in seinem lesenswerten Buch »Verschlußsache BND«. Und weiter: »Israel ist auch weltweit der einzige Staat, der die Praktiken seiner Geheimdienste unterstützt, nach denen palästinensische Häftlinge gemäß den Ratschlägen von Ärzten des israelischen Geheimdienstes gefoltert werden.«[60]

Von deutscher Seite wird ein ausländischer Geheimdienst mit Privilegien gepäppelt, der für den alleinigen Geschäftszweck, weltweit Auftragsmorde und Attentate zu organisieren und auszuführen, eigens eine Abteilung unterhält. Der Mossad nennt die selbständige Einheit zynisch »Caresarea«, frei übersetzt: »sich um Gebiete kümmern«. Wenn es die Gefahrenlage erfordert, dürfen die Killeragenten ein Todesurteil selbst fällen und vollstrecken. Ansonsten steht eine solche Entscheidung dem israelischen Ministerpräsidenten zu. – Ähnlich weite Ermessensspielräume existieren auch für die CIA. Sie muß auch nicht vor jedem von ihr geplanten Mord im Oval Office des Präsidenten anfragen. Für gezielte Tötungen unterhält der amerikanische Auslandsgeheimdienst gut getarnte Tochterfirmen.

Geschenkartikel aus der Bundesrepublik

Anders als den Waffenfirmen in Frankreich, Großbritannien und den Vereinigten Staaten ist den deutschen Produzenten von Rüstungsgütern der Export grundsätzlich nur nach ausdrücklicher Genehmigung gestattet und in sogenannte Spannungsgebiete sogar ausnahmslos untersagt. Das bestimmt das Kriegswaffenkontrollgesetz aus dem Jahr 1961, das dem Artikel 26 des Grundgesetzes seinen gesetzlichen Rahmen gibt: »(1) Handlungen, die geeignet sind und in der Absicht vorgenommen werden, das friedliche Zusammenleben der Völker zu stören, sind verfassungswidrig. Sie sind unter Strafe zu stellen. (2) Zur Kriegführung bestimmte Waffen dürfen nur mit Genehmigung der Bundesregierung in Verkehr gebracht werden.«

Schon in den frühen Jahren der Bundesrepublik Deutschland ist die Praxis des Waffenexports vielfach über Recht und Gesetz hinweggegangen – nicht gänzlich bedenkenlos, denn immer wieder hat das Auswärtige Amt zur Zurückhaltung gemahnt. Bei Kanzler Konrad Adenauer und seinem Verteidigungsminister Franz Josef Strauß aber blieben die Mahnungen der Außenminister ohne erkennbare Wirkung. Noch kurz bevor er sich 1963 grollend aufs Altenteil zurückzog, hatte Adenauer eine Zusage über einen riesigen Waffentransfer gemacht, der Ludwig Erhard, dem ungeliebten Nachfolger, das Leben schwermachen sollte.

Unter Bruch nicht nur der deutschen Gesetze, sondern auch eines von den UN gegen alle Staaten des Nahen Ostens verhängten Waffenembargos war dem damals von den meisten Ländern der Erde geächteten jungen Staat Israel die Lieferung der verschiedensten Kriegsgeräte zugesagt worden – gratis und franko, als Geschenk der deutschen Bundesregierung. Die Abwicklung sollte in den Jahren 1963 bis 1966 in aller Heimlichkeit erfolgen. Und das war die Wunschliste der Israelis, wie sie Adenauer großzügig akzeptierte: 6 Schnellboote, 3 U-Boote, 36 Haubitzen, 24 Hubschrauber, 12 Noratlas-Flugzeuge, 54 Flakgeschütze – und eine vorerst nicht genannte Zahl von Panzern. Der Wert der Geschenkartikel wurde zunächst mit 240 Millionen, dann mit 270 Millionen Mark beziffert. Es wurden schließlich 334 Millionen daraus. Den Betrag muß man ungefähr mit 25 multiplizieren, um den Wert in Euro des Jahres 2006 zu erhalten, also circa 8 Milliarden. Es war eine geradezu atemberaubende Summe, die vom bundesdeutschen Steuerzahler aufgebracht werden mußte. Der wußte freilich von nichts.

Unter den wenigen Eingeweihten auf deutscher Seite war eine Handvoll Parlamentarier und ein halbes Dutzend Militärs, alle zu strengster Geheimhaltung über das Projekt mit der Bezeichnung »Frankr./Kol.« vergattert. Die Abkürzung für Frankreich/Kolonien war reine geographische Ablenkung. Auch die Bezeichnung »Aktion Geschäftsfreund« wurde bisweilen augenzwinkernd benutzt.

Teile der Lieferung wurden aus Beständen der Bundeswehr abgezweigt. Und alles geschah so heimlich, daß bei den Polizeibehörden vom Standortkommandanten auch schon mal Anzeige wegen Diebstahls erstattet wurde, wenn die Militärgeräte plötzlich verschwanden.[61] Die 150 Panzer aus US-amerikanischer Produktion, die von den Israelis schließlich auch noch gewünscht wurden, durften aber nicht in gebrauchtem Zustand zum heimlichen Versand gelangen. Die Israelis verlangten, daß sie gründlich überholt würden, neue Ketten, neue Motoren und stärkere Bordgeschütze mußten es sein. Damit keiner Verdacht schöpfen könnte, wurde vereinbart, daß die Einbauten auf deutsche Rechnung aus den USA nach Italien geliefert würden, um dort in die per Schiff oder über Land antransportierten Panzer-Chassis eingebaut zu werden. Von denen waren alle deutschen Hoheitszeichen sorgfältig entfernt worden. »Entgermanisierung« nannte ein Diplomat die logistische Panzertarnung.

Als Ludwig Erhard 1963 Kanzler wurde, teilte er die Abneigung der Außenminister (Heinrich von Brentano und später Gerhard Schröder) gegen Waffenlieferungen in Krisengebiete. Aber ihm wurde rasch beigebracht, daß außen- und sicherheitspolitische Entscheidungen von einigem Gewicht nicht im deutschen Außenamt und auch nicht vom Kanzler der Bundesrepublik Deutschland zu treffen waren. Bei seinem Antrittsbesuch in Washington wurde er von Präsident Lyndon B. Johnson für die Israel-Hilfe in die Pflicht genommen. Da half auch der Hinweis nicht, daß in dem mit Israel gleichfalls streng geheim getroffenen Wiedergutmachungsabkommen von Luxemburg (über die Zahlung von drei Milliarden Mark – nach gegenwärtiger Kaufkraft circa 75 Milliarden Euro) Lieferungen von Waffen doch ausdrücklich ausgenommen waren.

Die Deutschen in die Pflicht zu nehmen hatte für die Amerikaner einen unwiderstehlichen Charme. Es ersparte ihnen die eigenen Haushaltsmittel, die damals schon in nennenswerten Größenordnungen in den Vietnamkrieg flossen. Ein weiterer Gesichtspunkt aber war von noch größerem Wert: Die US-Regierung mußte sich nicht als der enge Verbündete und strategische Partner der Israelis offenbaren, der sie seit den 1950er Jahren bereits war. Panzerlieferungen an den Judenstaat hätten die

Reputation der Vereinigten Staaten als »neutrale« Supermacht lädiert und die arabischen Länder womöglich in die Arme der Sowjetunion getrieben, die in Ägypten und in den Golfstaaten um Einfluß rang. Da war es für Amerika schon sehr viel angenehmer, wenn die Deutschen ihr Ansehen bei den Arabern riskierten, von dem sie doch einen so großen Vorrat hatten.

Der Waffendeal entwickelte sich zu einer Katastrophe für die deutsche Seite. Wie kaum anders zu erwarten, flog die ganze Affäre im Oktober 1964 nach einer gezielten Indiskretion auf.[62] Das Staatsgeheimnis stand plötzlich in allen Zeitungen. Nur der deutsche Parlamentspräsident Eugen Gerstenmaier wußte von nichts, als er gerade beim ägyptischen Präsidenten Gamal Abdel Nasser zu einem Besuch ankam. Ihn rechtzeitig zu unterrichten, hatten die Akteure aus dem Bonner Verteidigungsministerium für unnötig gehalten, und nun mußte er den Wutausbruch des bestens informierten Löwen von Kairo hilflos über sich ergehen lassen.

Das Desaster war total. Erhard erklärte den Abbruch der Waffenlieferungen an Israel, um den Schaden im arabischen Raum zu begrenzen. Das half wenig, sondern führte zu wütenden israelischen Protesten, denen sich die jüdische Lobby in den USA mit Aufrufen zum Boykott von deutschen Produkten anschloß. Nasser lud den Staatsratsvorsitzenden des östlich des Eisernen Vorhangs gelegenen staatsähnlichen Gebildes namens SBZ (sowjetisch besetzte Zone) zum Staatsbesuch ein und verhalf damit der von Moskau betriebenen »Zwei-Staaten-Theorie« zum entscheidenden Durchbruch. Die sogenannte Hallstein-Doktrin (wonach jede staatliche Anerkennung des sozialistischen Deutschlands mit dem sofortigen Abbruch der diplomatischen Beziehungen durch die Bundesrepublik bestraft werden sollte) verlor ihre Glaubwürdigkeit.

Als der getriebene Bundeskanzler dann auch noch überraschend die Aufnahme der vollen diplomatischen Beziehungen mit Israel erklären mußte, war für sein Land »das diplomatische Stalingrad« perfekt, wie sich ein führender Kommentator ausdrückte[63]. Nahezu alle arabischen Länder brachen die Beziehungen zur Bundesrepublik ab. Die schlimmsten Befürchtungen des Außenministers hatten sich bewahrheitet. Israel aber bestand auf Erfüllung des einseitigen Vertrages. Und erst als die Deutschen in USA erreichten, daß die noch ausstehenden Panzer künftig direkt aus dem Herstellerland des M48 »Patton« geliefert werden würden, fanden sich die israelische Regierung und die Knesset bereit, die Deutschen gnädig aus ihrer »Verpflichtung« zu entlassen, das allerdings nur gegen Zahlung einer »Ablösung« in Höhe von 140 Millionen harter D-Mark – das sollte eine Kompensation für einen Teil der nicht überreichten Geschenkartikel sein.

Das volle Schadensausmaß ist nie beziffert worden. Um in den Ländern der Feinde Israels zu retten, was zu retten war, reisten deutsche Emissäre von Hauptstadt zu Hauptstadt und boten Entwicklungshilfe zur Besänftigung des arabischen Zorns feil. Das mußte teuer werden, nachdem Israel, maßgeblich dank der deutschen Waffenhilfe, 1967 in Rommel-Manier den Sechstagekrieg zum Triumph über den ägyptischen Widersacher gemacht hatte.»Made in Germany« hatte einen Beiklang von Verrat in arabischen Ohren, zumal nicht verborgen blieb, daß die Deutschen schon früher zu den heimlichen Waffenlieferanten Israels gehört hatten und auch in den folgenden Jahren den Gratis-Transfer uneingeschränkt fortsetzten.

Fast immer unter Federführung des BND, der bis 1968 von Amerikas Gefolgsmann Reinhard Gehlen geleitet wird, liefert die Bundesrepublik nahezu das gesamte Spektrum an modernem Kriegsgerät in den Nahen Osten und in andere Spannungsgebiete, nämlich immer dahin, wo die Supermacht Amerika sie gern hätte, ohne selbst allzu auffällig in Erscheinung zu treten. In diesem Sinne wird auch das diktatorische Obristenregime beliefert, das sich mit Hilfe der USA 1967 in Griechenland etablieren konnte. Unter dem Deckmantel von Tarnfirmen wie Merex oder Telemit beliefert der BND gern auch zwei sich kriegerisch gegenüberstehende Seiten wie Indien und Pakistan. Dabei verstand es der deutsche General Gehlen, sich so verdient zu machen um die amerikanische Sache, daß Washington dem scheidenden BND-Präsidenten zum Abschied die runde Summe von 250 000 Mark spendierte. Heute wären das mehr als ein paar Millionen Euro.

Nun haben sich deutsche Rüstungshersteller nicht ausschließlich in Wohlverhalten gegenüber der großen Schutzmacht Amerika geübt, sondern auch nach guten Geschäften Ausschau gehalten. Dabei haben manche von ihnen, beispielsweise die Firma Imhausen aus dem badischen Lahr, auch strafwürdige Verbrechen begangen. Am Bau der libyschen Giftgas-Fabrik in Rabda waren ab dem Jahr 1984 indessen Firmen aus den verschiedensten westlichen Ländern beteiligt.»In der Anlage in Rabda sollen unter Leitung eines Briten mehrere Dutzend Ingenieure aus Dänemark, Österreich, Italien und Polen arbeiten«[64], erfuhr der Geheimdienst-Experte. Nur hat die Weltöffentlichkeit davon wenig bemerkt, während die deutschen Verstöße regelmäßig die denkbar lebhafteste Publizität erfahren. Das ist kein Zufall, wie man beim BND herausgefunden hat.

Als die Libyer Jahre später erneut eine unterirdische Fabrikanlage zur Produktion von Kampfstoffen bauten, diesmal in Tarhuna, 75 Kilometer südlich von Tripolis, war es der deutsche BND, der das als erster in Erfahrung brachte, um prompt auch die amerikanische CIA zu informieren. Im State Department in Washington hatte man aber nichts Eiligeres zu tun, als die Behauptung in die Welt zu setzen, wieder seien es die Deutschen, die dem Bösewicht Ghaddafi bei seinen Giftgasvorhaben assistierten. Dabei hatte der BND zweifelsfrei festgestellt, daß es keine schuldhafte Beteiligung von Deutschen gab, wohingegen Firmen aus der Schweiz und aus Thailand namhaft gemacht wurden, ohne daß sie später in der *New York Times* eine entsprechende Würdigung erfahren sollten.

Mit seinem Nein zum Irakkrieg des US-Präsidenten George W. Bush schien der frühere deutsche Bundeskanzler Schröder in Fragen der Sicherheitspolitik den Handlungsspielraum gegenüber der einzig verbliebenen Supermacht ein Stückchen ausgeweitet zu haben – so schien es jedenfalls den Wählern, die daraufhin seine Kanzlerschaft bestätigten. Seither hat sich allerdings herausgestellt, daß die Amerikaner von den Deutschen für die Nicht-Gestellung von direkten Hilfstruppen reichlich entschädigt worden sind: mit gesteigerten deutschen Militäranstrengungen im US-kontrollierten Afghanistan, mit der Überlassung des für die Kriegsteilnehmer frei verfügbaren deutschen Luftraums und Territoriums, mit dem Einsatz vieler tausend deutscher Soldaten zur Bewachung amerikanischer Militäranlagen, mit der Bundeswehr-Beteiligung an der Awacs-Luftüberwachung und mit manchem anderen mehr. Die Frage, ob soviel Unterstützung eines unter massiver Täuschung der Weltöffentlichkeit allem Anschein nach völkerrechtswidrigen Angriffskriegs mit dem deutschen Grundgesetz überhaupt vereinbar ist, wurde denkwürdigerweise öffentlich kaum gestellt.

In der von großer Koalition getragenen neuen Bundesregierung scheint die Neigung, das Ausmaß der für die USA geleisteten Hand- und Spanndienste aufzuklären, noch geringer zu sein als in der alten Regierung. Vom Kabinett Merkel ist außerdem kaum zu erwarten, daß es die Abhängigkeiten der deutschen Geheimdienste vom kriegerischen großen Bruder zu lockern imstande oder auch nur willens ist. Zunächst ist vielmehr alles geschehen, um die deutschen Hilfeleistungen der Vergangenheit zu verharmlosen oder zu kaschieren, sei es die Beteiligung deutscher Beamten an Verhören in Guantanamo oder in Syrien, sei es der Wert der gelieferten Informationen über irakische Verteidigungsplanungen. Für die Agenten des BND, die in Zukunft vielleicht einmal zuallererst den Interessen des eigenen Landes dienen sollten, sind das keine günstigen Auspizien. Ihre bis heute bestehende hochgradige Fremdsteuerung kann eine Ahnung von den noch stärkeren Abhängigkeiten vermitteln, die am Ende der Ära des Kalten Krieges geherrscht haben müssen, zu den Zeiten der Kieler Affäre und des Todes von Genf, als es für mehrere westliche und östliche Geheimdienste kein wichtigeres Thema gab.

Der nichterklärte Wirtschaftskrieg

Nach international üblicher Arbeitsteilung sind die Zuständigkeiten der Geheimdienste für das Ausland und das Inland getrennt. So auch in der Bundesrepublik. Und nicht anders als beim Auslandsdienst BND hat auch an der Wiege des »deutschen« Inlandsgeheimdienstes anglo-amerikanische Fürsorge gestanden. 1950 wurde auf Initiative der Amerikaner und unter der Kontrolle der britischen Militärregierung das Bundesamt für Verfassungsschutz (BfV) mit Sitz in Köln eingerichtet und in jedem Bundesland zusätzlich noch je ein Landesamt für Verfassungsschutz (LfV).

Die Aufgabe der sogenannten Verfassungsschützer bestand zunächst darin, die Interessen der Besatzungstruppen zu schützen, bevor – insbesondere zum Schutz gegen Spionage und Sabotage durch den Feind im Osten – für den militärischen Bereich eigens ein weiterer Geheimdienst geschaffen wurde, der Militärische Abschirmdienst (MAD).

Kommunistische Umtriebe aufzuklären war bis zum Ende des Kalten Krieges eine der wichtigsten Aufgaben der Verfassungsschützer. Die Umtriebe der westlichen Spionageeinrichtungen hingegen waren für sie kein Thema. Dabei gehörte zum Aufgabenkatalog neben der Aufklärung und Abwehr von politischer und militärischer Spionage die mit wachsendem deutschen Wohlstand immer wichtiger werdende Wirtschafts- und Industriespionage. Auf diesem Felde unternahm der Ostblock im deutschen Spionage- und Wirtschaftswunderland ganz gehörige Anstrengungen. Insbesondere die DDR mit ihren Sprach- und Fühlungsvorteilen verbuchte auch beträchtliche Erfolge dabei. Aber die gründlichste Wirtschafts- und Industriespionage wurde auf westdeutschem Gebiet doch ganz entschieden von den Westmächten betrieben, die offiziell bald »unsere Freunde« genannt wurden.

Die britischen Besatzer konzentrierten sich in ihrer Aufklärungsarbeit in erster Linie auf die klassische Wirtschaftsspionage, der es darauf ankommt, die Hintergründe der grundlegenden wirtschafts- und finanzpolitischen Entscheidungen und die Kräfteverhältnisse bei internationalen Vereinbarungen aufzuklären. Wirtschaftsspionage nach diesem umfassenden Verständnis wird von allen Geheimdiensten der Welt betrieben und gilt auch im Umgang unter Freunden nicht als anrüchig.

Sehr viel konkreter definierten die Franzosen ihre Spionageinteressen in Westdeutschland. Sie kaprizierten sich auf das Abhören bedeutender Industrieunternehmen und suchten, insbesondere bei international ausgeschriebenen Großprojekten, die Konditionen der deutschen Wettbewerber in Erfahrung zu bringen, um sie im Preis unterbieten zu können. Der von der deutschen Industrie schon sicher geglaubte Auftrag aus Südkorea zur Lieferung von Hochgeschwindigkeitszügen gilt als Beispiel für erfolgreiche, aber unter Freunden nicht ganz unumstrittene französische Industriespionage gegen die Bundesrepublik. Übrigens sind die Briten auch frei von Skrupeln, wenn es um besonders verlockende Geschäfte geht: Als sich die wesentlich kleinere britische Telefongesellschaft Vodaphone in einer feindlichen Übernahme über den Düsseldorfer Mannesmann-Konzern hermachte, sollen die Angreifer per Industriespionage über alle Abwehrmaßnahmen und -überlegungen laufend informiert gewesen sein.

Als der traditionell engste Verbündete der USA haben die Briten auf dem Gebiet der Industriespionage ohnehin einen institutionellen Vorteil. Sie profitieren als Zweitverwerter von allen Ergebnissen, die das große Ohr der NSA aus dem Äther über Deutschland fischt. Die drei Buchstaben NSA stehen für National Security Agency, einem in krassem Gegensatz zu seiner immensen Bedeutung kaum bekannten Namen für einen US-amerikanischen Geheimdienst, der sich nahezu ausschließlich der Industriespionage widmet.

Das große Ohr der NSA war bis zum Frühjahr 2005 im bayerischen Bad Aibling installiert. Riesige Parabolantennen erheben sich über einem strengstens abgeriegelten Areal, zu dem kein Deutscher Zutritt hatte. In den bis zu sechs Stockwerke tief in die Erde gebauten Bunkeranlagen haben tausend Agenten im Schichtbetrieb rund um die Uhr eine Arbeit verrichtet, die den bayerischen Verfassungsschutz in andauernden Alarm hätte versetzen müssen, wenn die »Schlapphüte« nicht viele Jahre lang alle Augen zugedrückt hätten.

Aber die Verfassungsschützer sehen ebenso wie die Politiker in München und Berlin tatenlos und ohne Protest aus der Distanz dem Treiben zu. Sie alle wissen seit langem, was die Bevölkerung allenfalls ahnen konnte: Der gesamte deutsche Fernsprechverkehr, ob Mobil- oder Festnetz-Telefonie, läuft einschließlich aller Telefaxe und sämtlicher E-mails in die weitgespannten Netze der NSA, mit denen die Agenten den Äther über Mitteleuropa abfischen. Seit dem Frühjahr 2005 geschieht das systematische Abhören über eine mit modernstem Gerät ausgestattete Großanlage in Griesheim bei Darmstadt.

Während im Berliner Reichstag über die Zulässigkeit des »großen Lauschangriffs« debattiert wird, findet der totale Lauschangriff unabhängig vom Verdacht auf strafbare Handlungen mit der Regelmäßigkeit eines Uhrwerks und von deutschen Behörden gänzlich unkontrolliert statt. Das System mit dem Namen Echelon wurde von einem Amerikaner einst zur Feindaufklärung im Vietnamkrieg entwickelt und seither laufend verbessert. Echelon bewältigt die ungeheuren Massen von Fernsprechdaten über Großrechner mit Hilfe einer Batterie von Codewörtern, auch Hitwörter genannt. Sobald in Gesprächen, Faxen oder E-mails eines dieser Code- oder Hitwörter benutzt wird, läuft der Vorgang blitzschnell bei einem der menschlichen Auswerter auf, der sich so auch noch als Ohrenzeuge in die laufende Kommunikation einschalten kann.

Von besonderem Interesse ist für die NSA alles, was auf technologisches Neuland schließen läßt. Deutsche Firmen, unter denen die zahlreichen Mittelständler immer noch über vielfach dem gesamten internationalen Wettbewerb überlegene Fertigungskenntnisse verfügen, sind die wichtigsten Zieladressen, insbesondere, wenn sie auf einem der folgenden Gebiete erfolgreich sind: Optoelektronik, einschließlich Lasertechnik, Nanometer-Optik, neue Werkstoffe, Luft- und Raumfahrttechnik, Kernkrafttechnik, Mikroelektronik. Der Wettbewerbsvorsprung des deutschen Herstellers kann dann schnell dahin sein. Denn die NSA ist gesetzlich verpflichtet, die auf ungesetzlichem Wege in Deutschland erlangten Kenntnisse den US-amerikanischen Firmen der entsprechenden Branchen zur Verfügung zu stellen. Der permanente Bruch der deutschen Post- und Fernmeldegesetze, den das Abhören durch die NSA darstellt, hat die in diesem Tätigkeitsfeld noch immer als Besatzungsmacht agierenden Amerikaner nie auch nur im geringsten gestört.

Aufschlußreich ist überdies die offizielle deutsche Haltung. Man weiß sehr wohl, daß der illegale Know-how-Transfer, den die NSA betreibt, die deutsche Wirtschaft permanent in Milliardenhöhe schädigt. Der ehemalige Generalbundesanwalt Kai Nehm wurde nach dem Ausmaß des Schadens gefragt, der durch Industriespionage der deutschen Wirtschaft entsteht. Er hielt die Zahl von acht Milliarden Mark pro Jahr »für viel zu gering«, wie die *Frankfurter Rundschau* am 10. November 1995 berichtete. Realistische Schätzungen gehen von ungefähr 10 Milliarden Euro aus, die von den beamteten Äther-Piraten Jahr für Jahr aus Deutschland über den großen Teich wandern. In 50 Jahren summiert sich der Schaden auf die gigantische Summe von 500 Milliarden Euro. Und mit dem ausgespähten Wissen sind Millionen von Arbeitsplätzen auf Nimmerwiedersehen verschwunden.

Dennoch hat sich keine deutsche Hand gegen die Willkür unter dem Zeichen von Echelon je geregt. Protest aber gab es schließlich doch, nämlich im Straßburger Europaparlament, wo ein Franzose einen Untersuchungsausschuß durchsetzte. In Maryland, in der NSA-Zentrale der weltweit 40 000 Mitarbeiter, darunter allein 16 000 Mathematiker, standen die Abgeordneten aus der Alten Welt vor verschlossenen Toren, obwohl man ihnen einen Gesprächstermin zugestanden hatte.[65] Überhaupt waren es keine amerikanischen Informationen, die am Ende in den Echelon-Bericht eingeflossen sind. Im Kern aber konnten die Parlamentarier den Spionageverdacht voll bestätigen, obwohl die Recherchen vielfältig behindert worden waren. Zumal die Briten hatten als Echelon-Nutznießer mit der Aufklärung der geheimen NSA-Geschäfte überhaupt nichts im Sinn.

Zunächst schien der Bericht, von dem die Medien in Deutschland keine Notiz nahmen, auf die Betreiber Eindruck zu machen.[66] Die USA sicherten den Europäern die Schließung der Anlage von Bad Aibling zu. Nach dem 11. September 2001 war davon allerdings nicht mehr die Rede. Im Zeichen seines Kampfes gegen den Terrorismus, der mit der Zerstörung der Zwillingstürme von Manhattan die Supermacht ins Mark traf, hatte George W. Bush statt Rückbau von Militär und Geheimdiensten deren forcierten Ausbau angeordnet. Griesheim wurde noch leistungsfähiger als Bad Aibling je war.

Die ganze Absurdität der Geheimdienstarbeit in Deutschland macht ein Vergleich von Rechten und Pflichten deutlich. Wie schon gesagt, sind die US-Dienste verpflichtet, die Resultate ihrer Industriespionage der amerikanischen Wirtschaft zuzuleiten. Umgekehrt aber darf der BND als der einzige Geheimdienst auf der Welt, dem eine solche Fessel angelegt ist, keinerlei Industriespionage betreiben. Sie ist ihm gesetzlich untersagt. Die so Gehandikapten dürfen noch nicht einmal einem von der NSA ausgespähten deutschen Unternehmen den warnenden Hinweis zukommen lassen, daß, wie oder von wem sie elektronisch ausgeraubt werden.

Die Unmündigkeit der »deutschen« Geheimdienste und ihre fortwährende Demütigung als Handlanger und Sündenbock der prädominanten Sieger des Zweiten Weltkriegs sind für sich genommen schon ein unglaubliches Phänomen. Schlimmer noch ist, daß die Bevölkerung über die tatsächlichen Kräfteverhältnisse bewußt im unklaren gehalten wird. Es darf darüber gestritten werden, ob die Fixierung auf das Feindbild im Osten während des Kalten Krieges nicht in ähnlicher Weise westdeutschem Interesse wie anglo-amerikanischem Interesse entsprochen hat. Als aber dieser Feind mit dem Fall der Berliner Mauer und des gesamten Eisernen Vorhangs plötzlich verlorenging, da war es schon mehr als auffällig, wie stark die USA immer noch die Agenda bestimmten. Der Verfassungsschutz schien auf dem Absatz kehrtzumachen, um nun seine ganze Tatkraft in die Verfolgung rechtsradikaler Umtriebe zu legen. Allerdings schwiegen die Verfassungsschützer immer da betreten, wo sich zeigte, daß die Gefahr von rechts, wie massiv in den neuen Bundesländern geschehen, mit Propaganda-Materialien aus den Vereinigten Staaten angeheizt wurde. Dort nämlich sind die Beweisstücke, die deutschen Ausländerhaß und virulenten Antisemitismus belegen sollen, fast durchweg gedruckt worden[67].

Das Amt, das die Verfassung schützen sollte, ist beim Verfolgen fremder Interessen nicht selten selbst zur Bedrohung der Verfassung geworden. Der Einsatz von sogenannten V-Männern mag zur Ausspähung gewisser Szenekreise nicht in allen Fällen vermeidbar sein; aber die vom BfV geübte Praxis ist auch bei großzügiger Auslegung mit den Grundsätzen des demokratischen Rechtsstaates, der die Bundesrepublik bleiben will, auf Dauer nicht vereinbar. Die Hunderte zählenden V-Leute der Behörde haben in vielen Fällen ihres Einsatzes die Gefahren oft erst selbst geschaffen, die sie angeblich bekämpfen sollten. Nicht bloß ausnahmsweise waren es ebendiese V-Leute, die in den Führungszirkeln aller möglichen unbedeutenden Gruppierungen zu Gewalttaten aufriefen, die damit erst Schlagzeilen machten. Die Absicht war im spektakulärsten Fall der glatte Betrug am Verfassungsorgan in Karlsruhe. Mit Falschaussagen und mit von V-Leuten des Verfassungsschutzes verübten Gewalttaten sollte das Bundesverfassungsgericht zu einem Verbotsurteil der NPD gebracht werden. Das oberste deutsche Gericht entschied sich dafür, das Urteil über diese umstrittene Partei lieber weiter den Wählern zu überlassen.

Auch die beim Verfassungsschutz plötzlich angesagte Jagd auf islamistische Terroristen hatte den Beiklang allzu dienstbeflissener Unterordnung, als der US-Präsident nach nine-eleven die entsprechende Parole ausgab. Sprach der Verfassungsfeind Nummer eins nun auf einmal arabisch?

Als Uwe Barschel sterben mußte, war die Fremdsteuerung der Geheimdienste im Vergleich zu den Zeiten der Großen Koalition gleichwohl alles in allem wohl noch ausgeprägter gewesen. Und die unsichtbaren Mächte waren am Geschehen von Kiel und Genf gewiß keine unmaßgeblich Beteiligten, wie sich zeigen wird.

Der Killerauftrag

Im schleswig-holsteinischen Schicksalsjahr 1987 hat es beim BND noch ein geheimnisumwittertes, erst später aufgelöstes Referat gegeben. Darüber wurde selbst intern nur hinter vorgehaltener Hand gesprochen. Versteckt war es in der Abteilung IVa, wo viele wichtige Aufgabenbereiche ressortierten, nämlich das Grundsatzreferat, außerdem Organisation, Planung, Haushalt, Verteidigungsmaßnahmen sowie Dienstpostenbewertung.

Das dort unauffällig angesiedelte zusätzliche Referat war die deutsche Abteilung einer ziemlich internationalen Geheimorganisation mit dem vielsagenden Namen »Gladio«. Udo Ulfkotte berichtet in der 2. Auflage seines schon mehrfach zitierten Buches aus dem Jahr 2003: »Diese Abteilung hatte die Aufgabe, im Kriegsfall hinter den feindlichen Linien aktiv zu werden. Durch Sabotage und Terroranschläge sollten dem Feind Nadelstiche zugefügt werden. ›Gladio‹ hatte in Hannover und Berlin eigene Stützpunkte und eine eigene Infrastruktur. Die ganze Operation lief ausschließlich unter alliierter Kontrolle. Im Kriegsfalle sollte ›Gladio‹ nach Portugal verlegt werden.« Soweit der Experte Udo Ulfkotte.[68] Er hätte hinzufügen können, daß »Gladio« auch in anderen europäischen Ländern, so in Italien und Österreich, in Belgien und den Niederlanden, mit kopfzahlstarken Einheiten von verdeckten Untergrundkämpfern präsent war, die in versteckten Depots beträchtliche Waffen- und Sprengstoffvorräte horteten. Die aus dem Geheimdienstmilieu, aus alten Nazi-Seilschaften und aus Kreisen der organisierten Kriminalität rekrutierte geheime Truppe hörte auf amerikanisches Kommando.[69]

Während der sozialistische Feind hinter dem Eisernen Vorhang verharrte, waren die mit bürgerlicher Legende getarnten zwielichtigen Kämpfer nicht untätig. Sie ließen sich für die verschiedensten Terroreinsätze gebrauchen und kamen immer dann zum Einsatz, wenn der US-amerikanische Ursprung von Anschlägen und Attentaten geheim bleiben mußte. Die Verbindungen, die das Netzwerk »Gladio« zu den Terrororganisationen »Rote Brigaden« in Italien, zur »Action Directe« in Frankreich und zur deutschen »Rote Armee Fraktion« (RAF) unterhalten hat, sind nie ins volle Scheinwerferlicht der öffentlichen Wahrnehmung geraten. Sie waren aber mehr als ein Gerücht.

Ein niederländischer Staatsbürger aus diesen Kreisen war im Frühjahr 1987 ausersehen, den Ministerpräsidenten von Schleswig-Holstein zu ermorden. Name und Anschrift sowie sein Auftraggeber aus Österreich sind den deutschen Ermittlungsbehörden seit langem bekannt. Für die Erteilung des Killerauftrags gibt es eine Zeugin, die sich ein Jahr nach Uwe Barschels Tod bei der Lübecker Staatsanwalt einfand, um eine sensationelle Aussage zu machen. Aber vom Inhalt ganz abgesehen, sind allein die Umstände dieser Aussage eine Geschichte für sich.

Die Zeugin Marianne Bauer[69a] hat heftig mit sich gerungen, bevor sie sich entschloß, ihr Wissen zu offenbaren, denn sie fürchtete ernsthaft, sich damit in Lebensgefahr zu bringen. Und, für sie noch schlimmer, auch um das Leben ihrer Kinder und Enkelkinder mußte sie sich sorgen. Zusammen mit ihrem Mann betrieb sie seit Jahrzehnten in Kärnten eine Pension für Feriengäste mit einem zum Grundstück gehörenden Campingplatz. Ihr Seelenfriede war dahin, als Frau Bauer im Oktober 1987 vom Tod des jungen Ministerpräsidenten in Genf hörte und las. Sie wußte nun, daß sie ein halbes Jahr zuvor nicht etwa bloß ein makabres Spiel miterlebt und mit erlitten hatte, sondern die Vorstufe zu blutigem Ernst.

Eine Besucherin aus Deutschland war die erste, der sich Marianne Bauer im Sommer 1988 anvertraute. Sie tat es, weil sie wußte, daß der Ehemann Kriminalbeamter war. Er schien ihr geeignet, um an die zuständigen Strafverfolgungsbehörden weiterzugeben, was sie Ende März 1987 im holländischen Venlo erlebt hatte. – Aber so wichtig die Botschaft auch war, aus Deutschland kam keinerlei Reaktion. Weitere Wochen vergingen, in denen Marianne Bauer der Gedanke quälte, daß sie der Gerechtigkeit den schuldigen Dienst noch immer nicht erwiesen hatte. Und so reiste sie selbst nach Deutschland und nahm einen Anwalt in Kiel.

Der Anwalt stellte den Kontakt zur Kieler Staatsanwaltschaft her, um seine Mandantin schließlich an die zuständige Behörde in Lübeck zu verweisen.

Dort lag das »Todesermittlungsverfahren zum Nachteil des Dr. Dr. Uwe Barschel« in den Händen des Staatsanwalts Sönke Sela, wenn es in der Bundesrepublik Deutschland überhaupt einer in den Händen hielt. Offiziell hatte der Behördenleiter ja erklärt, es fänden überhaupt keine eigenen deutschen Ermittlungen statt, allenfalls würde man den Schweizer Ermittlern zuarbeiten. Aber immerhin wurde die Zeugin Bauer von Staatsanwalt Sela am 20. Oktober 1988 empfangen. Ausgeprägt war die Neigung Selas indessen nicht, sich mit der Sache zu befassen. Als Frau Bauer ihm ihre große Angst offenbarte und fragte, ob man ihr zusichern könnte, daß ihr Name unter allen Umständen Außenstehenden gegenüber geheim bliebe, erhielt sie zur Antwort, daß die Akten auch »anderen Stellen« zugänglich gemacht würden, und für die könne man nicht garantieren.

Auch mit einem weiteren Versuch, die Gefährdung für sich zu verringern, blitzte die Zeugin bei Sela ab. Nein, eine nur »inoffizielle Aussage« käme nicht in Betracht, meinte der Staatsanwalt auf die entsprechende Frage, um ihr anschließend anzubieten, sie könnte sich die geplante Aussage ja noch einmal überlegen. Das war indessen kein Vorschlag, der Frau Bauer akzeptabel schien. Und so begann sie schließlich mit ihrer Aussage, die mehr als zwei Stunden in Anspruch nehmen sollte. Aber gleich zu Beginn wurde sie von Sela noch einmal unterbrochen.

»Kann es sein«, fragte der Staatsanwalt, »daß ich den Vorgang schon kenne?« – Das sei gut möglich, antwortete die Zeugin aus Kärnten und erzählte, worum sie die Besucherin in ihrer Ferienpension im Sommer so dringend gebeten hatte. Sela bestätigte, daß er den Bericht des Kriminalbeamten tatsächlich erhalten hatte. Den Aktenvermerk mit den haarsträubenden Angaben hatte Sela dann wie eine heiße Kartoffel weitergereicht: an das Bundeskriminalamt (BKA) in Wiesbaden: »zwecks Weiterleitung über Interpol Bern an die Genfer Justizbehörden«, wie es in einer Notiz Selas zur Vernehmung heißt. Das in Lübeck verbliebene Aktenduplikat wurde dann alsbald von der vorgesetzten Behörde angefordert, der Generalstaatsanwaltschaft in Schleswig.

Der Generalstaatsanwalt hieß damals Heribert Ostendorf, der den brisanten Inhalt pflichtgemäß dem Justizminister zuzuleiten hatte, der sich zu dem Vorgang in vielsagendes Schweigen hüllte. Auf dem Dienstweg nach unten kam Ostendorf auf die Sache nicht mehr zurück. In Lübeck sah man die Akte nie wieder. Und gegenüber der Zeugin aus Kärnten blieb auch über Interpol jegliche Kontaktaufnahme aus. Frau Bauer wartete vergeblich, in der Sache näher befragt zu werden. Nicht bekannt ist, ob die angeblich energisch ermittelnden Schweizer Justizbehörden über den Vorgang tatsächlich informiert worden sind. Mit Marianne Bauers Courage und mit soviel Gerechtigkeitssinn hatten die Beamten jedenfalls allesamt nicht gerechnet.

Nach den Angaben zu Person und Familienstand berichtet die Zeugin über eine niederländische Familie aus Venlo, die seit 1973 jedes Jahr im Sommer zwei bis drei Wochen Ferien in dem Kärntner Fremdenverkehrsbetrieb Bauer verbracht haben, manchmal auch noch zusätzlich zwei bis drei Winterwochen zum Skifahren in den Karawanken. Die Bauers freundeten sich an mit dem Ehepaar Pieter und Carolina Nelissen, und mehrfach fuhr Frau Bauer auch zum Gegenbesuch nach Venlo. Man hatte Zeit füreinander. Pieter Nelissen war Frührentner. Der Berufssoldat war aus der niederländischen Armee wegen verschiedener Unachtsamkeiten vorzeitig entlassen worden. Beim Waffenreinigen hätte sich zweimal versehentlich ein Schuß gelöst, meinte sich die Zeugin an Erzählungen der Nelissens zu erinnern.

Ende März 1987 war Marianne Bauer zum drittenmal in Venlo. Um Werbung für ihren Fremdenverkehrsbetrieb zu machen, war sie über Frankfurt und Hannover nach Düsseldorf gereist, wo sie am Bahnhof mit dem Auto vom Ehepaar Nelissen abgeholt wurde. Das Ungewöhnliche geschah zwei Tage später um die Mittagszeit. Die Besucherin saß auf der Couch im Wohnzimmer und las in einem Buch von Konsalik (»Dieses Buch war eh schon sehr grauselig genug«), als Pieter Nelissen den Telefonhörer abnahm. Das nun folgende Telefongespräch wurde auf deutsch geführt. Frau Bauer konnte nicht umhin zuzuhören. Und sie kannte den Anrufer – nicht nur mit Namen.

Der da in Venlo anrief, hieß Heinz Olschewski und stammte wie Frau Bauer aus der kleinen ostpreußischen Stadt Lötzen. Er war für sie »eine Art schillernde Persönlichkeit«. In der Zeit der nationalsozialistischen Herrschaft in Deutschland sei er »Oberbannführer im Reichsjugendministerium bei Baldur von Schirach« gewesen. Auch später habe sie Olschewski wiedergetroffen. Unlängst erst bei einem Heimattreffen der Lötzener in Solingen, zu dem auch der Niederländer Nelissen erschien, obwohl der dort eigentlich gar nichts zu suchen hatte. Frau Bauer war aufgefallen, auf welch freundschaftlich-vertraute Weise Olschewski und Nelissen miteinander umgingen. Man kannte sich offenbar sehr gut.

Das findet die unfreiwillige Ohrenzeugin des Telefongesprächs nun wieder bestätigt. »Ja, sie ist da«, sagt Nelissen offenbar auf die Olschewski-Frage nach ihrer Anwesenheit. Ohne sich an alle Einzelheiten des reichlich 20minütigen Gesprächs zu erinnern, schildert Frau Bauer dann den Teil, der sie entsetzt. »Ich weiß allerdings noch genau, daß in diesem Gespräch von seiten von Herrn Nelissen sinngemäß folgende Sätze gefallen sind: ›Es wird alles so gemacht, wie wir es verabredet haben ... Es wird eine schöne Leiche sein ... Ich mache Ihnen eine schöne Leiche, unbeschädigt ... Nein, nein, keine Indizien ... Sie bekommen eine saubere Arbeit.‹«

Im Wortprotokoll der Aussage vom 20. Oktober 1988 heißt es dann: »Im Laufe dieses Gespräches fiel mindestens dreimal, und zwar im Zusammenhang mit der Leiche, der Name Barschel, einmal fiel auch der Vorname Uwe. Ich habe, das muß ich hier in aller Deutlichkeit sagen, zum damaligen Zeitpunkt allerdings gedacht, daß es sich um den deutschen

Politiker Barzel handeln würde. Der Name Barschel sagte mir zum damaligen Zeitpunkt nichts. Ich wußte nicht, daß es einen Ministerpräsidenten in Schleswig-Holstein gibt, der so heißt. Auf nochmalige Nachfrage des vernehmenden Staatsanwaltes erkläre ich, daß ich mir heute ganz sicher bin, daß damals der Name Barschel gefallen ist. Ich war entsetzt, als ich dieses Telefongespräch mit anhörte. Herr Nelissen grinste mich dabei an. Ich hatte den Eindruck, daß dieses Grinsen zum Ausdruck brachte, daß er wußte, daß ich im Grunde nichts machen könnte. Ich wäre ja kaum in der Lage gewesen, dieses Gespräch, das ich mit angehört hatte, zu beweisen.«

Für eine vollständige Wiedergabe ist der Protokolltext zu lang. Die wesentlichen Passagen aber sind im Original eindrucksvoller als in jeder Beschreibung:

»Bereits während dieses Telefonat noch andauerte, wollte ich, da mir die ganze Sache zu unheimlich war, das Zimmer verlassen. Ich wollte nicht weiter in der Wohnung bleiben, sondern meine Sachen nehmen und aus der Wohnung heraus. Ich mußte jedoch an Herrn Nelissen vorbei. Dabei versperrte Herr Nelissen mir jedoch den Durchgang und sagte sinngemäß, nachdem ich jetzt schon einen Großteil des Gespräches gehört hätte, könnte ich nunmehr auch noch den Rest mit anhören. Als das Telefonat dann zu Ende war, saß ich da und war perplex. Herr Nelissen verließ dann für ganz kurze Zeit das Wohnzimmer und kam dann mit einer Schußwaffe zurück, die er auf den Wohnzimmertisch legte. Er schraubte dann einen Gegenstand vorn auf den Lauf der Schußwaffe ... (dann) setzte er mir die Schußwaffe vorn an die Brust. Er machte dabei noch eine unflätige Bemerkung über meine etwas füllige Brust, und zwar dergestalt, daß er meinte, das würde da auch schon durchgehen. Er hielt dann jedoch unmittelbar danach die Schußwaffe an meine linke Halsseite unterhalb des linken Ohres und sagte dabei, wir können es aber auch hier machen ... Herr Nelissen bedrohte mich dann noch: Wehe, wenn ich etwas über das sagen würde, was ich hier gehört hätte, dann sei ich dran und auch die Kinderchen ...«

Zum Telefonat trug die Zeugin noch eine Bemerkung von Nelissen nach; er müßte »Herrn Barschel kennenlernen«, ihn also vor der Tat erst beobachten können. Das würde noch etwas Zeit brauchen. Erst als er schließlich mit der Waffe verschwand, betrat Frau Nelissen den Wohnraum. Auf die Frage, ob ihr Mann noch normal sei, sie, Frau Bauer, einzuladen und dann mit einer Pistole zu bedrohen, antwortete Frau Nelissen, das könne schon sein, aber so sind wir alle. »Sie fügte dann auch noch hinzu, sterben müssen wir alle.«

Um den gefährlichen Holländer nicht durch einen plötzlichen Aufbruch zu reizen, blieb Marianne Bauer noch die Nacht über in der Schreckenswohnung. Am nächsten Morgen kam es bei ihrer Abreise dann noch zu einem denkwürdigen Zusammentreffen, das die Zeugin dem Staatsanwalt wie folgt schildert:
»Ich wurde unmittelbar vor der Haustür von einem älteren Herrn angesprochen, der zum damaligen Zeitpunkt die Wohnung über der von Nelissen bewohnte. Dieser Herr, er könnte Beers heißen, ich bin mir bei diesem Namen aber nicht sicher, ist ein Antiquitätenhändler ... Dieser Herr fragte mich zunächst, ob ich die Kärntnerin sei. Er fuhr dann fort, ob ich eigentlich wüßte, mit wem ich hier Umgang hätte? Während dieser ältere Herr das zu mir sagte, standen die Eheleute Nelissen dabei. Ich hatte den Eindruck, daß sie etwas ›kleiner‹ würden. Dieser Herr sagte dann noch, Herr Nelissen bekomme sein Geld von einer linken Gruppe, er fragte dann: ›Nicht wahr, Herr Nelissen, Sie bekommen Ihr Geld von den Roten Brigaden?‹« Die Zeugin fügte zu der Begegnung noch hinzu, »daß der Polizeichef von Venlo wohl mit den Nelissens unter einer Decke stecken würde, daß diesen deshalb nichts passieren könne ... Er sprach auch von Tonbändern, die er bezüglich anderer Aktivitäten der Nelissens gemacht hätte.«

Das holländische Ehepaar brachte den Gast aus Kärnten sodann wieder zum Düsseldorfer Bahnhof. Sie taten, als sei nichts geschehen – auch als sie im Sommer des folgenden Jahres, 1988, bei den Bauers einen ganzen Monat lang erneut Ferien machten, länger als je zuvor. Möglicherweise hing die Dauer auch mit der Rekonvaleszenz des Pieter Nelissen zusammen. Denn der hatte noch im Frühjahr 1987 einen Herzinfarkt erlitten. Dieser Umstand macht es unwahrscheinlich, daß Nelissen tatsächlich zum Mörder von Uwe Barschel wurde. Aber daß es Mordpläne gegen ihn gab, muß nach der Aussage als gesichert gelten. Auch welche Kreise daran interessiert waren, den Ministerpräsidenten von Schleswig-Holstein auszuschalten, machen die detaillierten Angaben deutlich.

Eine in ihrer Klarheit und dem Faktengehalt so überprüfbar glaubwürdige Aussage wie die der Zeugin Marianne Bauer gehört zu den seltenen Glücksfällen, von denen die mit der Aufklärung eines Kapitalverbrechens befaßten Ermittler meist nur träumen können. Auf dem silbernen Tablett sind der Staatsanwaltschaft der Tat und der Anstiftung zur Tat dringend Verdächtige mit Anschrift und allen persönlichen Daten serviert worden, dazu weitere Zeugen, bei denen wichtige Kenntnisse und zusätzliche Beweismittel sicher zu erwarten waren. Es kann nicht in Frage stehen, daß

Olschewski und Nelissen in Polizeigewahrsam gehört hätten, daß gründliche Vernehmungen auch der Ehefrau und des Nachbarn aus dem Haus der Holländer der Aussage auf dem Fuße hätten folgen müssen. Was aber geschah, nachdem Frau Bauer ihre Aussage gemacht hatte, tatsächlich?

Von Staatsanwalt Sela erfuhr die Zeugin ja, welchen Weg ihre erste Aussage genommen hatte, die sie den Ermittlern über die Besucherin und deren Mann, den Kripobeamten, hatte zukommen lassen: Weiterleitung an das BKA in Wiesbaden zwecks Weiterleitung an Interpol in Bern zwecks Weiterleitung an die ermittelnde Justizbehörde in Genf. Frau Bauer wunderte sich sehr, daß niemand auf die von ihr ganz dringlich erklärte Aussagebereitschaft einging. Immerhin aber, so versuchte sie sich die Behördenabstinenz zu erklären, konnte eine Panne in der Übermittlung passiert sein. Oder sollten ihre Wahrnehmungen zum Mordplan von irgendeiner Stelle vielleicht als bloßes Phantasiegespinst lächelnd in die Ablage befördert worden sein? Das aber fiel ihr nun doch schwer zu glauben, denn immerhin war der Vorgang ja von der Staatsanwaltschaft für wichtig genug erachtet worden, BKA und Interpol einzuschalten, und immerhin hatte ja die vorgesetzte Behörde der Lübecker Staatsanwaltschaft die Sache an sich gezogen. Nun aber, da sie dem wachen Staatsanwalt Sela gegenüber ihre Aussage von Angesicht zu Angesicht machte, nun würde die Gerechtigkeit aber flugs ihren Lauf nehmen, dachte die rechtschaffene Ostpreußin aus Kärnten. Schließlich war ihr im amtlichen Protokoll auch die uneingeschränkte Glaubwürdigkeit bescheinigt worden. Aber wieder wartete die Zeugin monate- und jahrelang vergeblich darauf, daß dem dringenden Mordverdacht irgendwelche polizeilichen oder gerichtlichen Aktivitäten folgen würden. Nichts rührte sich in der Sache. Weder aus Lübeck, Schleswig oder Wiesbaden noch aus Bern oder Genf hat Frau Bauer je wieder etwas gehört. Gab es womöglich überhaupt kein Interesse daran, einen Plan zur Ermordung des deutschen Ministerpräsidenten aufzuklären? Mußte nicht die Aussage, daß Uwe Barschel schon Ende März 1987 von einem gedungenen Killer umgebracht werden sollte, zu einer kompletten Neubewertung des Flugzeugabsturzes führen, bei dem der Politiker am 31. Mai als einziger mit dem Leben davongekommen war?

Spätestens nach der Aussage der Kärntnerin hätten die zahlreichen Indizien, die auf ein Attentat weisen, mit aller Gründlichkeit untersucht werden müssen. Aber das ist nicht geschehen. Wollten die Ermittler ihre Arbeit nicht tun, oder durften sie nicht? – Diese Frage hat sich seit Bestehen der Bundesrepublik bis in unsere Tage häufig gestellt, wenn es um die Aufklärung von Vorgängen ging, die nicht die Deutschen oder wenigstens

Der Killerauftrag

nicht sie allein zu entscheiden haben, weil die Interessen der großen westlichen Führungsmacht im Spiel sind. So war es in den frühen Zeiten der Bonner Republik mit illegalen Waffenlieferungen in Kriegsgebiete, und auch jüngst war es wieder so, als deutsche Behörden angeblich nichts von den Entführungen und Verschleppungen möglicher Terroristen wußten und von den Aberhunderten von ungesetzlichen Gefangenentransporten amerikanischer Geheimdienste.

Keine noch so überzeugende Aussage durfte das für die Öffentlichkeit entworfene Bild vom Selbstmord in Genf erschüttern. Ernsthafte Mordermittlungen mußten verhindert werden, damit die Suche nach den Tätern nicht zu politisch unerwünschten Ergebnissen führte. Im Umgang mit der Aussage der Kärntner Zeugin siegte wieder einmal politische Opportunität über Recht und Gesetz.

5. Kapitel: Leben ohne Politik

Besessen von der Macht?

Uwe Barschel war von Natur aus alles andere als ein ängstlicher Mensch. Aber nun hatte er große Angst. Das Gefühl, einer tödlichen Gefahr ausgesetzt zu sein, hatte ihn seit dem Flugzeugabsturz Ende Mai 1987 nicht mehr verlassen; es wollte auch nach seiner Rücktrittserklärung vom 25. September nicht weichen. Seinem Nachfolger Henning Schwarz, der als geschäftsführender Ministerpräsident nur bis zur nächsten Wahl das Amt versehen sollte, gestand er, daß er »noch nie im Leben so große Angst gehabt« hätte, und bat darum, den Personenschutz und den Objektschutz rund um die Waldvilla zu verlängern. Schwarz veranlaßte das umgehend. Das Gefühl der Bedrohung aber blieb.

Seiner Schwester Folke stellte er die Frage: »Glaubst du, daß es in Deutschland eine politische Mafia gibt?« Auf ihre irritierte Reaktion hin präzisierte der Bruder: »Ja, ich meine, es gibt Killer, die Auftragsmorde ausführen.« – Am Leben bleiben, das war es, was er sich nach den Beobachtungen und Erfahrungen der letzten Wochen und Monate am meisten wünschte. Daß er sich für seine vier Kinder immer viel zu wenig Zeit genommen hatte, war ihm während des Klinikaufenthalts und ihrer vielen Besuche an seinem Krankenbett bewußt geworden. Er wollte ihnen ein besserer Vater werden.

Pläne für eine neue berufliche Zukunft, in der auch die Familie zu ihrem Recht kommen sollte, hatte das Ehepaar Uwe und Freya Barschel schon lange geschmiedet. Die Politik kam in diesen Zukunftsplänen allerdings nicht mehr vor.

In der CDU galt der jüngste deutsche Ministerpräsident aller Zeiten vielen als erster Anwärter auf eine spätere Nachfolge des Pfälzers Helmut Kohl. Der hat wohl die Wahrheit gesagt, als er aus Anlaß seines 75. Geburtstags im ZDF-Interview im Frühjahr 2005 verriet, daß der Aufsteiger aus Schleswig-Holstein selbstbewußt seinen Kandidaten-Anspruch bei ihm angemeldet hatte. Aber derartige politische Ambitionen lagen inzwischen weit zurück. Schon bevor 1987, das Jahr der Landtagswahl im nördlichsten Bundesland, angebrochen war, hatte Barschel die Weichen für sich neu gestellt.

Der bekannte Pianist und Dirigent Justus Frantz, der mit Uwe Barschel zusammen das Konzept des bis heute erfolgreichen Schleswig-Holstein-Musikfestivals entwickelt hatte, kannte die neuen Berufspläne frühzeitig. Er, der sich auch in den schweren Zeiten der Kieler Affäre und nach Barschels Tod immer als sein Freund bezeichnet hat, erfuhr, daß der junge Politiker nur noch diesen einen Wahlkampf bestreiten wollte. Nach dem von ihm wie von aller Welt erwarteten Wahlsieg wollte er in der Mitte der neuen Legislaturperiode, gegen Ende 1989 also, das Amt des Ministerpräsidenten frei machen, um seinem Nachfolger genug Zeit für dessen eigene Profilierung zu lassen. Diese Pläne entstammten nicht einer bloßen zeitweiligen Laune; sie waren ganz im Gegenteil ein ernsthafter Lebensentwurf, wie von vielen Freunden der Familie und von manchen beruflichen Weggefährten bezeugt worden ist. Freilich paßte ein die Macht freiwillig aus den Händen gebender Barschel denen nicht ins Konzept, die seine Feinde waren und ihn über den Tod hinaus verfolgten.

Mit niemals nachlassendem Eifer wirkte insbesondere der *Spiegel* an der Legende vom angeblich krankhaft machtbesessenen Politiker Barschel. Die Vorgaben zur weiteren Sprachregelung lieferte in einem Kommentar acht Tage nach der Genfer Todesnachricht der Herausgeber des Blattes persönlich: »Für Uwe Barschels Freitod – Mord und Herzversagen einmal beiseite – gibt es bis heute keine andere Erklärung als die, daß er ein zu enges Berufsbild hatte. Ein Leben als Nicht-Ministerpräsident, als Nichtmehr-Aufsteiger, ein Leben etwa als wohldotierter Rechtsanwalt, konnte er sich nicht vorstellen.«[70]

Reiner Nonsens floß da aus der Edelfeder. Ein zu enges Berufsbild, das war vielleicht ein Kennzeichen Rudolf Augsteins, und im Zweifel fehlte es ihm an Vorstellungsvermögen.

Im übrigen hätte leicht auch den Recherchen seiner scharenweise auf den Fall angesetzten Redakteure zugänglich sein müssen, daß Uwe Barschel längst entschlossen war, der Politik den Rücken zu kehren. Aber solches Wissen hätte ihnen nicht in den Streifen gepaßt. Statt dessen konnten sie bei allen Fehlinformationen, die sie viele Jahre lang ihrem Millionenpublikum zumuteten, immer der Absolution gewiß sein, die ihnen der Herausgeber mit den Worten spendete: »Der *Spiegel*, fehlbar wie jede andere Institution, hat sich in diesem Fall Barschel ohne Fehl und Tadel verhalten.«[71] – Vielleicht liegt in der unüberbrückbaren Distanz zwischen dieser Behauptung und der Wahrheit ein Grund dafür, daß der unzweifelhaft große Publizist in den Folgejahren immer mehr dem Alkohol verfiel[72].

Zu den vielen Fehlinformationen über den zurückgetretenen Ministerpräsidenten gehört auch die Behauptung, er hätte eine Art neidvoller Bewunderung für die Manager der Wirtschaft empfunden. Sein Bruder Eike war ein solcher erfolgreicher Manager, und er wußte es besser. Uwe Barschel hat niemals mit dem Gedanken gespielt, sich in die Reihe der Politiker zu begeben, die ihre Karriere – wesentlich besser bezahlt – in der sogenannten »freien Wirtschaft« fortsetzen, tatsächlich aber meist in einem staatsnahen Unternehmen dilettieren. Für jede Art von Versorgungsposten war die Leistungsmotivation in dem jüngeren Bruder viel zu ausgeprägt. Und Leistung wollte er sich auch in dem Metier abverlangen, das er sich für die Zeit nach der Politik ausgesucht hatte. Er wollte in Zukunft als Wissenschaftler arbeiten.

Nach rasantem Studienabschluß hatte er wissenschaftliches Arbeiten an seinen beiden Promotionen erprobt. Dem jungen Lehrbeauftragten hat auch die Vorlesungstätigkeit Freude gemacht. Ein Kommentar zur schleswig-holsteinischen Landesverfassung aus seiner Feder brachte ihm die Anerkennung der staatsrechtlichen Akademikerwelt ein. Und die eigene Habilitationsschrift war schon zu seinen Ministerzeiten fertig. Barschel hatte sie absichtsvoll noch nicht eingereicht, weil er sich nicht dem Gerede aussetzen wollte, einen Professorentitel etwa der Autorität seines politischen Amtes und nicht nur seiner wissenschaftlichen Leistung zu verdanken.

Eine wissenschaftliche Aufgabe an einer deutschen Hochschule schien Uwe Barschel wie auch seiner Ehefrau nach den Turbulenzen der letzten Wochen weniger reizvoll als zuvor. Ein Land, das beide gleichermaßen faszinierte, war Kanada. In dem Land der gelebten Demokratie hatten sich vor ihnen, wie sie erstaunt feststellten, schon viele mit dem Familiennamen Barschel niedergelassen. – Das also war die neue geographische und berufliche Perspektive, über die sich die Eheleute austauschten, als sie ihren Urlaub planten, der erst einmal Abstand zu den schlimmen Septemberwochen schaffen sollte.

Gran Canaria und ein geplantes Buch

Für die zwei Urlaubswochen suchten sich die Eheleute von allen Verpflichtungen freizumachen. Ihre vier Kinder sollten, wie in den Jahren zuvor, zum schon traditionellen Jugend-Familientreffen in die Schweiz fahren, in die weiße Villa, die Barschels Bruder Eike mit seiner Frau Monique und ihren gemeinsamen drei Kindern in Yens, ganz nahe bei Genf, oberhalb des Sees bewohnte. Da war genug Raum auch noch für die Mutter Barschel und den Sohn der Schwester Folke. Die Größeren in der achtköpfigen Kinderschar freuten sich, wieder bei der Weinlese mitzumachen.

Einen Tag später als die von der Großmutter begleiteten Kinder reisten die Eltern Richtung Süden auf die Insel Gran Canaria. Sie wollten vor lästigen Nachstellungen sicher sein und wählten das aus Felssteinen gefügte Ferienhaus auf den Klippen über dem Atlantik, das sie schon von früheren Besuchen kannten. Der Rundbau in einer stilvoll eingefriedeten Ferienhaussiedlung im Südosten der Insel bot ein ideales Versteck. Ein schweres Bohlentor verwehrte ungebetenen Gästen Einblick und Zugang, während die Bewohner unbemerkt aus dem Garten über eine steinerne Treppe zum schwarzen Sandstrand oder in die Restaurants in der Umgebung des Hotels Orquidea gelangen konnten.

Das Haus in der Anlage Bahia Feliz gehörte einem befreundeten Bauunternehmer aus Berlin, und der unternahm es auch, den Flug für die Freunde aus Mölln zu buchen. Barschel hatte ihn gebeten, nicht einfach einen Direktflug Hamburg-Las Palmas zu wählen, das würde es etwaigen Verfolgern zu leicht machen. So flogen Uwe und Freya Barschel zunächst nach Frankfurt, von wo es nach Zwischenaufenthalt auf die zweite Etappe nach Genf weiterging. Beide stellten beruhigt fest, daß sie bis dahin ganz und gar unerkannt geblieben waren. Das allerdings war ein Irrtum.

Ein besonders interessanter Mitreisender auf der Flugstrecke Frankfurt-Genf war ein zuvor aus London eingeflogener Amerikaner. Robert Gates, genannt Bob, war damals schon ein leitender Mitarbeiter der CIA und sollte wenig später sogar deren Direktor werden. Aber Gates war nicht der einzige »Schlapphut«, der in der Kabine ein aufmerksames Auge auf das Ehepaar aus Schleswig-Holstein hatte. Mit an Bord war nämlich auch eine Dame vom selben Gewerbe; ihr Flugschein war auf den falschen Namen Kolb bis Malaga ausgestellt, wo die Eheleute Barschel, auch wieder aus Vorsichtsgründen, einen weiteren Zwischenstopp vorgesehen hatten. Die falsche Frau Kolb kann die beiden aber (mit separatem Flugschein) durchaus weiter bis zum Zielort begleitet haben.

Zwei weitere Begleiter, die nicht zum Urlaubmachen nach Las Palmas unterwegs waren, hatten ihre Flugscheine mit den Nummern 491 und 492 im Reisebüro an der Kaiserstraße in Frankfurts Bahnhofsviertel gekauft, um unauffällig dabeizusein. Der Lufthansa-Pilot, der diese Beobachtungen festhielt, sollte wegen seiner Aussage bei der Staatsanwaltschaft später mancherlei Schwierigkeiten bekommen.[72a] Er blieb jedoch standfest bei seiner Aussage. Er war im übrigen ganz sicher, daß die Beschattung nur durch die Geheimdienste erfolgte. Gegenüber den Journalisten, deren Nachstellungen die Barschels schließlich auch entgehen wollten, war der Flug in den Süden tatsächlich geheim geblieben.

Am Abend des 6. Oktober 1987, einem Dienstag, landete die Maschine der Lufthansa auf der »Insel des ewigen Frühlings«. Ein Fahrer erwartete die Ankömmlinge aus Deutschland, für die es danach einen einzigen richtigen Urlaubstag mit Schwimmen, Weintrinken und Nichtstun geben sollte. Die Telefonanlage in ihrem versteckten Häuschen war kaputt, so daß an diesem Mittwoch auch unter den wenigen, die die geheime Nummer kannten, niemand Barschels Ruhe stören konnte. Am nächsten Morgen aber klopfte ein Bote an die dicke Bohlentür.

Der Doktor Barschel wurde zum Telefon im Büro der Ferienanlage Bahia Feliz gerufen. Aus der Staatskanzlei in Kiel hatte seine Sekretärin angerufen und dringend um Rückruf gebeten. Sein Staatssekretär, den er »mein getreuer Hebbeln« nannte, brachte schlechte Nachrichten: Finanzminister Roger Asmussen hatte vor dem zum erstenmal tagenden Parlamentarischen Untersuchungsausschuß ausgesagt. Ihm, Asmussen, sei von seinem Staatssekretär, Carl Hermann Schleifer, berichtet worden, Uwe Barschel hätte bei seiner Ehrenwort-Konferenz am 18. September offenbar nicht in allen Punkten die Wahrheit gesagt: Von der Steueranzeige gegen Engholm hätte er nämlich nicht erst aus dem *Spiegel* erfahren, denn schon »Ende Januar/Anfang Februar« sei er, Schleifer, vom damaligen Ministerpräsidenten angerufen worden, der sich nach ebendieser Anzeige erkundigt hätte. In Kiel brach nach diesem angeblichen Beweis die Hölle los.

Nach dem Telefonat mit Hebbeln spricht Barschel mit seinem Rechtsanwalt Samson, der weitere schlechte Nachrichten hat. In der CDU erheben nun die ihre Stimme, die dem selbstherrlichen MP schon immer mißtraut haben wollen. Der Fraktionsvorsitzende soll, wie angeblich auch Stoltenberg, schon verlangt haben, daß Barschel nun auch sein Abgeordnetenmandat zurückgibt. Außerdem bejahe jetzt die Staatsanwaltschaft einen »Anfangsverdacht« auf Barschels Mitwisser- oder Mittäterschaft bei einer Pfeiffer-Aktion gegen Engholm.

Neben all den Hiobsbotschaften bleibt kaum Zeit für die gute Nachricht: Die SPD mußte einräumen, daß aus ihren Reihen schon vor der Landtagswahl Kontakte zu Pfeiffer bestanden haben. Am Ende versucht Samson seinen fast verzweifelnden Mandanten wieder aufzurichten. Er rät ihm, so bald eben möglich nach Kiel zu kommen, um mit seiner Aussage vor dem Untersuchungsausschuß die Dinge zurechtzurücken.

Barschel ist bald zum Gegenangriff entschlossen. Das erfahren seine

Parteifreunde und die sonstigen Gegner am nächsten Morgen aus der *BILD-Zeitung*. In einem tags zuvor telefonisch gegebenen Interview wirft er seinen Kieler Weggefährten vor, sie hätten ihn verraten, und kündigt seine Rückkehr an, um die falschen Anschuldigungen zu zerpflücken. Die Kampfansage über die Presse sorgt aufs neue für helle Aufregung.

Am Nachmittag dieses ereignisreichen Donnerstags wird der Doktor noch ein zweitesmal ins Verwaltungsbüro gerufen. Ein Unbekannter habe sich mit »Landesregierung« gemeldet und um Rückruf gebeten, teilt ihm Oskar Jessen mit, den viele dort »die gute Seele von Bahia Feliz« nennen. Der Deutsche, ein pensionierter Konsulatsangestellter, der mit einer Spanierin verheiratet ist, hilft als Dolmetscher aus und ist neben dem Telefondienst auch sonst für allerlei Erledigungen gut, die Durchblick und Zuverlässigkeit erfordern. Mit dem Politiker aus Schleswig-Holstein, wo auch er früher einmal zu Hause war, hat sich Oskar Jessen über die Jahre richtig angefreundet. Sie mochten sich. Jessen kam abends häufig auf ein Glas Rotwein ins Ferienhaus. Man schnackte über alte Zeiten und die ferne Heimat an der Förde.

An diesem Donnerstag nachmittag erlebt Jessen einen Freund, der seine Erregung nicht verbirgt. Er gibt ihm den Zettel, auf den er die von dem Anrufer genannte Telefonnummer geschrieben hat. »Der Mann war Deutscher«, wie sich Oskar Jessen noch nach 15 Jahren erinnern kann, »und er gab mir eine Schweizer Vorwahl durch.« Die Nummer selbst hat er nicht im Gedächtnis bewahrt. Wohl aber weiß er, wie wenn es gestern gewesen wäre, daß er Uwe Barschel in einen unbenutzten Raum geführt hat, damit er dort ungestört telefonieren konnte.

In ihrem »Gesamtbericht«, den die Staatsanwaltschaft Lübeck 1998 zum förmlichen Abschluß ihrer Ermittlungen im Todesfall Barschel vorlegt, steht der Satz: »Sämtliche Zeugen, die zu den Tätigkeiten und Gegebenheiten im Büro der Ferienanlage vernommen worden sind, konnten sich nicht an einen wie von Dr. Barschel in seinen handschriftlichen Aufzeichnungen niedergelegten Anruf erinnern ...«[73] – Diese Aussage ist falsch. Die Herren Staatsanwälte, die den Satz zu vertreten haben, können als mildernden Umstand sicher auch nicht anführen, daß weder sie selbst noch ihre Kripo-Beamten in der Sache jemals auf Gran Canaria ermittelt haben. Genau darin liegt eine der Unterlassungen, die zu den unentschuldbaren gehören.

Hätte sich auch nur einer der Staatsanwälte die Mühe gemacht, nach Gran Canaria zu fliegen, der freundliche, ehrliche Oskar Jessen-Ramirez wäre ihm keine der Informationen schuldig geblieben, die er dem Autor

Gran Canaria und ein geplantes Buch

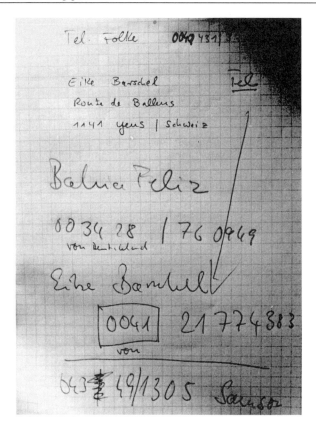

in langen Gesprächen bereitwillig mitgab. Statt dessen aber haben sich die deutschen Beamten mit den Ermittlungsergebnissen zufriedengegeben, die ihnen von der Schweizer Justiz zugänglich gemacht worden sind. Deren Arbeit aber war zumindest revisionsbedürftig – das weiß man in der Lübecker Staatsanwaltschaft auch sehr genau.

Nach dem Rückruf bei dem Unbekannten in der Schweiz hat sich die Erregung des prominenten Gastes aus Schleswig-Holstein keineswegs gelegt, wie Oskar Jessen feststellen muß. Er ist ein bißchen perplex, als er von dem Jüngeren mit einer in dieser Weise bislang nicht gekannten Vertraulichkeit in den Arm genommen wird. Die überraschende Geste hat indessen nichts Peinliches, er meint zu spüren, daß ein aufs äußerste Bedrängter in dieser Berührung einen Moment des verläßlichen Halts sucht.

Die spontane Geste sollte zugleich ein Abschied für immer sein. Denn anderntags, am Freitag, dem 9. Oktober 1987, würde Jessen sich schon auf dem Flug nach Norden befinden, um seine fromme Frau auf ihrer Pilgerreise zu den Stätten der Wunder von Lourdes zu begleiten.

Der Vertraute Oskar Jessen hat das Büro schon verlassen, als Uwe Barschel die deutschsprachige Sekretärin bittet, seinen Flugschein, der die Rückreise am 19. Oktober via Madrid vorsah, umzubuchen. Wollte er eben noch am Sonntag über Madrid zurück, so will nun bereits am Samstag, dem 10. Oktober, den Rückflug antreten – mit Zwischenlandung und Übernachtung in Genf. Die Reservierung wird akzeptiert. Es gibt noch einen freien Platz in der Maschine, die am übernächsten Morgen um 10.30 Uhr Richtung Genf starten soll. Aber vorher muß der Fluggast noch beim Reisebüro Kuoni in der Inselhauptstadt Las Palmas vorbeischauen, um den Flugschein umschreiben zu lassen.

Wieder war ein Tag vergangen, an dem er keinen Gedanken auf das Buch verwenden konnte, das zu schreiben Uwe Barschel entschlossen war. Es sollte eine Abrechnung werden – mit falschen Freunden und mit dem Vertrauen, das die Politiker untergraben, indem sie den Wählern eine am Wohl der Bevölkerung orientierte Politik nur vorgaukeln. Die Abrechnung sollte auch eine Aufarbeitung der Kieler Ereignisse werden, in deren Strudel nun seine Ehre geraten ist.

Von dem Buchprojekt hat über den engsten Familienkreis hinaus niemand erfahren. Mit dem Bruder in der Schweiz hatte es darüber lange Gespräche am Telefon gegeben. Eike versuchte Uwe von dem Plan abzubringen. Er würde seine momentane Lebenskrise auf solche Weise nicht bewältigen, warnte er. Den Kampf für die Wahrheit sollte er vor Gericht und vor dem Untersuchungsausschuß führen. Mit einem Buch würde er sich nur noch mehr Feinde machen. Uwe hörte dem Bruder zu, blieb jedoch bei seinem Vorsatz, und Eike wußte, er würde in seinem Buch eine deutliche Sprache sprechen.

Zu denen, die von der drohenden Veröffentlichung erfuhren, gehörten die professionellen Lauscher, die auch sonst über alle Schritte und Pläne des zurückgetretenen Politikers im Bilde waren. Von niemand anderem als vom Geheimdienst kann auch die Zeitschrift *stern* den Tip über Barschels Aufenthalt erhalten haben. In der Hamburger Redaktion stand noch am Mittwoch das Gerücht am höchsten im Kurs, der dringend für ein Interview Gesuchte halte sich auf Sizilien auf. Am Freitag aber registrierten Uwe und Freya, daß sie verfolgt wurden, daß *stern*-Journalisten (vergeblich) versucht hatten, Telefonkontakt zu ihnen aufzunehmen, und Männer, die wie Journalisten aussahen, an ihre Haustür pochten.

Ein verlockendes Angebot

Nach dem Frühstück am Freitag morgen wird sie ein Fahrer von Bahia Feliz nach Las Palmas bringen. Aber vorher gibt es noch etwas zu erledigen. Während Freya schon im Wagen wartet, springt ihr Mann noch rasch ins Büro, wo er der Sekretärin zwei Fernschreiben diktiert, eines an den Finanzminister Roger Asmussen, das andere an den Fraktionsvorsitzenden der CDU. Die Texte sind wichtig. Zunächst das Telex an den Finanzminister im Wortlaut:

»Lieber Roger,
ich habe von Deiner Aussage telefonisch erfahren. Ich bin sehr bestürzt, nicht etwa, weil ich Deine Lauterkeit anzweifle, Du hast sicher nach bestem Wissen ausgesagt. Aber warum hast Du mir von Deiner Erinnerung an Dein Telefongespräch mit Schleifer in den letzten Wochen, während der vielen Treffen mit mir, nie etwas gesagt? Warum bist Du nicht zu mir gekommen? Du weißt doch, ich habe mein Ehrenwort gegeben und an Eides Statt versichert, daß ich von der Anzeige erst aus dem *Spiegel* erfahren habe. Ich weiß nicht, was Schleifer sagen wird. Wenn er sich so erinnert wie Du, warum ist er nicht zu mir gekommen? Er hat sich sogar noch vor seinem Urlaub in meinem Amtszimmer von mir verabschiedet. Aber er hat mit keinem Wort erwähnt, daß er früher einmal mit mir über die Anzeige gesprochen hat. Das stimmt auch nicht. Ich bin sehr betrübt und hoffe, daß sich schnell alles aufklären wird.«

Antwort auf das Fernschreiben erhält der Absender nicht. Alles, was Asmussen später vorbringt, um sein Verhalten zu rechtfertigen, klingt nach Ausflüchten. Der einzig triftige Grund dafür, daß er dem Duzfreund verschwiegen hat, was er anderen Parteimitgliedern erzählte und dann in seiner Aussage vor dem Ausschuß als Sensationsbombe explodieren läßt: Der bislang allseits respektierte Chef im Kabinett soll nun nach dem Rücktritt ins Mark getroffen werden. Kein anderes Motiv ist auch Staatssekretär Schleifer zu unterstellen, Stoltenbergs verlängertem Arm.

Das zweite Telex ist an den Fraktionsvorsitzenden der CDU im Landtag von Schleswig-Holstein gerichtet. Es lautet:

»Lieber Herr Kribben,
die Berichte über Ihre Äußerungen und über Erklärungen anderer Fraktionsmitglieder, sogar aus dem Untersuchungsausschuß, kommen einer

beispiellosen rechtsstaatswidrigen Vorverurteilung gleich. Ich werde am Sonntag nachmittag in Schleswig-Holstein eintreffen und am Montag, dem 12.10.87, wenn gewünscht, allgemein zur Verfügung stehen. Die öffentlichen Ratschläge über die Mandatsniederlegung habe ich sehr wohl vernommen. Ich wäre der letzte, der meiner Partei Schwierigkeiten bereiten wollte. Deshalb bitte ich zum nächstmöglichen Termin um ein klares Votum von Fraktion oder Partei.

Leider bin ich jetzt in meinem Kampf für die Erhellung der vollen Wahrheit fast auf mich alleine gestellt, aber ich werde kämpfen, damit die volle Wahrheit ans Licht kommt. Aufgrund einer Information, die ich vor einigen Tagen erhalten habe und der ich noch am Wochenende persönlich nachgehen werde, könnte ich vielleicht schon am Montag einen wesentlichen Beitrag zur Aufklärung leisten.

Ich kann in diesem Fernschreiben nicht mehr andeuten.«

Nein, mehr andeuten kann er derzeit noch nicht. Er muß sich selbst erst Gewißheit verschaffen über die Information, die er bei seinem Rückruf in der Schweiz am Vorabend erhalten hat (und nicht »vor einigen Tagen«, wie er Kribben schreibt). Daß das Telefonat mit dem Unbekannten am Donnerstag, dem 8. Oktober spätnachmittags, geführt wurde, wissen wir von Oskar Jessen, aber auch von Freya Barschel wird das bestätigt, die schon wenige Minuten danach mit ihrem Mann über Ablauf und Inhalt des Gesprächs sprach.

Die Stimme am anderen Ende der Leitung hat Uwe Barschel sogleich wiedererkannt. Ein Mann hatte sich schon zu Hause in Mölln bei ihm gemeldet, er wüßte »Genaueres über Pfeiffer«. »Robert Ro(h)loff« hatte sich der Mann genannt. Die Eheleute sprachen darüber; Uwe glaubte nicht, daß das sein richtiger Name sei. Er wunderte sich, woher der Anrufer die geheime Telefonnummer hatte. Und nach dem Telefonat aus dem Büro von Bahia Feliz wunderte er sich wieder. Der Mann, der sich Roloff nennt, wußte, daß der Rückflug eigentlich über Madrid gebucht war. Wie konnte er an diese Kenntnis gelangt sein, die außer ganz wenigen in Kiel und beim Reisebüro sonst niemand haben konnte?

Auch über das Für und Wider, den Mann in Genf zu treffen, sprechen Uwe und Freya am Donnerstag abend, obwohl die Entscheidung schon gefallen ist. Er will keine Möglichkeit auslassen, die Beweise für seine Unschuld in die Hand zu bekommen. Das ist es, was ihm der Mann, der sich Roloff nennt, in Aussicht stellt. Deshalb fliegt er nun nach Genf, wo er den Mann schon am Flughafen treffen will. Er weiß, daß die Reise ein Risiko ist. Zu seiner Frau sagt er: »Man wird mich ja nicht gleich auf dem Flughafen erschießen.«

Nachdem er im Büro anhand seiner Stichworte die Telexe diktiert, was nicht mehr als zehn Minuten Zeit kostet, steigt er zu seiner Frau und dem Chauffeur ins wartende Auto, um nach Las Palmas zu fahren. Im Kuoni-Reisebüro nimmt ein norwegischer Angestellter die Umbuchung des Flugscheins vor. Uwe Barschel versucht noch, in einer Apotheke an ein verschreibungspflichtiges Medikament zu kommen, das ihm ohne Rezept aber verweigert wird. Er hat allerdings noch einen Vorrat von dem Psychopharmakum Tavor, das er mittlerweile in ziemlich hohen Dosen braucht, um seine Angst zu bezwingen, nicht nur die Angst vor dem Fliegen. Das Paar sucht sich zum ausgiebigen Mittagessen ein kleines Restaurant und fährt dann mit dem Taxi zurück nach Bahia Feliz. In ihrem Haus funktioniert erstmals seit ihrer Ankunft das Telefon wieder.

Uwe Barschel hat immer großen Wert auf den Rat seiner Schwester Folke gelegt. Auch jetzt fragt er sie, wie sie die Gefahr einschätzt, daß ihm in Genf etwas zustoßen könnte. Und er bittet sie, auch die Einschätzung seines Klassenkameraden, der ihr Freund ist, einzuholen. Der ist in allen Fragen der Gefährdung von Personen des öffentlichen Lebens ein Experte. Denn er ist in leitender Funktion beim Hamburger Staatsschutz tätig. Ausführlich erzählt Uwe der Schwester, welche nützlichen Informationen er sich von »Roloff« erhofft.

Dann telefoniert er mit dem Berliner Bauunternehmer, dem Eigentümer ihres Ferienhauses. Der erlebt einen zum Kampf entschlossenen Freund, der seinem Ärger darüber Luft macht, daß ihn Asmussen »in die Pfanne gehauen« hat, der im übrigen aber sehr optimistisch dem nächsten Tag entgegensieht; von dem unbekannten Informanten erhofft er sich in Genf einen Beweis für das »Komplott«, das Pfeiffer gegen ihn geschmiedet hat – so die spätere Aussage des Bauunternehmers.

Um Mitternacht schließlich telefoniert er noch einmal mit Folke. Sie hat mit ihrem Freund, dem Hamburger Staatsschützer, gesprochen, und der gab ihr einen sehr wichtigen Hinweis: Pfeiffer hat schon lange konspirativ für die SPD gearbeitet. Das beweist der Brief der Pilotenmutter Heise, den Pfeiffer in Kopie heimlich an sich gebracht hat, um ihn Engholms Pressesprecher zu übergeben. Klaus Nilius, der Engholm-Vertraute, nahm den Brief mit den schweren, aber absurden Anschuldigungen gegen den Fluggast des Sohnes und trug ihn zur Zeitschrift *stern*, die den Brief dann Ende Juli veröffentlichte.

Und noch etwas sagt Folke ihrem Bruder in dem nächtlichen Telefonat.

Sie hält die Reise nach Genf für viel zu gefährlich. Er könnte in eine Falle laufen. Dies ist auch die Einschätzung ihres Freundes. Wenn ihm der Unbekannte seine Informationen möglichst unerkannt zukommen lassen wollte, dann könnte er das doch am besten telefonisch tun, anstatt im persönlichen Gespräch sein Gesicht zu zeigen. Uwe hört die Ratschläge, aber er befolgt sie nicht. Allzu verlockend erscheint ihm das Angebot des Unbekannten.

Die Notizen

Früher als notwendig verläßt Uwe Barschel mit Regenmantel und leichtem Gepäck das Ferienhaus. Er nimmt nicht lange Abschied von seiner Frau und auch nicht besonders herzlich. Sie werden sich ja schon in ein paar Tagen, kurz nach seiner Aussage vor dem Parlamentsausschuß, wiedersehen. »Ich bin doch noch zu jung zum Sterben«, bemerkt er noch halb im Scherz, aber ihr entgeht nicht, daß er sehr viel angespannter ist als sonst. Für den Abend empfiehlt er ihr noch, sich den Film »Hannibal« anzusehen, den er aus dem Videobestand des Hausherrn schon von einem früheren Aufenthalt her kennt.

Es ist morgens gegen 7.30 Uhr, als er nach ein paar Schritten ein Taxi vor dem Hotel Orquidea besteigt. Von dort bis zum Flughafen ist es nur eine knappe halbe Stunde. Aber er erreicht den Flieger mit wehendem Mantel erst wenige Minuten vor dem Start um 10.30 Uhr. Niemand weiß, was er in den fehlenden Stunden getan, wo er sich aufgehalten, wen er gesprochen hat. Daran sollten sich die wildesten Gerüchte entzünden. Mit Waffenhändlern soll Barschel sich getroffen haben, geistert durch die Gazetten. Tatsächlich hat ja auch einer der Berüchtigten aus diesem finsteren Gewerbe seine weiße Traumvilla nicht weit von Bahia Feliz entfernt am Monte Leon, wo die Schickeria von Gran Canaria gern rauschende Feste feiert. Der Verdacht, mit Waffenhändlerkreisen Umgang gepflegt zu haben, wird Uwe Barschel noch lange nach seinem Tod immer wieder anzuhängen versucht. Es hat trotz der intensivsten Recherchen aber nicht die Spur eines Beweises dafür gegeben, auch dafür nicht, daß er Adnan Kashoggi, den Saudi mit der Villa am Monte Leon, jemals auch nur zu Gesicht bekommen hätte.

Ein plausibler Grund für die Inkognito-Stunden wäre, daß Barschel sich noch einmal in die Inselhauptstadt hat fahren lassen. Vielleicht hat er nochmals versucht, an Medikamente gegen seine Angst zu kommen. Eingekauft hat er in jedem Falle noch: Zwei Folklore-Püppchen aus buntem

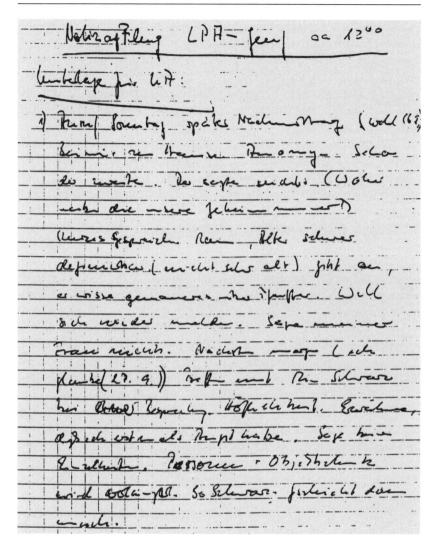

Stoff waren in seinem Handgepäck, die er wohl niemand anderem als seinen beiden Töchtern zugedacht haben konnte. Maike und Beatrice wollte er in Genf oder dem nahen Yens mit den anderen Kindern und seiner Mutter im Haus von Eike und Monique treffen.

Auf kariertem DIN-A5-Papier macht der Flugreisende handschriftliche Aufzeichnungen, die ihren späteren Lesern Rätsel aufgeben sollten. Unter »Notiz auf Flug LPA-Genf ca 12^{00}« schreibt er eine weitere Überschrift:

»Unterlage für UA« – gemeint ist der Untersuchungsausschuß, vor dem er ja schon am übernächsten Tag seine Aussage machen will. Für den Auftritt hat er seine Vorbereitungen zum großen Teil schon getroffen. Das muß er hier auf diesem Flug nach Genf gar nicht schriftlich festhalten. Er hat sich vorgenommen, gleich zu Anfang die jüngsten Bezichtigungen durch die falschen Freunde im Finanzministerium aufs Korn zu nehmen. »In Schleifers Haut möchte ich jetzt nicht stecken«, hat er seinen Geschwistern am Telefon anvertraut. Der illoyale Staatssekretär, der ihn der Lüge bezichtigt, soll seinen gerechten Zorn zu spüren bekommen. Was er über Carl Hermann Schleifer und seinen Beschützer Stoltenberg sonst noch aussagen wird – beispielsweise über ihre Verwicklungen in den sogenannten »Blaupausenexport« nach Südafrika –, das will der Einzelkämpfer über den Wolken erst einmal vom weiteren Verlauf der Dinge abhängig machen.

Stichwortartig will er in den Notizen nun festhalten, was mit dem Angebot des Unbekannten namens »Robert Roloff« zu tun hat, der ihm ja nicht weniger als die Enthüllung des gegen ihn geschmiedeten Komplotts in Aussicht stellt.

Unter Punkt 1) und 2) notiert er seine Erinnerung an die ersten geheimnisvollen Anrufe bei sich zu Hause in Mölln. Die Erinnerung ist lückenhaft, denn schon dabei war der Name Roloff gefallen, wie Freya Barschel weiß. Sie sprachen nämlich schon zu Hause miteinander über die Anrufe, und dabei hatte er ihr auch den Namen genannt. Er mag es vergessen haben.

Richtig rätselhaft aber wird, wie der Fluggast das Gespräch mit Roloff unter Punkt 3) verortet. Da schreibt er zunächst »Donnerstag«, um diesen Wochentag mit einem dicken Doppelstrich durchzustreichen; statt dessen schreibt er nun »Freitag, 9.10.« und notiert weiter: »Bin gerade wegen Telex an Kribben im Büro. Anruf für mich. Spanierin in Zentrale legt Gespräch in freien Raum. Habe von dort am 8.10. mehrfach mit Dtland tel. (Hebbeln, Samson). Anrufer gibt sogar auch Namen preis Robert Ro(h)loff. Habe den Eindruck Name stimmt nicht. Will mir helfen gegen Pfeiffer.« – Richtig an dem Passus ist, daß Barschel am Freitag das Telex an Kribben (und das an Asmussen) aufgab. Falsch ist, daß ihn bei dieser Gelegenheit der Roloff-Anruf erreicht hätte. Im vorbereiteten Telex an Kribben bezieht er sich ja schon auf die von Roloff in Aussicht gestellte Information, »der ich noch am Wochenende persönlich nachgehen werde« und mittels derer er »vielleicht schon am Montag einen wesentlichen Beitrag zur Aufklärung leisten« will. Den Roloff-Hinweis kann Barschel (von den glaubwürdigen Aussagen seiner Frau und des Oskar Jessen einmal ganz zu

Die Notizen 169

schweigen) auch deswegen nicht erst am Freitag erhalten haben, weil er (a) schon am Abend zuvor von Madrid auf Genf hat umbuchen lassen und (b) in den zehn Minuten seines Büroaufenthalts, während der Wagen wartete, neben dem Diktat der Telexe nicht auch noch ein langes Telefonat mit Roloff geführt haben konnte.

Welches Motiv veranlaßt den Fluggast zu der falschen Angabe, die kein bloßes Versehen sein kann? Vielleicht gibt der darauf folgende Text der Notizen darüber Aufschluß. Da heißt es:

»Will kein Geld. Nur Fahrtkosten. Will sich mit mir in Madrid treffen. Hinterher fällt mir ein, wieso wußte er daß ich urspr. ü. Madrid zurück wollte? Kann nur in Kiel bekannt gewesen sein. Oder bei Kuoni-Reisebüro. Jetzt fahre ich aber über Genf (billiger) Kann Kinder beim Bruder besuchen. Er will mit dem Auto kommen. Es geht nicht um Geld. Pfeiffer hat mind 1 Hintermann. Der hat ihn (Roloff) betrogen. Rache. Ist nicht bereit zur Polizei zu gehen. Material, das er mir im Flughafen Genf (Internationaler Info-Punkt ist Treffpunkt) geben will soll reichen.

Wer weiß, ob er kommt. Glaube nicht so recht daran. Meine Frau meint, soll jeder Spur nachgehen. Meine Schwester befragte meinen Klassenkameraden (beim Staatsschutz HH), rät ab. Der hatte ich aber gesagt, *ich* hätte angerufen. Sagt: könne Info am Telefon am besten anonym geben. Wollte ihr nicht sagen, daß *der* angerufen hat in B.F. Wäre meiner Schwester sicher zu gefährlich vorgekommen. Fällt mir noch ein, daß R.R. sich mit LReg Kiel in BF gemeldet hat. Nur deshalb an Apparat gegangen. Anrufe von Stern 1 Tag früher kamen nicht durch Büro und Hotel haben mich verleugnet. Hotel wußte sowieso nichts, da ich im Haus Lechner privat wohnte. Direktanrufe waren bis Freitag nicht möglich. Telefon kaputt. Nur Hebbeln, Schwester Mutter, Lechner kannten private Nr. in Bahia Feliz.«

Hier endet der Teil der Notizen, der im Flugzeug entstand. Auch die Passage wirft Fragen auf. Wollte Roloff ihn anfangs wirklich in Madrid treffen? Fliegt er nun über Genf, weil diese Route billiger ist oder weil er seine Kinder besuchen will? Warum legt er so großen Wert auf die Unterscheidung, ob *er* Roloff angerufen hat oder ob Roloff *ihn* anrief?

Die Rätsel lassen sich nur lösen, wenn die Todesangst berücksichtigt wird, die an den Notizen mitgeschrieben hat. Viele der Äußerungen seiner letzten Tage belegen, daß Uwe Barschel es für möglich hielt, in Genf umgebracht zu werden. »Ich schließe nicht aus, daß es meinen Kopf oder Pfeiffers Kopf kosten könnte«, hatte er zu seiner Schwester gesagt. Auch die Notizen zeugen von diesem Gefahrenbewußtsein, wenn es für den Grad der Gefahr auch völlig belanglos ist, ob das mit Roloff zustande gekommene Gespräch nun bei dessen Anruf oder bei Barschels Rückruf geführt worden ist. In keinem Fall lag das Gesetz des Handelns bei ihm, sondern immer nur bei dem, der aus dem Dunkeln heraus die Fäden zog.

Psychologisch naheliegend ist die folgende Deutung: In seinen Notizen möchte der Verfasser den Eindruck vermeiden, auf das Angebot allzu leichtfertig oder auch leichtgläubig eingegangen zu sein. Deshalb mag er nicht zugeben, schon am Donnerstag im spätnachmittäglichen Gespräch auf Roloffs Vorschlag eingegangen zu sein. Er vermeidet das Eingeständnis, daß es Roloffs Vorschlag ist, nach Genf zu reisen, und schiebt die Begründungen vor, die sein Interesse an der neuen Route sinnfällig erscheinen lassen sollen: Via Genf sei es billiger und er könne so außerdem die Kinder sehen. Der Flug mag tatsächlich ein paar Mark weniger kosten; aber die Kosten für die nun vorgesehene Übernachtung sind ungleich höher. Sicher freut er sich auf das Wiedersehen mit den Kindern. Aber der entscheidende Grund für den Stopp in Genf ist auch das nicht, sondern vielmehr die Aussicht, einen unanfechtbaren Beweis gegen Pfeiffer in die Hand zu bekommen. Dafür begibt er sich sogar in Lebensgefahr.

Letzte Ankunft

In der Frage, wer im Büro von Bahia Feliz der Anrufer und wer der Rückrufer war, gibt es übrigens einen klaren Beweis. Denn aus dem Hotel in Genf ruft Uwe Barschel seine Frau auf Gran Canaria an, erzählt ihr von dem Treffen, das nach der Landung, kurz nach 15 Uhr, mit Roloff zustande gekommen ist – und äußert dann eine Bitte: Seine Frau möge doch, sobald es ginge, im Büro der Ferienanlage vorbeischauen und dort in dem Raum, in dem er telefonieren durfte, den Zettel an sich nehmen, den er dort hat liegen lassen – den Zettel mit der von Oskar Jessen notierten Telefonnummer samt Schweizer Vorwahl. Uwe Barschel wußte also genau, daß er es war, der Roloff zurückgerufen hatte.

Freya Barschel ließ keine Zeit verstreichen, die Bitte zu erfüllen. Zusammen mit der Büroangestellten Gisela Ohmen suchte sie, es war zwischen 17 und 18 Uhr, im bezeichneten Raum nach dem Zettel. Die beiden Frauen suchten gründlich und ließen auch den Papierkorb nicht aus. Aber der Zettel blieb spurlos verschwunden.

Als er sich an den Schreibtisch im Zimmer 317 setzte, um seine Notizen fortzuschreiben, muß dem Hotelgast klargeworden sein, wie wenig er über seinen Informanten wußte. Er notierte zunächst Zeit und Ort »17.10 Ho-

Letzte Ankunft

tel Beau Rivage«, um in den folgenden Stichworten das seit der pünktlichen Landung auf dem Genfer Flughafen Cointrin Erlebte festzuhalten:
»Treffen mit ›RR‹ hat geklappt. Tatsächlich. Er hat mir viel erzählt. Er hat Pfeiffer 2 o. 3x kurz gesehen. Hat ihn ihm Fernsehen wiedererkannt.

Sein Name damals Gelsenberg. R. kennt Pfeiffer-Gelsenberg über einen ›Freund‹. Name nennt er nicht. Der ist ausgebildeter Paßfälscher. P. behauptet, dieser oder weitere sind die Hintermänner Pfeiffers. Er weiß von seinem ›Freund‹, daß Pfeiffer im Springer-Konzern sein Unwesen treiben sollte. Es soll um Erpressung der Firmenleitung gegangen sein mit echten o. gefälschten Dokumenten. Daraus wurde nichts, weil Pf. zur Pressestelle kam. Dann wurde Pfeiffer auf mich angesetzt. Da bei mir nichts zu holen war (kein Geld) ›Überwechseln‹ zur SPD/*Spiegel*. Genaue Einzelheiten weiß R.R. auch nicht. Hat seine Informationen aus Gespräch mit ›Freund‹. Den kann er nicht nennen weil sonst selbst in Gefahr. Der hat ihn betrogen. R.R. will mir ein Bild geben, daß Pfeiffer und Freund zeigt. Freund seit ca. 4 Wochen verschwunden. Will von mir nur 3-400 DM für Reisegeld. Ist mit Auto hier. Wagen hat er nicht gezeigt.

Beinahe wäre alles geplatzt. Als ich ausstieg, wurde ich von ›*Weltwoche*‹-Journalist empfangen + fotografiert. Tat es sei Irrtum. Bestieg Taxi, fuhr ein paar mal um Flughafen und traf dann ungestört R.R. Er erkannte mich sofort. Gespräch dauerte ca. 20 Min. Spaziergang in Flughafennähe.

Ich bin sicher, daß er kommt mit dem Bild. Beschreibung: ca 178 cm, kein Bart, dunkelblonde Haare, sportlich, Jeans, blauer Pullover und eine Popeline Jacke. Scheint Rheinländer zu sein. Wirkt ängstlich + mißtrauisch.«

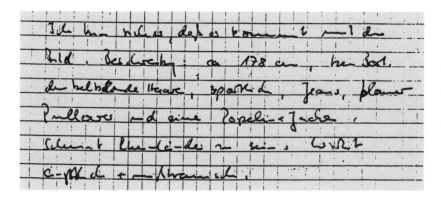

An der Interpretation der letzten Notizen haben sich überwiegend Beamte und Journalisten versucht, die, wie Augstein, zum Ableben Barschels nur die Version vom Freitod gelten lassen wollten. Sie lasen in die handschriftlichen Aufzeichnungen hinein, was die These von der raffiniert angelegten Vortäuschung einer Mordtat zu stützen geeignet erschien. Danach soll die Figur eines Roloff von Barschel komplett erfunden worden

Letzte Ankunft

sein und folglich auch die Telefonate mit ihm. Nach Genf sei Uwe Barschel geflogen, um hier in einer als aussichts- und ausweglos empfundenen Lage seinem Leben ein Ende zu setzen. Ausgerechnet in Genf, wenige Kilometer vom Aufenthaltsort seiner vier Kinder entfernt, und in einem Hotel, das er nie zuvor betreten hatte? Und ausgerechnet ein überzeugter Christ, für den Selbstmord zum schlimmsten Frevel gehört, der sollte unbemerkt von seiner Frau einen solchen Plan gefaßt haben? Und das sollte einer getan haben, der nach knapp überlebtem Flugzeugabsturz dankbar vom Wunder des ihm vom lieben Gott aufs neue geschenkten Lebens spricht, eine Kämpfernatur überdies, gerüstet mit Fakten und Argumenten, um die gegen ihn gesponnenen Intrigen zu zerfetzen?

Was geben die letzten Notizen an Indizien für das gänzlich Unwahrscheinliche her?

Für Roloffs Existenz gibt es keine unmittelbaren Zeugen, weder für den Telefonierer noch für den Gesprächspartner auf dem Genfer Flughafen. Zu Roloff gibt es nur die Angaben Uwe Barschels, allerdings sind diese Angaben schlüssig, und sie sind widerspruchsfrei, was nicht ganz selbstverständlich ist. Über das Angebot des Unbekannten, den er in Genf kennenlernt, hat Barschel immerhin mehrfach seiner Frau berichtet, dann mehrfach seiner Schwester, die als weiteren Zeugen den Staatsschützer informiert, dann dem befreundeten Bauunternehmer und schließlich auch dem Bruder. Hätte sich der Berichtende seine Geschichte nur zusammenfabuliert, es wären unvermeidlich Widersprüche aufgetaucht, zumal in der extrem angespannten Verfassung, in der er sich befand (und die übrigens auch die Flüchtigkeitsfehler in den Notizen erklärt – »daß« statt das, »ihm« statt im).

Der letzte Passus der Notizen ist von den Interpreten immer sträflich vernachlässigt worden. Dabei können die Zeilen ein Schlüssel zur Lösung des Falles sein. Uwe Barschel fertigt einen Steckbrief des Mannes, den er am Flughafen getroffen hat. Nach »Beschreibung« notiert er: »ca 178 cm, kein Bart, dunkelblonde Haare, sportlich, Jeans, blauer Pullover und eine Popeline Jacke. Scheint Rheinländer zu sein. Wirkt ängstlich + mißtrauisch.«

Die Beschreibung ist nicht sonderlich detailliert. Sie nennt insbesondere keine der für die Fahndung immer wichtigen »unveränderlichen Kennzeichen«, jedenfalls kein äußerliches. Aber neben seiner Körpergröße und der Haarfarbe ist doch der rheinländisch gefärbte Tonfall in der Aussprache des Unbekannten eine interessante Angabe. Wenn die Ermittler, die eidgenössischen wie die deutschen, den Steckbrief zumindest arbeitshypothetisch ernst genommen hätten, bei der Suche nach möglichen Tätern und Tatbeteiligten wären bestimmt bessere Resultate erzielt worden.

Dafür, daß das Treffen mit dem sogenannten Roloff stattgefunden hat, sprechen im übrigen die überprüfbaren Fakten. Die Angaben über die Störung, die beinahe alles hätte platzen lassen, sind nicht anders auch von dem Journalisten gemacht worden, der ihn auf dem Flughafen erwartete. Es war der Genfer Korrespondent der Schweizer *Weltwoche*, der zusammen mit einem Fotografen den Ankömmling im hellen Staubmantel in Empfang nahm. Er hatte ihn nach einem Foto erkannt. Frank Garbely war im Auftrag des *stern* zum Flughafen gefahren und sprach Barschel mit Namen an. Der tat, als verstünde er nicht, und antwortete auf englisch. Mit »What do you want?« und »I don't know« hastet er an den beiden Journalisten vorbei. Die letzten Fotos vom lebenden Uwe Barschel entstehen und zeigen einen Gehetzten, der den beiden in Richtung Taxistand enteilt. Ob er wirklich in ein Taxi stieg oder gar in welches, konnte von Garbely oder dem Fotografen schon nicht mehr beobachtet werden.

Daß er den Verfolgern vollends entschwand, indem er sich »ein paarmal um den Flughafen« fahren ließ, wurde in den Medien vielfach bezweifelt, die das anschließende Gespräch mit Roloff auch rein zeitlich für unmöglich erklärten. Die Einwände ziehen nicht. Barschel konnte, wenn nicht um den kompletten Flughafen, so doch in der Gegend von Cointrin eine Weile herumgekurvt sein, um immer noch genug Zeit für das, wie er schreibt, ca. 20minütige Gespräch mit Roloff zu finden. Am Ende dieses »Spaziergangs in Flughafennähe« mag es kurz nach 16 Uhr gewesen sein, vielleicht auch 16.30 Uhr. Das reichte aber bequem, um Barschel das Hotel Beau Rivage gegen 17 Uhr erreichen zu lassen, was unstrittig um diese Zeit geschah. Beim Ausfüllen des Meldezettels an der Rezeption, die sich an das pompöse Vestibül anschließt, verschrieb sich der Ankömmling gleich viermal. Er war mit seinen Gedanken ganz woanders.

Ein Rätsel hat die Wahl des Hotels aufgegeben. Als er von Gran Canaria abflog, hatte er keine Zimmerreservierung. Seiner Frau sagte Uwe, er werde sich ein preiswertes Hotel suchen, schließlich müßte er es ja aus eigener Tasche bezahlen. Das Luxushotel Beau Rivage am Ufer des Genfer Sees war allerdings alles andere als preiswert. Wie war er eigentlich auf das Haus gekommen, das er auch von früheren Aufenthalten in Genf gar nicht kannte?

Denkbar ist, daß der (nie identifizierte) Taxifahrer, der Barschel schließlich vom Flughafen in die Innenstadt fuhr, ihm unterwegs erst das Hotel Beau Rivage empfohlen hat. Aber das ist eher unwahrscheinlich. Plausibler erscheint hingegen, daß die Empfehlung von seinem Gesprächspartner R.R. am Flughafen kam. Der hatte ihm ja schon »viel erzählt« über Pfeiffer und mindestens einen Hintermann; über Pfeiffers Aliasnamen »Gelsenberg«, über das Unwesen, das Pfeiffer bei Springer treiben sollte, um dann auf den Ministerpräsidenten angesetzt zu werden; über Pfeiffers »Überwechseln« zu SPD und *Spiegel*. Und dann hatte der Gesprächspartner ihm ja noch den entscheidenden Beweis versprochen, in Form einer Fotografie, die Pfeiffer zusammen mit »Freund« zeigen soll. Wer auch immer das sein mochte, Uwe Barschel wollte das Bild sehen. Aber wo würde er denn telefonisch erreichbar sein? Sehr nahe liegend ist, daß es der Mann in der blauen Popelinejacke war, der ihm das Beau Rivage empfahl. Von diesem Hotel konnte Uwe Barschel nicht wissen, daß es sich um eine ganz besondere Herberge handelte.

Daß er in Genf übernachten würde, das wußten auch andere Leute, lange bevor er in die berühmte Uhrenstadt einflog. Telefonisch fragte nämlich eine französisch sprechende Dame am Donnerstag abend im nahe dem Beau Rivage gelegenen Hilton-Hotel an, ob schon eine Reservierung für Monsieur Barschel vorliege.

Uwe Barschel hat es als einen seiner Fehler bezeichnet, daß er immer zu gutgläubig war. Mit dieser Selbsteinschätzung hatte er sicher recht. Sonst wäre er auch kaum auf Pfeiffer hereingefallen. Gutgläubigkeit ist das Glauben an das Gute in anderen Menschen – eine Eigenschaft, die sich gemeinhin nur bei ehrlichen Menschen findet. Der Gutgläubige neigt dazu, auch etwas unwahrscheinliche Schilderungen erst einmal für wahr zu halten, wohingegen der verbogene Charakter, der in den anderen auch das Schlechte vermutet, das er an sich selbst kennt, eher damit rechnet, belogen zu werden. Mit Intelligenz hat beides wenig zu tun.

Auch gegenüber »R.R.« war Barschel unzweifelhaft allzu gutgläubig. Aber dessen Geschichte, in der die Versatzstücke aus Wahrheit und Täuschung raffiniert und kaum unterscheidbar ineinandergefügt sind, war auch nicht leicht zu durchschauen. Solche Geschichten zu erzählen wird bei den Geheimdiensten systematisch eingeübt.

Hoffnungs- und Lebenszeichen

Die Abendstunden nach der Ankunft sind weitgehend dokumentiert. Nach dem Telefongespräch mit seiner Frau und der Vervollständigung seiner Notizen ruft Uwe Barschel seine Schwester in Kiel an und berichtet ausführlich über das Treffen am Flughafen. Die beiden haben eine von Kindesbeinen an so enge geschwisterliche Beziehung, daß ihr unmöglich hätte entgehen können, wenn das Geschilderte von ihm nicht erlebt, sondern erfunden worden wäre. Sie nimmt ihn in aufgekratzter Stimmung wahr, ein bißchen triumphierend, daß er entgegen ihren Warnungen gehandelt hat und damit erfolgreich war. Als solchen Erfolg sieht er schon das bisher Erfahrene an, das seinen Verdacht bestätigt, Pfeiffer habe seine Konspiration nur mit Hilfe von Hintermännern ins Werk setzen können.

Aber das Beste, erzählt er der Schwester, würde noch kommen – »ein Knüller«, wie Folke später aussagen wird: Der Informant wollte ihm am Abend um 19 Uhr in einem Hotelrestaurant ein Foto geben, das Pfeiffer mit einer anderen Person zeigt. Allein dieses Foto würde die ganze Konspiration gegen ihn auffliegen lassen. Deshalb wollte er dieses Treffen unbedingt wahrnehmen. Die Schwester erfuhr dann noch, daß er, wenn es die Zeit irgend zulassen würde, den Abend mit der Mutter, den Kindern und dem Bruder zusammen verleben wollte; wenn nicht, dann würde er am Morgen vor dem Weiterflug zum gemeinsamen Frühstück nach Yens fahren.

Das vorgesehene Treffen um 19 Uhr im Hotelrestaurant hat Uwe Barschel nicht wahrgenommen. Ein Telefonanruf hatte ihn erreicht, das steht fest. Indessen ist nie geklärt worden, woher der Anruf kam und wer der Anrufer war. Der Anruf brachte offenbar neue Dispositionen mit sich. Vermutlich ist ihm bedeutet worden, daß man sich zur Übergabe des Bildes besser nicht in der Öffentlichkeit des Restaurants treffen sollte, sondern lieber in seinem Hotelzimmer. Vom Etagenkellner ließ sich der Gast nun einen Imbiß auf Zimmer 317 bringen. Und gegen 18.30 Uhr wurde ihm eine Flasche Wein serviert. Der Kellner brachte mit dem bestellten Beaujolais zwei Gläser. Aus einem probierte der Gast einen Schluck, bedeutete dann aber dem Kellner, er möge noch nicht einschenken. Das würde er selbst besorgen. Schob er das auf bis zur Ankunft desjenigen, mit dem er den Wein trinken wollte?

Uwe Barschel telefonierte an seinem letzten Abend zweimal mit seinem Bruder Eike und erfuhr, daß der mit Frau und Mutter und allen acht Kindern am Abend die Vorstellung im Zirkus Knie besuchen wollte. Er werde versuchen, selbst auch noch rechtzeitig zum Beginn der Vorstellung um 20 Uhr mit dem Taxi zu ihnen zu stoßen. Wenn er das nicht schaffen sollte, weil sich die Bildübergabe verzögerte, käme er zur Pause in den Zirkus; und nur für den eher unwahrscheinlichen Fall, daß seine Angelegenheiten doch mehr Zeit erforderten, würde er erst am nächsten Morgen um neun zum gemeinsamen Frühstück kommen. Den Kindern aber möge vor seinem Erscheinen niemand etwas sagen, damit sie nicht enttäuscht sein könnten.

Eike war ein wenig betrübt, daß der Bruder nicht bei ihm und der Familie übernachten wollte, da er sich doch nur eine halbe Autostunde von Yens entfernt aufhielt. Andererseits hatte er Verständnis dafür, daß Uwe bei seinen Dispositionen Herr seiner Zeit bleiben wollte. Und so fragte er ihn, in welchem Hotel er denn abgestiegen sei. Zögernd und leicht verdutzt, so als wüßte er es selbst nicht so genau, gab Uwe dem Bruder dann die falsche Antwort. Er sei im Hilton, flunkerte er durch die Leitung.

Über diese Schwindelei und über die Frage, ob die Brüder an diesem Abend zweimal oder dreimal miteinander telefoniert haben, sollte es mit den Ermittlern viele Jahre lang geradezu endlose Debatten geben. Ob die telefonische Angabe »Hilton« nicht doch Beleg dafür sei, daß es Uwe Barschel mit der Wahrheit grundsätzlich nicht so genau genommen habe, wollten Polizei und Staatsanwaltschaften wissen, und wie sich diese falsche Auskunft denn mit der »preußischen Erziehung« zu unbedingter Wahrheit vertrüge, die ihnen die Mutter habe angedeihen lassen? – Eike blieb bei der Aussage, daß ihm der Bruder nie im Leben etwas anderes als die Wahrheit gesagt habe. Das Hotel, in dem er sich an diesem Sonnabend, dem 10. Oktober 1987, aufhielt, habe er nicht nennen wollen, weil er nicht ausschloß, daß Eike alles würde stehen- und liegenlassen, um ihm in einer vielleicht gefahrvollen Situation beizustehen. Aber über das Ausmaß der Gefahr war der Bruder Eike bei weitem nicht so gut informiert wie die Schwester Folke.

Uwe Barschel meinte, mit dem Gespräch am Flughafen hätte er die größte Gefahr wohl überstanden. Bei der letzten noch bevorstehenden Aktion könnte durch einen hereinplatzenden Eike womöglich alles zunichte gemacht werden. Hatte ihm sein Informant, »ängstlich und mißtrauisch« wie er war, nicht mehrfach eingeschärft, »absolute Anonymität« sei Bedingung für die Hilfe, die er ihm gegen Pfeiffer gewährte, sonst wäre er »ein erledigter Mann«?

Die vom Apparat in Zimmer 317 ausgegangenen Telefonate hat der Hotelcomputer lückenlos protokolliert. Es waren fünf Gespräche. Eins davon war freilich gar nicht zustande gekommen. Der Anrufer hatte Eikes Nummer in Yens gewählt, aber dabei eine Null bei der Vorwahl vergessen. Aber obwohl sich der Fehlversuch wegen der vergessenen Null aus der Computerliste ablesen ließ, haben Polizei und Justiz jahrelang behauptet, zwischen den Brüdern Barschel habe es an diesem Abend drei Telefongespräche gegeben. Nicht zuletzt mit dieser Behauptung wurde immer wieder versucht, die Glaubwürdigkeit des Zeugen Dr. Eike Barschel in Zweifel zu ziehen.

Wie Uwe Barschel die letzten Stunden als freier Mann verbracht hat, faßt die Computerliste in nüchterne Zahlen:

17.41 Uhr ein 16 Minuten langes Gespräch mit Gran Canaria (Freya)
18.01 Uhr ein 16 Minuten langes Gespräch mit Kiel (Folke)
18.19 Uhr Fehlversuch eines Gesprächs mit Yens (Eike)
18.28 Uhr ein 02 Minuten langes Gespräch mit Yens (Eike)
19.08 Uhr ein 10 Minuten langes Gespräch mit Yens (Eike)

Nach dem Eindruck des Angerufenen hätte das letzte Gespräch eigentlich länger dauern sollen. Eike sagte darüber aus, »mein Bruder klang sehr aufgeregt«; vor dem Aufwiedersehen sagte er nur noch, »die Transaktion beginnt jetzt«. Wahrscheinlich war das der Zeitpunkt, als der Tod in das Zimmer 317 trat.

Die Computerliste enthielt nur die ausgehenden Ferngespräche, nicht die Gespräche, die unter den Gästen im Hotel geführt worden sind. Die von draußen eingehenden Gespräche sind offenbar auch nicht durchweg registriert worden. Im »Bericht der Kriminalabteilung«, adressiert »An den Chef der Kriminalpolizei«, heißt es unter dem Datum 11. Oktober 1987 nach Erwähnung der nach draußen geführten Telefongespräche: »Dieser Hotelgast hat gestern abend einen Anruf erhalten, aber es war bisher nicht möglich, den Anrufer ausfindig zu machen. Herr Barschel hat an der Rezeption kein Schließfach gemietet und keinerlei Wünsche beim Portier geäußert.« Die zuletzt getroffene Feststellung ist falsch, Uwe Barschel hatte beim Portier sehr wohl einen Wunsch geäußert. Mit dem folgenden Satz in dem »Bericht der Kriminalabteilung« wird das, was nur ein Versehen hätte sein können, zur bewußten Lüge. Der Satz lautet: »Wir fügen erklärend hinzu, daß dieser Gast den Weckdienst des Hotels nicht beauftragt hatte.« – Tatsache ist, daß Uwe Barschel ebendiesen Weckdienst ausdrücklich beauftragt hatte. Er wollte um 7 Uhr in der Frühe geweckt werden, um pünktlich um 9 Uhr beim gemeinsamen Frühstück in Yens sein zu können.

Den Weckauftrag zweifelsfrei bewiesen zu haben gehört zu den erstaunlichen Erfolgen, die von deutschen Ermittlern noch nach mehr als sieben Jahren erzielt werden konnten. Nach einer langen Zeit der politisch verordneten Untätigkeit waren Ende 1994 (unter Bedingungen, die hier noch zu analysieren sein werden) die Lübecker Staatsanwälte mit ihren polizeilichen Helfern endlich aktiv geworden. Die Hauptkommissarin Pohl-

Hoffnungs- und Lebenszeichen

Winterberg reiste anschließend wiederholt nach Genf, um Spuren aufzunehmen, die von den Schweizern möglicherweise nicht gründlich genug verfolgt worden waren. Dabei hat sie auch den von eidgenössischen Kollegen bereits mehrfach vernommenen Nachtportier eingehend befragt, der an dem Abend, der Uwe Barschels letzter Abend wurde, den Dienst in der Portiersloge versah. Alain Di Natale tat das wie immer mit Umsicht und in Wahrnehmung seiner Verantwortung.

Es war gegen 23 Uhr, als sich beim Nachtportier zwei Journalisten einfanden, die gerade erst aus Deutschland eingetroffen waren. Die beiden von der Zeitschrift *stern* baten Di Natale, er möge sie mit Herrn Dr. Barschel auf Zimmer 317 verbinden. Der Nachtportier lehnte eine Störung um diese späte Stunde ab – nachdem er in das Weckbuch des Hotels geschaut hatte. Dort sah er den Vermerk, daß Dr. Barschel am anderen Morgen um 7 Uhr geweckt werden wollte. Wer so früh aufstehen will, braucht seinen Schlaf und darf nicht gestört werden, nur weil zwei Journalisten ein Interview führen wollen.

Auch der genannte Genfer »Bericht der Kriminalabteilung« erwähnt die späte Ankunft der beiden deutschen Journalisten und ihren gegenüber dem Nachtportier geäußerten Wunsch, »sofort mit Herrn Barschel Kontakt aufnehmen zu können«. Aber dann steht in dem Bericht kein Wort darüber, warum der verantwortungsbewußte Nachtportier das Begehren rundweg zurückgewiesen hatte – kein Wort namentlich über den vom Gast auf Zimmer 317 erteilten Weckauftrag.

In jedem guten Hotel gibt es ein mit Kalendarium versehenes Buch, worin die zeitgebundenen Wünsche der Gäste sorgfältig zu vermerken sind. Ein solches »Weckbuch« hat es selbstverständlich immer auch im Nobelhotel Beau Rivage gegeben. Das Weckbuch mit den letzten Einträgen vom 10. Oktober 1987 aber war, wie es bei der Genfer Polizei hieß, aus unerklärlichen Gründen und auf Nimmerwiedersehen verschwunden. Die deutsche Hauptkommissarin Pohl-Winterberg ließ sich durch das Beiseiteschaffen dieses wichtigen Dokuments aber keineswegs davon abbringen, die Wahrheit herauszufinden. Sie hatte in ihrer gründlichen Vernehmung des gewissenhaften Nachtportiers zuerst dessen klar erinnerte Auskunft protokolliert, daß Uwe Barschel den Weckauftrag für 7 Uhr morgens erteilt hatte. Als Di Natale im weiteren Verlauf auf das Begehren der beiden Journalisten zu sprechen kam und als Grund für seine Weigerung den Eintrag im Weckbuch nannte, war der Beweis erbracht.

Es war zugleich der Beweis, daß Uwe Barschel nicht von eigener Hand gestorben sein konnte. Ein solcher Beweis aber war politisch unerwünscht, weshalb die vortreffliche kriminalistische Recherche der Kriminalhauptkommissarin Pohl-Winterberg von der Staatsanwaltschaft Lübeck, in deren Auftrag die Beamtin tätig wurde, bis heute unter Verschluß gehalten wird.[74]

Der Weckauftrag 7 Uhr und sein Verschweigen belegen, daß es den vorgesetzten Instanzen nicht um die Aufklärung des Todesfalls gegangen ist. Ging es um die Vertuschung eines Kapitalverbrechens? Vieles deutet darauf hin.

6. Kapitel: Genfer Betriebsamkeit

Der Tag danach

Der Morgen, an dem Uwe Barschel nicht mehr erwachte, hatte für den Nachtportier um 4 Uhr begonnen. In voller Kleidung, aber ohne Schuhe ruhte er wie üblich auf seiner Pritsche hinter der Loge, als er von einem dumpfen Geräusch geweckt wurde. Ein Poltern war es, wie wenn ein Körper zu Boden fiele, und dann hörte es sich für Alain Di Natale an, als wenn etwas Schweres über den Boden geschleift würde. Der dumpfe, unheimliche Lärm drang über das offene Treppenhaus aus einem der oberen Stockwerke. Di Natale rannte zusammen mit dem Liftboy, wie er auf Socken, ein paar Treppen hinauf. Aber nun war alles wieder ruhig. – Die Genfer Polizei war an einer Aussage Di Natales nicht interessiert. Er wunderte sich darüber, daß er gar nicht vernommen wurde.

Als der für die Frühstücksbestellungen zuständige Kellner morgens um sechs seine Runde machte, hing am Türgriff von Zimmer 317 keine Bestellung. Und auch das Schild fehlte, mit dem die Gäste – rote Seite nach vorn – anzeigen können, daß sie nicht gestört werden wollen, oder per Grün, daß man das Zimmer aufräumen möge. Das zuständige Zimmermädchen aber sah das Schild am Türgriff in Grün hängen, bevor sie die Arbeit um 10.50 Uhr für eine kurze Essenspause unterbrach. Als sie nach einer halben Stunde mit ihrem Putzwägelchen ins Zimmer 317 wollte, sah sie sich durch das Rot des Schildes daran gehindert.

Es war klar, daß es ein Kommen und Gehen gegeben hatte, lange bevor der *stern*-Journalist Sebastian Knauer vorsichtig die unverschlossene Tür öffnete und mit der Frage »Ist jemand da?« den Kopf in den Korridor steckte. Über den Zeitpunkt, zu dem Knauer den Körper in der Badewanne fand, gab es von ihm nur unpräzise Angaben. Eine der im *stern* veröffentlichten Fotografien, die den Körper in der Badewanne zeigt, läßt auf der Armbanduhr des Abgebildeten deutlich auch die Uhrzeit erkennen, zu der das Bild entstand. Auf 12.44 Uhr stehen die Zeiger. Knauer will den reglosen Körper erst ganz kurz zuvor entdeckt haben. Diese Angabe kann so nicht stimmen.

Frank Garbely, der Journalist, der Uwe Barschel am Flughafen erwartet hatte, fand kurz darauf, am Samstag nachmittag, heraus, daß der ihm Entwischte das Zimmer 317 im Beau Rivage bezogen hatte. In der Hotellobby erwartete Garbely spätabends dann die beiden *stern*-Kollegen. Man trank noch ein Gläschen zusammen, dann fuhr der Schweizer Journalist nach Hause. Von dort aus rief er nun am Sonntag vormittag wieder im Hotel an und erfuhr, daß die beiden Deutschen schon ausgecheckt hatten. Sie wollten mobil sein und dem scheuen Gast jederzeit folgen können. Vorsorglich hatten sie sich zu seiner Verfolgung sogar einen Leihwagen vor die Tür gestellt.

Wie sollte Garbely die beiden nun erreichen? Möglicherweise waren sie ja schon bei der Interview-Arbeit. Garbely wählte um 12 Uhr mittag die Telefonnummer von Zimmer 317. Als dort jemand abhob, »sagte er sein Sprüchlein auf«, indem er den dort vermuteten Gast für die Störung um Entschuldigung bat, aber er wüßte ja, sagte er, daß seine deutschen Kollegen gern ein Interview mit ihm führen wollten ... Mitten im Satz wurde Garbely unterbrochen. Zu seiner Verwunderung war nicht Uwe Barschel, sondern Sebastian Knauer am Apparat und sprach von einer »entsetzlichen Nachricht«. Er hatte das Opfer in der Badewanne gefunden. – Aber erst 90 Minuten später wurde durch Knauer die Hoteldirektion informiert, die dann bei der Polizei anrief.

War Uwe Barschel vielleicht noch am Leben, als der Journalist ihn fand? Die Feststellungen, die von Genfer Medizinern zum Todeszeitpunkt getroffen wurden, sind mit Unsicherheiten behaftet, die die fast immer schwierige Antwort auf die entscheidende Frage in diesem Fall zusätzlich komplizieren. Die beiden Gerichtsmediziner, die am Nachmittag den Tod feststellten (wann genau, steht in keinem Protokoll), versäumten es, die Körpertemperatur und die Temperatur des Wassers in der Wanne zu messen. Erst abends gegen 18 Uhr wurde das Thermometer an den Leichnam angelegt, und das auch nur auf ausdrückliches Verlangen eines Staatsanwalts, der aus Lübeck nach Genf geeilt war. Zu diesem späten Zeitpunkt war die Körpertemperatur 30 Grad. Der Todeszeitpunkt konnte nach alledem nur vage bestimmt werden: Zwischen 8 und 11 Uhr am Sonntag, dem 11. Oktober, war nach der Schätzung der Mediziner der Tod eingetreten.

Knauer aber konnte als medizinischer Laie nicht wissen, ob noch Leben in dem reglosen Körper war – es sei denn, er fand ihn mit dem Gesicht unter Wasser. Was sich nach der Entdeckung im Zimmer 317 abspielte, wurde indessen nicht von Knauer allein entschieden. Der Reporter handelte nach telefonischer Abstimmung mit seiner Hamburger Chefredaktion, und so ist ihm die strafrechtlich erhebliche Unterlassung, nicht sofort die Polizei

Der Tag danach

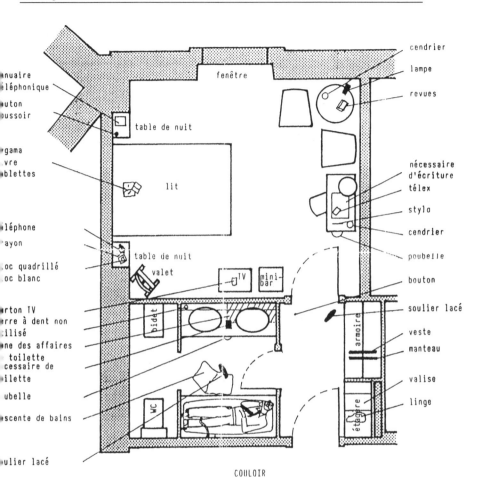

CHAMBRE 317
Hôtel Beau-Rivage

Die von der Genfer Kriminalpolizei gefertigte Skizze vom Todeszimmer 317 läßt auch den Knopf nicht aus (bouton), der aus dem Hemd gerissen war, das der Tote in der Badewanne samt Krawatte anhatte. Die Akkuratesse der Skizze steht in krassem Kontrast zu der Schlampigkeit, mit der die Ermittlungen in Genf tatsächlich geführt worden sind.

verständigt zu haben, nicht allein zuzurechnen. Die Verantwortlichkeiten hätten untersucht werden müssen. Auch das ist nicht geschehen.

Fraglich ist, ob Knauer die Wahrheit sagt, wenn er versichert, daß er den Körper in der Wanne nicht angerührt und nicht verändert habe. Zweifel daran weckt die Aussage einer Zeugin, die Angst davor hatte, vor der Polizei auszusagen. Die Ausländerin, die Französisch mit Akzent sprach, arbeitete aushilfsweise im Beau Rivage. Bernadette Ricoh ihr Name. Weil sie sich ohne Arbeitserlaubnis in der Schweiz aufhielt, fürchtete sie, ausgewiesen zu werden. Aber ihr Wissen für sich behalten, das konnte sie nicht.

Erst aus der *stern*-Ausgabe vom 15. Oktober erfuhr Frau Ricoh, wer der Tote von Zimmer 317 war. Ihre Überraschung wuchs, als sie die Bilder betrachtete. Schon früher als Knauer hatte sie den bekleideten Mann in der Badewanne gesehen, aber nicht so, wie er da abgelichtet war. Und sie beschloß, über ihre bislang aus Furcht verschwiegenen Wahrnehmungen eine Aussage zu machen, möglichst nicht gerade in Genf, sondern lieber gegenüber den Deutschen, bei denen sie ohnehin das größere Interesse an der Aufklärung des Todesfalles vermuten durfte. Noch am 15. Oktober rief Bernadette Ricoh bei einer Firma in Hannover an – den einzigen Kontakt, den sie nach Deutschland hatte. Von dort wurde die telefonische Mitteilung umgehend an die Kriminalpolizei weitergeleitet. Die Kripo Hannover hatte es anfangs sehr eilig – und dann auf einmal hatte sie sehr viel Zeit.

Der erste Impuls der Kriminalbeamten war, daß auf die brisante Mitteilung hin einer von ihnen stehenden Fußes nach Genf reisen müßte. »Herr Lang soll sich einmieten«, heißt es in einer handschriftlichen Notiz: im Beau Rivage, wie sich erraten läßt, wo sonst. Und weiter steht im Protokoll: »Treff am 16. vor dem Hotel«. Ein Rendez-vous mit Bernadette Ricoh also, bei dem man Genaueres erfahren will über die Beobachtungen des Zimmermädchens. Die sind in der Kladde des Beamten wie folgt notiert: »Informantin war vor den Stern-Rep. im Zimmer und hat Barschel in der Wanne liegend gesehen, seitlich. Gesicht unter Wasser. Bild im Stern war anders. Hat erst aus dem erfahren, daß Barschel ...«

Die Reise von Kripo-Kommissar Lang nach Genf wurde kurzfristig abgeblasen, nachdem seine Dienststelle Kontakt mit der Staatsanwaltschaft in Lübeck aufgenommen hatte. Nun ging auf einmal alles seinen ganz gemächlichen Behördengang. Der eben noch reisebereite Herr Lang hatte es nun gar nicht mehr eilig. Erst am 4. Dezember 1987 soll er dem Lübecker Oberstaatsanwalt Böttcher den Vorgang schriftlich mitgeteilt haben. Und Böttcher läßt sich auch seinerseits viel Zeit. Einen Aktenvermerk legt er an, den er unter dem 11. Januar 1988 – nach einem Vierteljahr – der Unter-

Schlamperei oder Absicht? 185

suchungsrichterin in Genf zustellt. Daß die Justiz dort irgend etwas angefangen hätte mit der Information der Bernadette Ricoh, ist nicht bekannt. Dabei paßte die Aussage der Aushilfskraft gut zu den Feststellungen am Tatort. Der Tote hatte nasse Haare, obwohl sein Kopf, wie im *stern* zu sehen, über der Wasseroberfläche auf dem mit einem Handtuch umwickelten angewinkelten rechten Unterarm ruht. Wieso waren die Haare naß? Für ein Illustriertenfoto mit Wiedererkennungswert wäre ein seitlich unter Wasser liegendes Gesicht wohl weniger geeignet gewesen als das frei der Kamera zugewandte Antlitz. Hatte Knauer die fotogerechte Lage erst geschaffen?

Der Schweizer Journalist Frank Garbely war im Hotel Beau Rivage, als zwei uniformierte Polizisten dort »zur Tatortsicherung« Posten bezogen. Er beobachtete auch, daß später die anrückenden Beamten der Kriminalpolizei erst einmal am Telefon gegenüber der Rezeption bei deutschen Beamten vom Bundeskriminalamt (BKA) in Wiesbaden Rat einholten. Dann erst begab sich der leitende Inspektor Fleury mit seinem Kollegen Mossier in den dritten Stock zum Tatort. Dort erschien irgendwann auch die Untersuchungsrichterin Claude-Nicole Nardin, die ihre Zuständigkeit für den Todesfall, der zum Weltereignis werden sollte, dem Zufall verdankte. Sie hatte gerade Bereitschaftsdienst.

Mit dem verantwortungsvollen Amt der Untersuchungsrichterin war die Juristin Nardin schon bald nach ihrem Staatsexamen betraut worden. In ihren Händen lagen nun nach Schweizer Recht die Funktionen, die in Deutschland auf Staatsanwalt und Richter verteilt sind. Auch jeder andere in ihrem Alter von 31 Jahren und mit kaum vorhandener Berufserfahrung wäre da auf die loyale Unterstützung der praxiserprobten Mitarbeiter aus Justiz, Polizei und Gerichtsmedizin in besonderer Weise angewiesen gewesen. Weil es daran fehlte, wäre es ungerecht, Mademoiselle Nardin allein verantwortlich zu machen für das, was in den Medien im Zusammenhang mit den Ermittlungen im Todesfall Uwe Barschel immer wieder »die Genfer Schlampereien« genannt werden sollte.

Schlamperei oder Absicht?

Genf ist keine Stadt wie viele andere. Eine besondere Weltoffenheit hat die Perle am See immer ausgezeichnet, seit sie den verfolgten französischen Hugenotten großzügig die Tore öffnete – ganz und gar nicht zum eigenen Nachteil. Denn erst die welschen Horologen brachten die zur hohen

Handwerkskunst entwickelte Befähigung zum Bau der präzisesten Zeitmeßgeräte mit in ihr Exil, womit sie zum guten Teil den Schweizer Weltruhm begründen sollten, samt dem einzigartigen Wohlstand der Eidgenossen. Der Wohlstand war dann wieder ein guter Grund für die Banken, sich hier in großer Zahl niederzulassen. Und wo das Geld ist, da ist auch der Einfluß. Das Rote Kreuz und viele andere internationale Organisationen wußten keinen besseren Standort auf der Welt als die Stadt der Konventionen und der Kongresse, von denen viele immer wieder dem großen Thema Frieden gewidmet sind.

Aber wo soviel Licht ist, gibt es auch viel Schatten. Und wo über Abrüstung konferiert wird, finden auch Gesprächspartner zusammen, die das Gegenteil praktizieren. Genf ist ein zentraler Treffpunkt für den internationalen Waffenhandel, vielleicht sogar der weltweit wichtigste für dieses Gewerbe. Von jeher aber stehen grenzüberschreitende Waffengeschäfte als ein Hauptzweig der organisierten Kriminalität unter der besonderen Beobachtung der Geheimdienste, von denen solche Transaktionen allerdings nicht nur beobachtet, sondern oft auch tatkräftig gefördert und nicht selten sogar veranlaßt und organisiert werden.

Es versteht sich bei dieser Bedeutung des Platzes fast von selbst, daß unter den vielen Geheimdiensten auf der Welt keiner, der einige Bedeutung für sich in Anspruch nimmt, auf die eigene Präsenz in Genf verzichten mag. Selbstverständlich sind CIA und Mossad hier immer stark vertreten; die beiden arbeiten in der französischen Schweiz so eng zusammen, daß sie sogar über gemeinsame Konten verfügen, wie die *Frankfurter Allgemeine Zeitung* zu berichten wußte[75]. Und neben dem britischen MI 6 sowie dem französischen DGSE ist stets auch der bundesdeutsche BND auf Posten. Die Agenten aus Pullach bei München oder ihre Helfer vom Wiesbadener BKA stiegen, wenn sie kurzzeitig in Genf tätig wurden, am liebsten im Hotel Beau Rivage ab. Die Vorliebe teilten sie mit den Amerikanern.

Daß die Beamten ihre Pflicht taten, die von diesem Sonntag, dem 11. Oktober 1987, ab mit der Aufklärung des »mort suspect« betraut waren, können nicht einmal sie selbst behaupten. Zu solcher Pflicht gehört die strikte Befolgung der Sorgfaltsregeln, gegen die von den Genfer Ermittlern indessen massiv verstoßen worden ist. Die Kripo versäumte es, den Zeitablauf des Geschehens zu dokumentieren. Die Spurensicherung am Tatort, die wegen der vorangegangenen Veränderungen durch die Journalisten mit besonderer Umsicht hätte erfolgen müssen, wurde mit aufreizender Lässigkeit gehandhabt. Mit einem »technischen Fehler« redeten sich die Ermittler heraus, als sich herausstellte, daß nicht einer der belichteten Filme brauchbar war. Nicht einmal eine solch fadenscheinige Ausrede fand sich für das Versäumnis, die Temperatur zu messen. In der Gerichtsmedizin, deren Pannen und Versäumnisse eine eigene Würdigung erfordern, wurden auch erst Fotografien vom Leichnam gemacht, als er durch die Obduktion verändert war.

Der Journalist Knauer, der sich nach Ansicht der *Frankfurter Allgemeinen Zeitung* »wie ein mit richterlichem Haftbefehl ausgestatteter Staatsanwalt« benommen hatte, erfuhr eine unbegreifliche Milde. Ohne regelrecht vernommen zu werden, erzählte und verschwieg er ganz nach eigenem Belieben und mußte nicht einmal seine Fingerabdrücke hinterlassen, mit denen die Spuren am Tatort hätten verglichen werden müssen. Statt den in den Kreis der Tatverdächtigen Einzureihenden wenigstens einer gründlichen Leibesvisitation zu unterziehen, ließ man ihn auch noch die widerrechtlich geschossenen Fotos ausschmuggeln.

Es muß auch dem Wohlmeinenden schwerfallen, die Serie von hanebüchenen Verstößen gegen die einfachsten Regeln des kriminalistischen Handwerks lediglich mit dem Etikett Pfusch zu versehen. Einer der bekanntesten Kriminologen im deutschen Sprachraum war Armand Mergen, der bald nach dem Geschehen seine Recherchen in Genf aufnahm. Als einer der ersten äußerte er den Verdacht, daß hinter den Schlampereien wohl Methode zu vermuten sei. Der Inhaber eines Lehrstuhls für Kriminologie an der Universität Mainz damals in einer den Studenten zugedachten Fallstudie: »Es fällt mir schwer zu glauben, daß in der Genfer Mordkommission derart unqualifizierte Kriminalisten tätig sind.«[76] – Wie recht der Experte mit seiner Einschätzung doch hatte.

Die frühe Vermutung des Wissenschaftlers kann Eike Barschel nach reichlich Erfahrung im Umgang mit den Genfer Ermittlern nur bestätigen. »Das sind keine dummen Leute«, versichert er, »in vielen anderen Fällen haben die ausgezeichnete Arbeit geleistet und schwierige Ermittlungen zum Erfolg geführt.«

Die erste Begegnung mit der Genfer Mordkommission hatte der ältere der beiden Barschel-Brüder noch vor sich, als er am Sonntag morgen mit seiner Schwester Folke telefonierte. Sie machte ihm erst das ganze Ausmaß der Gefahr bewußt, in der ihr Bruder sich befand. Als Uwe nicht im Zirkus erschienen war, hatte ihn das noch nicht sonderlich beunruhigt. Er würde aufgehalten worden sein und dann eben morgen früh zum gemeinsamen Frühstück kommen. Marie-Elisabeth, die Mutter, legte schon einmal das zusätzliche Frühstücksgedeck für den Sohn auf, der ihr von ihren drei Kindern vielleicht am nächsten stand. Aber 9 Uhr war vorüber. Er war sonst immer pünktlich. Angst stieg in den Wartenden auf, und Eike verständigte die Polizei, nachdem er vergeblich im Hilton und dann auch noch im Intercontinental nach dem Bruder gefragt hatte. Aus dem Beau Rivage kam dann die Nachricht, die acht Kinder und drei Erwachsene in der weißen Villa zu trauernden Hinterbliebenen machte.

Kurz nach dem Polizeieinsatz im Beau Rivage traf Eike im Kommissariat ein. Niemand hatte mit ihm gerechnet. Daß der tot aufgefundene Politiker hier in Genf einen Bruder hatte, war unbekannt. Und man war keineswegs erfreut darüber, daß der so plötzlich Aufgetauchte in tadellosem Französisch darauf bestand, seine Aussage zu machen. Insbesondere der leitende Inspektor Fleury gab sich gar keine Mühe, seinen Unwillen zu verbergen. Sein Kollege Mossier war verbindlicher, obwohl auch er immer wieder abgelenkt wurde, als er die Aussage des Dr. Eike Barschel zu Protokoll nahm. Im ganzen Kommissariat gab es nur ein wichtiges Thema, und das war nicht eigentlich der Todesfall im Beau Rivage, so prominent das Opfer auch sein mochte. Vielmehr war es der »hohe Besuch«, den Fleury und seine Kollegen erwarteten – Besuch aus Deutschland, vom Bundeskriminalamt in Wiesbaden. Auf den Empfang der wichtigen BKA-Leute wollte man sich konzentrieren und vorbereiten. Und Eike fühlte sich »so zwischen Tür und Angel« abgefertigt.

Noch im Polizeigebäude und anschließend in der Stadt begannen unüberhörbar die Gerüchte zu schwirren. Sie raunten von dem deutschen Politiker, der im Hotel seinem Leben selbst ein Ende gesetzt haben sollte. Zur selben Zeit bekam Folke in Kiel den anonymen Anruf mit der Auskunft, ihr Bruder Uwe sei in Genf erschossen aufgefunden worden. In Bahia Feliz auf Gran Canaria erhielt Freya die Todesnachricht telefonisch vom Eigentümer des Ferienhauses. Wenig später meldete sich der Interims-Ministerpräsident Schwarz aus Schleswig-Holstein, um ihr sein Beileid auszusprechen. Am nächsten Morgen reiste sie ab; bis Madrid wurde sie von einer fürsorglichen Angestellten der Ferienanlage begleitet. Die Witwe zeigte ihr Inneres nicht. Sie lächelte sogar, als sie am Flughafen in Genf im Blitzlichtgewitter der Pressefotografen von ihrem Schwager Eike in Empfang genommen wurde.

Die nächsten Stunden gehörten ihren Kindern.

Eike stört den Justizbetrieb

Im Gerichtsmedizinischen Institut von Genf fand noch am Sonntag abend die Obduktion des Leichnams statt – ohne daß dessen Beschaffenheit vorher fotografisch dokumentiert worden wäre. Das Ergebnis der medizinischen und der chemischen Untersuchung wurde der Öffentlichkeit nur bruchstückhaft verabreicht. Nicht so den Geheimdiensten. Zu den ganz früh Informierten gehörte beispielsweise das Ministerium für Staatssicherheit der damals noch existierenden DDR: Auch die Stasi war vor Ort so gut installiert, daß sie ihrer Zentrale in der Ostberliner Normannenstraße die Obduktionsergebnisse zu einem Zeitpunkt übermitteln konnte, als nicht einmal die Untersuchungsrichterin von nebenan Bescheid wußte. Über den Beginn der Woche notierte der Kriminologe Mergen:
»Am Montag, dem 12.10., ließ die Untersuchungsrichterin Claude-Nicole Nardin in ihrer Mitteilung alles offen und betonte, man könne noch nicht sagen, wie Uwe Barschel gestorben sei. Möglich seien Unfall, natürlicher Tod, Selbstmord oder Mord. Das Landeskriminalamt in Kiel gab am gleichen Montag gegen 15 Uhr 30 bekannt, Uwe Barschel habe sich erschossen. Die Landesregierung Schleswig-Holstein berief sich auf die Genfer Polizei und teilte mit, es sei von einem natürlichen Tod durch Herzversagen auszugehen. Aus Genf wurde korrigiert und erklärt, es sei keine Hypothese auszuschließen. Und die Untersuchungsrichterin meinte, einen Tod durch Medikamente ausschließen zu können.«[77]

Das Verwirrspiel war komplett. Klar schien Eike nur die Absicht hinter der Desinformations-Kampagne: Der Mord an seinem Bruder sollte hinter einem Nebel sich widersprechender Gerüchte und Verlautbarungen verschwinden. Und Eike zögerte keinen Moment, diesen Plan zu durchkreuzen. Ein befreundeter Fernsehjournalist half ihm, aus dem Stand eine Pressekonferenz zu organisieren, die sie auf 17 Uhr am Montag, dem 12. Oktober, einberiefen. Exakt zur selben Zeit hatte auch die Untersuchungsrichterin Mademoiselle Nardin die Presse in den Palais de Justice geladen.

Mehr der guten Form wegen, als daß er wirklich mit einem Ja gerechnet hätte, fragte Eike seine Schwägerin Freya, ob sie mit ihm die Pressekonferenz bestreiten wollte. Er war überrascht, daß sie sogleich dazu bereit war. Der Andrang der Presse, dem sich die beiden dann gegenüber sahen, war einzigartig. Der Konferenzsaal des Hotels Intercontinental konnte die hereinströmenden Reporter und Fotografen kaum fassen.

Mehr als ein Dutzend Fernseh- und mindestens die gleiche Anzahl Rundfunksender wollten den Auftritt der Barschel-Hinterbliebenen miterleben. Keine Zeitung oder Zeitschrift von Rang, die nicht mit eigens beauftragten Korrespondenten vor Ort präsent war. Mehr als 170 Vertreter der internationalen Presse hörten der vorbereiteten Erklärung von Eike Barschel zu, um anschließend der Ehefrau und dem Bruder des tags zuvor tot aufgefundenen Politikers ihre Fragen zu stellen.

»Glauben Sie, es war Mord?« so lautete die Frage, um die sich alles drehte. Und der Mann so entschieden wie die Frau vertrat die Überzeugung, daß alles andere abwegig sei. Er sei in eine Falle gelockt worden. In den letzten Telefongesprächen sah er sich kurz vor dem Ziel, das gegen ihn geschmiedete Komplott aufzudecken und die in Kiel erhobenen Vorwürfe zu widerlegen. Er hatte Grund zum Optimismus, er freute sich auf das Wiedersehen mit seinen vier Kindern und seiner Mutter. Selbstmord sei für ihn um keinen Preis eine Lösung gewesen.

»Und wer ist schuld an seinem Tod?« – Eike nahm die Partei aufs Korn, deren Mitglied sein Bruder von Jugend an gewesen war. Die CDU trage schwere Mitschuld an seinem Tod. Sie habe ihn fallenlassen, ihn vorverurteilt und sogar sein Abgeordnetenmandat zurückgefordert, und das alles, bevor er auch nur die geringste Chance erhielt, sich vor dem Parlamentarischen Untersuchungsausschuß zu verteidigen. Ohne die Diffamierungen aus den eigenen Reihen wäre Uwe auch nicht schutzlos in die ihm gestellte Falle gelaufen.

Das weltweite Medienecho, das die Pressekonferenz fand, hat die bequeme Lösung unmöglich gemacht, den Todesfall rasch als Selbstmord ad acta zu legen. Zumindest war von nun an der Zweifel allgegenwärtig: Der von den staatlichen Instanzen in der Schweiz wie in der Bundesrepublik Deutschland so offenkundig favorisierten Version vom Freitod fehlt es an Überzeugungskraft, wenn die Verwandten des Opfers standhaft beim Mordvorwurf bleiben. Diese Standhaftigkeit zu unterminieren, waren von nun an Kräfte bemüht, von denen sich die Familie Barschel bislang keine Vorstellung machen konnte.

Der Spitzenmanager Dr. Eike Barschel wußte, daß er mit der Einberufung der Pressekonferenz einen Verstoß gegen die ungeschriebenen Regeln seines Standes beging. Private Angelegenheiten gehören nicht in die Öffentlichkeit, das war in dem schweizerischen Technologie-Konzern Wild-Leitz nicht anders als in der übrigen Welt der Wirtschaft, die Eike Barschel in den verschiedensten Ländern kennengelernt hatte. Ihn hatte, anders als den bodenständigen jüngeren Bruder, frühzeitig das Fernweh gepackt.

Sprachen wollte er lernen, und das sollte nach einer erstklassigen Universitätsausbildung seiner internationalen Karriere auch sehr zustatten kommen.

Nach Führungsaufgaben in US-amerikanischen Konzernen hatte der weltgewandte Deutsche eine Offerte bei Wild-Leitz angenommen, wo er im Vorstand für das Ressort Finanzen verantwortlich zeichnete. Nach der spektakulären Pressekonferenz im Genfer Intercontinental und den zwei Wochen Urlaub, die er sich zur Erledigung der dringendsten Aufklärungsarbeiten ausgebeten hatte, war in seiner Dienststelle nichts mehr wie es vorher war. Auf Schritt und Tritt sah sich der Manager fortan verfolgt – teils offen von Journalisten, die mit ihren Fragen lästig wurden, mehr aber noch verdeckt, und wie sich herausstellte, nicht nur von Vertretern der Presse. Seine systematische Beschattung konnte auch den Kollegen im Vorstand und bei den Aufsichtsräten nicht lange verborgen bleiben. Man beschloß, eine Gegenobservation für Eike Barschel zu organisieren. Außerdem erhielt der offenbar Bedrohte Personenschutz. Seine Bewachung und Überwachung ging so weit, daß auf Dienstreisen der Leibwächter sogar im selben Hotelzimmer mit ihm übernachtete.

Immer schwerer begann die anhaltende Spannung die Alltagsarbeit zu belasten. Es war kaum noch möglich, die Vorstandsbesprechungen ungestört abzuhalten. Mit dem Aufsichtsrat mußten umständlich heimliche Zusammenkünfte an versteckten Orten verabredet werden, damit man sich einigermaßen sicher vor Ausspähungen fühlen konnte. Als die Sonntagszeitungen in großer Aufmachung die Fotos der beiden Brüder Barschel nebeneinander auf Seite eins veröffentlichten, war das ein Schock im Hochtechnologie-Konzern: Nichts Geringeres wurde da behauptet als eine Komplizenschaft der beiden Barschel-Brüder im internationalen Waffengeschäft. Tatsächlich war Wild-Leitz ja mit seinem Know-how im Bereich der Optoelektronik auch im Rüstungsgeschäft tätig. Wenn der Umsatzanteil von etwa fünf Prozent auch gänzlich unspektakulär war und der Finanzvorstand Barschel mit Waffen rein gar nichts zu tun hatte, so waren Gerüchte dieser Art doch eine sehr lästige Störung des Geschäftsfriedens.

Aus Bemerkungen am Rande schloß der Deutsche, daß ihm die Schweizer Kollegen zu mißtrauen begannen. Ob er sich in Genf nicht doch mit seinem Bruder Uwe getroffen hätte, wollte der Aufsichtsratsvorsitzende von ihm wissen. Nein, versicherte Eike, er wünschte, er hätte ihn getroffen, dann wäre der vielleicht noch am Leben. – Und wie war das nun mit den Telefongesprächen, die er mit Uwe am Samstag abend geführt hatte?

Wieso behauptete er, es seien nur zwei Gespräche gewesen, während die Polizei doch angeblich drei Gespräche nachweisen könnte? Der bis dahin ausgesprochen harmonische Umgang mit dem Aufsichtsratsvorsitzenden war passé.

Das nach seinem Eindruck gezielt gestreute Mißtrauen suchte Eike Barschel in klärenden Gesprächen auszuräumen. Er wollte wissen, woher die Gerüchte kämen, von denen immer neue über ihn und den toten Bruder verbreitet wurden. Und er bekam zur Antwort, daß es Geheimdienstkreise seien, deutsche und auch schweizerische, die über allerlei Informationen verfügten, die sie dem Konzern nicht vorenthalten wollten.

Eike wußte, daß es den heimlichen Mächten gelungen war, ihn zu destabilisieren, jedenfalls beruflich. Seine Karriere hatte ihr Ende gefunden – keineswegs aber war damit auch sein Wille gebrochen, die Umstände aufzuklären, die zum Tod des Bruders geführt hatten.

Keine Spuren von Gewalt?

Zuerst verweigerte die Untersuchungsrichterin die Genehmigung. Aber Marie-Elisabeth Barschel ließ sich nicht abweisen. Sie, die den früh verlorenen Ehemann nicht einmal hatte begraben können, bestand darauf, wenigstens von ihrem jung gestorbenen Sohn Abschied zu nehmen. Im Gerichtsmedizinischen Institut sah sie ihn dann und fand ihn fast unwirklich schön. Sie hatten ihm das Haar gewaschen und ihn frisch frisiert, und das Gesicht war geschminkt worden. Was gab es zu verbergen?, fragte sich die trauernde Mutter.

In der Öffentlichkeitsarbeit der Untersuchungsrichterin setzte sich das Verwirrspiel über die nächsten Tage fort. Nachdem Mademoiselle Nardin am Dienstag behauptet hatte, Notizen von Uwe Barschel seien im Hotelzimmer nicht gefunden worden, korrigierte der *stern* die Falschaussage zwei Tage später mit seiner Veröffentlichung der Aufzeichnungen.

Im Protokoll des Kriminologen Armand Mergen sind die weiteren Verlautbarungen wie folgt wiedergegeben:

»Am Mittwoch, dem 14.10., wurden erste Ergebnisse der Obduktion mitgeteilt, und Richterin Nardin vermutete jetzt Tod durch Medikamente. Sie teilte Eike Barschels Anwalt mit, es seien im Magen des Opfers Reste von fünf verschiedenen Medikamenten gefunden worden.

Am Abend fand eine Pressekonferenz mit Genfer Ermittlungsbehörden statt. Es wurden jetzt offiziell Teilergebnisse der von Dr. Fryc durchge-

Keine Spuren von Gewalt?

führten gerichtsmedizinischen Obduktion bekanntgegeben. Sie waren dürftig. Am Körper seien keine Spuren von Gewaltanwendung festzustellen gewesen, auch nicht im Mund- und Halsbereich. Es seien fünf verschiedene Medikamente gefunden worden. Die Angabe der Substanzen fehlte, auch die Bestimmung der Quantität ... Es stellte sich später heraus, daß manche Informationen, zum Beispiel, daß keine Spuren von Gewaltanwendung festgestellt wurden, so nicht stimmten.«[78]

»Keine Spuren von Gewaltanwendung festgestellt« – diese Behauptung war es, die der Bruder so wenig wie die Ehefrau oder irgendein anderer aus der Familie glauben konnte. Und deshalb verlangten sie eine zweite Obduktion. Der deutsche Medizinprofessor Zink, der in Bern an der Universität lehrte und dort das Gerichtsmedizinische Institut leitete, war bereit, im Auftrag der Familie die Aufgabe zu übernehmen. Die Untersuchungsrichterin Nardin verweigerte jedoch die Freigabe des Leichnams. Gründe nannte sie nicht. Aber daß sie eine objektive Überprüfung der Genfer Untersuchung scheute, wurde klar, als ihr versichert wurde, es ginge lediglich noch um die baldige Bestattung des Verstorbenen in seiner Heimat Schleswig-Holstein. Nun gab sie den Toten frei.

Eikes Ehefrau Monique nahm bei Nacht und Nebel die Überführung des Sarges nach Hamburg vor. Ihre Reise war von der Hoffnung aller Angehörigen begleitet, daß die neuerliche Autopsie zu objektiven Ergebnissen führen möge, nicht nur zu politisch erwünschten.

Denn in Genf hatte sich unverkennbar die politische Linie durchgesetzt. Zum entscheidenden Einvernehmen unter allen an den Ermittlungen des »mort suspect« Beteiligten war es am Freitag, dem 16. Oktober 1987, gekommen. Im Kommissariat der Kripo versammelte sich an diesem Tag die komplette Forensik, bestehend aus Justiz, Polizei und Rechtsmedizin. Eine Runde von 20 Teilnehmern saß da beisammen, unter ihnen auch zwei deutsche Polizeivertreter, einer vom BKA in Wiesbaden, der andere vom LKA in Kiel. Die Leitung der Konferenz lag in den Händen von Kriminaldirektor Louis Demartin, dem Chef der 1. Sektion der Kripo Genf, der für die Kapitalverbrechen zuständigen Abteilung.

Demartin besaß viel Erfahrung im polizeilichen Metier. Lange Jahre war er für den »Personenschutz« zuständig, dirigierte den Einsatz der Leibwächter, die den Schutz von Prominenten zu gewährleisten haben, die aus aller Welt zahlreich und zahlungskräftig in die Metropole am See einschweben. Reiche internationale Kontakte liefen so wie von selbst in der Hand von Louis Demartin zusammen, der es denn auch sonst zu etwas gebracht hat. Im mittelalterlichen Städtchen Hermance besitzt er ein nobles

Anwesen. In der Garage glänzen die PS-starken Karossen aus Zuffenhausen und Untertürkheim, und auf dem Genfer See dümpelt Demartins schmucke Yacht.

Dieser Kripo-Chef ist also der Hauptverantwortliche für die polizeilichen Ermittlungen, die zur Aufklärung des Todesfalls Uwe Barschel führen sollen. Die Sitzung, die er am 16. Oktober leitet, versteht sich trotz des großen Teilnehmerkreises als strikt vertraulich. Das Protokoll trägt den Geheimstempel »Ne pas faire état«, was bedeutet, es ist »nicht für die Außenstehenden zugänglichen Akten« bestimmt, sondern dient nur dem internen Gebrauch.

»Ne pas faire état« wird gestempelt, was gemeinhin auch den Blicken der Rechtsanwälte entzogen bleiben soll. In diesem aufschlußreichen Protokoll kommt Harmonie zum Ausdruck. Die ganze große Runde, zu der auch die Untersuchungsrichterin Claude-Nicole Nardin gehört und der verantwortliche Obduzent Dr. Oldrich Fryc, ist sich einig, daß man den aufsehenerregenden Todesfall im Grunde schon gelöst habe. Wie wenn es nur noch um Details ginge, heißt es im Protokoll einvernehmlich: »Zum Abschluß stellt man fest, ohne ein endgültiges Ergebnis hinsichtlich der Todesursachen zu äußern, daß alles in dieselbe Richtung weise, nämlich die des Selbstmords.«

Warum sich der Gerichtsmedikus Fryc mit dem Protokoll seiner Obduktion später soviel Zeit läßt, bleibt ohne die politische Erklärung unerfindlich. Erst Ende November wurde der Obduktionsbericht fertig. Dabei entsteht das Protokoll des Obduzenten stets zugleich mit der Untersuchung des Leichnams. Bereits während er den Körper von außen gründlich in Augenschein nimmt und vermißt, und später bei jedem weiteren Abschnitt der Untersuchung, diktiert er seinen Bericht. Nicht anders war es auch am Sonntag, dem 11. Oktober, als Oberarzt Oldrich Fryc kurz nach 18 Uhr an den Seziertisch trat.

»Es handelt sich um den Leichnam eines 43 Jahre alten Mannes. Er ist 174 cm groß und wiegt 75 kg. Er ist von normalem Wuchs und befindet sich in einem guten Ernährungszustand«, so beginnt Frycs Beschreibung. Unter dem grellen Licht der OP-Strahler vermerkt er Beobachtungen wie »ein blasses Hämatom von violetter Tönung«, »eine matte Hautrötung über der nasiolabialen Falte« und dann die Behauptung: »die Kopfhaut weist keinerlei Verletzung auf«. Eine Verletzung entdeckt Fryc dann doch: »In der rechten Schulterblattgegend weist der Rücken eine pergamentartige rötliche und deutlich begrenzte Stelle in abgerundeter Form mit einem Durchmesser von 2,8 cm auf.« Es folgt die »Beschreibung des Inne-

ren«, die Organe werden vermessen und gewogen. »Das Herz wiegt 350 g und hat einen Umfang von 11 x 8 x 5 cm«; es weist keine Anzeichen einer ernsthaften Vorerkrankung auf. In der Lunge will Fryc hingegen die Symptome einer »chronischen Lungenentzündung« wahrgenommen haben.
Eine der Feststellungen verdient besondere Aufmerksamkeit. Als Fryc die geöffnete Innenwand des Magens betrachtet, diktiert er ins Protokoll: »In Höhe der großen Kurvatur weist die Schleimhaut zahlreiche kleine punkt-förmige, frisch aussehende Hämorrhagien (Blutungen) mit einem mittleren Durchmesser von 0,1 cm auf.« – Dies und die Tatsache, daß die Harnblase mit 600 ccm Urin prall gefüllt ist, was zusammen mit der ausgeprägten »Waschhaut« an Händen und Füßen den Schluß zuläßt, daß sich der noch lebende Mensch mehrere Stunden lang ohne Bewußtsein im Wasser befunden hat, wird bei den Debatten um die Todesumstände noch wichtig sein.

Der während der Sezierarbeit entstandene Bericht ist frei von Spekulationen und konstatiert sachlich: »Die Todesursache ist auf der Obduktionsbasis nicht festgestellt worden. Die mit den polizeilichen Erkundigungen verbundenen Obduktionsergebnisse lassen an einen Tod als Folge einer Vergiftung denken.« – Diese schriftlichen Aussagen sind fünf Tage vor der Zusammenkunft vom 16. Oktober fixiert worden. Später hat Oldrich Fryc eine ganz andere Haltung eingenommen.

In allen Obduktionsberichten werden die Feststellungen des Gerichtsmediziners ergänzt durch die des Gerichtschemikers, des Toxikologen, auch Giftexperte genannt. Ihm werden vom Mediziner die entnommenen Proben der Körperflüssigkeiten Mageninhalt, Blut und Urin übergeben, meist auch noch Gallenflüssigkeit sowie Proben aus Leber und Nieren. Die Körperstoffe unterzieht der Toxikologe, das war in Genf der Chemiker Dr. Christian Staub, seiner quantitativen und qualitativen Analyse, für die ihm aufwendige technische Apparaturen, hauptsächlich die sogenannten Spektrometer, zur Verfügung stehen.

Staub findet im Mageninhalt, im Blut und im Urin vor allem vier Gifte, die in Medikamentenform zu jener Zeit kaum noch irgendwo im Apothekenangebot sind:

1) Cyclobarbital – ein Beruhigungs-, Schlaf- oder auch Narkosemittel aus der Gruppe der Barbiturate, die allesamt aus der Mode gekommen sind, weil ihre das Leben erleichternde und ihre tödliche Wirkung allzu dicht zusammenliegen.

2) Pyrithyldion – ein beruhigendes Schlafmittel der Sedativa hypnotica, das ebenfalls bei Überdosierungen tödlich sein kann.

3) Diphenhydramin – ein sogenanntes Antiemetikum, ein Mittel, das den Magen beruhigt und so den Brechreiz unterdrückt.

4) Perazin – ein sogenanntes Neuroleptikum, ein Mittel mit antipsychotischer Wirkung, das aber quälende Krämpfe verursacht; das Mittel ist auch als »chemische Zwangsjacke« in Verruf geraten.

In weit geringeren Mengen findet der Chemiker im Blut noch Spuren von zwei sogenannten Benzodiazepinen (Diazepam und Nordiazepam), stuft sie aber, sicher zu Recht, als unbedeutend ein. Anders dagegen die vier dominanten Gifte und unter den vieren wiederum vor allem das in stärkster Konzentration gefundene. Dr. Staub schreibt: »Die quantitative Analyse ergab eine beachtliche Menge Cyclobarbital. Allein diese Menge kann bereits zum Tode führen. Die Pyrithyldion-, Diphenhydramin- und Perazinanteile sind zwar weniger bedeutsam, mußten aber eine zusätzliche Wirkung für den tödlichen Ausgang haben. Die Gesamtheit aller von uns zusammengefaßten Gegebenheiten erlaubt es, den Tod des Herrn Uwe Barschel einer schweren Arzneimittelvergiftung zuzuschreiben.«

Dieser Teil des Befundes von Chemiker Staub ist niemals und von niemandem in Zweifel gezogen worden. Die vorher zitierten Feststellungen des Mediziners Fryc bedürfen allerdings in zwei wichtigen Punkten der Korrektur:

Erstens ist die Diagnose zur festgestellten Lungenentzündung falsch; es gab keine »chronische« Lungenentzündung, sondern eine »hypostatische« Lungenentzündung, wie sie binnen Stunden entsteht, wenn ein Mensch, im Wasser liegend, nur flach atmet und nicht tief Luft holt.

Zweitens ist die Behauptung falsch, die Kopfhaut weise keine Verletzungen auf. Das sollte die zweite Obduktion erweisen, die in Hamburg-Eppendorf im Auftrag der Familie Barschel vorgenommen wurde.

Hamburger Korrekturen

Am 24. Oktober 1987 um 7 Uhr morgens machen sich die Hamburger Medizin-Professoren Werner Jansen und Klaus Püschel an die Arbeit. Mit dabei ist der Toxikologe Professor Achim Schmoldt und als sachkundige Zuschauer ein Hospitant und ein Arzt aus dem Bekanntenkreis der Familie Barschel, der Auftraggeberin dieser Autopsie.

Auf die Öffnung von Holzsarg, Zinksarg und Leichenhülle folgt die Überraschung: Es fehlen Herz, Gehirn und Schilddrüse, wie auch die Körperflüssigkeiten Mageninhalt und Urin. Statt dessen finden sich im

wiedereröffneten Brustkorb blutdurchtränkte Papiertücher und ein Paar Plastikhandschuhe, wie das Protokoll vermerkt. Die in Genf nur oberflächlich registrierten Spuren am Kopf werden nun gründlich untersucht. »An der Innenseite der Kopfhaut im rechten Stirnbereich eine längs angeordnete 3,5 x 5 cm große blutige Durchtränkung der tieferen Kopfschwartenschichten (1–2 mm dick) bis auf die Knochenhaut reichend. In der darunterliegenden Knochenhaut selbst eine länglich oval angeordnete, gut markstückgroße blutige Durchtränkung. – Über diesem Bezirk erscheint die äußere Haut – bei nochmaliger eingehender Inspektion – leicht bräunlich verfärbt, z.T. von Schminke überlagert.«
– Angesichts der zurückgelassenen Handschuhe fällt es schwer, die Schminke etwa als Ausdruck der Pietät gegenüber den Hinterbliebenen zu deuten; vor allem auch weil sich die Schminke just da findet, wo Verletzungsspuren unsichtbar gemacht werden sollten.

Verletzungsspuren entdecken die Hamburger auch »in den tiefen Kopfschwartenschichten über der linken Stirnseite« – auch solche, von denen in Genf keine Rede war: eine etwa »markstückgroße unscharf begrenzte bläuliche Verfärbung«. Dann aber folgt, was bei dem Chef-Obduzenten Jansen blankes Entsetzen auslöst. Unter Punkt 44 vermerkt sein Protokoll: »Über den rückwärtigen Teilen der oberen Schädelkrümmung – eindeutig oberhalb der sogenannten Hutkrempenlinie – quer angeordnet eine ausgedehnte in sich ungleichmäßig gestaltete 10 x 5 cm große bläulichrote Durchtränkung der tiefen Kopfschwartenschichten. – Bei nochmaliger eingehender Inspektion der darüberliegenden äußeren Kopfhaut, insbesondere nach Entfernung der Haare in diesem Bereich, läßt sich eine rötliche Verfärbung der obersten Hautschicht feststellen.«

In einem Telefongespräch, das Professor Jansen im Anschluß an die fünfstündige Obduktion mit Uwe Barschels Rechtsanwalt Erich Samson führt, zeigt sich der Mediziner »entsetzt« über die Entdeckung. Er hat da einen sehr klaren Beleg für massive Gewaltanwendung gefunden. Und eine Verletzung von diesem Ausmaß und von einer für das Todesgeschehen derart großen Bedeutung sollte während der Autopsie in Genf übersehen worden sein?

Für die Experten, in der täglichen Arbeit immer wieder mit den Spuren von Gewaltverbrechen konfrontiert, mußte sofort klar sein: Eine solche Verletzung konnte sich das Opfer nicht selbst beigebracht haben. Keine im Todeskampf unkontrollierte Bewegung des Kopfes, ein Anstoßen am Wannenrand etwa, kam als Ursache in Frage. Am Schädel des Menschen wird die sogenannte »Hutkrempenlinie« von dem am weitesten nach hinten ragenden Teil des Hinterhauptbeins markiert. Das ist die bei einem

Aufschlagen mit dem Hinterkopf am stärksten gefährdete Schädelpartie. Aber nicht dort, sondern im geschützt darüberliegenden Bereich des zurückweichenden Scheitelbeins fand Jansen die Verletzung.

Als Möglichkeit für das Entstehen einer solchen Verletzung kommt ein seitlich von oben ausgeführter Schlag in Betracht. Bei der Ausdehnung des blutunterlaufenen Mals von 10 x 5 cm kann der Schlag aber nicht mit einem steifen Schlagwerkzeug ausgeführt worden sein. Ein starrer Knüppel hätte ein schärfer konturiertes Verletzungszentrum, aber nicht das über die Schädelrundung großflächig verlaufende Spurenbild hinterlassen.

Verletzungen, wie die an Uwe Barschels Hinterkopf, entstehen, wenn eine Tatwaffe zum Einsatz kommt, die unter Berufsverbrechern gebräuchlich ist – ein stramm mit Sand gestopfter, ca. 40 cm langer Leder- oder Kunststoffschlauch, der in Ganovenkreisen »Katze« genannt wird. Das in der Hosentasche bequem zu transportierende Werkzeug verrichtet in der Hand des Gewalttäters fast lautlos seine Dienste. Beim Auftreffen auf einen Kopf wird die Aufschlagkraft auf eine größere Auftrefffläche verteilt. Trotz starker Wirkung – das Opfer verliert augenblicklich die Besinnung – entsteht wegen der großflächigen Kraftübertragung ein denkbar geringes Spurenbild. Wenn die Aufschlagstelle von Haaren bedeckt ist, kann die Verletzung dem ungeschulten Blick später leicht entgehen. Solche Arbeit wird von professionellen Killern verlangt, die möglichst keine Spuren hinterlassen sollen.

Den Gerichtsmedizinern Jansen und Püschel konnten auch die weiteren Gewaltzeichen am Körper des Untersuchten nicht verborgen bleiben. Minutiös fügen sie den Genfer Ergebnissen ihre weiteren Beobachtungen an: »Im rechten Nasenloch, besonders an der Innenseite des rechten Nasenflügels, angetrocknete Blutreste«, vermerkt ihr Protokoll, und weiter: »Im vorderen Bereich der knöchernen Schädelbasis werden die Siebbeinzellen, die Keilbeinhöhlen und die oberen Anteile der Nasenhöhle eröffnet. Die Schleimhäute, insbesondere im Bereich der Nasenhöhle scheinen leicht gerötet.« Bei der Untersuchung des Halses heißt es: »Eingang zum Kehlkopf frei. In der Kehlkopfschleimhaut einzelne punktförmige Blutungen ... Speiseröhre frei durchgängig.«

Dem Fachmann der Kriminalistik fügen sich die Details der Untersuchungen zu Bildern vom Tathergang zusammen. Die Blutungen und Rötungen im Naseninneren entstehen, wenn ein Gegenstand durch das Nasenloch eingeführt wird, beispielsweise ein Schlauch. Im Kehlkopf trifft das zugespitzte Schlauchende nochmals auf Widerstand, der durch leichtes Stochern überwunden wird; zurück bleiben auch dort punktförmige

Blutungen. Den Schlauch nicht durch den Mund, sondern durch die Nase einzuführen bietet die Gewähr, daß er nicht in die Atemwege gelangt, sondern von oben direkt in Richtung Magen weiter hinuntergleitet. Im Magen trifft das Schlauchende schließlich auf »die große Kurvatur« und verursacht dort die in Genf festgestellten Punktblutungen.

Die zweifelsfrei dokumentierte Abfolge der blutigen Punkte von der Nase über den Kehlkopf bis in den Magen ist eine beweiskräftige »Wegbeschreibung«. Die kleinen Wundmale im Magen verraten auch das angewandte Prozedere. Eine Vielzahl solcher Punkte hat der Genfer Mediziner Fryc festgestellt. Das bedeutet, daß der Schlauch während der Verabreichung der Medikamentengifte, die im Magen nachgewiesen wurden, in Aktion gewesen sein muß. Bei der »Intubierung«, wie der Mediziner eine derartige Medikamenten-Beibringung durch eine Magensonde nennt, stößt das Schlauchende unvermeidlich immer wieder unten auf, während die verflüssigten Substanzen durch einen aufgesetzten Trichter in den Schlauchanfang gegossen werden und langsam Richtung Magen fließen.

Aufschlußreich ist überdies, daß in beiden Obduktionen festgestellt wurde: »Die Speiseröhre ist frei von Anhaftungen.« Wären die Medikamente nicht intubiert, sondern heruntergeschluckt worden, hätten unvermeidlich Spuren der in beträchtlichen Mengen nachgewiesenen Medikamente in der Speiseröhre gefunden werden müssen.

Kann das bei den beiden Obduktionen festgestellte Verletzungsbild vielleicht durch eine Verkettung von Zufällen entstanden sein? Oder kann sich ein zum Sterben Entschlossener die Verletzungen möglicherweise selbst beigebracht haben? Die Fragen, die von den Ermittlern selbstverständlich gestellt werden müssen, können nur mit nein beantwortet werden. Allein der gerichtsmedizinische Teil der Genfer und der Hamburger Untersuchung stempelt einen Selbstmord im Beau Rivage zur glatten Unmöglichkeit. Aber davon erfahren nur die Ermittler. Der Öffentlichkeit bleiben die Tatsachen verborgen. Die Autopsie-Berichte sind Verschlußsache geblieben. Durch gezielte Indiskretionen kam immer nur heraus, was den Verdacht auf Selbstmord zu nähren geeignet schien.

Brandenbergers Paukenschlag

Nicht nur die Geheimdienste wußten sich Zugang zu den Gutachten zu verschaffen, um sie gezielt nach ihren Vorstellungen von Information oder Desinformation auszuwerten. Auf irgendwelchen verborgenen Wegen gelang es auch zwei Journalisten, einem schweizerischen und einem deutschen, sich in den Besitz der Analysen des Gerichtschemikers Dr. Staub zu bringen. Die beiden taten, was Journalisten mit einem für Laien nicht ohne weiteres verständlichen Gutachten tun sollten, das ihnen in die Hände gespielt wird. Sie suchten nach einem neutralen Experten, der ihnen Sinn und Bedeutung des Papiers erschließen konnte.

Es gab niemanden, der dazu besser befähigt gewesen wäre als Professor Hans Brandenberger, der als Praktiker und als Wissenschaftler gleichermaßen weltweit in hohem Ansehen stand. Brandenberger war als Leiter der forensischen Toxikologie in Zürich auf dem Höhepunkt einer erfolgreichen Laufbahn gerade in den Ruhestand gewechselt. Lange Jahre war der mit internationalen Auszeichnungen dekorierte Hochschullehrer Präsident der weltweit angesehensten Toxikologenvereinigung. Seine eigenen Gutachten haben sich stets durch ihre wissenschaftliche Objektivität und durch ihre Überprüfbarkeit ausgezeichnet. In dem Gutachten des Kollegen aus Genf las Brandenberger wie in einem offenen Buch, als es ihm von den beiden Journalisten präsentiert wurde.

Den Kern der Genfer Analyse sah der Zürcher Wissenschaftler in Staubs tabellarischer Aufstellung der vier dominanten Gifte aus dem Körper des deutschen Politikers und in ihrer Verteilung auf die Körperflüssigkeiten Mageninhalt, Blut und Urin. Nicht ganz logisch lautete die Reihenfolge bei Staub: Mageninhalt, Urin und Blut; denn darin kommt nicht zum Ausdruck, daß ein über den Magen aufgenommenes Gift vom Verdauungstrakt zunächst in die Blutbahn und erst danach in den Urin der Harnblase gelangt. Staubs Befund, in die Brandenberger-Ordnung gebracht, ergab das folgende Bild:

Die Gifte ihre Verteilung (mg je ltr) in	Cyclobarbital	Pyrithyldion	Diphenhydramin	Perazin
Mageninhalt	4000	200	50	75
Blut	40–45	16–18	0,6–0,9	0,2–0,3
Urin	26–30	60–65	13–15	0,4–0,5

Zuerst erklärte der Fachmann den beiden Journalisten, wie die Tabelle zu lesen ist. Von dem Gift Pyrithyldion sind im Magen 200 Milligramm je Liter Mageninhalt gemessen worden; im Blut waren 16 bis 18 mg pro Liter Blut vorhanden und im Urin der sehr viel höhere Anteil von 60 bis

65 ml/ltr Urin. Auch bei den beiden Giften Diphenhydramin und Perazin verhält es sich so wie beim Pyrithyldion: Die im Urin festgestellten Giftanteile sind ebenfalls wesentlich höher als die im Blut festgestellten Anteile dieser Gifte. – Ganz anders steht es um die Präsenz des in größter Menge gefundenen Giftes, das allein ausgereicht hätte, den Tod herbeizuführen. Das Cyclobarbital ist als einziges der Gifte im Blut in höherer Konzentration vorhanden als im Urin. Was das bedeutet, machte der Toxikologe Hans Brandenberger vor laufender Kamera und zur besten Sendezeit dem Millionenpublikum in Deutschland klar, das am 22. Dezember 1987 die abendliche Nachrichtensendung »Heute« im Zweiten Deutschen Fernsehen verfolgte:

Während sich die drei Gifte Pyrithyldion, Diphenhydramin und Perazin bereits in der »Ausscheidungsphase« befänden, sei das Cyclobarbital erst in der »Anflutungsphase« begriffen. Es sei deshalb klar, daß die Einbringung der Gifte »in zeitlich gestaffelter Zufuhr« erfolgt sein mußte. Zuerst seien die drei minder lebensgefährlichen Gifte verabreicht worden, die immerhin aber zu starker Trübung des Bewußtseins oder sogar zur Bewußtlosigkeit haben führen müssen. Im Abstand von Stunden nach den drei betäubenden Medikamenten, genauer wollte sich Brandenberger zu dem Zeitpunkt nicht festlegen, sei dann erst das Cyclobarbital in den Körper von Uwe Barschel gelangt, das die Resorptionsfähigkeit des Organismus überfordert hat. Der Tod trat durch Lähmung des zentralen Nervensystems ein.

Die prägnante Brandenberger-Formel »3 + 1« für die Verabfolgung der Gifte wird in derselben ZDF-Sendung von dem bekannten Schweizer Anästhesisten Professor Meinhard Schaer bestätigt. »Bevor er starb, befand sich Barschel in einem Dämmerzustand, den man als ›pränarkotisch‹ bezeichnen könnte«, berichtet der Kriminologe Mergen über Schaers Erfahrungen mit Patienten, »die in diesem Zustand hilflos sind und sich gehen lassen, ohne ihren Willen einsetzen zu können«[79].

Wie aber sollte sich der ehemalige Ministerpräsident selbst getötet haben können, wenn er das tödliche Gift Cyclobarbital im Zustand weitgehender Bewußtlosigkeit gar nicht selbst hat einnehmen können?

Die Fernsehzuschauer konnten nicht wissen, wie vollständig Brandenbergers Paukenschlag auch mit den medizinischen Befunden der beiden Obduktionen harmonierte. Aber auch für sich genommen waren die Ausführungen des Zürcher Chemikers für die Menschen sehr einleuchtend. In Erklärungsnot gerieten nun die Suizid-Dogmatiker.

Vom *Spiegel* mußte sich das ZDF die Rempelei gefallen lassen »Sie hätten besser schweigen sollen«. Und durch nichts belegt, folgte die Behauptung: »Eine spektakulär angekündigte ZDF-Enthüllung, der ehemalige Ministerpräsident Uwe Barschel könne ermordet worden sein, erwies sich prompt als Flop.« Dies war der Moment, als der Kriminalwissenschaftler Armand Mergen den Glauben an »das deutsche Nachrichtenmagazin« verlor. Wieder und wieder las er den *Spiegel*-Beitrag auf der Suche nach dem angeblichen »Flop«. Resigniert hält er schließlich fest: »Nach Lektüre des Artikels versteht man die Überschrift nicht mehr, denn nirgends wird ein ›Flop‹ und schon gar kein ›prompter‹ nachgewiesen.«[80]

Wortreich müht sich auch der *stern*, die wackelige Selbstmordthese zu stützen: Es sei »auch für den Phantasievollsten nicht zu erkennen, welches Politik- oder Wirtschaftskartell sich vor der Enthüllung Barschels so ängstigen müßte, daß es zu ihrer Verhinderung einen eiskalten Killer auf die Reise nach Genf schickt ... Und immer mehr Details deuten inzwischen darauf hin, daß es sich bei dem Ende des ehemaligen Regierungschefs nicht um einen Mord handelt, der als Selbstmord kaschiert wurde, sondern – im Gegenteil – um einen Freitod, der in den Ruch eines mysteriösen Mordes getaucht werden sollte. Der Mann, der sich als Opfer eines Komplotts fühlte, wollte im Tode wohl auch so aussehen. Wahrscheinliches Motiv: Er wollte, um den Preis seines Lebens, bewirken, daß das Bild eines unschuldigen Uwe Barschel der Nachwelt überliefert wird. Im Hotelzimmer 317 sollte die Legende geschaffen werden, daß Barschel durch Mord daran gehindert wurde, sich mit Material von allen Vorwürfen reinzuwaschen.«[81]

Mit »vermutlich«, »wahrscheinlich«, »offenbar« und »wußte er wohl« reiht das Hamburger Bildermagazin Spekulation an Spekulation. Noch eine Kostprobe: »Schon möglich, daß ein Unbekannter Barschel tatsächlich Informationen versprochen hatte. Wahrscheinlich ist aber, daß dieser Mann – wenn es ihn gab – kein beweiskräftiges Material zu bieten hatte und Barschel aus Verzweiflung über seine ausweglose Lage Selbstmord beging. Noch wahrscheinlicher ist, daß Barschel ›Roloff‹ erfunden hat.«[82] In seinem hartnäckigen Kampf gegen die Fakten greift der *stern* nach jedem Strohhalm: »Am Donnerstag war bei der Polizei in Kiel zu erfahren: Ein Fremdverschulden am Tod des CDU-Politikers sei ausgeschlossen.«

Sorge machte den Magazinmachern die Tatsache, daß aus dem Hotelzimmer diverse Gegenstände verschwunden waren – ein nicht zu widerlegender Beweis für die Anwesenheit Unbekannter im Sterbezimmer. Aber auch aus dieser verzwickten Lage wußten sich *stern* und *Spiegel* zu befreien. »Durch einen Test vor Ort wurde festgestellt, daß die verschwundenen Tablettenröhrchen und Medikamentenpackungen im WC hätten fortgespült werden können«, schreibt der *stern*. Sollte ein Lebensmüder das mit Umsicht ins Werk gesetzt haben, bevor er sich bekleidet zur letzten Ruhe in die gefüllte Wanne begab? Nein, meinen die Autoritäten von den beiden Hamburger Zeitschriften, allein sei er denn wohl doch nicht gewesen: Ein Sterbehelfer habe ihn auf seinem letzten Weg begleitet, und der habe auch die Weinflasche mitgenommen, die nicht recht ins Klo passen wollte.

»Sein Selbstmord lief auf den Punkt genau so ab, wie es in einer Broschüre über ›Menschenwürdiges und selbstverantwortliches Sterben‹ der Deutschen Gesellschaft für Humanes Sterben (DGHS) e.V. nachzulesen ist«, steht im *stern*, und weiter heißt es da: »Der DGHS-Text liest sich wie eine Regieanweisung für Barschels Weg aus dem Leben: ›Ein zum Freitod Entschlossener soll dafür sorgen, daß er mindestens 12 Stunden ungestört ist‹, er soll ein gutes Hotel aufsuchen und das Schild ›Nicht stören‹ an die Tür hängen ...« Und dem *Spiegel* ist der Versuch zur Rettung seiner Legende gar eine komplette Titelgeschichte wert. »Barschels Tod – Sterben nach Plan«, lautet die Schlagzeile, und im Inhaltsverzeichnis heißt es: »Die Todesumstände entsprechen exakt den Freitod-Anleitungen der Gesellschaft für humanes Sterben.«[83]

Was die Märchenerzähler verschweigen: Die Anleitung der Sterbehelfer, die sich in der Schweiz den Vereinsnamen »Exit« gegeben haben, sieht nicht den Vergiftungstod vor. Man begebe sich in die Wanne, nehme die einschlägigen Medikamente und gleite bei einsetzender Bewußtlosigkeit und nachgebendem Kniewiderstand sanft ins Wasser und dann schmerzlos ganz hinüber. Der Tod tritt nach der angeblich befolgten Methode 1 durch Ertrinken ein.

Uwe Barschel ist zweifelsfrei nicht ertrunken, sondern an einer hohen Dosis Cyclobarbital gestorben. Er hatte außerdem das Medikament Perazin im Körper, das als Neuroleptikum von Sterbehelfern nie empfohlen wird. Aus guten Gründen. Denn Neuroleptika verursachen fürchterliche Qualen. Sie rufen krampfartige Anfälle hervor, wie das sogenannte »Zungen-Schlund-Syndrom«, bei dem die Zunge zeitweilig aus dem Mund gepreßt wird. Von schmerzhaften Krämpfen der Augenmuskulatur, quälenden Angstzuständen und tiefster Depression berichten Patienten, selbst wenn die Dosierung des Neuroleptikums nur sehr gering war. – Kein Selbstmörder tut sich solchen Tort an.

In der Hand von Mördern aber ergänzt das Perazin die übrigen im Körper des prominenten Toten gefundenen Gifte auf geradezu ideale Weise.

Es lähmt den Willen des Opfers, während das Pyrithyldion das Bewußtsein eintrübt und das Diphenhydramin ein Erbrechen unterbindet, bevor das Cyclobarbital den Zweck des Gifteinsatzes vollendet: den Tod, der wie ein Selbstmord aussieht.

Fryc und die chemischen Reaktionen

Auch der Hamburger Obduktionsbericht umfaßt zwei Teile – neben dem medizinischen von Jansen und Püschel ist es das toxikologische Gutachten des Gerichtschemikers Schmoldt. Der Professor kommt darin mit dem Nachweis von zwei zusätzlichen Benzodiazepinen (Lormazepam und Lormetazepan) zu Ergebnissen, die über die Resultate von Genf hinausreichen. Und dennoch war Schmoldts Arbeit nahezu ohne Wert. Der Grund: Ihm standen die für ein beweiskräftiges Gutachten unverzichtbaren Körperflüssigkeiten Mageninhalt und Urin nicht zur Verfügung. Selbst die von dem Hamburger festgestellten Blutwerte mußten wegen der geringen aus den Adern noch zu gewinnenden Menge an Blut mit einem Fragezeichen versehen werden. Die von der Mageninnenwand geschabten Restanhaftungen waren nicht repräsentativ für den Mageninhalt, die Analysen deshalb kaum aussagefähig. Und der Urin stand in Hamburg überhaupt nicht zur Verfügung. – Es blieb also dabei, daß alle weiteren chemisch-toxikologischen Bemühungen auf der Grundlage der Genfer Ergebnisse erfolgen mußten.

Der Chemiker Christian Staub hatte die für das Todesgeschehen entscheidenden Gifte handwerklich einwandfrei analysiert und nachvollziehbar sauber dokumentiert. Aber er hatte es unterlassen, in den drei Körperflüssigkeiten auch nach den sogenannten Metaboliten der Gifte zu suchen. Gelangt ein Gift in den Körper des Menschen, dann nehmen die körpereigenen Abwehrstoffe unverzüglich den Kampf mit ihm auf. In einem Prozeß von unterschiedlicher Dauer wandeln die Abwehrstoffe die Gifte in einfacher strukturierte Produkte um, in Metaboliten, die vor ihrer Ausscheidung vom Blut in den Urin wandern. Jedes Gift wird dabei zu anderen Metaboliten umgeformt, und nicht alle sind leicht nachweisbar. Das Gift Pyrithyldion hat seine Umwandlungsprodukte (Metaboliten) bislang einem chemischen Nachweis sogar gänzlich entzogen. Bei den drei übrigen im Magen von Uwe Barschel festgestellten Substanzen ist der Nachweis von Metaboliten kein grundsätzliches Problem. In Genf aber war das mit dem technischen Instrumentarium, das Dr. Staub zur Verfügung stand, für die Metaboliten des Perazins nicht möglich, obwohl der Stoff, wie die Chemiker sagen, sehr gut metabolisiert.

Für die Gifte Cyclobarbital und Diphenhydramin hätte es dem Chemiker Staub indessen leichtfallen müssen, auch deren Metaboliten dingfest zu machen. Gefragt, warum er das nicht getan hat, antwortete Staub: Er hatte keinen Auftrag, nach den Metaboliten zu suchen. Staubs Versäumnis beruhte nicht auf Zufall. Es hatte damit zu tun, daß sich in Genf der Gerichtsmediziner, lange Jahre war das der allseits anerkannte Professor Jacques Bernheim, als unbestrittener Chef verstand, der den Gerichtschemiker als seinen Untergebenen betrachtete, der ihm zuzuarbeiten hatte. In Zürich ist das, wie an den meisten gut organisierten forensischen Instituten in Deutschland auch, ganz anders geregelt. Dort ist der Chemiker – bei dem Format eines Professor Brandenberger auch gar nicht anders denkbar – ein nach der Dienststellung dem Mediziner ebenbürtiger und von ihm unabhängiger Partner.

In Genf aber hatte auch in Fragen der Chemie der Mediziner Oldrich Fryc das letzte Wort, seit er in der Nachfolge von Bernheim auch den Professorentitel erhielt. Bei einer Befragung durch die Untersuchungsrichterin mußte Fryc eines Tages einräumen, daß die Kritiker des Genfer Obduktionsberichtes recht hatten, wenn sie auf die versäumte Suche nach den Metaboliten der vier Gifte hinwiesen. Aber der Pathologe war weit entfernt, einen Fehler einzugestehen. »Das stimmt und erklärt sich aus der Tatsache, daß die Analysen nicht gemacht worden sind, um das Maximum an organischer Substanz im Hinblick auf eine gegebenenfalls spätere Analyse zu bewahren.« Das also soll Frycs Motiv gewesen sein, nicht nach den Metaboliten suchen zu lassen: Er wollte möglichst viel Substanz für spätere Untersuchungen aufbewahren. Und was tat der so Besorgte tatsächlich?

Die Magensubstanz ließ er nicht, wie erforderlich, zunächst einmal wiegen und auf Festpartikel untersuchen, sondern in vollem Umfang gleich homogenisieren, so daß keine spätere Untersuchung mehr das Volumen oder die äußere Beschaffenheit der Inhaltsstoffe feststellen konnte. Dann aber warf Fryc das wertvolle Beweisgut einfach in den Abfall, statt jedes Gramm sorgsam zu asservieren. Nicht anders verfuhr der Leichenmann mit dem Urin, von dem die große Menge von 600 ccm vorhanden war. Nichts davon wurde nach Hamburg geliefert. Ein Zehntel der Menge mag Staub bei seiner Analyse verbraucht haben. Aber nur die winzige Menge von 10 ccm war später überhaupt noch vorhanden.

Der Untersuchungsrichterin tischt Fryc in der gleichen Befragung noch eine Lüge auf. »Ich füge noch hinzu«, so läßt er sich laut Protokoll aus, »daß wir den Urin noch zur Verfügung haben und daß wir uns damit einverstanden erklärt haben, ihn der Familie zu übergeben, die uns darum im Einvernehmen mit der Untersuchungsrichterin gebeten hatte.« Und dann folgt noch eine handfeste Unwahrheit: »Zu diesem Punkt haben wir nie mehr etwas gehört.« Die Wahrheit war anders. In einem Brief »Einschreiben mit Rückschein« an das Rechtsmedizinische Institut hatte Freya Barschel zehn Monate zuvor darum gebeten, ihr den asservierten Urin ihres Ehemannes zur Verfügung zu stellen, weil Professor Brandenberger ihn für die bei den Autopsien bislang versäumte Suche nach den Metaboliten benötige. Auf die briefliche Bitte hat Fryc Frau Barschel nie geantwortet.

Bei der Erwähnung des Namens Brandenberger zeigt der Genfer Gerichtsmediziner geradezu allergische Reaktionen. Die Schlußfolgerungen, die der Zürcher Chemiker zur zeitlich gestaffelten Zufuhr der Gifte in die Formel 3 + 1 gefaßt hat, wird von Fryc vehement bestritten. Er leugnet kategorisch, daß eine Aussage zur zeitlichen Reihenfolge überhaupt möglich sei. Und er behauptet, was er als Nichtchemiker gar nicht beurteilen kann: Die vier Stoffe hätten bei gleichzeitiger Einnahme mit unterschiedlicher Geschwindigkeit in die verschiedenen Organe gelangen können, weil ihnen unterschiedliche Resorptionszeiten eigen seien. Die angeblich unterschiedlichen Resorptionszeiten nennt Fryc freilich nie. Er kann es auch gar nicht. Er trumpft mit bloßen Behauptungen auf und erhebt den Anspruch der Wissenschaftlichkeit, der ihm in Fragen der Chemie gar nicht zukommt.

Hans Brandenberger gelingt es später, trotz der Knüppel, die ihm zahlreich zwischen die Beine geworfen werden, seine prägnante 3 + 1-Aussage zur zeitlich gestaffelten Medikamentenaufnahme weiter abzustützen. Für seine schließlich doch zustandegekommene eigene Analyse hat er zwar nur die winzige Restmenge von 5 ccm Urin zur Verfügung. Aber er erbringt den Nachweis, daß das tödliche Gift deutlich später in Uwe Barschels Körper gelangt sein mußte: Im Urin waren vergleichsweise geringe Mengen des Cyclobarbitals (wie auch von Staub festgestellt) vorhanden, die dort aber noch nicht zu Metaboliten umgeformt werden konnten. Das im Urin ebenfalls nachgewiesene Diphenhydramin dagegen war entschieden früher in die Harnblase gelangt, denn seine Metaboliten wurden von Brandenberger nun zweifelsfrei dingfest gemacht. Zitat aus dem unveröffentlichten Gutachten: »Bei der Zufuhr von Diphenhydramin war der Körper noch metabolisch funktionstüchtig, bei der Zufuhr von Cyclobarbital aber nicht mehr. Dieses Schlafmittel ist demnach später zur Anwendung gelangt.«[84]

Daß es sich mit dem Perazin genauso verhielt, schließt er daraus, daß von diesem rasch umgeformten Stoff generell »lediglich ein geringer Teil der eingenommenen Dosis den Urin unzersetzt erreicht, somit ist auch bei dieser Verbindung sicher, daß sie sich in der Ausscheidungsphase befunden hat«. Und das gutachterliche Fazit, das die Unmöglichkeit eines Selbstmords konstatiert und der Diagnose Mord gleichkommt: »Selbst wenn Herr Barschel in einem forcierten Halbwach-Zustand zum Cyclobarbital gegriffen hätte, wäre es ihm nie möglich gewesen, Rückstände aus diesem Tun zu beseitigen. Wir müssen ja bedenken, daß am Tatort weder Medikamenten-Verpackungen noch ein Gefäß (Becher, Glas) mit Rückständen von Pharmazeutika aufgefunden worden sind.«

Von nahezu allen wissenschaftlichen Toxikologen, denen neben der fachlichen Kompetenz auch unbezweifelbare Unabhängigkeit zu attestieren ist, sind Brandenbergers gutachterliche Feststellungen bestätigt worden. Für diese Expertenmehrheit kann die Aussage des Münchner Medizin-Professors Wolfgang Forth stehen, getroffen für das Deutsche Ärzteblatt: »Dem Kundigen fällt ins Auge, daß nur die Konzentration von Cyclobarbital im Blut höher ist als im Urin; die Konzentrationen der anderen Medikamente, Pyrithyldion, Diphenhydramin und Perazin sind umgekehrt im Urin höher als im Blut. Das bedeutet, daß ebendiese Arzneistoffe *vor* dem Cyclobarbital eingenommen worden sein müssen.«[85]

7. Kapitel: Auf eigene Faust

Spurensuche

Als der Anwalt im Namen seiner Mandanten wieder einmal auf den schleppenden Gang der Ermittlungen verweist, platzt es aus der Genfer Untersuchungsrichterin heraus. »Die Familie Barschel ist mir total egal«, entfährt es der Dame Nardin, die Wert darauf legt, nicht mit Madame, sondern mit Mademoiselle angesprochen zu werden. Schon die Art und Weise, wie die Mutter sich unter Einschaltung des deutschen Konsuls Zugang zum Gerichtsmedizinischen Institut zu verschaffen wußte, um ihren toten Sohn zu sehen, war ein Ärgernis. Daß der Leichnam dann auch noch ein zweitesmal obduziert wurde, machte ihr die Deutschen nicht angenehmer. Und der Bruder des Toten nervt sie nun schon seit Wochen mit immer neuen Anträgen zum Verfahren. Ihn aus formalen Gründen kühl ablaufen zu lassen ist nicht so leicht. Der juristisch vorgebildete Ökonom, der außerdem noch anwaltlich gut beraten ist, versteht es, in geschliffenem Französisch seine Rechte energisch zu vertreten.

Das stellt er wieder einmal unter Beweis, als die Signatur »Claude-Nicole Nardin« schon unter dem amtlichen Beschluß zur Einstellung des Verfahrens im Todesfall Uwe Barschel steht – ganz im Sinne der harmonischen Runde mit der am Schluß einvernehmlich getroffenen Feststellung, daß alles auf Selbstmord deute, und mit ebendieser Begründung. Eike Barschel legt sofort Einspruch ein. Den muß er allerdings gut begründen, wofür die Richterin eine knapp bemessene Frist von fünf Tagen gesetzt hat, das Wochenende eingeschlossen. Ohne Schreibunterlage, auf einem Stuhl hockend, muß Eike in einem belebten Flur die Gerichtsakten durcharbeiten und seine Exzerpte auf Knien notieren. Angeblich gibt es in dem großen Gebäude keinen Raum, wo er ungestört arbeiten könnte. Der Einspruch wird trotzdem rechtzeitig fertig. Und die Argumente, mit denen der Deutsche und sein Anwalt die angeblichen Suizidbeweise zerpflücken, sind wie die Hinweise auf die gegen den Bruder angewendete Gewalt so stark, daß dem Einspruch stattgegeben werden muß. Lustlos öffnet Mademoiselle Nardin wieder die Akten.

Und Dr. Eike Barschel bleibt mit einer Klageschrift in der Offensive. Unter dem 2. März 1988 reicht er im eigenen und im Namen der übrigen

Familienmitglieder als »parties civiles« über den Genfer Anwalt Barillon »Strafanzeige gegen Unbekannt wegen vorsätzlicher Tötung im Sinne des Artikels 111 ff. des Schweizerischen Strafgesetzbuches« ein. Die darin aufgeführten Hinweise auf ein Kapitalverbrechen stammen fast alle nicht von der Genfer Kriminalpolizei. Es sind Ergebnisse, die Eike Barschel selbst in mühevoller Kleinarbeit zusammengetragen hat, nicht selten gegen den Widerstand der offiziellen Ermittler.

Eine Aufgabe sieht der Barschel aus Yens über dem See darin, die Kripo-Beamten auf Trab zu bringen, sie beispielsweise zur Vernehmung wichtiger Zeugen zu veranlassen. So muß er mehrfach den Antrag stellen, die Aussage des portugiesischen Zimmermädchens aus dem Hotel Beau Rivage endlich aufzunehmen, die einen wichtigen Beweis dafür liefert, daß es lange vor dem Erscheinen der Polizei auf Zimmer 317 ein Kommen und Gehen gegeben hat. Die Genfer Kripo findet das nicht sonderlich interessant. Auch das nicht, was der in der Todesnacht diensthabende Chefportier Alain Di Natale bezeugen kann. Statt Di Natale haben die Inspektoren den Hotelboy Ramush Ramadani vernommen, einen jugoslawischen Staatsbürger, der mit seiner zweifelhaften Arbeits- und Aufenthaltserlaubnis bei der Polizei nicht unangenehm auffallen will und zu Protokoll gibt, er habe in dieser Nacht gar nichts gehört. Das ist es wohl auch, was die Inspektoren von ihm hören wollen.

Di Natale macht seine polizeilich nicht erwünschte Aussage gegenüber Eike Barschel und versieht das sorgsam gefertigte Protokoll mit seiner Unterschrift, bevor das Ganze von einem Notar beglaubigt wird. Die Erinnerungen aus der Todesnacht mit dem dumpfen Poltern, das ihn wie den Hotelboy um 4 Uhr morgens aus dem Schlaf riß, ist längst nicht alles, was der scheue Mann an Verdächtigem beobachtet hat. Schon in der Nacht zuvor, von Freitag auf Samstag, war ihm Unheimliches begegnet – in Gestalt eines späten Gastes, der ihm gar nicht in das Fünf-Sterne-Hotel zu passen schien. Es war nicht das asiatische Aussehen, das ihn an dem Mann störte, eher schon seine ausgesprochen liederliche Kleidung samt der schmuddeligen Tennistasche, die er als einziges Gepäckstück bei sich hatte. Vor allem aber jagte ihm die Aura der Gefährlichkeit Furcht ein, die der sensible Nachtportier dem Ankömmling anzuspüren meinte. Er wollte ihn abweisen. Aber da eine aus Wiesbaden eingegangene telefonische Reservierung auf seinen kaum entzifferbaren Namen vorlag, mußte er ihn einchecken. Er gab ihm ein Zimmer im 2. Stock. Aber er rief dann sofort bei der Kripo an, um von seinem Verdacht zu berichten, daß sein Hotel nun einen Verbrecher beherberge.

Spurensuche

Von der Polizei hörte Alain Di Natale in der Sache nichts mehr. Aber er trug gleich nach dem Gespräch mit den Beamten seine Beobachtungen samt einer Beschreibung des unheimlichen Fremden unter »besondere Vorkommnisse« in das Nachtbuch des Hotels ein. Und er sah den Verdächtigen auch am nächsten Tag wieder, als er gegen 21 Uhr seinen Dienst antrat. Er war im Gespräch mit einer Kontrastgestalt, einem in feines Tuch gewandeten schlanken Herrn, der recht gut ins Beau Rivage zu passen schien. Beim Blick ins Zimmerverzeichnis stellte Di Natale dann noch verwundert fest, daß der bedrohlich Wirkende sich aus dem Zimmer im 2. Stock in den 3. Stock hatte verlegen lassen, wo er nun mit einem am Samstag eingetroffenen Kumpan zusammen wohnte. Im dritten Stockwerk hatte an diesem Samstag Uwe Barschel das Zimmer 317 bezogen.

Eike Barschel mußte lange drängeln, bis auf die bei der Untersuchungsrichterin schriftlich eingereichte Aussage des Nachtportiers hin endlich auch die Polizei sich für Di Natales Beobachtungen zu interessieren schien. Er wurde zur Gegenüberstellung mit seinem Gehilfen Ramadani vorgeladen. Als er seine Aussage nach bestem Wissen wiederholte, merkte er, daß daran gar kein Interesse bestand. Im Gegenteil. Er wurde von den Inspektoren erst einmal in eine fensterlose Zelle gesperrt. Länger als zwei Stunden saß er da, mit seiner wachsenden Furcht. Dann gab ihm ein Beamter zu verstehen, er wollte nun aber von ihm hören, was auch der Hotelboy ausgesagt hatte – also praktisch gar nichts. Um seiner Lage zu entgehen, so hat er später erzählt, hätte der ängstliche Mann alles gesagt, nur nicht mehr die Wahrheit. Entlassen wurde Di Natale mit dem polizeilichen Wunsch, man wollte ihn hier nie wieder sehen, falls doch, würde man ihn aber lange dabehalten.

Dumm waren sie nicht, die Beamten von der Genfer Kripo, das hatte Eike Barschel richtig beobachtet. Aber sie wollten sich ihre Art, den Fall zu bearbeiten, von ihm nicht kaputtmachen lassen. So war es auch, als der Deutsche bei der Untersuchungsrichterin Beschwerde einlegte: Im polizeilichen Dossier war nirgendwo die Tatsache vermerkt, daß es im Hotel Beau Rivage einen unbewachten Hintereingang gab. Für das Tatgeschehen konnte die Beobachtung ungemein bedeutsam sein. Immerhin war es heimlichen Besuchern möglich, durch den Hintereingang aus dem Nachbarhotel Le Richemond zu jeder Tages- und Nachtzeit unbemerkt ins Haus zu gelangen. Warum nicht auch den Mördern?

Anderthalb Jahre nach der Beschwerde wird von Kriminalinspektor Fleury ein Bericht nachgereicht. Er enthält neun Fotos, die zeigen, daß es am Hintereingang des Beau Rivage nun eine Sperre mit elektronischer

Sichtkontrolle gibt. Kein Wort in Fleurys Bericht informiert über den entscheidenden Unterschied: In Text und Bild wird ein Zustand dokumentiert, der erst *nach* entsprechenden Umbauarbeiten Realität war. Das frisierte Dossier soll nun den Eindruck vermitteln, die Sicherung wäre schon immer dagewesen. – Für die Manipulation gibt es viele Zeugen. Einer von ihnen ging kurz nach dem Todesgeschehen durch den unbewachten Hintereingang ins Beau Rivage: Es war der Mainzer Kriminologe Armand Mergen.

Mit seinen Hinweisen und Anregungen läuft Eike Barschel in einem Punkt immer wieder ins Leere, nämlich wenn er auf Spuren aufmerksam macht, die auf Werner Mauss deuten. Der geheimnisvolle Mann, dem die Medien geradezu legendäre Fähigkeiten zuschreiben, war zur Zeit des Todesgeschehens in Genf. In seiner Privatmaschine kam er zusammen mit seiner Ehefrau und einem unbekannten Begleiter männlichen Geschlechts schon einen Tag vor Uwe Barschel an, um Quartier im Nachbarhotel Le Richemond zu nehmen. Eine »Juniorsuite« war dort für das Ehepaar reserviert. Natürlich schrieb man sich nicht unter dem richtigen Namen ein. Mauss will diesmal in Genf zu tun gehabt haben, um auf dem Verhandlungswege zwei deutsche Geiseln aus dem Libanon freizubekommen, den Siemens-Manager Alfred Schmidt und den Hoechst-Manager Rudolf Cordes. Beide sind gegen hohe Lösegeldzahlungen tatsächlich von der Hisbollah freigekauft worden, und die Mitwirkung von Mauss mag dabei eine Rolle gespielt haben. Freikauf von Geiseln gehörte unbestritten zu seiner Expertise. Trotzdem wurde von den Ermittlern mit Fragezeichen versehen, ob Mauss ausschließlich der Geiseln wegen nach Genf geflogen ist. Die Klärung dieser Frage war für sie auch deshalb so schwierig, weil sich Mauss weigerte, seine Genfer Terminkalender herauszugeben.[86]

Bis in die 1990er Jahre gehörte Genf zu den wichtigsten Einsatzorten des vielseitigen »Privatermittlers«. In jungen Jahren hatte er im Rheinland zunächst Pferdepfleger gelernt, als ihm ein Mißgeschick ein »unveränderliches Kennzeichen« bescherte: Mit einem Zügel, der sich in seiner Hand verwickelt hatte, riß ihm ein durchgehender Gaul vom kleinen Finger der linken Hand glatt das letzte Glied ab. Aber nicht wegen dieser Kleinigkeit, sondern weil er sich zu Höherem berufen sah, sattelte der junge Mann bald auf Privatdetektiv um. Versicherungen und Industriefirmen gehörten zu den ersten Kunden der von ihm und seiner ersten Ehefrau gemeinsam betriebenen Detektei.

Der richtige Durchbruch kam in den 1970er Jahren, die Mauss in wechselnden Rollen als V-Mann und Undercover-Agenten sahen. »Mit so ziemlich allen Kriminalpolizeiämtern Europas, auch der Schweiz, Italiens, Spaniens und Frankreichs hat er zusammengearbeitet«, berichtet Armand Mergen über die Karriere, die sich so fortsetzte: »Dem Bundeskriminalamt war er zeitweilig zu Diensten. Dann wurde er Agent des Bundesnachrichtendienstes. Der breiten Öffentlichkeit wurde der von Versicherungen bezahlte Privatdetektiv bekannt, als er die giftigen Fässer aus Seveso jagte und in Frankreich fand. – Die Person Mauss umgibt eine von Geheimnis, Abenteuer und Ungewißheit durchtränkte Atmosphäre.«[87]

Die enge Zusammenarbeit mit den Polizeien in halb Europa, die er geschickt in seine Zwecke einzuspannen weiß, ist ein charakteristisches Merkmal seiner Arbeitsmethodik. In der Schweiz hielt man so große Stücke auf die deutsche Spürnase, daß sie mit dem Einverständnis des Chefs der eidgenössischen Bundespolizei sogar über einen falschen Schweizer Paß verfügen konnte. Eine langjährige und besonders enge Zusammenarbeit verbindet Werner Mauss mit dem Chef der 1. Sektion der Genfer Kriminalpolizei, mit Louis Demartin. Der hält schützend seine Hand über den vielseitigen Agenten, den man in Genf seiner überaus großzügigen Spendabilität wegen auch »Le Prince« nennt.

Demartin weiß sich dafür zu revanchieren, daß er Werner Mauss einen Gutteil seines Lebensstandards verdankt. Später, als sich die Presse für des Polizisten Luxusleben zu interessieren beginnt, zieht es Demartin vor, mit 49 Jahren in den Vorruhestand zu wechseln. Kurz darauf setzt er sich vorsichtshalber ins Ausland ab, nachdem Ermittlungen gegen ihn angelaufen sind. Bei einem Besuch in der Schweiz wird er verhaftet. Er wird mit dem Verschwinden von einem Kilogramm Kokain aus der polizeilichen Asservatenkammer in Verbindung gebracht. Wegen Erpressung muß er sich auch noch verantworten: Einem reichen Immobilienmakler hatte er von einer drohenden Entführung erzählt und ihm gegen eine ganze Stange Geld polizeilichen Schutz angeboten. Das unangenehmste Verfahren aber steht Louis Demartin noch bevor: Er wird angeklagt und der passiven Bestechung für schuldig befunden.[88] Der Agent soll den aktiven Teil der Bestechung bestritten haben.

Kurzer Prozeß

Ganz allein auf sich gestellt sah sich Eike Barschel in seiner Suche nach der Wahrheit nicht. Er wußte sich bei allen seinen Unternehmungen von den Mitgliedern der Familie unterstützt – und von ihrem Hamburger Anwalt Justus Warburg, der alle darauf einschwor, das dreiste Eindringen in das

Todeszimmer nicht ungestraft zu lassen. Warburg bereitete auch die Klage gegen den Journalisten Sebastian Knauer beim Genfer Gericht vor, das den deutschen Staatsbürger allerdings äußerst milde davonkommen ließ: Das Urteil lautete auf drei Monate Gefängnis, ausgesetzt zur Bewährung, zuzüglich einer Geldstrafe von 10 000 Franken – wegen Eindringens in die Privatsphäre und Hausfriedensbruch. Die weit schwerer wiegende Anschuldigung wegen unterlassener Hilfeleistung wurde nicht verhandelt, wie auch nie ernsthaft geprüft worden ist, ob Knauer zu Zwecken seiner fotografischen Aufnahmen über die sachlichen Tatortmanipulationen hinaus – wie etwa das Entfernen der Notizen – auch die Position des Leichnams in der Badewanne verändert hatte.

Der Name der Zeugin Bernadette Ricoh, die den Körper in der Wanne »anders«, nämlich »mit dem Gesicht unter Wasser« gesehen hatte, taucht in den Dossiers der Genfer Ermittler nicht auf. Dabei war die Entdeckung von allergrößter Bedeutung. Eike Barschel hat sie in die Verhandlung nicht einführen können, weil ihm oder seinem Anwalt die Aussage gar nicht zur Kenntnis gegeben worden war. Bei mancherlei Zweifeln, die die Obduktionen von Genf und Hamburg zurückgelassen haben, steht immerhin doch fest, daß Uwe Barschel nicht den Tod durch Ertrinken gestorben ist. Wenn er also mit dem Gesicht unter Wasser lag, dann mußte der Tod schon vorher eingetreten sein, andernfalls sich in den Atemwegen Wasser befunden hätte. Auch das ist ein Beleg dafür, daß die Annahme eines Selbstmords unhaltbar ist: Hätte ein Selbstmörder, wie von dem Pathologen Fryc behauptet, alle vier Gifte zugleich geschluckt, als »Cocktail«, wie sich der Zyniker auszudrücken beliebte, dann wäre er binnen weniger Minuten in schwere Bewußtlosigkeit gefallen und unter die Wasseroberfläche gerutscht. Unvermeidlich wäre dann bei dem bewußtlos noch Lebenden und Atmenden Wasser in die Lunge eingedrungen. Es gab aber kein Wasser in der Lunge. Das ist ein Beweis dafür, daß Fremdbeteiligte zunächst den Tod durch das Gift Cyclobarbital abgewartet haben, bevor sie auch den Kopf des Opfers unter die Wasseroberfläche sinken ließen.

Eine derartige Beweisführung hätte sachverständigengestützt in ein ordnungsgemäßes Verfahren gegen den Journalisten Knauer gehört. Der Prozeß, der von der Öffentlichkeit nahezu unbemerkt im Frühjahr 1988 kurz abgehandelt wurde, wäre bei voller Würdigung der Zeugenaussage der Bernadette Ricoh zu einem spektakulären Ereignis mit weltweitem Medienecho geworden und hätte die These vom Selbstmord im Beau Rivage endgültig pulverisiert. Das aber sollte nicht sein. Die These wurde noch gebraucht, in Genf noch und in Deutschland erst recht.

Der Edelhelfer

Für den rastlos an der Aufklärung des Verbrechens arbeitenden Bruder gibt es weitere Enttäuschungen. Eike weiß, daß er über den Ermittlungen auf eigene Faust nicht nur die Berufstätigkeit vernachlässigt, sondern auch Frau und Kindern die Zeit und die Zuwendung schuldig bleibt, auf die sie eigentlich Anspruch haben. Aber es gibt für Eike Barschel kein Zurück. Er will die vielen verworrenen Fäden zusammenbringen und durch das Dickicht aus Information und Desinformation hindurch Klarheit schaffen. In dieser Lage betrachtet es der Einzelkämpfer als einen seltenen Glücksfall, daß ihm Jean-Jacques Griessen seine Hilfe anbietet. Er hatte schon viel von der stadtbekannten Persönlichkeit gehört. Aber auf ein Angebot, ihm zu helfen, hatte er bislang nicht zu hoffen gewagt.

Griessen war ein echter Charakter »mit einem breiten Lebensentwurf«, wie Eike das in einer staatsanwaltlichen Vernehmung nennt. Schon in jungen Jahren weitgereist, übernahm er als Generalkonsul für eine ganze Reihe von afrikanischen Staaten die Vertretung in der Schweiz. Bei seinen zahlreichen Missionen ging es oft um sehr viel Geld. Nicht immer blieben dabei internationale Verwicklungen aus, und auch auf persönliche Gefahrenlagen mußte sich der Generalkonsul einstellen. So lernte er mit Sicherheitsfragen und mit Sicherheitstechnik umzugehen und legte Wert darauf, in diesem Metier immer auf dem neuesten Stand zu bleiben. Bald war er auch als Berater auf dem Gebiet des Personen- und des Objektschutzes gut im Geschäft. Um ein Haar wäre er auch noch in die Politik eingestiegen; bei den Wahlen zum schweizerischen Nationalrat verpaßte er nur hauchdünn die erforderliche Stimmenzahl.

Unlängst erst hat der Sicherheitsexperte auch eine Lizenz als Privatdetektiv erworben, als er auf den Bruder des Toten aus dem Beau Rivage zugeht. Das Hotel kennt keiner besser als Jean-Jacques Griessen. Und fast genauso gut kennt er Werner Mauss. Der hatte sich Jahre zuvor an den weltgewandten und technisch beschlagenen Schweizer gewandt und ihn für eine Zusammenarbeit gewonnen. Im Auftrag des deutschen Superagenten hat Griessen dann auch manche schwierige Mission erfüllt. So war er für ihn mehrfach im Libanon unterwegs, um Verhandlungen mit der Hamas und der Hisbollah zu führen. Und meistens konnte Mauss mit seinem Spezialagenten in Genf sehr zufrieden sein. Deshalb auch gab er ihm im Sommer 1987 einen delikaten Auftrag – vor Ort in Genf: Griessen sollte im raschen Wechsel nacheinander alle Zimmer im Beau Rivage anmieten, nicht um darin nur zu wohnen, sondern um sie mit den Augen des Sicherheitsexperten gründlich durchzufotografieren. Griessen erledigte die Aufgabe und lieferte sein Dossier mit der fotografischen Dokumentation vom Inneren des Hotels zur Zufriedenheit des Auftraggebers ab. Ein bißchen wunderte sich Griessen unterdessen, daß er nur diese eine erste Stufe zur spionagetechnischen Vollerschließung der Nobelherberge liefern sollte. Ohne weiteres wäre es ihm bei seinen Fähigkeiten auch möglich gewesen, woran auch Mauss nicht zweifeln konnte, die nach der Vorstufe der fotografischen Dokumentation folgerichtig vorgesehene technische Präparierung der Hotelzimmer vorzunehmen, so, daß der Nutzer der installierten Technik von außen stets verfolgen kann, was im Inneren der Räume geschähe. Griessen nahm die Tatsache, nur den Teilauftrag erhalten zu haben, als Zeichen eines gewissen Mißtrauens, das ihm auch früher schon nicht entgangen war. Bei diversen anderen Erledigungen war ihm ein Begleiter mitgegeben worden, der in den Augen von Griessen nur die Aufgabe haben konnte, ihn zu kontrollieren.

Das alles hört Eike aus dem Munde des neuen Partners mit immer wieder angehaltenem Atem. Aber der Schweizer Spezialist hat noch mehr Aufregendes zu erzählen. Am Morgen des 11. Oktober, dem Tag, an dem Knauer gegen 12 Uhr den Leichnam in der Wanne fand, erreichte Griessen auf seinem Apparat zu Hause gegen 10.30 Uhr ein Anruf von Werner Mauss. Der sagte nicht, von wo aus er anrief, aber das war auch nicht nötig. An dem ganz eigenen Klang, den nur das Telefon in der Lobby unweit der Rezeption hatte, erkannte Griessen, daß er aus dem Beau Rivage angerufen wurde. Einen Irrtum bei dieser Wahrnehmung schließt er aus. Er hat das Gespräch aufgezeichnet, wie er das meistens tut. Und er kann es immer wieder abspielen und mit anderen vom selben oder von anderen Apparaten aus geführten Gesprächen vergleichen. – Der mehrfach erwähnte Schweizer Journalist Frank Garbely hat das Telefonat bei Griessen auch ein paarmal gehört.

Nach Griessens Eindruck hatte der Anruf nur einen Zweck. Mauss beschwor ihn darin, auf jeden Fall in seiner Genfer Wohnung zu bleiben, sich bereit zu halten, um jederzeit auf Abruf zur Verfügung zu stehen. Griessen ist sich ganz sicher, daß er auf diese Weise während der heiklen Stunden vor allen Dingen vom Ort des Geschehens ferngehalten werden sollte. Blitzartig war ihm klargeworden, daß sich ein Vorfall von großer Tragweite ereignet hatte. Er erzählte seiner Frau von seiner Ahnung und bat sie, den Rundfunk einzuschalten. Wenige Stunden später ging wirklich die Nachricht vom Tod des deutschen Politikers um die Welt.

Griessen ist seither sicher, daß Werner Mauss mit dem Tod Uwe Barschels zu tun hat. Er behauptet nie, Mauss sei der Täter, und nicht einmal, daß sich Mauss im Sterbezimmer 317 aufgehalten hätte. Aber daß er mit dem Geschehen »etwas zu tun hat«, daran kommen Jean-Jacques Griessen von nun an keine Zweifel mehr. Und er, der Sicherheitsexperte, der längst auch zum überall Gefahren witternden Sicherheitsfanatiker geworden ist, hat auch Angst um die eigene Person und um Frau und Sohn. Er geht nirgendwohin, ohne mindestens eine Pistole einzustecken, manchmal hat er auch zwei bei sich. Gespräche, ob telefonisch oder »face-en-face« geführt, pflegt er akustisch aufzuzeichnen. Das unsichtbare Mikrophon hinter dem Revers oder das kompakte Hochleistungsgerät im Aktenkoffer sind ihm Werkzeuge, die er so selbstverständlich handhabt wie die Zahnbürste.

Die Gefahrenlage schätzt Griessen nicht geringer ein, seit die Zusammenarbeit ein Ende fand. Er hatte die Grenzen der Großzügigkeit des spendablen Deutschen erfahren müssen, der nicht bereit war, eine Forderung zu begleichen, die über 200 000 Schweizer Franken lautete. Griessen beendete nun die Mitarbeit. Vor seinem Haus parkt fortan regelmäßig eine schwarze Großraumlimousine, hinter deren abgedunkelten Scheiben zu jeder Tages- und Nachtzeit ein oder zwei als Scharfschützen ausgebildete Leibwächter im Einsatz sind. Daß er sich wenig später Eike Barschel zur Verfügung stellt, hat auch einen Grund in eigenen Befürchtungen: Wenn bekannt wird, daß er es war, der die Präparierung des Beau Rivage durch seine Fotodokumentation vorbereitet hatte, dann geriete er womöglich auch schnell in die Mühlen der Justiz. Wie sollte er beweisen, daß er mit dem Mord an dem deutschen Politiker nichts zu tun hatte? Er wußte sehr wohl, wie gut sein Auftraggeber von der Genfer Kripo gegen alle Verfolgung abgeschirmt wurde. Aber mit ihm würde man im Zweifel nicht so rücksichtsvoll umgehen. Deshalb, und nicht eigentlich wegen des zu erwartenden Honorars, bietet er Eike nun seine Dienste an. Gelingt es ihnen zusammen, den Fall zu lösen, dann darf auch er sich wieder sicherer fühlen.

Kurz vor dem Ziel

Manchmal auf getrennten Wegen und dann wieder gemeinsam suchen Eike Barschel und Jean-Jacques Griessen nach Spuren, Indizien und Beweisen. Die Gespräche mit dem Nachtportier haben sie teilweise schon zusammen geführt. Dann werden sie auf eine Zeugin aufmerksam gemacht, die Uwe Barschel am frühen Samstag abend in der Hotelhalle im Gespräch mit zwei Männern gesehen haben will; einer von ihnen soll wie ein Araber ausgesehen haben. Auch auf die Aussage dieser Zeugin legt die Polizei keinen Wert. Sie sei eine »Hotelprostituierte«, bemerkt Inspektor Fleury geringschätzig. Die junge Dame, die ihre Gunst gelegentlich tatsächlich gegen Geld vergibt, »Veronika« sei sie genannt, stammt aus Fribourg, wohin sie bald nach dem Todesdrama von Genf wieder zurückkehrt. Sie teilt dort Tisch und Bett mit dem Inhaber des Hotel-Restaurants Faucon, als sich Griessen daranmacht, ihr Vertrauen zu gewinnen.

Aber nicht mit ihr, sondern mit ihrem Hotelier kommt Barschels Edelhelfer allmählich ins Gespräch, und es zeigt sich, daß der Mann, der Veronika vorerst im Hintergrund hält, selbst etwas zu erzählen hat. Als ihm Griessen das Foto eines ungepflegten Mannes asiatischen Aussehens zeigt, erkennt er darauf einen Gast, der hin und wieder bei ihm im Faucon aufgetaucht ist. Mit einer schmutzigen Tennistasche? – Nein, er hatte stets als einziges Gepäckstück eine große Aktentasche mit Reklameaufdruck bei sich. Sein Name ist Akilan, und er ist für Griessen ein alter Bekannter. Akilan war ihm bei einer Libanon-Mission als Aufpasser attachiert worden und war auch sonst ein enger Mitarbeiter, der das Vertrauen des Superagenten genoß.

Dieser Akilan steht eines Abends wieder an der Rezeption des Hotels Faucon. Er schreibt sich unleserlich mit einem Namen ein, der – ohne Gewähr – als Bijumin entziffert werden kann. Als die Herren Griessen und Barschel tags darauf ihre Gespräche fortsetzen wollen, sehen sie Veronika in einem beklagenswerten Zustand. Sie sei die Treppe heruntergefallen, versucht sich ihr Hotelier mit einer lahmen Erklärung. Die Gäste sehen es anders. Sie ist gnadenlos verprügelt worden, wie das verquollene Gesicht mit dem violett unterlaufenen Auge bezeugt. Akilans diesmal sehr leserliche Handschrift.

Einem ähnlichen Schicksal entgeht Griessen selbst nur knapp. Im Restaurant Faucon war ihm und seinem Auftraggeber der Polizist aus Genf schon länger aufgefallen, der, als Kellner verkleidet, ein Auge auf die besonderen Gäste hat. Daß die Polizei sie aber nicht nur beobachtet, wird zur Gewißheit, als ein ganzes Kommando Griessens Tisch umstellt und ihn zwingt, das Lokal zu verlassen. Ohne daß vorher jemand diesen Namen genannt hätte, schreien die Ordnungshüter dem Privatdetektiv ins Ohr, er solle die Finger von dem Fall Barschel lassen. Barschel hätte Selbstmord begangen. Das könne er sich von Inspektor Fleury bestätigen lassen. Und zum Schluß erhält Griessen auch noch Hausverbot im Faucon und wird

Kurz vor dem Ziel

mit der Drohung verabschiedet, er solle sich in Fribourg überhaupt nicht mehr sehen lassen.

Die Recherchen auf den Spuren von Veronika sind vorerst beendet. Aber es gibt andere Spuren, die Eike einer Lösung näher bringen. Denn sorgsam und systematisch hat sein Edelhelfer das Umfeld abgeprüft, in dem sich Werner Mauss in Genf bewegt. Der verfügt selbstverständlich auch ohne den Techniker und Exdiplomaten über ein bedarfsgerechtes Netzwerk. Die libanesischen Gebrüder Chayto mit ihrem Clan stehen dem deutschen »Prince« für alle denkbaren Helferdienste rund um die Uhr zur Verfügung, als da sind: diskrete Observierung, Lockvogeleinsätze, Wahrnehmung von Behördenkontakten, Geldübergabe, Informationsbeschaffung der verschiedensten Art. Auch so vergleichsweise schlichte Erledigungen wie Limousinendienste und Hotelreservierungen übernehmen die naturalisierten Libanesen. Mauss nennt sie seine »Geschäftsfreunde«, und unlängst hat er ihnen einen Mercedes 500 SE für 140 000 Franken zum Geschenk gemacht. Wenn er in Genf absteigt, wird für ihn die Zimmerreservierung in der Regel telefonisch von dem jüngeren der beiden Chaytos vorgenommen. Der ruft dann meist aus dem Hotel Richemond, wo sich der libanesische Clan allabendlich in der Lobby zum Palaver versammelt, im benachbarten Beau Rivage an. In diesem seinem Lieblingshotel und kaum je irgendwo anders steigt Mauss über Jahre hinweg ab – niemals allerdings unter seinem richtigen Namen.

Neben den Chaytos gibt es einen schlanken Blonden, der zum engeren Helferkreis um Werner Mauss gerechnet werden kann. Um mit ihm näher ins Gespräch zu kommen, legt sich Eike einen Katalog mit schönen Farbaufnahmen von allerlei russischen Kunstwerken zu und gibt sich als Ikonenhändler aus. Der Blonde spricht gänzlich ohne Akzent ein makelloses Französisch, das er so perfekt nur in jungen Jahren gelernt haben kann. Aber er ist Deutsch-Schweizer, worauf sein Familienname deutet: Hurzlinger. Aber den Familiennamen benutzt niemand im Genfer Café du Théâtre, wo alle ihn nur »Monsieur Philippe« nennen. So reden ihn auch die Herren Barschel und Griessen an, die sich dort bald öfter mit ihm treffen.

Die Masche mit den Ikonen hat Monsieur Philippe sogleich als billigen Trick durchschaut und auf die erste Anfrage, ob er zur Aufklärung der Todesumstände beitragen wollte, kam von ihm nur eine ausweichende Antwort. Er wüßte nichts, aber wenn ihm doch etwas einfiele, würde er sich eventuell wieder melden. Ein halbes Jahr ist von Monsieur Philippe nichts zu hören. Dann meldet er sich tatsächlich. Und im Café du Théâtre kommt es zu einem Gespräch, das Eike Barschel das Blut in den Adern gefrieren macht. In seiner gepflegten Erscheinung und im Auftreten ganz seriöser Geschäftsmann und im Tonfall, wie wenn es um eine Börsentransaktion ginge, macht der Blonde seinem Gegenüber ein Angebot: Wenn es einmal etwas zu erledigen gebe, was er nicht selbst erledigen wollte, dann dürfe er sich ruhig an ihn wenden. Was zum Beispiel? ist Eikes Gegenfrage. – Nun, wenn ihm vielleicht eine Person im Wege sei, dann ließe sich die aus der Welt schaffen. So habe er das neulich mit einem Erben gemacht, der den Fehler hatte, zu jung zu sein – nach Ansicht eines anderen, der erst nach ihm erben konnte. »Nasse Sachen«, so würden die Geschäfte, bei denen Blut fließen muß, unter den Auftragnehmern genannt. – Mit solchen Leuten hätte Eike nie im Leben den stählernen Beau in Verbindung gebracht, der ihn nun lächelnd über seine Kaffeetasse hinweg ansieht. Eike gibt sich alle Mühe, sein Entsetzen zu verbergen. Er hat schließlich ein Interesse daran, mit dem Mann im Gespräch zu bleiben.

Man trifft sich nun öfters, und meistens ist auch Jean-Jacques Griessen dabei. Monsieur Philippe erzählt von jenen Tagen im Oktober 1987. Manches habe sich ganz anders zugetragen damals. So sei der Superagent am Sonntag, dem 11., gar nicht um die Mittagszeit mit seinem Privatflugzeug aus Genf abgeflogen. Er, Philippe, hätte Mauss im Auftrag des jüngeren Chayto vom Beau Rivage abgeholt und in ein anderes Hotel chauffiert, in das La Réserve, ein versteckt am See gelegenes Fünf-Sterne-Haus mit auch wieder ganz besonderen Vorzügen. Sein Fahrgast wußte da ausdrücklich die schußsicher verglasten Fenster zu rühmen. Bis zum Mittwoch, dem 14. Oktober, sei dieser in seinem Versteck geblieben. Dann erst hätte er sich, auch wieder von Philippe, aus dem Réserve zum Flughafen Cointrin fahren lassen, wo er auf dem angrenzenden Privatflugplatz in seine Mitsubishi-Maschine geklettert sei. In seiner Schilderung fährt Monsieur Philippe fort, wie er auch den Rest des Auftrags ausgeführt haben will. Dabei enthüllt er noch ein brisantes Detail: Der Agent hatte in der Todesnacht nicht nur die Juniorsuite im Nachbarhotel Richemond gebucht, sondern auch ein Zimmer im Beau Rivage. Den Schlüssel zu diesem Zimmer habe er, Philippe, nicht gleich am Sonntag, sondern erst am Montag ins Hotel zurückgebracht. Wie ihm das der jüngere Chayto eingeschärft hatte, legte er den Schlüssel einfach nur unauffällig auf den Tresen der Rezeption.

Ob die Angaben des Philipp Hurzlinger alle voll und ganz der Wahrheit entsprechen, kann Eike Barschel nicht recht beurteilen. Er kann sich auch nicht ganz sicher sein, ob der Blonde vielleicht insgeheim immer noch für

Mauss arbeitet. Gut möglich, daß er sich auftragsgemäß nur in sein Vertrauen einschleichen will, um ihn und Griessen unter Kontrolle zu haben. Allerdings ist bei allem, was der Mann erzählt, immer auch in Rechnung zu stellen, daß einer der beiden Zuhörer der über die Person des Auftraggebers, seine Eigenheiten und sein Umfeld bestens informierte Privatdetektiv Griessen ist. Der läßt sich so leicht keinen Bären aufbinden, und er findet, daß Philippe mit seinen Schilderungen durchaus glaubhaft ist.

Monsieur Philippe stellt in Aussicht, auch über das unmittelbare Todesgeschehen entscheidende Details zu berichten. Aber er knüpft seine Aussage an eine Bedingung, die vorher zu erfüllen sei. Von einer deutschen Schlüsselfigur, einem »Ex-BKA-Mann«, sagt er, möge Griessen in Zürich die Zustimmung einholen, die es ihm, Philippe, dann erlauben würde, alle Karten auf den Tisch zu legen. Jean-Jacques Griessen fährt im Auto nach Zürich, mit großer Angst, aber auch in der Hoffnung, den Fall nun endlich zu lösen. Er hat noch erfahren, daß er mit dem Ex-BKA-Mann zusammen auch den Zürcher Residenten des israelischen Geheimdienstes Mossad treffen soll.

Am Abend des 9. November 1992 wird Jean-Jacques Griessen in Zürich tot aufgefunden. Angeblich ist er einer Herzattacke erlegen, während er sich gerade bei einer Prostituierten aufgehalten habe. Die Pistole soll im Handschuhfach seines Wagens gefunden worden sein – alles Umstände, die Frau Griessen sehr befremdlich findet. Kurz bevor er starb, ist sie von ihrem Jean-Jacques noch angerufen worden. Er sagte ihr, es sei alles in Ordnung. Auf seinem Mobiltelefon war es die vorletzte Nummer, die Griessen gewählt hatte. Die letzte Nummer war eine andere. Aber die wurde von der Polizei gelöscht.

Über seiner Bestürzung und Trauer vergißt Eike Barschel anderntags nicht, nach den Informationen zu suchen, die sein Privatdetektiv archiviert hat. An die Witwe wendet er sich aber auch, um ihr die Rechtsvertretung durch seinen Anwalt Maître Barillon anzubieten. Dankbar nimmt Frau Griessen das Angebot an, muß die Zusage aber kurz darauf zurückziehen – auf Druck der Genfer Polizei, wie sie bedauernd erklärt. Die Kripo hat auch sofort die Hand auf alle Aufzeichnungen gelegt, die Ton- und Bilddokumente, Terminkalender, Kundenkartei und alles andere, was der Privatdetektiv aufbewahrt hat. Die beschlagnahmten Archive mit den zahlreichen Hinweisen auf die Mittäterschaft des deutschen Agenten sollen weder die Ehefrau noch Eike Barschel oder sein Anwalt je zu Gesicht bekommen. Die Öffentlichkeit hat von Griessen und seiner Spurensuche sowieso nichts erfahren. Die polizeilichen Untersuchungen erbringen selbstverständlich keinerlei Aufschluß über die Umstände des Todes in Zürich. – Von Monsieur Philippe kann Eike nur noch annehmen, daß er der Vogel war, der Jean-Jacques Griessen in die Falle gelockt hat. Zu Gesicht bekommt er den blonden Todesengel nie mehr.

Die Ehre der Justiz

Nach dem Tod seines Verbündeten sieht Eike Barschel die nahe geglaubte Lösung in weite Ferne gerückt. Was kann er jetzt überhaupt noch tun? Wie schon seit Jahren, findet er in der Post immer wieder die merkwürdigsten Hilfsangebote. Meist geht es dabei um Geld. Und meist wirft er sie in den Papierkorb. Am Telefon bietet ein Anonymus »brisante Unterlagen« über die Waffengeschäfte der beiden Brüder Barschel zum Kauf an. Eike rät dem Anrufer, die »Dokumente« doch lieber zu veröffentlichen. Gegen derlei Gerüchte, die immer wieder auch in den Gazetten auftauchen, ist er machtlos. Aber langsam verliert er auch das Interesse daran. Anders ist das mit den Drohungen, die ihn schriftlich oder per Telefon erreichen. Man weiß ja nie, ob so etwas ernst gemeint ist. Er gewöhnt sich eine ganze Reihe von Vorsichtsmaßregeln an und grübelt natürlich auch darüber nach, aus welchen Gründen man ihn wohl von seinen Aktivitäten abbringen will. Auch ist ihm nicht entgangen, daß er nach wie vor beschattet wird. Daß sein Telefon abgehört wird, bezweifelt er keine Sekunde lang. Warum macht man sich all die Mühe? Es ist offenkundig, daß man ihn für gefährlich hält, das heißt, ihn persönlich vielleicht weniger als die Wahrheit, die er herausfinden will.

Es sind schließlich gerade die Widerstände, die seinen Kampfgeist neu beleben. Und er entdeckt auch neue Hoffnungszeichen. Der alte Generalstaatsanwalt Corboz, bei dem er wenig Verständnis findet, schickt sich an, in den Ruhestand zu wechseln. Allzuoft, wenn Eike Barschel bei ihm über seinen Anwalt Beschwerde einlegte, war er an Corboz abgeprallt. Als er sich darüber beklagte, daß wichtige Zeugen nicht vernommen würden, mußte er sich im Plädoyer des Generalstaatsanwalts anhören, es sei allein Sache der Polizei, darüber zu entscheiden, welche Zeugen vernommen würden und welche nicht. Gegen solche Rechtsauslegungen des obersten Genfer Ermittlers gibt es keine Einspruchsmöglichkeit, es wird nicht einmal ein schriftliches Protokoll davon gefertigt.

Basta-Bescheide sind nicht der Stil des Nachfolgers. Bernard Bertossa zeigt sich offen für Anregungen zum Gang der Ermittlungen, zumal wenn sie von einem so engagierten und gut informierten Betroffenen kommen. Der neue Generalstaatsanwalt gehört denn auch nicht zu denen, die sich blind geben gegenüber den Zeichen, die auf einen Mord an dem deutschen Politiker deuten. Und zum Kreis der Verdächtigen zählt in den Augen von Bertossa auch der sogenannte Superagent Werner Mauss. Er weiß nur zu gut über das Rechtshilfeersuchen Bescheid, das vor Jahresfrist nach Deutschland geschickt worden ist. Es enthielt die Bitte, dort den Privatdetektiv vernehmen zu können. Der Bitte aus der Schweiz wurde auch entsprochen. Aber herausgekommen ist bei der Befragung kaum etwas. Das mag damit zu tun gehabt haben, daß die Vernehmung von Werner Mauss durch den leitenden Kriminalinspektor Fleury vorgenommen wurde. Hatte Fleury, den alle als Zögling von Louis Demartin kennen, nicht stets und ständig die Spuren Richtung Mauss verwischt? – Der enttäuschende Verlauf der Befragung im Stuttgarter Büro des Rechtsanwalts hat aber auch am Prozedere gekrankt. Nach internationaler Gepflogenheit durften Mauss nur die vorab schriftlich übermittelten Fragen gestellt werden. Nachfragen waren nicht erlaubt.

Mauss leugnete nicht, zur Zeit des Todes von Uwe Barschel in Genf gewesen zu sein. Aber zu dem ganz anderen Zweck von Verhandlungen über die Geiselbefreiung. Den Politiker aus Norddeutschland will er weder gesehen oder gesprochen noch überhaupt gekannt haben. Zeugenaussagen über seine Anwesenheit im Beau Rivage wurden dem Privatdetektiv erst gar nicht vorgehalten, selbstverständlich auch nicht die Aufträge zum Verwanzen des Nobelhotels, gar nicht zu reden von den Fragen um seine mutmaßliche Präsenz auf dem Flughafen Cointrin just um die Zeit, als der Fluggast aus der Iberia-Maschine aus Las Palmas stieg. – Mit dem mageren Ergebnis, das Fleury aus Stuttgart mitgebracht hat, will sich Bernard Bertossa ganz und gar nicht abfinden. Die Aufnahme der Ermittlungen gegen den Chef der 1. Sektion der Kripo geht auf seine Initiative zurück, und nicht Fleury, sondern der Kommissar Urs Rechsteiner erhält die Zuständigkeit, in dem unerledigten Fall weiterzumachen.

Der Kommissar will endlich herausfinden, auf welchen Personenkreis sich die Großzügigkeit des deutschen Agenten erstreckt, und er stößt auf eine Villa in Colony. Für 20 000 Franken im Monat ist die elektronisch festungsartig gesicherte Villa für einen gewissen »Dr. Richter« angemietet – von einer belgischen Firma, deren »Verwaltungsratspräsident«

ein Schwager von Kripochef Louis Demartin ist. Der Telefonanschluß der Villa in Colony ist auf den Namen der Ehefrau eines gewissen Frans Reyniers zugelassen, der interessanterweise im Juni 1990 seines Amtes als Leiter der belgischen Sicherheitspolizei enthoben worden ist, um anschließend eine Weile hinter Gittern zu verschwinden.[89] So also hat der Agent sein Netzwerk gesponnen. Aber der Kommissar Rechsteiner kriegt ihn zu seinem Bedauern nicht persönlich zu fassen. Bertossa bedauert das auch.

Der spektakuläre Auftritt in der Öffentlichkeit ist an sich nicht die Art des bedächtigen Juristen. Aber der Generalstaatsanwalt ist nun nicht länger bereit, seine Verärgerung darüber zurückzuhalten, daß die deutschen Behörden tatenlos zusehen, wie ein in ihrem Auftrag herumreisender Privatermittler die Polizei im Nachbarland, seine, Bertossas, Polizei mit viel Geld systematisch korrumpiert. Zudem wundert sich Bertossa über das deutsche Phlegma bei der Aufklärung einer politischen Affäre, von der es doch heißt, es sei die größte Politaffäre der bundesdeutschen Nachkriegsgeschichte. Die Zuständigkeiten und Instanzen im Justiz- und Polizeiwesen des nördlichen Nachbarn müssen dem Genfer Behördenchef nicht in allen Einzelheiten bekannt gewesen sein. Aber er weiß doch, daß in Fällen von einiger politischer Bedeutung die Bundesanwaltschaft in Karlsruhe regelmäßig die Initiative an sich zieht, um mit der Hilfe des Bundeskriminalamts in Wiesbaden die Ermittlungen in der Hand zu halten. Nichts davon war in Genf zu beobachten, außer daß es immer mal wieder inoffizielle Besuche vom BKA gab, das sich aber offiziell überhaupt nicht für zuständig erklärt hat.

Bernard Bertossa überlegt sich gut, wie er die lange zurückgehaltene Botschaft unters Volk bringt, unter das deutsche Volk, versteht sich. Er wählt eine Medienbühne, die ihm millionenfache Verbreitung sichert, keine elektronische Bühne, von der aus das Gehörte oder Gesehene nach der Wahrnehmung beim Publikum nur in Restbeständen dem Gedächtnis verbleiben kann, nein, er wählt ein Printmedium, das die Botschaft schwarz auf weiß und zum jederzeit möglichen Nachlesen wie auch zum Archivieren festhält. Und mit Bedacht sucht er eine Form für seine Botschaft aus, die ihm die volle Kontrolle über das gedruckte Wort garantiert. Bei Interviews, die mit Zeitschriften geführt werden, hat es sich eingebürgert, daß der Interviewte vor der Drucklegung die vorgesehene Fassung zur Korrektur erhält. Erst nach seiner Freizeichnung darf der Text erscheinen. So war es auch mit dem Interview-Beitrag, der am 15. April 1992 in der Zeitschrift *stern* erscheint.

20 Das Bild, das die Welt bewegte, zeigt den Toten in der Badewanne.

21 »Es war Mord«: Freya und Eike Barschel auf dem Weg zu ihrer Pressekonferenz.

22 Der Pfeil weist auf das Todeszimmer 317 im Genfer Hotel Beau Rivage.

23 Fremde Fußabdrücke auf dem Badewannenvorleger

24 Ein Schuh wird später zum Reden gebracht.

25 Schmutz von fremden Händen verrät ein zerknülltes Handtuch neben dem Ausgang.

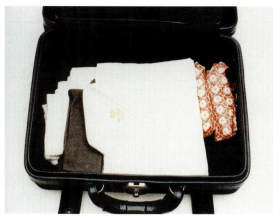

26 Die Reisetasche mit der frischen Wäsche des Gastes von 317 …

27 … und mit zwei kanarischen Püppchen im Geschenkpapier – für die beiden Töchter?

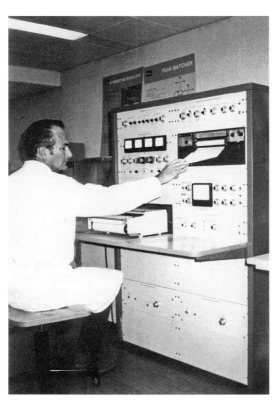

28, 29 Der Gerichts-Chemiker Brandenberger, ein Meister seines Fachs – links am Massenspektrometer – erhärtet den Mordverdacht.

30 Für die Aufnahme von Mordermittlungen kämpfte Rechtsanwalt Justus Warburg mehr als zehn Jahre lang.

31 Nie und nimmer hätte sich der Chef das Leben genommen, ist Freund und Fahrer Karl-Heinz Prosch überzeugt.

32 Staatssekretär Schleifer belastete Barschel vor dem Untersuchungsausschuß schwer.

33 Heinrich Wille, Chef der Lübecker Staatsanwaltschaft, sah sich von der Politik blockiert.

34 Das Wort führte der Pressesprecher, aber die Verantwortung für den weltbewegenden Kriminalfall trug die bisweilen überforderte Untersuchungsrichterin Claude-Nicole Nardin (r

35 Generalstaatsanwalt Bertossa ließ nicht zu, daß der Fall als Selbstmord kaschiert zu den Akten wanderte.

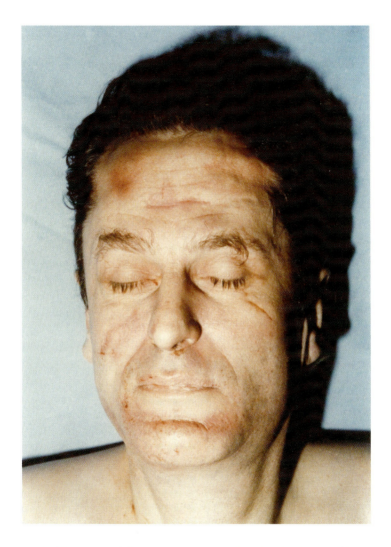

36 Weil dieses Bild des Toten unveröffentlicht blieb, konnte die Behauptung aufrecht erhalten werden, Spuren von Gewaltanwendung seien an dem Leichnam nicht gefunden worden. Tatsächlich gab es viele solcher Spuren.

37 Freya Barschel und der evangelische Bischof vor dem Lübecker Dom, wo die Trauerfeier für den ehemaligen Ministerpräsidenten stattfand. Stoltenberg war von der Familie zur unerwünschten Person erklärt worden.

38 Die Witwe mit ihren beiden ältesten Kindern

39 Der Grabstein auf dem Waldfriedhof von Mölln. Vor dem Findling ein Gedenkstein für den vermißten Vater

Mit dem Zitat: »Warum machen die Deutschen ihre Arbeit nicht?« ist das Interview überschrieben. Am Anfang räumt der Jurist ein, daß es in Genf »Versäumnisse« und »ein schleppendes Vorankommen« gegeben haben mag, aber dann kommt der erste Hammerschlag: »Was mir von sehr viel größerer Wichtigkeit erscheint, ist die Frage, warum es sich um ein Verbrechen hätte handeln können. Welches waren die möglichen Motive, welche möglichen, nachvollziehbaren Gründe könnte es gegeben haben, Herrn Barschel aus dem Weg räumen zu wollen?«

»Glauben Sie, daß der deutsche Agent Werner Mauss etwas mit der Barschel-Affäre zu tun hat?« fragt der *stern*, und anfangs vorsichtig kommt die Antwort: »Beim jetzigen Stand der Ermittlungen ist es nicht möglich, diesbezüglich etwas zu sagen, außer, daß er zu dem Zeitpunkt, als Barschel starb, in Genf war. Natürlich ist das ein Zusammentreffen, das wichtig genug ist, näher beleuchtet zu werden.« Auch die Verbindung zu Demartin sprechen die Interviewer an. Bertossa bestätigt die enge Beziehung, aber verharmlost die Bedeutung der Einflußnahme des Kripochefs auf den Gang der Ermittlungen. Dann aber wieder die Attacke, auf die es ihm ankommt: »Ich möchte ferner darauf hinweisen, daß Herr Mauss Deutscher ist, meines Wissens in Deutschland wohnhaft ist, und es war bis heute nicht möglich, ihn zu verhören. Ich verstehe nicht, warum die Deutschen nicht ihre Arbeit machen.«

Ob er enttäuscht sei von der Zusammenarbeit mit der deutschen Polizei oder Justiz, wird der Generalstaatsanwalt etwas scheinheilig gefragt. – »In bestimmter Hinsicht ja, denn meiner Meinung nach ist es eine Angelegenheit der Deutschen. Die Barschel-Affäre ist eine deutsche Affäre und keine Schweizer Affäre. Herr Barschel ist, sagen wir, zufällig in Genf gestorben. Die Genfer Polizei kann nur ihr Möglichstes tun, die genauen Umstände, unter denen Herr Barschel gestorben ist, zu klären. Aber alle grundlegenden Umstände im Zusammenhang mit einem eventuellen Verbrechen oder Selbstmord sind natürlich in Deutschland zu suchen. Die Antwort liegt in Deutschland. Ich hätte von den deutschen Behörden etwas mehr Dynamik bei der Suche nach den eventuellen Motiven erwartet.«

Ob noch ernsthafte Zweifel am Selbstmord bestünden, will der *stern* wissen. »Wenn es keine Fragen mehr gäbe, würden auch keine Ermittlungen mehr stattfinden«, lautet die trockene Antwort. Nach den Gründen für einen Mordverdacht gefragt, antwortet Bertossa: »Uns geht es darum, zu erfahren, was hier wirklich passiert ist. Ich verfolge keinen Mord, keinen Selbstmord, ich suche die Wahrheit.«

Niemand kann es dem Juristen verdenken, daß er sich schützend vor seinen Behördenapparat stellt und in einer für das Ausland bestimmten Veröffentlichung sogar den wegen Bestechung Überführten von seiner Solidarität nicht ausnimmt. Warum sollte er sich mit Selbstkritik an Genfer Pannen aufhalten? Das Interview hat einen anderen Zweck: den Deutschen ihren ungleich größeren Teil der Verantwortung unter die Nase zu reiben.

Nach viereinhalb Jahren des Ermittelns wird von dem Mann, der es am besten wissen muß, mit aller Bestimmtheit festgestellt, Mord könne nicht ausgeschlossen werden und es bestünde Handlungsdruck: Warum wird Werner Mauss in Deutschland nicht vernommen? fragt der Generalstaatsanwalt, und: Warum machen die Deutschen nicht endlich ihre Arbeit? Der höflichen Hülle entkleidet, die ein feiner Mann wie der Genfer Notable auch im Zustand der Erregung nicht ablegt, sind die Bertossa-Ausführungen eine Abfolge von schallenden Ohrfeigen. Die Empfänger scheinen sie regungslos zu ertragen. Aus Bonn und Karlsruhe und Wiesbaden ist kein Aufschrei zu vernehmen. In Lübeck wird der Leitende Oberstaatsanwalt Joachim Böttcher von der Tageszeitung *Die Welt* auf die Genfer Philippika angesprochen und meint nur: »Uns kann er damit nicht gemeint haben.« Aber es war doch Herr Böttcher, dem Monsieur Bertossa soeben die alte Ausrede zerfetzt hat, man müßte aus Respekt vor der Schweizer Souveränität auf eigene deutsche Ermittlungen verzichten. – Irgendwann, zweieinhalb Jahre später, werden die deutschen Ermittlungen dann ja schließlich doch aufgenommen werden. Da wird dann von der zu respektierenden Schweizer Souveränität keine Rede mehr sein. Dann wird es denkbar lapidar heißen, man ermittle, weil der tot Aufgefundene deutscher Staatsbürger gewesen sei. Als wenn er das nicht schon immer war.

stern-*Stunden*

Zu jedem Interview gehören zwei Seiten, eine, die sich interviewen läßt, und eine, die das Interview führen und drucken will. Zunächst einmal war die Hamburger Illustrierte auf einer Linie mit dem benachbarten *Spiegel*: beide ganz vorn unter den Verkündern der Selbstmord-Version. Beide Blätter hatten in den Augen der Leserschaft gegenüber der gesamten Medienkonkurrenz einen großen Glaubwürdigkeitsvorsprung – der *Spiegel*, weil er über den Kronzeugen Pfeiffer die von ihm so genannte Barschel-Affäre überhaupt erst geschaffen hatte, der *stern*, weil er in Genf in der

Person seines Reporters leibhaftig und exklusiv dabeigewesen war, als die Affäre ihren dramatischen Höhepunkt erreichte. Wer sonst als diese beiden Kompetenzträger konnte über Leben und Sterben des Politikers Uwe Barschel Gültiges aussagen?

Ziemlich früh, nämlich schon ab dem Sommer 1988, schreibt sich der *stern* allmählich über die dogmatische Suizidlinie hinaus. Er läßt in der Berichterstattung über den ungelösten Fall, anders als das Nachbarblatt, nicht mehr alle Fakten ausgeblendet, die auf ein Mordgeschehen im Beau Rivage deuten. Die Verletzung am Hinterkopf, die sich das Opfer nicht selbst hatte beibringen können, wird sogar im Bild gezeigt. Das »Entsetzen«, das der Hamburger Obduzent Jansen darüber zum Ausdruck bringt, daß eine solche Verletzung in Genf nicht bemerkt worden sein sollte, findet sich sogar nirgendwo sonst als im *stern* (Nr. 32 vom 4. August 1988), der die Frage Mord oder Freitod künftig immerhin offenhält.

Der Versuch, den Spagat zwischen den unvereinbaren Versionen zu halten, wird dann aber schließlich im Frühjahr 1992 aufgegeben. »Die Mannschaft vom *stern* hatte zum erstenmal umfassenden Einblick in die Ermittlungsakten über den Tod von Uwe Barschel«, heißt es im Editorial, »und stieß darin auf eine Fülle von Ungereimtheiten, Pannen und Schlampereien bei Polizei und Justiz. Kann man, muß man von vorsätzlicher Vertuschung sprechen?«[90] – Das ist das Präludium für den eigentlichen Höhepunkt der neuen Berichterstattung: das Interview mit dem Generalstaatsanwalt Bertossa. – Im *Spiegel* war dieses Interview undenkbar.

Der Abschied von den allmählich unhaltbar gewordenen Suizidtheorien hatte beim *stern* vermutlich mit einer Personalie zu tun. Ein neuer Chefredakteur war unter Vertrag genommen worden, und wenn er auch vorerst nur aus der Distanz eines ihm zeitweilig verordneten Ruhestands beim *stern* hin und wieder ein paar erste Weichenstellungen vornehmen konnte, so waren diese womöglich doch von grundlegender Bedeutung. Werner Funk hatte die Auflagen in seinem Abfindungsvertrag zu beachten. Nachdem er Mitte des Jahres 1991 beim *Spiegel* ausgeschieden war, stand er unter zeitweiligem Konkurrenzausschluß; denn schließlich war Funk nicht irgendwer. In über zwanzig Jahren hatte er es beim Nachrichtenmagazin Rudolf Augsteins vom Korrespondenten über den Ressortleiter bis zum Chefredakteur gebracht. In dieser Position war er einer von dreien, als die Enthüllungen des Reiner Pfeiffer seinem Blatt die Aufmerksamkeit der halben Welt bescherten und ihm wie den Kollegen frischen Ruhm als Enthüllungsjournalist brachten.

Kaum einer wußte besser als Werner Funk, daß der *Spiegel* für den Erfolg aber auch einen Preis entrichten mußte: So, wie er an den Behauptungen seines Kronzeugen festhalten mußte, um sich die Blamage zu ersparen, einem Hochstapler aufgesessen zu sein, so mußte er das Sterben von Genf auch weiterhin als einen Selbstmord verkaufen, der unter der Last großer persönlicher Schuld unvermeidlich geworden war. Aus dieser selbstgewählten, aber darum nicht weniger unerbittlichen Gefangenschaft seiner bisherigen Redaktion wußte der Wanderer zwischen den beiden Magazinen am neuen Ufer Kapital zu schlagen. Der *stern*, Jahre zuvor von den Hitlertagebüchern ramponiert, konnte mit einer diesmal an den Fakten orientierten Berichterstattung zu einem die Leserschaft nach wie vor bewegenden Thema endlich wieder neuen Glanz gewinnen.

Auch Eike Barschel durfte die neue Offenheit als große Ermutigung betrachten, wenn es ihn auch irritiert, daß die alten Verdächtigungen immer wieder hochkommen. Ein halbes Dutzend Rechercheure bietet Funk bald auf, um die Verwicklungen des Bruders in angebliche Waffengeschäfte zutage zu fördern. Wochenlang sind *stern*-Reporter in den neuen Bundesländern unterwegs, um herauszufinden, welche heimlichen Verbindungen der einstige Ministerpräsident zu den Tarnfirmen und Waffenlagern des »Devisenbeschaffers« Alexander Schalck-Golodkowski unterhielt. In der Tschechoslowakei hatte sich Uwe Barschel noch im Frühjahr 1987 zwei Wochen lang aufgehalten. Also schwärmten die Reporter auch in die böhmischen Badeorte aus, wo sich der Politiker ja wohl nicht nur aufgehalten haben dürfte, um seinen kranken Rücken zu kurieren. Irgend etwas müßte sich doch finden lassen, zumal aus verdeckten Quellen immer wieder einschlägige Gerüchte geträufelt wurden. Aber es wollte partout rein gar nichts davon hängenbleiben.

Wenn sich im alten Ostblock nichts finden läßt, dann vielleicht aber doch in Genf? Ist es nicht auffallend, daß zur selben Zeit wie Uwe Barschel eine ganze Reihe von international berüchtigten Waffenhändlern in den umliegenden Hotels ihre Konferenzen abgehalten haben? Auch der Saudi Kashoggi, der ja auf Gran Canaria eine Villa hat, war nachweislich zur selben Zeit in Genf. Desgleichen der Sohn des iranischen Ajatollah Khomeini. Alles sehr verdächtig, zumal es Aussagen gibt, die von einer Geldübergabe an Uwe Barschel handeln ... Viel Unsinn von dieser Art erscheint auch im *stern*, den Eike denn auch immer wieder abblitzen läßt, wenn er um ein Interview gebeten wird. Er vertraut lieber auf die eigenen Recherchen und auf den Generalstaatsanwalt Bertossa.

Aus irgendeinem Grund, den niemand kennt und nach Schweizer

Justizrecht auch niemand kennen darf, ist die Untersuchungsrichterin Claude-Nicole Nardin Anfang der 90er Jahre von ihrer Zuständigkeit für den Fall Barschel entbunden worden. Die neue Richterin heißt Carole Barbey und ist mit ihren 45 Jahren sehr viel berufserfahrener. Mehr Interesse an der Aufklärung des Falles aber scheint auch sie nicht mitzubringen. Die Unabhängigkeit ihres Amtes legt sie um so großzügiger aus. Sie stammt aus einer der angesehensten Patrizierfamilien der Stadt. Sie hat auch eine andere Vorstellung von Ordnung als die meisten Leute und weist alle Hinweise darauf, daß sich ihre Fälle besonders lange dahinschleppen, mit Entschiedenheit zurück. Auch die Anregungen des Generalstaatsanwalts hat sie nicht so gern.

Bernard Bertossa zeigt sich aufgeschlossen für den Vorschlag des Dr. Eike Barschel, bei dem auch ihm als kompetent bekannten Toxikologen Hans Brandenberger aus Zürich ein neues chemisches Gutachten in Auftrag zu geben. Als der Deutsche mit diesem Wunsch bei Madame Barbey vorstellig wird, erhält er allerdings eine Abfuhr. Wenn er denn unbedingt noch ein Gutachten will, dann möge er das selber in Auftrag geben und auch aus eigener Tasche bezahlen, wird er von der resoluten Dame beschieden. Auf das Geld kommt es Eike nicht so sehr an, aber er möchte nun nicht noch einmal ein Privatgutachten in Auftrag geben. Es soll schon ein mit entsprechender Autorität gesiegeltes amtliches Gutachten sein.

Der Generalstaatsanwalt muß seinen ganzen Einfluß aufbieten, um die Richterin von ihrer Weigerung abzubringen – und auch das gelingt ihm nur halbwegs. Sie besteht darauf, daß mit Brandenberger zusammen auch die beiden Genfer Forensiker Fryc und Staub mit dem neuerlichen Gutachten beauftragt werden. Nur »mit ganz unguten Gefühlen« stimmt Eike Barschel diesem Kompromiß zu, den er einen »faulen« nennt und einen »Kuhhandel« obendrein. Zwischen Bergen von Akten, die in ihrem Büro überall den Fußboden bedecken, kommt es schließlich zur Vereidigung der drei Sachverständigen durch Madame Barbey. Dabei besteht der Deutsch-Schweizer Brandenberger darauf, daß alles, was gesprochen wird, Wort für Wort ins Deutsche übersetzt wird, obwohl er des Französischen fast genauso mächtig ist wie die Welsch-Schweizer. Die Marotte mit der Übersetzung bringt ihm einen überraschenden Erkenntnisgewinn. Beim Rausgehen aus dem Büro hört er Fryc zu Staub sagen, wohl annehmend, daß der Zürcher sein Französisch nicht mitkriegt: »Das ist alles nicht so schlimm. Wir sagen einfach, es gibt nichts mehr, wir haben alles weggeschüttet.« Klar, was gemeint war: die asservierten Körperflüssigkeiten, von denen doch wohl noch Reste versteckt waren.

Soweit das eben noch möglich ist, nimmt Brandenberger die Analysen in Staubs chemischem Labor vor und bestätigt dabei unter anderem die in Hamburg zusätzlich festgestellten Spurenelemente, so wie er auch die schon geschilderten Erkenntnisse über die von Staub vernachlässigten Metaboliten gewinnt. Wieder zu Hause, macht sich Brandenberger an die Formulierung seines Gutachterteils und schickt den Text nach Genf, auf daß die Kollegen dort verabredungsgemäß ihre ergänzenden oder auch abweichenden Passagen hinzufügen. Die aber haben anderes im Sinn. Aus Brandenbergers Text streichen die Zensoren alles heraus, was nicht mit dem von ihnen im Oktober 1987 abgelieferten Gutachten übereinstimmt. Dabei bekommt ihr Rotstift eine Menge zu tun. In dem Zürcher aber haben sich die Genfer ein weiteres Mal verschätzt. Statt eines manipulierten Gemeinschaftsgutachtens liefert er seine allein erstellte Expertise bei der Richterin ab. Madame Barbey ist wütend. Fryc soll ihr erklären, wie es zu der Abweichung vom Auftrag gekommen ist, und der beklagt sich bitter über Brandenbergers unkollegiales Verhalten.

Mit viel Verspätung wird schließlich auch das vorgelegt, was der inzwischen zum Professor ernannte Oldrich Fryc sein Gutachten nennt. Beide Expertisen sind unveröffentlicht geblieben.

Das Fryc-Gutachten liefert aufschlußreiche Beispiele für unwissenschaftliche Grenzüberschreitungen: mit Behauptungen auf anderen als dem eigenen Wissenschaftsfeld und mit Werturteilen ohne Tatsachengrundlage. Das streng wissenschaftliche Brandenberger-Gutachten lohnt die Lektüre hingegen nicht nur als Kontrastprogramm, sondern auch, weil es sich im weiteren Verlauf als sehr folgenreich erweisen sollte: Bei den Ermittlern von der Lübecker Staatsanwaltschaft wirkte es wie ein den Dauerschlaf beendender Muntermacher. Eike Barschel durfte nun hoffen, daß dort die Ermittlungen endlich in Gang kommen würden.

Über viele Jahre hat sich der Hamburger Rechtsgelehrte Justus Warburg als Anwalt der Familie Barschel mit den phlegmatischen Behörden des eigenen Landes herumgeschlagen. Der Träger des Namens einer renommierten Bankdynastie hatte das Mandat übernommen, das der Kieler Rechtsprofessor Erich Samson zu Lebzeiten und auch noch nach dem Tod von Uwe Barschel im Herbst 1987 nur noch mit Schrecken wahrgenommen und dann unter denkwürdigen Umständen niedergelegt hatte. Der Grund dafür lag weniger in der Rechtsverweigerung, die Samson im Parlamentarischen Untersuchungsausschuß von Kiel, dem »ersten« PUA, die Arbeit schwergemacht hatte. Insbesondere durch den Ausschußvorsitzenden Klingner wurde der Kronzeuge und Barschel-Beschuldiger Pfeiffer gegen die kritischen Fragen und die Attacken von Samson regelrecht abgeschirmt. Das war ärgerlich genug, aber nicht das Motiv für seinen Mandatsverzicht. Der wahre Grund wog schwerer: Samson hatte Drohungen erhalten. Er fürchtete um sein Leben.

Den kühlen Juristen packte die Todesangst nicht von ungefähr. Er wußte, daß es Barschels Feinde blutig ernst meinten; der Tod seines Mandanten im Hotel Beau Rivage hatte ihm das vor Augen geführt. Und vier Wochen später passierte ein weiterer mysteriöser Todesfall. Der Staatssekretär im Innenministerium von Schleswig-Holstein hieß Dr. Hans Joachim Knack und galt seiner anerkannten Kompetenz wegen als der eigentliche Kopf des Ministeriums, das die Dienstaufsicht über die Polizeibehörden des Landes und den Verfassungsschutz führte. Aus der Zeit, als der spätere Ministerpräsident Barschel noch Innenminister war, rührte eine besondere Vertrauensbeziehung her, die Knack und Barschel miteinander verband. Bei Knack waren viele Informationen zusammengelaufen, auch die sehr vertraulichen, die ein anderes Bild von der Kieler Affäre gaben als das von Pfeiffer und dem *Spiegel* gezeichnete. Der Staatssekretär sollte vor dem Untersuchungsausschuß seine Aussage zu der Affäre machen. Er wollte es auch, aber er konnte nicht: Am 9. November 1987, einen Monat nach dem Tod in Genf und einen Tag vor seiner geplanten Aussage wurde auch Hans Joachim Knack tot aufgefunden. Der Totenschein vermerkte Herzversagen, und der Leichnam wurde ohne Obduktion rasch unter die Erde gebracht. Von irgendwelchen staatsanwaltlichen oder polizeilichen Untersuchungen zu den Todesumständen ist nichts bekannt geworden. Es hieß nur, Dr. Knack hätte einen Herzschrittmacher getragen, was den plötzlichen Tod des im übrigen kräftigen und gesunden Mannes aber nicht plausibler macht: Das Gerät wirkt schließlich nicht lebensverkürzend, sondern lebensverlängernd. Allerdings sind Menschen mit einem Herzschrittmacher von berufsmäßigen Killern ziemlich leicht in einen rasenden Herztod zu treiben.

Professor Samson hatte nun einen zweiten Tod vor Augen und zog es vor, die Drohungen ernst zu nehmen. Zugleich mit der Niederlegung des Mandats forderte er polizeilichen Personenschutz an. Was er dann dem befreundeten Medizin-Professor Jansen erzählt hat, als der ihn nach der Zweitobduktion des Leichnams von Uwe Barschel im Gerichtsmedizinischen Institut der Hamburger Universität anrief, um seinem »Entsetzen« über die Verletzung am Hinterkopf Ausdruck zu geben, kann nur vermutet werden. Immerhin gibt aber auch konkludentes Handeln darüber einigen Aufschluß: Jansen erwähnte den Beweis für die Gewalttat, der ihn so erschüttert hatte, später nie mehr und suchte sogar mit viel Eifer und Überredungskunst die Familie davon zu überzeugen, daß als Ursache für den Tod nur Selbstmord in Frage käme. Solche Auslegungen wurden Staatsdienern regelrecht zur Pflicht gemacht. Der Selbstmord des einstigen Ministerpräsidenten war längst als Staatsdoktrin etabliert.

»Geheimdienste kennen die Hintergründe des Barschel-Todes. Barschel wurde ermordet.« Die Feststellung findet sich in dem Buch »Verschlußsache BND«. Bei seinen Recherchen erfuhr der Autor Udo Ulfkotte von einem »ranghohen Beamten«, daß sich »in der Mordnacht mindestens ein BND-Mitarbeiter der Abteilung I (operative Aufklärung) in Barschels Hotel aufgehalten habe, möglicherweise sogar mehrere. Es muß somit eine Barschel-Akte beim BND über die Vorkommnisse in der Mordnacht geben.«[91] Ulfkottes Gesprächspartner ergeht es wie den Professoren Samson und Jansen; auch er sieht sich aus unabweisbaren Gründen zum Schweigen gezwungen: »Jenem ranghohen deutschen Beamten, der in diesem Zusammenhang Aussagen machen könnte, würde im Falle, daß er dies täte, der Verlust seiner Pension und seines Arbeitsplatzes drohen, denn er ist zur Verschwiegenheit verpflichtet. Zudem erhielt er einen Anruf, in dem schlicht auf ›die hohe Zahl der Verkehrstoten in Deutschland‹ hingewiesen wurde.«[92]

Samsons Nachfolger als Rechtsvertreter der Familie des verstorbenen Politikers sind die Risiken bekannt, denen er sich mit der Übernahme des Mandats nun selbst aussetzt. Drohungen, Einschüchterungen und wechselnde Beschattungsaktionen sollen Justus Warburg auf seinem Weg durch die Mühen der Ebene von nun an länger als ein Jahrzehnt begleiten. Seinen Glauben an die Unschuld des Opfers von Genf können alle Schikanen nicht erschüttern, und auch die Hoffnung nicht, daß es irgendwann eine späte Gerechtigkeit für den Diffamierten geben wird. Aber vorerst läßt sich die Gerechtigkeit nicht blicken.

8. Kapitel: Die Heimkehr der Affäre

Wahrheit aus der Schublade

Es ist, als hätte sich alles gegen Heribert Ostendorf verschworen. Da gibt sich der Schleswiger Generalstaatsanwalt nun schon länger als fünf Jahre jede erdenkliche Mühe, den Fall endlich aus den Schlagzeilen zu bringen. Er hat bei seiner standhaften Weigerung, eigene Ermittlungen zu führen, auch die volle Rückendeckung seines Justizministers und weiß sich von der Staatsanwaltschaft in Lübeck loyal in dem Bemühen unterstützt, den Fall des toten Ministerpräsidenten ruhen zu lassen. Und dann kommen diese Schweizer daher und veranstalten solchen Wirbel. Hat der Genfer Kollege Bertossa möglicherweise sogar auf ihn gezielt mit seiner dreisten Frage, wann machen die Deutschen endlich ihre Arbeit? Wieso schert der Mann so plötzlich aus der solidarischen Behördenarbeit aus, auf die jahrelang Verlaß gewesen ist? Und wie konnte es geschehen, daß man dem Toxikologen Brandenberger nochmals ein Gutachten in Auftrag gibt, dazu noch ein amtliches? Nichts als Ärger hat Ostendorf dieser Tage. Aber es soll noch schlimmer kommen: Die einst exportierte Affäre kehrt an den Schauplatz Schleswig-Holstein zurück.

Der Bremer Rechtsanwalt Dr. Herbert Schäfer hat den aus Kiel nach Bremen heimgekehrten »Kronzeugen« nicht aus dem Blickfeld verloren. Pfeiffer ist die Hauptperson in dem gestochen scharfen Charakter- und Persönlichkeitsbild, das der unbestechliche Beobachter von dem Skandaljournalisten zeichnet. In seinem Buch »Pfeiffer contra Barschel« kommt der Jurist und Kriminologe zu Erkenntnissen über die Abläufe im Kieler Wahljahr, die eine glatte Widerlegung von Pfeiffers und des *Spiegel* Darstellungen bedeuten. Noch bevor Pfeiffers Glaubwürdigkeit in der Affäre von den Gerichten demontiert wird, führt Herbert Schäfer – unter allen Autoren als erster – den Nachweis, daß Barschel Opfer seines Zeitangestellten geworden ist, der konspirativ im Bündnis mit der SPD und der Medienmacht des Hamburger Nachrichtenmagazins zum übermächtigen Feind aufwuchs.

Auch nach fünf Jahren ist der Fall für den Bremer Kriminologen noch lange nicht erledigt. Er hat natürlich registriert, daß dem als Mitarbeiter der Kieler Staatskanzlei fristlos Gekündigten (wogegen der erfolglos klagt) auch an der persönlichen Beziehung zu seiner einstigen Sekretärin und Lebensgefährtin Jutta Schröder nicht länger gelegen war. Reumütig, wie es hieß, war Pfeiffer zu seiner Frau nach Bremen zurückgekehrt. Aber die Versöhnung hielt nicht lange vor. Beim Joggen im Bremer Bürgerpark lernte der zeitweilig Arbeitslose eine Blondine kennen, der zuliebe er im Sommer 1988 seine Familie verließ. Elfriede Jabs ist fasziniert von der neuen Bekanntschaft. Mit persönlicher Widmung schenkt er ihr ein Buch, das er selbst für einen Freund namens Dr. Dr. Bartholdy geschrieben hat. Und er zeigt seiner Eroberung Fotos, auf denen er zusammen mit Franz Josef Strauß zu sehen ist und auf einem anderen Bild mit Helmut Kohl. Und was er alles zu erzählen hat, der Reiner. Eine neue Welt tut sich für die junge Frau auf, deren Leben sich bis dahin immer nur ganz langweilig um Arbeiten, Essenkochen und Schlafengehen gedreht hat. Und nun ist richtig was los. – Ungefähr vier Jahre lang hält die Beziehung. Dann bekommt Dr. Herbert Schäfer den Hinweis, Pfeiffer habe sich wieder einer neuen Lebensgefährtin zugewandt.

Der Anwalt ruft Frau Jabs an und trifft bei den anschließenden Besuchen auf ihr lebhaftes Mitteilungsbedürfnis. Sie hat Pfeiffer aus der Wohnung geworfen, als sie feststellte, daß er das Foto einer anderen in der Brieftasche trägt. Und außerdem hat sie ihn längst durchschaut.

»Der kann wunderbar lügen, das kann ich Ihnen ehrlich sagen«, erzählt sie und führt das näher aus: »Wenn er zum Beispiel sagt, ›ich mag Dich gerne leiden‹, dann heißt das, ›ich hasse Dich‹. Oder wenn er sagt, ›das ist aber schön‹, dann meint er, ›das ist häßlich‹. Und plötzlich sagt er wieder die Wahrheit. Sie können also nicht ausloten, wann er die Wahrheit sagt. Ich weiß das bis heute noch nicht.«[93] Ganz sicher kann Elfriede Jabs auch nicht sein, ob ihm der Ministerpräsident früher wirklich einmal versprochen hatte, er werde Pfeiffer zum Innenminister von Schleswig-Holstein machen. Und stimmt es denn, daß er für Barschel nur ganz kurz gearbeitet hat, um dann schon »ganz früh umzuschwenken«? Zumindest hat er wohl kräftig übertrieben mit der Behauptung, er sei im Besitz einer Information, die sei zwei Millionen Mark wert.

Immerhin gibt es aber Fakten, die beweisen, daß seine Informationen wirklich Geld wert sind. Sie war selbst dabei, als Pfeiffer im November 1988 eines Abends im Dunkeln auf einer Autobahnraststätte in der Nähe von Kiel haltmachte und verschwand, um kurz darauf mit einem braunen Umschlag wieder zu ihr in den Wagen zu steigen. Zu Hause in Bremen angekommen, haben sie dann auf einem Tisch im Keller den Inhalt ausgebreitet. Es waren exakt 25 000 D-Mark, und Pfeiffer erklärte ihr, das Geld stamme aus einem Sonderfonds, den die SPD für ihn angelegt habe. Sie hatte damals den Verdacht, daß es sich um Erpressung handeln könnte, aber sie erlaubte Pfeiffer, der gerade Arbeitslosengeld bezog und eine solche Summe wohl hätte angeben müssen, das Geld auf ihrem Konto zu parken. Ziemlich genau ein Jahr später wiederholte sich der klammheimliche Autobahntreff im Dunkeln. Wieder kam Pfeiffer mit einem braunen Päckchen zurück, meinte aber, das sei diesmal wohl weniger. War es aber nicht. Es war wieder exakt die Summe von 25 000 Mark, diesmal aber in neuen Scheinen sauber in Banderolen gebündelt.

Pfeiffer hat seiner Elfi immer besonders viel erzählt, wenn der Alkoholpegel stieg. Dabei hat er auch einmal über seine angeblich zwei Millionen Mark schwere Information lachend angemerkt, so wertvoll sei sein nächtlicher Autobahntreff mit Björn Engholm sicherlich. Aber das erwähne sie nicht, weil sie es etwa auch glaube, sondern nur, weil sie so eingehend danach gefragt werde. Dagegen wisse sie ganz genau, wer der Mann war, der Pfeiffer die Geldpäckchen übergeben hat. Weil die Telefongespräche, die Pfeiffer mit ihm führte, auch heimliche Lauscher irritieren sollten, hatten die beiden verabredet, daß sich Pfeiffer mit dem Namen »Freitag« meldet und sein Gesprächspartner mit »Donnerstag«. Während Schäfer erst einmal vergeblich versuchte, Frau Jabs den richtigen Namen von »Donnerstag« zu entlocken, gab sie ihm bereitwillig eine Information, die den Rechtsanwalt besonders interessierte. Pfeiffer hatte wieder einmal gelogen, und das nicht irgendwo, sondern vor Gericht, und nicht einfach so, sondern unter Eid.

Im Protokoll der »Zeugenvernehmung«, die der Kieler Oberstaatsanwalt Schwab in den Bremer Kanzleiräumen des Zeugen Dr. Herbert Schäfer, 67 Jahre, am 16. Februar 1993 vornahm, berichtet Schäfer über das von Frau Jabs Erfahrene so:»Pfeiffer habe im Zusammenhang mit der Gerichtsverhandlung gegen den Detektiv Piel im Januar/Februar 1992 in Kiel einen Meineid geleistet. Er sei nämlich nach einem bestimmten Mann gefragt worden, wobei mir nicht klar war, ob der Name dieses Mannes in der Verhandlung genannt worden sei, und er sei gefragt worden, ob er diesen Mann später noch einmal getroffen habe. Diese Frage habe er verneint und er habe auch diese verneinende Antwort beeidet. In Wirklichkeit aber habe er diesen Mann später noch zweimal getroffen.«[94]

Der Name des Geldbriefträgers bleibt noch eine Weile geheim. Frau Jabs wendet sich mit ihrem Angebot »Neues über Pfeiffer« schriftlich an die *BILD-Zeitung*, an die *BUNTE* und an den *stern*. Ein Reporter meldet sich und nimmt sie regelrecht unter Vertrag: Unter Androhung einer saftigen Konventionalstrafe bleibt es ihr bis zur Veröffentlichung im *stern* untersagt, den Namen des Geldüberbringers Dritten gegenüber zu nennen. Die Ankündigung der Veröffentlichung löst in der SPD Panik aus.

Schon einmal hatte Pfeiffer für helle Aufregung unter den Spitzengenossen im nördlichen Bundesland gesorgt, und zwar ausgerechnet nach ihrem größten Triumph. Am 8. Mai 1988 hatte Engholm mit über 54 Prozent der Wählerstimmen zum erstenmal in der Geschichte des Landes die absolute Mehrheit für die SPD errungen. Kurz darauf ging in seiner Pressestelle ein Schreiben mit dem folgenden Wortlaut ein:

»Sehr geehrter Herr Engholm,
als designierten Ministerpräsidenten des Landes Schleswig-Holstein (herzlichen Glückwunsch!) bitten wir Sie um ein kurzes Telefax-Interview für unsere Juni-Ausgabe des Monats-Magazins *Bremer Journal* (Auflage 32 000, hoher Multiplikationsfaktor). Hintergrund unseres Anliegens: Ihr hoher Wahlsieg sowie Reiner Pfeiffer, der ohne Rücksicht auf seine Person und künftige berufliche Karriere ›ausgepackt‹ hat. Er ist Bremer Bürger und im kleinsten Bundesland – wie Sie sicherlich wissen – kein Unbekannter. Vorbehaltlich ihrer Zustimmung würden wir die Fragen und Antworten vorab an dpa oder ap geben. Außerdem können wir sicherstellen, daß Sie vorab einen Druckabzug erhalten. Redaktionsschluß ist Mittwoch, 26. Mai 1988, 14 Uhr. Wir wären Ihnen dankbar, wenn Sie unserer Bitte entsprechen könnten ...

Indem wir Ihnen für's künftige Regieren eine glückliche Hand wünschen, verbleiben wir mit freundlichen Grüßen

Bremer Journal.«

Den beiden Absendern, dem Verleger Jantschar und dem gelegentlich bei ihm beschäftigten Pfeiffer, war bewußt, daß der Adressat nicht einmal im Traum daran denken würde, dem Interview-Wunsch zu entsprechen. Ihre wahre Absicht machen die mitgelieferten Fragen klar, von denen die erste lautet: »Demoskopen und Wahlforscher sind sich weitgehend darin einig, daß die ›Kieler Affäre‹ einen maßgeblichen Anteil an dem überwältigenden Wahlsieg Ihrer Partei hat. Auslöser dieses wohl größten politischen Nachkriegsskandals der Bundesrepublik Deutschland ist der Bremer Journalist Reiner Pfeiffer. Er hat persönlich sicherlich Schuld auf sich geladen, aber andererseits Ihnen weitaus mehr genützt, als dies in der Öffentlichkeit dargestellt wurde. Welchen Anteil an Ihrem Wahlsieg rechnen Sie

R. Pfeiffer zu?« – Oder Frage 5: »Ihre Partei setzt sich seit längerer Zeit für Neuerungen im Strafvollzug ein. Insbesondere auch bemüht sie sich um Resozialisierungsmaßnahmen für Strafgefangene – gleichgültig, ob es sich dabei um Sittlichkeitsverbrecher, Wirtschaftskriminelle oder ehemalige Terroristen handelt. Wie beurteilen Sie dagegen das Ausbleiben jeder Hilfeleistung, jeder Wiedereingliederungshilfe für Ihren besten Wahlhelfer Reiner Pfeiffer …?«

Erpressung wäre eine etwas grobschlächtige Bezeichnung für das Interview-Begehren. Aber daß es erhebliches Druckpotential enthält, ist nicht zu übersehen. Der Verleger Jantschar hat das auch freimütig eingeräumt und auch sein egoistisches Motiv nicht verschwiegen: Pfeiffer »hat ihm auf der Tasche gelegen«. Wenn Engholm etwas für ihn täte, dann wäre er den Kostgänger los. Und entspricht es nicht durchaus der Wahrheit, daß »Pfeiffer einen maßgeblichen Anteil an Engholms überwältigendem Wahlsieg« hat? War er nicht tatsächlich sein »bester Wahlhelfer«? – »In der Politik werden soundso viele Staatssekretäre und Politiker in Pension geschickt – warum sollte man da nicht einem armen Gauner einen Bakschisch hinterherschmeißen oder ihm zumindest eine Arbeit vermitteln?« So erklärt Jantschar später sein Mitwirken. Wichtig dabei: Der Verleger glaubt zu diesem Zeitpunkt an die Pfeiffer-Darstellung, wonach er von Barschel zu seinen Untaten angestiftet worden sei. In dieser Fehleinschätzung sind vorerst auch noch viele der Sozialdemokraten um Engholm befangen und mit ihnen ein großer Teil der Öffentlichkeit.

Pfeiffer habe Engholm »weitaus mehr genützt, als dies in der Öffentlichkeit dargestellt wurde«, lautet eine der Interview-Spitzen, die den Wahlsieger alarmieren mußten. Das hat zweifellos zu bedeuten, daß Pfeiffer die Darstellung für die Öffentlichkeit ja noch nachliefern könne, mehr als unangenehm ist diese Aussicht. Und so läßt die Reaktion aus Kiel auch nicht lange auf sich warten. Der alte Bekannte aus Engholms engstem Umfeld, Klaus Nilius, muß sich nicht viel Mühe geben, um Pfeiffer das Interview auszureden. Statt dessen verabredet man sich zu einem persönlichen Gespräch, das dann auch bald stattfindet, irgendwo in der »Nordheide« und auf Wunsch von Nilius so abgelegen im Wald, daß niemand die beiden zusammen sehen kann. Gefragt, worum es bei dem Waldgespräch ging, antwortet der Engholm-Mann später, es sei »ein Abschiedsgespräch« gewesen, was ersichtlich gelogen war. Man verabredete im Wald nämlich, sich künftig mit »Donnerstag« und »Freitag« zu melden. Weitere telefonische Kontakte hat es denn auch gegeben: zur Vereinbarung von Ort und Stunde zwecks Geldübergabe.

Kurz bevor der *stern* mit der Geschichte von Elfi Jabs erscheint, geht der engste Freund des Regierenden, sein Minister für Arbeit, Soziales, Jugend, Gesundheit und Energie mit einem Geständnis an die Öffentlichkeit. Günther Jansen offenbart sich als Pfeiffers Wohltäter, was der *stern*-Herausgeber so kommentiert: »Manchmal führt die Flucht nach vorn einfach nur in den Abgrund.«

Der Abgrund tut sich nicht nur vor Jansen auf. Der Mann aus Eutin versichert, das Geld für Pfeiffer käme aus seiner häuslichen Schreibtischschublade. Es handele sich ausschließlich um private Ersparnisse. Zusammen mit seiner Frau habe er mehr oder weniger regelmäßig einen Teil der Abhebungen vom Konto der Sparkasse für die Schublade abgezweigt und auch die Mietzahlungen der Schwiegermutter dazu getan. Um Weihnachten 1987 will er auf die Idee gekommen sein und im Frühjahr 1988 mit dem Sparen für Pfeiffer begonnen haben, bis dann, als wieder Weihnachten vor der Tür stand, ein Betrag so um die 20 000 Mark zusammen war, er hätte gar nicht genau nachgezählt. Die *FAZ* kommentiert die »Schubladen-Rendite« so: »Einfach die Scheine aus dem Portemonnaie genommen, in eine Schublade gesteckt – und warten, bis sich der Gewinn einstellt.«

Kein Mensch nimmt dem führenden Sozi ein Wort von der Geschichte ab. Ihm und seiner Frau Sabine hätte Pfeiffer leid getan; er habe ihm helfen wollen »in seiner Not«. Dabei hätte der Sozialminister doch leicht auf sehr viel Bedürftigere kommen können. Als sich das Ehepaar Jansen um Weihnachten herum Pfeiffers angeblicher Notlage erbarmte, war der gerade mit 166 000 Mark vom *Spiegel* plus Gehaltsfortzahlung für das Folgejahr und mit reichlich 100 000 Mark Abfindung vom Springer-Verlag abgezogen. Seine vielen TV-Auftritte brachten zusätzlich Erkleckliches. »Einem Menschen zu helfen kann kein Fehler sein«, dies sei sein Credo, meinte Jansen, der sich immerhin aber selbst bescheinigt, ein »atemberaubender Döspaddel« zu sein. »Gravierender Unsinn« sei es gewesen, als Geldboten ausgerechnet den Vertrauten des Ministerpräsidenten ausgewählt zu haben, nämlich Klaus Nilius. Was die drei von der Parteispitze der Öffentlichkeit in der Folgezeit darbieten, ist an sich schon bühnenreif. Aber im Spiegel der Darstellung eines deutschen Nachrichtenmagazins wird daraus erst das richtige Schmierentheater.

Hamburgische Dramaturgie

In der Berichterstattung über die Kieler Affäre und den Tod von Genf hat es kaum eine Schandtat gegeben, die dem ehemaligen Ministerpräsidenten Barschel nicht angelastet worden wäre. Namentlich der *Spiegel* ließ sich in seiner Verunglimpfung durch niemanden übertreffen. Mit den finstersten Kreisen des internationalen Waffenhandels bringt er sein Opfer in Verbindung. In den Netzen der Stasi soll es sich verfangen haben, auf amourösen Abwegen wandelnd. »Welche Rolle Uwe Barschel in der Südafrika-Affäre gespielt hat, ist bislang nur schemenhaft zu erkennen«, raunt das Nachrichtenmagazin und ahnt »Querverbindungen zur U-Boot-Affäre«, um die bedeutsame Frage zu stellen: »Hatte Barschel, Skandalfigur Nummer eins der West-Republik, womöglich gemeinsame Sache gemacht mit Schalck, der Skandalfigur Nummer eins der untergegangenen Ost-Republik?«[95]

Als es galt, über den Tod hinaus Belastendes gegen Barschel zu sammeln, hat man sich im *Spiegel* per »Hausmitteilung« gerühmt, »von den 33 Redakteurinnen und Redakteuren des Ressorts Deutschland II« seien 21 an den Recherchen zum sogenannten Thema »Waterkantgate« beteiligt[96]. Nun, da aus der Schublade Teil II der Affäre quillt, scheint die Redaktion erst einmal komplett den Atem anzuhalten. Die unerwartete Wendung im Geschehen paßt ganz und gar nicht in die redaktionelle Linie und wird erst einmal heruntergespielt. Dahinter stecke »weibliche Eifersucht« und »ein kauziger Kriminalist«. Immerhin aber ist nun eine andere Taktik angesagt. Man schaltet um von Angriff auf Verteidigung. Im Blatt wird zögernd nachvollzogen, was an anderer Leute Enthüllungen nicht mehr zu leugnen ist. Manches läßt man aber auch lieber ganz unter den Tisch fallen. *Spiegel*-Leser wissen mehr? Im Gegenteil, sie erfahren nichts von den interessanten Vorgängen, die der Geldübergabe an Pfeiffer vorausgegangen sind. Kein Wort über den subtilen Druck, den der Wahlhelfer auf den Wahlsieger auszuüben wußte, somit auch keine einzige seiner vergifteten Interview-Fragen. Auch das sommerliche Treffen »in der Nordheide«, wo sich »Donnerstag« und »Freitag« tief im Walde unter vier Augen über die Entlohnung des verdienstvollen Wahlhelfers einigen konnten, bleibt *Spiegel*-Lesern vorenthalten. Die sollen statt dessen glauben: »Die neue Waterkant-Affäre begann im Herbst 1988«, angeblich, als Nilius bei Pfeiffer anrief, um Jansens Geld loszuwerden.

Auf einmal ist die Affäre auch kein Waterkantgate mehr, sondern nur noch Waterkant ohne den Zusatz -gate, der seit Nixons Hoteleinbruch synonym für allergrößte Schandtaten steht. Damals, im September 1987, hatte es auf der Titelseite ohne Fragezeichen und ohne einen Beweis geheißen: »Barschels schmutzige Tricks«; nun aber, im März 1993, ist die besorgte Frage: »Was wußte Engholm?« So schlimm können die Verfehlungen des jetzigen Ministerpräsidenten also gar nicht sein.

Tatsächlich trägt die geballte Recherchenmacht des Nachrichten- und Enthüllungsmagazins zur Aufklärung der Vorgänge nicht ein einziges selbst recherchiertes Faktum bei – mit dieser einen Ausnahme vielleicht: Ein Reporter läßt sich im Hause Jansen von Ehefrau Sabine die nun bundesweit bekannte Schreibtisch-Schublade zeigen. Und was findet er? Tatsächlich, unter allerlei Papieren liegt ein Umschlag mit Geldscheinen – durch das Sichtfenster für das Adressenfeld schimmert die Rückseite eines Tausendmarkscheins. Donnerwetter! Haben die Jansens also doch recht gehabt? Viel Raum gibt das Blatt den »legendären Wohltaten« des »guten Menschen von Eutin«, der auf einen seiner früheren Pensionsansprüche zugunsten eines Jugendheims verzichtet und dem armen Johann auf dem Marktplatz schon mal eine Zweithose spendiert hat. Verständnisinnig wird vermerkt: »Ohne Zweifel wurzelt sein Engagement in einem jenseits des Üblichen angelegten sozialen Biotop.«

Die Hauptsorge des Hamburger Magazins gilt freilich Björn Engholm, der gemäß den sehnlichen Wünschen von Augstein und Gefolgschaft im »Superwahljahr 1994« Helmut Kohl, genannt »Birne«, als Bundeskanzler ablösen soll. Daß ihr Kanzler-Ideal nun aber »stückweise demontiert werden könnte«, sei zu befürchten, wenn er sich nicht entschieden von Jansen und Nilius trennt; denn derentwegen stecke »der Saubermann nun selber ein Stück weit im Sumpf«. Und der Sensible, »er mag nicht im Zwielicht stehen«. Als Jansen sich vor dem Erscheinen der *stern*-Geschichte notgedrungen als Pfeiffers Geldgeber offenbart, gibt sich Engholm überrascht. »Einen Pferdetritt« habe er erhalten, sagt er. Wenig später läßt sich nicht mehr verheimlichen, daß Engholm schon ein paar Wochen vorher von dem Geldfluß erfuhr. Eine Lüge? Nicht für den *Spiegel* und nicht für Engholm, der meint, »mit freundlichem Verlaub«, er habe »die Sache nicht ernst genommen«.

Immer noch hält der Ministerpräsident an seiner Aussage fest, erst am Wahlabend, Sonntag, dem 13. September 1987, sei er darüber informiert worden, daß Klaus Nilius, sein Pressechef, persönlicher Freund und Berater, schon lange vorher Kontakte zu Reiner Pfeiffer, dem Medienreferenten aus der Staatskanzlei, unterhalten hatte. Hundertmal, und immer wieder auch in aller Öffentlichkeit wie vor dem Parlamentarischen Untersuchungsausschuß, hat Engholm diese Lüge wiederholt. Nun aber ging das nicht mehr. Sein Rechtsanwalt Peter Schulz machte nicht mehr mit, denn die notorische Lüge ging auf seine Kosten. Nach Jansens und Nilius' heimlichem Treffen mit Pfeiffer, dem Schulz im Lübecker Hotel Lysia sechs Tage vor dem Wahlsonntag beigewohnt hatte, war es die Pflicht des Anwalts, seinen Mandanten Engholm unverzüglich über die brisanten Pfeiffer-Enthüllungen zu informieren. Diese Pflicht war vollends unerbittlich, weil Schulz im Namen Engholms wenige Stunden vor dem Abend im Lysia Anzeige gegen Unbekannt erstattet hatte, wegen der gegen Engholm unternommenen Aktionen. Herr Unbekannt saß ihm nun im Hotel gegenüber und gestand, der Agitator gewesen zu sein – wie er versicherte, im Auftrag seines Dienstherrn.

Peter Schulz hat keinen Augenblick gezögert, seine Pflicht zu tun. Er machte den Mandanten ausfindig und berichtete ihm noch in derselben Nacht von Pfeiffers Erzählungen. – Daß Engholm erst sechs Tage später informiert worden sein wollte, ging an die Ehre des hanseatisch korrekten Advokaten. Sein vermeintliches Versäumnis drohte ihm sogar ein standesrechtliches Verfahren vor der Anwaltskammer einzubringen. Er drängte deshalb, ihn von seiner Schweigepflicht zu entbinden. Engholm zögerte lange, bevor er ihn, lediglich gegenüber dem Bundestagsabgeordneten Gansel, von der Schweigepflicht entband. Norbert Gansel konnte, würde er später einmal vor Gericht oder vor einem Ausschuß zum Inhalt des Gesprächs befragt werden, vom Abgeordnetenrecht auf Aussageverweigerung Gebrauch machen. Seine Unterrichtung war also für Engholm relativ ungefährlich. Allerdings war das, was der Weggefährte Gansel von Schulz erfuhr, so ernüchternd für ihn, daß er Engholm die Freundschaft aufkündigte und ihn drängte, mit der Lügerei endlich Schluß zu machen. Engholm zögerte noch immer. Sein unlängst noch großer Popularitätsvorsprung gegenüber dem Kanzler war nach der Schubladen-Öffnung auf Null geschmolzen. Die Genossen in Bonn murrten, und der Niedersachse Gerhard Schröder hielt mit Kritik an dem Zauderer nicht länger hinter dem Rübenberge. Bis Anfang Mai 1993 wartet Engholm mit dem Geständnis, gelogen zu haben. Erst jetzt hat er die fünf Jahre im Amt erreicht, die ihm die lebenslange Pension des Ministerpräsidenten sichern.

Der Hoffnungsträger dankt auch als Vorsitzender der Bundes-SPD und als Kanzlerkandidat ab. Sein Abgeordnetenmandat behält er, und auf den *Spiegel* kann er sich auch weiterhin verlassen. Dort kann man etwas lesen, über »die Quellen von Engholms Wahrheitsliebe«; nun habe er zwar »die Wahrheit gebeugt«, und im Ausschuß habe er »unbequeme Wahrheiten nicht ans Licht befördert, nicht weil er nicht wollte, sondern wohl, weil er nicht konnte ... vieles weiß er schlicht nicht mehr«. Aber der *Spiegel*, der weiß Bescheid, zum Beispiel darüber, daß Engholm »auch als Lügner nicht Täter, sondern Opfer ist«. Und schließlich verleiht ihm das Nachrichtenmagazin auch noch einen einzigartigen Titel: Björn Engholm sei »der aufrichtigste Lügner des deutschen Parlamentarismus« – es fehlt einzig noch die dazu intonierte Hymne.

Der Vor-Vorgänger als Kieler Regierungschef war von den Medien, die von seinen dunklen Geschäften nichts wußten oder wissen wollten, einst mit dem Prädikat »der große Klare aus dem Norden« geadelt worden. Den Nachfolger Stoltenbergs nannte der *Spiegel* später haßerfüllt »der kleine Trübe aus dem Norden«, der nun Zurückgetretene aber bekam den Kosenamen »der große Sanfte aus dem Norden«[97]. Bei all dem Kitsch, der die Beiträge zur Schubladen-Affäre reichlich durchwabert, ist aber immer auch eine Kunstfertigkeit der Hamburgischen Dramaturgie zu bewundern, nämlich die, den Schwarzen Peter immer woanders, nur nicht bei sich selbst zu orten. Da tadeln die Magaziner etwa »den laxen Umgang der Genossen mit der Wahrheit«, aber vermeiden gekonnt, den eigenen Umgang mit der Wahrheit zu würdigen. Engholm sei seinen Heiligenschein nun losgeworden, aber wer hatte ihm den Heiligenschein denn verpaßt, wenn nicht der *Spiegel*? Zu Pfeiffer geht die Augstein-Truppe auf Distanz. Keine Rede, daß der Bremer Denunziant vor seiner Kieler Anstellung von den Hamburgern jahrelang als freier Mitarbeiter beschäftigt worden war. In den beiden Titelgeschichten, mit denen der *Spiegel* vor der Schleswig-Holstein-Wahl die Pauke schlug, stand keine einzige nennenswerte Information, die nicht aus der Quelle namens Pfeiffer geschöpft worden war. Und dieser um den *Spiegel* auch später noch höchst verdiente Pfeiffer wird nun abwechselnd »Lustlügner« oder »Schmuddeljournalist« genannt. Wie müßten dann bei einiger Konsequenz die Produkte heißen, die der so Bezeichnete am Redaktionssitz Speersort abgeliefert hat?

Eine weitere nicht zu übersehende Auffälligkeit der Schubladen-Beiträge liegt in den Korrelationen: Die von Herbert Schäfer zutage geförderten Fakten über die Kieler Vorgänge stellen durchweg zunehmende Belastungen der damaligen Opposition dar und sollten insoweit auch nicht mehr der Regierungsseite zugerechnet werden können. Engholm Belastendes müßte zugleich auch Barschel Entlastendes sein. Nicht so im *Spiegel*. Der kommt zwar an den Fakten auch nicht mehr ganz vorbei und ringt sich zu der erstaunlichen Feststellung durch: »Heimlich hat Barschels Mann fürs Grobe, Reiner Pfeiffer, vor der Kiel-Wahl 1987 auch Björn Engholms SPD zugearbeitet – gleichsam als Doppelagent.«[98] Und es folgen die Fragen: »Pfeiffer von Mai 1987 an ein Engholm-Agent in der Barschel-Regierung? Nilius sein Führungsoffizier in Engholms SPD-Zentrale?« – Aber ganz schnell scheint sich an diesem Punkt das Nachrichtenmagazin das Nachdenken wieder zu verbieten. »Doppelagent« wäre ja die falsche Bezeichnung für einen, der nicht dauerhaft auf zwei Schultern trägt. »Überläufer« trifft da schon besser. Pfeiffer hat unzweifelhaft ab einem frühen Zeitpunkt im Jahr nicht für, sondern gegen Barschel gearbeitet. Auch seine anfänglich anscheinend gegen Engholm gerichteten Aktivitäten haben sich schließlich als äußerst verwendungsfähige Wahlkampfmunition gegen Barschel entpuppt. Sie waren die kurz vor der Wahl explodierende Enthüllung, vom SPD-Mann Nilius Seite an Seite mit Pfeiffer ins »Sturmgeschütz der Demokratie« geschoben, das mit seiner Entladung der Wahl die gewünschte Wendung gab. Aber das darf freilich nicht im *Spiegel* stehen, der den »Doppelagenten« ganz schnell beerdigt, um Pfeiffer lieber wieder »Barschels Mann fürs Grobe« nennen zu können.

Und noch eine Auffälligkeit der Schubladen-Beiträge gilt es festzuhalten: ihr sich steigerndes Diffamierungspotential. Je brüchiger die Grundlage aus Tatsachen wird, um so heftiger werden die gegen Barschel vorgetragenen Angriffe. Was schließlich mit der Form einer wenigstens den Schein der Objektivität wahrenden Magazingeschichte überhaupt nicht mehr vereinbar ist, wird in der feuilletonistischen Form eines Meinungsbeitrags vorgetragen. Unter den Polemikern zeichnet sich dabei ein Reporter namens Schnibben besonders aus. Er schreibt von »Barschels Schweinereien«, die wohlgemerkt von niemandem sonst behauptet werden als von dem im *Spiegel* so genannten »Lustlügner« Pfeiffer. Weiter heißt es im Schnibben-Text: »Und dann lief das pathologische Verunsicherungsprogramm des um seine Macht fürchtenden Doppeldoktors an … Das Aufeinanderprallen von Barschel und Engholm, dieser beiden Männer, die nicht nur durch die Länge eines Kopfes voneinander getrennt waren, löste die bedrückendste Affäre der deutschen Nachkriegsgeschichte aus … Als Anti-Barschel wollte Engholm mit der Distanz zur Politik Politik machen, wollte in die Geschichtsbücher eingehen als der Staatsmann, der Mensch geblieben ist. Nun ist er nur noch Mensch.«[99]

Mit wachsendem Abstand von den Einsichten in die Schublade schwindet in der Redaktion die Erinnerung an die bescheidenen Ansätze einer Tatsachenwürdigung. Bald braucht es überhaupt keinen Bezug mehr zu den Kieler Ereignissen, um die Verunglimpfung fortzusetzen. Über einer Geschichte, die vom Verfassungsschutz und von einem polnischen Agenten handelt, steht in Balkenlettern die Überschrift »Barscheleien in Bonn«, und im Text heißt es wie zur Begründung: »Erinnerungen an die Diffamierungsmethoden des Uwe Barschel und seiner Helfershelfer gegen Engholm drängen sich auf ... ein Abteilungsleiter aus dem Hause Kohl barschelte ...«[99a] Ist es nur der blanke Haß, der die Magazinjournalisten zur Vernichtung eines Opfers über den Tod hinaus antreibt? Oder ist es die Angst vor der Wahrheit, die sie kopflos zur Stampede treibt? – Erfahrene Kriminalisten und Staatsanwälte wissen, wie das Verhalten von Zeugen oder Beschuldigten zu deuten ist, wenn sie ihre Aussagen zum Nachteil eines anderen immer kräftiger ausmalen. Mit einer »sich steigernden Belastungstendenz« hat sich Pfeiffer vor Gericht als Lügner enttarnt. Er konnte kein tatsächlich erlebtes Geschehen aus seinem Gedächtnis abrufen, sondern nur solches, das er sich selbst zurechtgelegt hatte. Um dabei überzeugend zu wirken, fabulierte er immer wieder neue Details hinzu, bis er sich im Dickicht seiner Aussagen selbst verfing und vor den eigenen Widersprüchen kapitulieren mußte. – Beim *Spiegel* verhält es sich ganz ähnlich; auch in seinen Aussagen fällt die sich steigernde Belastungstendenz bei immer dünner werdendem Realitätsbezug auf. Auch er wird, hoffentlich bald und vielleicht noch bevor er sich um die Reste seiner Reputation gebracht hat, vor den Tatsachen kapitulieren müssen.

Erste Anzeichen für eine Annäherung an die Wahrheit waren 1997 zu erkennen. Zehn Jahre nach dem Tod in Genf markiert eine Titelgeschichte den Auftakt einer dreiteiligen Serie. Auf der Titelseite zeigt in einer Kollage aus Dokumenten und Fotografien das größte der Bilder Uwe Barschel mit sympathisch-ernstem Gesichtsausdruck. Auch die textliche Aussage auf der Titelseite ist frei von Polemik. »Rätsel-Fall Barschel« lautet die Balkenüberschrift unter der Stichzeile »Der fast unmögliche Selbstmord«, womit der *Spiegel* freilich ein neues Rätsel aufgibt: Was ist ein fast unmöglicher Selbstmord?

»Jetzt, aus der Entfernung eines Jahrzehnts, sieht manches anders aus«, steht in der »Hausmitteilung« vom 6. Oktober 1997. Und in der Tat. Der Autor Thomas Darnstädt schlägt auch neue Töne an. Er verzichtet auf die alten Vorwürfe gegen Barschel nicht ganz, und auch an den gewohnten Schmähungen läßt er es nicht fehlen. Aber er stellt erstmals auch die richtigen Fragen: Waren die 50 000 Mark, die Pfeiffer erhielt, ein »Schweigegeld« von der SPD? »Steckt möglicherweise hinter der schmutzigen Geschichte aus Kiel noch eine ganz andere, viel schmutzigere Geschichte?« Zu eindeutigen Antworten kann oder will sich Darnstädt nicht durchringen. Mit einem Trick weiß er sie zu vermeiden: indem er zwei oder drei

Versionen hintereinanderreiht, von denen eine immer auf Selbstmord deutet. In der letzten Folge seines Dreiteilers klingen die letzten Absätze dann fast wie ein Fazit:
»Es könnte aber auch Mord gewesen sein. Und wenn es einer war, dann war es Profiarbeit, das perfekte Verbrechen ... Manche Verbrechen sind deshalb perfekt, weil sie unvorstellbar erscheinen.« Und dann heißt es unter »Version drei«: »Als Uwe Barschel sich nach seiner Kieler Affäre von den CDU-Parteifreunden verraten und fallengelassen sah, drohte er, über die Affären auszupacken, die in der CDU ohne ihn gelaufen waren ... Es gab zu viele Teilnehmer dieser Geschäfte, die Enthüllungen zu fürchten hatten: südafrikanische Waffenhändler, iranische Agenten, die Stasi ... Barschel wurde von einem Agenten dieser Kreise in die Schweiz gelockt, damit er dort mundtot gemacht wurde. Der Mord wurde als Selbstmord getarnt.«

Auf dieses Szenario folgt die vorsichtige Bewertung, mit der sich der *Spiegel* tastend und sehr, sehr spät von seinem längst unhaltbar gewordenen Dogma löst: »Es ist nicht auszuschließen, daß eine solche dritte Version der Wahrheit am nächsten kommt ...« – So nah war auch der *Spiegel* der Wahrheit im Fall Barschel noch nie gekommen.

Parlamentarische Revision

Als »wohl erfolgreichsten Untersuchungsausschuß in der Geschichte der Bundesrepublik« hat der *Spiegel* den »ersten« PUA gerühmt, der 1987/88 Licht ins Dunkel der Kieler Affäre bringen sollte. Das Lob nimmt nicht wunder, denn der Abschlußbericht der Parlamentarier verteilt Lob und Tadel genauso unangemessen, wie das die auf Pfeiffers Lügen gegründeten *Spiegel*-Erzählungen dieser Wochen und Monate tun. Tatsächlich setzt gerade dieser hochgelobte Ausschuß in der Reihe der ohnehin überwiegend enttäuschenden Veranstaltungen der Gattung ohne Zweifel *den* Tiefpunkt schlechthin. Während die Ausschuß-Bemühungen sonst in aller Regel im Parteienstreit enden wie das Hornberger Schießen, nämlich ohne handfeste Ergebnisse, fällt der »erste« PUA auch hinter diese Nullinie noch weit zurück: Seine Ergebnisse sind eine Ansammlung krasser handwerklicher Fehler mit der Folge, daß die Urteile zu allen wichtigen Geschehnissen und über alle drei Betroffene – Pfeiffer, Barschel, Ahrendsen – glatte Fehlurteile sind.

Den historischen Beweis für den Pfusch des »ersten« hat der »zweite« PUA von Schleswig-Holstein angetreten, aus gegebenem Anlaß »Schubladen-Ausschuß« getauft, der seine sehr viel gründlichere Arbeit von 1993 bis 1995 verrichtet. Eingerichtet auf Antrag der Oppositionsparteien CDU und FDP und unter dem Vorsitz des Sozialdemokraten Heinz-Werner Arens, Abgeordneter der stärksten Fraktion im Landtag, wird nun gegen die »Betroffenen« Jansen, Nilius und Engholm ermittelt. In fast drei Jahren und 241 Sitzungen wird mit der Einvernahme von mehr als 200 Zeugen ein dreimal größeres Pensum als beim »ersten« PUA bewältigt. Erleichtert wird die Annäherung an die Wahrheit durch die Arbeit der Gerichte, die inzwischen zweifelsfrei geklärt haben, daß Pfeiffers Beschuldigungen der beiden Barschel-Vertrauten Dr. Ballhaus und Ahrendsen falsch waren. Der Schwarzkopf-Geschäftsführer hatte mitnichten Pfeiffers Detektiveinsatz finanziert, und der Regierungsdirektor hatte an der von Pfeiffer gebastelten Steueranzeige nicht mitgewirkt. Pfeiffer, der »glaubwürdige« Kronzeuge im »ersten« Ausschuß, war seiner Glaubwürdigkeit entkleidet, und damit fielen auch die Schuldvorwürfe gegen Barschel in sich zusammen, die allein auf seinen Aussagen beruhten.

Der frühere Ministerpräsident wird im »zweiten« Ausschuß nicht von jeglicher Schuld entlastet. Eindeutig sind die Feststellungen nun aber in der Frage, ob Barschel Pfeiffers Auftraggeber war. Diese Frage hatte der »erste« PUA bei allen Pfeiffer-Aktionen bejaht – bei der Steueranzeige, dem Detektiveinsatz, den Aids-Anrufen und dem Wanzeneinsatz. Ein klares Nein zu diesem schwersten aller Vorwürfe kommt nun von der parlamentarischen Revision. Barschel war nicht der Anstifter der Pfeifferschen Machenschaften, stellt der »zweite« PUA fest. Aber hat er vielleicht doch von der einen oder anderen Aktion zumindest gewußt? Für den Detektiveinsatz, die Aids-Anrufe und die Wanzengeschichte wird auch die bloße Kenntnis Barschels verneint. Anders bei der Steueranzeige. Da gab es ja nicht nur Pfeiffers Bezichtigungen, sondern außerdem die Aussage des Finanzstaatssekretärs Carl Hermann Schleifer. Der Ministerpräsident hätte sich telefonisch »Ende Januar/Anfang Februar« bei ihm nach der anonymen Anzeige gegen Engholm erkundigt, hatte der Stoltenberg-Vertraute ausgesagt – nicht etwa seinem Regierungschef offen ins Gesicht, sondern zur Anprangerung nach dessen Rücktritt und Abreise in den Urlaub. Der Schubladen-Ausschuß nimmt die alte Schleifer-Aussage ungeprüft als wahr hin, ohne den denkbaren Motiven des Staatssekretärs nachzugehen. Warum hatte Schleifer Barschel gegenüber nichts von seiner Wahrnehmung gesagt und nichts davon, daß Engholm durch ihn über die Anzeige umfassend informiert war? Hätte sich der Ministerpräsident nicht auch ohne jede Kenntnis des Absenders nach einer »anonymen« Steueranzeige gegen den Oppositionsführer erkundigt haben können? Hatten Schleifer und Stoltenberg als Initiatoren der verbotenen U-Boot-Geschäfte ihre Gründe, Barschel in seiner Glaubwürdigkeit zu beschädigen? Diese Fragen werden auch von dem im übrigen gründlich arbeitenden »zweiten« PUA nicht gestellt. Nur deshalb kann er in seinem 761 Seiten starken Schlußbericht auch an der Behauptung festhalten, Uwe Barschel hätte bei seiner »Ehrenwort«-Pressekonferenz gelogen. Stoltenberg kann denn auch hämisch von einer »Rehabilitierung vierter Klasse« reden, zu der dem Verstorbenen nun verholfen worden sei. Der SPD-geführten Landesregierung geht die Gründlichkeit, mit der unter dem Vorsitz ihres Genossen Arens ermittelt wird, sichtlich auf die Nerven. Der Vorsitzende des nun in nahezu allen Punkten widerlegten »ersten« PUA, der zum Dank für die gelieferten Resultate Justizminister werden durfte, meint abfällig, der neue Ausschuß sammle Akten »wie das Krümelmonster Kekse«, und Heide Simonis, die Engholm-Nachfolgerin im Sessel des Ministerpräsidenten, verlautbart in aller Öffentlichkeit, der Ausschuß sei »überflüssig wie ein Kropf«, er »diene nicht der Wahrheitsfindung, sondern dem Fertigmachen von Menschen«[100].

Gefallen kann den Sozialdemokraten freilich nicht, was die Parlamentarier an Beweisen über die lange Kette von Lügen der drei Betroffenen unablässig zutage fördern. Nilius muß unter der Last erdrückender Beweise eingestehen, daß er den »ersten« Ausschuß in »drei Punkten« belogen hat – es waren übrigens schon damals mehr als drei, und vor dem »zweiten« Ausschuß kommen viele neue Lügen hinzu. Mit Jansen lügt er zur Frage der Herkunft der Schubladen-Gelder, mit Engholm zum Zeitpunkt, zu dem der von Pfeiffers Treiben Kenntnis erlangte. Der Zurückgetretene selbst wird nicht müde, von dem unendlichen Leid zu erzählen, das ihm und seiner Familie angetan wurde vom »organisierten Konservatismus«, wie er sich in begrifflicher Anspielung aufs organisierte Verbrechen gern ausdrückt. Kein Wort vom Leid der Familie Barschel. Dem Ausschuß gelingt der Nachweis, daß Engholm schon früh im Jahr von Pfeiffers Aktionen gewußt haben muß. Ein Jansen-Schwager hatte in einer Polizeischule schon im April 1987 gegenüber mehreren Zeugen prophezeit, »vor der Wahl geht noch eine Bombe hoch«. Noch früher fragte Engholm in Bremen beim Innensenator nach dem Detektivbüro, mit dem Pfeiffer die Observierung vereinbart hatte. Viele weitere Zeugen erklärten, daß Engholm früh Bescheid gewußt hat. Der FDP-Politiker Wolfgang Kubicki hat recht: »Wer wissentlich schmutzige Aktionen gegen sich geschehen läßt und darüber schweigt, ist nicht Opfer, sondern Täter.«

Aber Engholm denkt nicht daran, die kleidsame Kutte abzulegen. Ein einzigesmal nur habe er nicht der Wahrheit gemäß auf eine Frage im »ersten« PUA geantwortet, als er als Zeitpunkt, da er erstmals von Pfeiffer erfuhr, den Wahlabend des 13. September 1987 nannte und nicht den 7. September. Diese einzige Lüge aber sei eine Notlüge gewesen – eine Lüge im Kantschen Sinne, sagt er im Vertrauen darauf, daß keiner im »Zweiten Hauptstück« der »Metaphysik der Sitten« nachschlägt, um auf eine neuerliche Engholm-Lüge zu stoßen: Nicht einmal eine Notlüge läßt der große Königsberger in seinem moralischen Rigorismus gelten. Und Engholms falsche Angabe zum Zeitpunkt seines Informiert-worden-Seins hat nicht einmal etwas mit einer Notlüge zu tun – anders als Barschels einziger Fehltritt beim Leugnen eines Telefonats. Engholm wollte Ministerpräsident werden, und das wäre so leicht nicht möglich gewesen, wenn vor aller Welt klargeworden wäre, daß Pfeiffer sein bester Wahlhelfer war. Weil aber wohl nur wenige sich die Mühe machen, die Erkenntnisse des Schubladen-Ausschusses im dicken Bericht nachzulesen – Journalisten müssen sich zwischen Lesen und Schreiben entscheiden –, deshalb darf Björn Engholm weiterhin als gerngesehener Gast durch die Talkshows flanieren und die Geschichten vom bösen Uwe und seinem fast unschuldigen Opfer Björn erzählen.

Der beträchtliche Gewinn an Erkenntnis, der dem Schubladen-Ausschuß zu verdanken ist, hätte ohne die politischen Behinderungen, die er erfuhr, noch wesentlich größer ausfallen können. Die Landesregierung lieferte angeforderte Unterlagen nur schleppend zu, wenn überhaupt. Auf Engholms Terminkalender beispielsweise hatten sich »schützende Hände« gelegt. Diese interessanten Dokumente standen also gar nicht zur Verfügung. Das Kölner Bundesamt für Verfassungsschutz lehnte die Herausgabe bestimmter Akten rundweg ab, obwohl Artikel 35 des deutschen Grundgesetzes die Pflicht zur Herausgabe der Akten postuliert. Immer wieder sahen sich die Ausschuß-Mitglieder Beschimpfungen und Verdächtigungen ausgesetzt. Aus den eigenen Reihen wurde der Vorsitzende der Parteilichkeit geziehen. Und dramatisch wurden die Grabenkämpfe, als sich der Ausschuß daranmachte, auch die Akten des mit der DDR untergegangenen Geheimdienstes Ost auszuwerten. Dies zu tun war ursprünglich eine Forderung der SPD. Der »Wissenschaftliche Dienst« des Kieler Parlaments kam nach gründlicher Prüfung auch zu der Überzeugung, die Auswertung der Stasi-Akten sei »zulässig und geboten«. Die Ansicht teilte die Berliner Gauck-Behörde: Das Stasi-Unterlagen-Gesetz stünde einer solchen Auswertung keineswegs entgegen, und auch mit dem

Grundgesetz der Bundesrepublik, insbesondere mit Artikel 10 zum Persönlichkeitsschutz, gehe die Auswertung der Akten voll konform. Die Gauck-Behörde schickte also die gewünschten Akten nach Kiel.

Derselbe SPD-Fraktionsvorsitzende, der im Parlament eben noch die Beiziehung der Stasi-Akten gefordert hatte, legte sich plötzlich quer, als klar wurde, daß die angeforderten Abhörprotokolle auch Gespräche von Sozialdemokraten betreffen. Er klagte nun gegen die Verwendung durch den Ausschuß. Dies, obwohl entsprechende Materialien eben noch durch die SPD-Bundestagsfraktion in einem Bonner Untersuchungsausschuß nicht nur verwendet, sondern sogar im Bericht abgedruckt wurden. Nachdem er sich mit den Argumenten der Neinsager auseinandergesetzt hatte – auch der Innenminister und der Datenschutz-Beauftragte des Landes erhoben Einwände –, blieb die Ausschußmehrheit bei ihrer Rechtsauffassung. Dann aber wurde die Akteneinsicht durch einen Beschluß des Amtsgerichts Kiel blockiert. Die gegen das Urteil eingelegte Ausschuß-Beschwerde verwarf das Kieler Landgericht zur Zufriedenheit der Regierung. Die Rechtsmittel der parlamentarischen Ermittler waren damit erschöpft. Engholm konnte aufatmen. Wie die Dinge lagen, konnte er überhaupt froh sein. Denn den vielen Widersprüchen nachzugehen, die er hinterläßt, wird nach dem Rücktritt allgemein nicht mehr für lohnend erachtet. Der Mann hat sich aus der Schußlinie gebracht.

Mit der von der Medienkonkurrenz fast überall anerkannten Meinungsführerschaft des *Spiegel*, der von den neuen Ergebnissen der Ermittlungen kaum Notiz nahm, ist wenigstens teilweise erklärt, warum der »zweite« PUA in den Medien eine ungleich schwächere Resonanz fand als der »erste«. Ein weiterer Teil der Erklärung liegt in der kritiklos überall wiederholten Behauptung, der »zweite« sei mit den Ergebnissen des »ersten« PUA weithin identisch. Richtig ist das Gegenteil. Aber nur mit der Verdrehung der Tatsachen läßt sich die Staatsdoktrin aufrechterhalten, die der »zweite« Kieler Untersuchungsausschuß zur hohlen Fassade gemacht hat. Denn bei so wenig nun noch verbliebener Restschuld hatte der 1987 zurückgetretene Ministerpräsident gewiß keinen Grund, sich in einem Hotelzimmer selbst zu entleiben. Bis heute ist es den einschlägigen Interessenten indessen gelungen, den Bekanntheitsgrad der Erkenntnisse der beiden Kieler Untersuchungsausschüsse ins umgekehrte Verhältnis zu ihrem Wahrheitsgehalt zu setzen. – Erstaunlich, was sich eine aufgeklärte Gesellschaft an Manipulativem alles gefallen läßt.

Mit falschen Karten am Runden Tisch

Die von den Staatsmächtigen in Bonn und in Kiel mit wachsender Unruhe verfolgten Fortschritte der Parlamentarier bei der Aufhellung der dunklen Vergangenheit haben einen Anstoß zu neuen Überlegungen gegeben. Ist der ständige Verweis auf Schweizer Zuständigkeiten auf Dauer und auch nach sieben Jahren wirklich noch die beste Methode, die Affäre unter Kontrolle zu halten? Oder packt man nicht vielleicht besser den Stier bei den Hörnern, indem man die Ermittlungen nun doch von Deutschland aus führt, um dann bald auch einen Schlußpunkt hinter das Dauerthema setzen zu können? – Das Nachdenken führt zu dem Entschluß, das Verfahren, das in Lübeck aus den längst vergangenen Zeiten des einst so eifrigen Behördenleiters Kleiner immer noch unter dem Aktenzeichen 705 Js 33247/87 schlummert, zu neuem Leben zu erwecken. Das gelingt denn auch, indem man in Karlsruhe beim Bundesgerichtshof den förmlichen Antrag auf Wiederaufnahme des Verfahrens stellt. Anträge sind immer gut, auch die überflüssigen, und der BGH entspricht demselben Ende 1994 auch ohne langes Zögern. Die Antragsbegründung aus Lübeck mußte den Richtern in den roten Roben ja auch einleuchten: Uwe Barschel sei deutscher Staatsbürger gewesen, heißt es darin, mit letztem Wohnsitz in Mölln. Daher die deutsche Zuständigkeit und speziell die der Staatsanwaltschaft aus der nicht weit entfernten alten Hansestadt.

Auch ohne den Segen vom Bundesgerichtshof und Monate vor der Genehmigung ihres Antrages verfielen die Lübecker Staatsanwälte freilich schon in ungewohnte Hektik. Denn nach seiner rüden Ermahnung per *stern*-Interview machte der Genfer Generalstaatsanwalt Bertossa schon wieder Druck. Monatelang saß seine Untersuchungsrichterin Carole Barbey nun schon auf dem amtlichen Gutachten, das auf Eike Barschels Betreiben und mit Bertossas Unterstützung 1993 in Auftrag gegeben worden war. Professor Brandenberger hatte Labor- und Schreibtischarbeit zügig absolviert und die 21 engbeschriebenen Seiten plus sieben Seiten Anlagen am 25. Mai 1994 bei der Genfer Richterin abgeliefert. Im Oktober lag der Sprengsatz schließlich auf dem Schreibtisch des zuständigen Lübecker Staatsanwalts Sela. Was tun mit diesem schlüssigen Nachweis, daß sich Uwe Barschel in seinem Hotelzimmer nicht selbst hatte entleiben können, weil er zum Zeitpunkt der Aufnahme des tödlichen Giftes Cyclobarbital gar nicht mehr handlungsfähig war? Und ist nun nicht umgehend auch die Familie Barschel zu informieren, in der Person ihres ständig zum Handeln drängenden Anwalts Dr. Justus Warburg? Solche Fragen sind auf dem Dienstweg dem Lübecker Behördenleiter zu stellen, die der nicht für sich behält, sondern dem Schleswiger Generalstaatsanwalt hochreicht, der wiederum die Politik informiert, nämlich den Staatssekretär im Justizministerium. Und auf demselben Weg rückwärts wird die Entscheidung transportiert, den Rechtsanwalt erst einmal außen vor zu lassen.

Statt dessen wird eilig ein weiteres Gutachten in Auftrag gegeben. Bei wem? In München hatte sich ein Pharmakologe doch schon damals empfohlen, als Professor Brandenberger im ZDF die These aufstellte, Dr. Barschel sei mit hoher Wahrscheinlichkeit erst betäubt worden, bevor er das tödliche Gift erhielt. Nein, das könne man nicht mit Sicherheit sagen, ließ sich Professor Ludwig von Meyer aus Bayern damals vernehmen, ohne wissenschaftliche Begründung zwar, aber doch mit der Folge, die Tür zur Selbstmordversion wieder einen Spaltbreit zu öffnen. Daß der Pharmakologe von Meyer jetzt erneut zum Widerspruch gegen Brandenberger bereit sein würde, war rasch geklärt. – Die Frage, warum sie gerade diesen Mann gebeten haben, die »Glaubwürdigkeit« des Brandenberger-Gutachtens zu untersuchen, haben die Lübecker Staatsanwälte immer nur ausweichend beantwortet.

Sehr viel näher hätte nämlich eine andere Wahl gelegen. Denn in Lübeck vor Ort gab es einen Experten, der zu den Fragen der Vergiftung von Genf entschieden kompetenter urteilen konnte als der Münchner Pharmakologe: Professor Otto Pribilla war Leiter des Rechtsmedizinischen Instituts an der Lübecker Universität. Der »giftige Otto«, wie er seines Metiers wegen in Fachkreisen mit Respekt genannt wurde, hatte einen der wissenschaftlichen Reputation Brandenbergers vergleichbaren Ruf. Und für seine Einschaltung sprach außerdem, daß er sich über eines der im Körper Barschels gefundenen, am Todesgeschehen maßgeblich beteiligten Gifte, das Pyrithyldion, schon früh zum Professor habilitiert hatte. Einen Berufeneren als Pribilla gab es also weltweit nicht. Aber der Nachbar hatte wohl aus Sicht der weisungsgebundenen Staatsanwälte einen Nachteil: Neben seiner Kompetenz war Otto Pribilla auch eine ganz und gar unabhängige Persönlichkeit und als Wissenschaftler nur der Wahrheit verpflichtet. Gefälligkeitsgutachten waren von ihm nie zu haben. »Wir hatten keine gute Verbindung zu Pribilla«, so lautet der matte Kommentar der Staatsanwaltschaft zur Frage, warum sie mit dem »Glaubwürdigkeits-Gutachten«, wenn sie ein solches aus welchen Gründen auch immer überhaupt für erforderlich hielten, nicht die Koryphäe am Ort betraut hat.

Von Meyer wurde nun rasch mit dem aktuellen Brandenberger-Gutachten beliefert und erhielt auch das alte Staub-Gutachten von Genf sowie die lückenhaften toxikologischen Bemerkungen aus dem Hamburger Obduktionsbericht. Außerdem wurde er dringlich gebeten, möglichst schnell ein Vorab-Gutachten in Kurzform zu liefern. Und von Meyer lieferte, wie bestellt. Sein Kurzgutachten ging so schnell nach Lübeck, daß der Verfasser nicht einmal die Zeit gehabt haben konnte, die Vor-Gutachten alle gründlich zu lesen, geschweige denn zu überprüfen. Trotzdem stand das Meyersche Urteil über Brandenbergers Analysen im Kern schon fest. Die knappen Ausführungen der »Gutachterlichen Stellungnahme« beschließt er mit der Konklusion: »Die Feststellungen des Gutachtens vom 25. Mai 1994 ergeben keine sicheren Hinweise für die Annahme, daß es sehr unwahrscheinlich sei, daß Uwe Barschel bei der Zufuhr von Cyclobarbital noch handlungsfähig gewesen sei.«

Während von Meyers Stellungnahme auf wundersame Weise sofort den Weg in die Medien findet, womit wieder einmal den Mordhinweisen die Spitze genommen wird, bleibt Brandenbergers Gutachten, auf das sich die kurze Stellungnahme mit dem gewundenen Resümee bezieht, unveröffentlicht. »Das scheint mir sehr unfair und entspricht nicht den rechtlichen Gepflogenheiten, auf alle Fälle nicht in der Schweiz«, beklagt sich der Wissenschaftler. Mit hellem Zorn reagiert der Hamburger Rechtsanwalt der Familie Barschel. Justus Warburg hat fünf Jahre in Folge den Lübecker Leitenden Oberstaatsanwalt Böttcher, der ihm immer wieder die Akteneinsicht verweigerte, mit geschliffener Prosa bearbeitet. Seit gut zwei Jahren hat es der Anwalt nun schon mit dem Böttcher-Nachfolger Heinrich Wille zu tun, der ihm in der Sache genauso hartleibig begegnet. Mit Eike Barschels Genfer Anwalt zusammen hat Warburg jeden erreichbaren Hinweis zum Tatgeschehen in seine anwaltlichen Aktivitäten umgesetzt. Bundeskanzleramt, Verfassungsschutz, BND und Bundesanwaltschaft hat er auf Trab zu bringen gesucht. In Berlin wühlte er sich durch Aktenberge der Gauck-Behörde. Und seiner juristisch sauber begründeten Forderung, nun, nach des Genfer Generalstaatsanwalts Klarstellung, daß der Mordverdacht keineswegs ausgeräumt ist, müßte endlich auch in Deutschland an die Arbeit gegangen werden, dieser Forderung ist nach der schrittweisen Entlastung Barschels durch die Gerichte und den Ausschuß mit vernünftigen Argumenten nicht mehr zu begegnen.

Daß jemand mit einem »Glaubwürdigkeits-Gutachten« betraut wird, ohne den Anwalt von dem Vorgang zu unterrichten, empört den Hamburger Advokaten, der bald noch mehr Ärger bekommt. Nach der förmlichen Zuständigkeitserklärung aus Deutschland schicken die Genfer Behörden ihre Akten nach Lübeck und transferieren den Fall dahin, wo er ihrer Meinung nach schon lange hingehört. Den Anlaß nutzt die Behörde des Schleswiger Generalstaatsanwalts Ostendorf, über die Presse eine bemerkenswerte Desinformation zu verbreiten: Die deutschen Behörden zögen die Ermittlungen nun an sich, weil sonst in Genf eine Einstellung des Verfahrens drohen würde, was verhindert werden müsse, weil noch nicht alle Zweifelsfragen beantwortet seien. Nichts hatte sich Ostendorf hingegen sehnlicher gewünscht als eine Genfer Verfügung zur Einstellung des Verfahrens, aber nichts lag Bernard Bertossa so fern wie die ihm nun unterstellte Absicht.

Selbstverständlich will Anwalt Warburg auch die frisch eingetroffenen Akten einsehen. Das aber wird ihm von Behördenchef Wille verweigert mit der Begründung: »Die Akteneinsicht kann versagt werden, soweit der Untersuchungszweck gefährdet erscheint. Eine solche Situation ist jetzt eingetreten. Der Vorrang des Ermittlungszweckes läßt es derzeit nicht zu, Ihnen Einsicht in diejenigen Akteteile zu gewähren, die unlängst angelegt worden sind, sowie in diejenigen Beiakten, die als Beweismittel grundsätzlich besichtigungsfähig sind.«[101] – Der Mann, der jahrelang versucht hat die Jäger zum Jagen zu tragen, der unermüdlich zur Wahrheitsfindung ermuntert und selbst beigetragen hat, ausgerechnet der soll nun den Ermittlungszweck gefährden, falls er Kenntnis von den neuen Akten erlange. Welcher Ermittlungszweck kann damit gemeint sein, oder handelt es sich vielleicht um einen Vertuschungszweck? Im letzteren Fall wäre die Kenntnis des Anwalts allerdings störend. – Aber Rechtsanwalt Warburgs Glauben an das Gute scheint unerschöpflich.

Im Brief von der Staatsanwaltschaft hat Justus Warburg auch erfahren, welchem Zweck die Beauftragung des Münchner Pharmakologen tatsächlich gedient hat. Nach den Feststellungen des Zürchers Hans Brandenberger hätten die weiteren Ermittlungen von Wille und seiner Truppe in aller Form »wegen Mordes« geführt werden müssen. Nun aber nach von Meyers über die Medien breitgestreutem Schnellschuß ist die Lage wieder wie gewohnt. »Infolgedessen ist Ihnen seitdem bekannt«, raunzt Wille den Anwalt der Familie an, »daß die Staatsanwaltschaft nach wie vor keinen Anfangsverdacht eines Tötungsdeliktes bejaht.«

Fast elf Monate nach der Kurzform trifft Ende August 1995 das fertige Gutachten vom Institut für Rechtsmedizin der Universität München ein. Es wirft in Lübeck viele Fragen auf. Ludwig von Meyer kommt bei seinen Analysen der Körperflüssigkeiten zu aufsehenerregenden Ergebnissen:

Brandenbergers Formel von der Einbringung der Gifte in der Reihenfolge 3 + 1 wird von Meyer nun ersetzt durch die neue Formel 1 + 4: Einen weiteren Stoff, nämlich Methyprylon, will der Pharmakologe gefunden haben – im Blut, im Urin und in besonders hoher Konzentration in der Gallenblasen-Flüssigkeit. Wenn Staatsanwälte in diesen Jahren Methyprylon hören, dann werden sie hellwach. Denn unter der Präparate-Bezeichnung Noludar, das auch in Tropfenform im Handel war, erfreute sich das Methyprylon in Gangsterkreisen ganz besonderer Beliebtheit. Die schnell und stark wirkende Substanz hatte sich beispielsweise im Münchner Szenetreff Donisl und vielfach auch auf der Hamburger Reeperbahn bewährt. Noludar unauffällig ins Bier geträufelt, und schon schlief der Empfänger so tief und fest, daß es ein Kinderspiel war, ihm die Brieftasche abzunehmen.

War Uwe Barschel in seinem Hotelzimmer zunächst mit Methyprylon außer Gefecht gesetzt worden, bevor er später eine tödliche Mixtur erhielt? Die Entdeckung von München hat nicht lange Bestand. »Bei Nachuntersuchungen der Original-Asservate wäre zu berücksichtigen, daß sich die Konzentrationen sämtlicher Fremdstoffe durch die jahrelange Lagerung in unterschiedlichem Ausmaß verändert haben könnten«, hat in einer Stellungnahme nach Brandenbergers Gutachten und vor von Meyers Gutachten warnend der Lübecker Direktor des Instituts für Rechtsmedizin mitgeteilt[102]. Der Münchner Kollege hat ihn wohl nicht gehört; denn von Meyer hat in der Flüssigkeit der Gallenblase nicht Methyprylon vermessen, sondern ein undefiniertes Fäulnisprodukt. Brandenberger, der Methyprylon in seinen Analysen vorher schon, allerdings in sehr viel geringerer Konzentration im Urin nachgewiesen hatte, führte die »Entdeckung« des Pharmakologen zu der Frage, ob das »instrumental-analytische Know-how« der Kollegen »so gering ist, daß sie die experimentellen Möglichkeiten nicht sehen und nicht deduktiv arbeiten können? Letzteres ist zum Teil sicherlich der Fall«, fährt der Schweizer fort, »ich habe das bereits in Genf gesehen, wo es an massenspektrometrischem Auswertungs-Vermögen fehlt. Für München hat Prof. v. Meyer ja selber ausgesagt, daß sein Laboratorium ohne Vergleichs-Substanzen oder Vergleichs-Spektren nicht massenspektrometrisch interpretieren kann. Zudem scheint es hier auch mit dem Verständnis für UV-Spektrophotometrie nicht sehr gut zu stehen«.[103]

Mit solcher Kritik macht sich im Kollegenkreis keiner beliebt. Aber das war auch nie die Absicht des Schweizers, der auch als Pensionist zu den besten Analytikern seines Fachs zählt. Um eine Entscheidung im Streit der

Gutachter herbeizuführen, schlug er vor, sich mit von Meyer vor den laufenden Kameras der ARD im Wissenschaftsdisput auseinanderzusetzen. Ein »Tagesthemen«-Journalist stand als Moderator schon zur Verfügung; Professor von Meyer soll auch bereit gewesen sein. Aber der Lübecker Leitende Oberstaatsanwalt Wille, um Zustimmung ersucht, hat seine Einwilligung nicht gegeben. »Es würde mir sicherlich nicht schwerfallen, das ›Glaubwürdigkeits-Gutachten‹ in einer Konfrontation zu entkräften«, meinte Brandenberger. Dazu aber sollte er auch bei einer persönlichen Begegnung mit Ludwig von Meyer keine Gelegenheit bekommen.

Zusammen mit dem Münchner Meyer, dem Genfer Staub und dem Hamburger Schmoldt wird Brandenberger nach Lübeck eingeladen, wo am »Runden Tisch« die Herren Toxikologen zu einem Konsens über das Genfer Vergiftungsgeschehen gelangen sollen. Als Moderator der Veranstaltung hat Brandenberger vorher vergeblich Otto Pribilla vorgeschlagen. Abgelehnt. Die Lübecker Gegenvorschläge, Namen von Suizid-Verkündern, mochte Brandenberger nicht akzeptieren. Schließlich bestellt man den Lübecker Gerichtschemiker Arthur Reiter zum Moderator. Der versteht vom Fach zwar nicht sonderlich viel. Dafür aber ist er entschlossen, dem Mann aus Zürich keine Chance zu bieten. Während alle anderen Teilnehmer in einem Hotel gemeinsam untergebracht werden, findet sich für Brandenberger nur eine weit davon entfernt liegende Bleibe. Und so fügt es sich, daß der eigenwillige Zürcher auch nicht dabeisein kann, als sich die übrigen abends im Labor von Reiter zu einem Experiment zusammenfinden.

Den Chemisten kommt es darauf an, schnell noch einen Ersatz für eine Meyer-Hypothese zu finden, die von Brandenberger zerfetzt worden ist: Der Münchner hatte spekuliert, ein sehr saurer Urin des Verstorbenen hätte wohl dafür gesorgt, daß die Ausscheidung des Cyclobarbitals von der Niere in die Harnblase gehemmt worden sei. Deshalb fände sich das Cyclobarbital in der Blase weniger konzentriert als die anderen Substanzen. Die Aussage hatte keinerlei Realitätsbezug. Barschels Urin konnte gar nicht besonders sauer gewesen sein; das hätte zu Schädigungen der Nieren geführt, von denen es allerdings keine Spur gab. Die Meyersche Säuren-Theorie ging aber noch aus einem weiteren Grund fehl: Wäre das Cyclobarbital beim Eintritt in die Blase tatsächlich gehemmt worden, dann hätte dasselbe auch für die andere schwach-saure Verbindung gelten müssen, für das Pyrithyldion. Das allerdings war wie das Diphenhydramin und das Perazin in hoher Konzentration im Urin. – Was, zum Zeus, ließ sich nun noch finden, um Brandenbergers Formel 3 + 1 wenigstens eine brauchbare Hypothese entgegenzusetzen?

Im Lübecker Labor arbeitet sich der Chemie-Doktor Reiter mit dem Münchner Pharmakologen von Meyer und dem interessierten Hamburger Beobachter Schmoldt bis tief in die Nacht an einer ganz neuen Theorie ab. Ein Experiment soll beweisen, daß das Cyclobarbital deshalb verzögert in die Harnblase gelangt ist, weil es schwerer löslich sei als die anderen Substanzen. Die nächtlichen Versuche beschreibt Laborchef Reiter im Protokoll zum »Runden Tisch« wie folgt:

»Auf Anregung von Prof. Dr. von Meyer habe ich am gestrigen Tag Lösungsversuche mit den Wirkstoffen Cyclobarbital-Ca, Pyrithyldion und Methyprylon vorgenommen. Dazu wurden jeweils 2 ml Salzsäure (pH-Werte 1, 2, 3 und 4) sowie wäßrige Pufferlösungen (pH-Werte 5 und 6) mit ca. 4 bis 5 mg der jeweiligen Substanz versetzt. Nach wiederholtem Schütteln hat sich gezeigt, daß sowohl Pyrithyldion als auch Methyprylon bei allen pH-Werten rückstandslos löslich waren, während das Cyclobarbital-Ca bei keinem der geprüften pH-Werte sichtbar in Lösung ging« (pH-Werte drücken den Säuregehalt aus).

Was für den Laien eindrucksvoll klingen mag, ist für den Fachmann blanker Unsinn. Brandenberger ist nicht bereit, das Protokoll zu unterschreiben, in dem Reiter seinen Versuchen ein Mäntelchen von Wissenschaftlichkeit umhängt. Nur unter der Bedingung, daß ein Protokollzusatz unzensiert seinen Standpunkt im Wissenschaftsstreit darlegt, gibt er seinen Widerstand auf. Brandenbergers »Ergänzende Bemerkungen zur Ergebnisniederschrift des ›Runden Tisches‹ der Toxikologen vom 05.06.1997 in Lübeck« werden denn auch tatsächlich dem Protokoll beigefügt. Sie fassen alles Wesentliche zusammen, was die Öffentlichkeit über die Lübecker Veranstaltung wissen sollte. Und sie entlarven die unterschiedlichen, einander teilweise widersprechenden Einwendungen gegen die Formel 3 + 1 durchweg als Scheinargumente, die der wissenschaftlichen Überprüfung nicht standhalten. Aber leider haben die »Ergänzenden Bemerkungen« keinerlei Wirkung erzielen können: Außenstehende durften den Text bis heute nicht lesen. Obwohl der Verfasser als bewußter Sohn eines eidgenössischen Schulmeisters immer auch auf Verständlichkeit seiner wissenschaftlichen Ausführungen bedacht ist, bleibt die Lektüre der verzwickten Sache wegen ein gutes Stück Arbeit – aber eine nicht nur für Chemie-Experten lohnende. Der Text ist nun für jedermann im Internet nachzulesen (vgl. www.herbig-verlag.de).

Aus Sicht der Verschworenen bei den nächtlichen Experimenten ist die Geschichte von der vermeintlich schwereren Löslichkeit des tödlichen Giftes der letzte Versuch zur Widerlegung von Brandenbergers Fakten. Er ist noch kläglicher gescheitert als alle anderen Versuche vorher. »Die Experimentatoren haben nicht das Lösungsvermögen, sondern die Lösungsgeschwindigkeit der Pharmazeutika beobachtet. Für das Ausscheidungsverhalten ist das kaum wesentlich, treten die Stoffe doch in gelöster Form und nicht fest aus der Niere in den Urin über«, stellt der Verfasser in den »Ergänzenden Bemerkungen« klar, um eine Reihe von unbequemen Korrekturen anzuschließen:

– Die angeblich besser löslichen Vergleichssubstanzen hat Reiter in ihrer chemischen Reinform verwendet, das Cyclobarbital hingegen in der Form des schwereren Calziumsalzes. »Hat er einfach aus Bequemlichkeit, weil er freies Cyclobarbital nicht auf Lager hatte, zum Calziumsalz gegriffen und damit die Teilnehmer des ›Runden Tisches‹ fahrlässig oder gar absichtlich getäuscht?«

– Chemiker Reiter will »eine Spatelspitze« des Giftes in Salzform, später korrigiert er auf »4 bis 5 mg«, in 2 ml Flüssigkeit in Lösung gegeben haben. Das ist eine bei Vergiftungen nie erreichte Überdosierung; der Experimentator hat sich »um mindestens eine Zehnerpotenz« verschätzt und allein damit seine Versuche wertlos gemacht.

Nach der Aufzählung weiterer Fehler faßt der Chemiker aus Zürich sein Urteil in zwei Sätzen zusammen: »Der von Dr. Reiter geschilderte Versuch zeugt von einer erschreckenden Unwissenheit und Unsorgfältigkeit. Die Tatsache, daß er diesen Versuch der Staatsanwaltschaft als Argument auftischt, spricht für eine eines forensischen Experten unwürdige Sorglosigkeit und Verantwortungslosigkeit.« – Brandenbergers Urteil über den Kollegen aus Lübeck fiele kaum anders aus, würde er die Möglichkeit berücksichtigen, daß sich der Chemiker Reiter in einem Gewissenskonflikt befand. In die Pflicht genommen, die Reste der Staatsdoktrin zu verteidigen, wonach der Tod in Genf um jeden Preis als Selbstmord darzustellen ist, ist er jedenfalls seinem wissenschaftlichen Ethos nicht gefolgt.

Allein die toxikologischen Tatsachen weisen spätestens nach dem »Runden Tisch« eindeutig auf Mord. Daran hatte im Grunde schon 1993 der *stern* keinen Zweifel mehr gelassen. Der Redaktion war es gelungen, den wohl kenntnisreichsten Toxikologen aufzuspüren, den die untergegangene DDR auf diesem für die Stasi äußerst wichtigen Forschungsfeld besessen hat. Der den Lesern unter dem Pseudonym »Dr. Werner Groß« vorgestellte Experte kommt in einer wissenschaftlich glänzenden Analyse der bis dahin vorliegenden Untersuchungsergebnisse zu dem eindeutigen Befund: »Es war Mord.« In einem Gutachten für den *stern* faßt »Dr. Groß« zusammen: »Barschel kann nicht durch einen ›Medikamenten-Cocktail‹

ums Leben gekommen sein, wie der Genfer Gerichtsmediziner vermutete. Er hat vielmehr zunächst drei Wirkstoffe, darunter das Medikament Pyrithyldion, zum Einschlafen und erst nach einem längeren Zeitintervall die tödliche Dosis Cyclobarbital aufgenommen. Es sollte also von einer 3 + 1-Aufnahme ausgegangen werden. In diesem Fall kommen neben den zentral-dämpfenden auch die weiteren pharmakologischen Eigenschaften der vier Wirkstoffe wechselhaft vorteilhaft zur Geltung.«[104] – Eine klarere Bestätigung der vorher und nachher getroffenen Feststellungen Brandenbergers konnte es nicht geben.

Die toxikologischen Resultate konnten von den Staatsanwälten zudem stets auch mit den ihnen vorliegenden medizinischen Ergebnissen verknüpft werden. Zusammengenommen schließt das jeden Zweifelsrest aus. Aber die aus den Ergebnissen der beiden forensischen Disziplinen vorzunehmende Addition ist nur den Ermittlern möglich, bei denen überdies ja auch die beachtlichen kriminalistischen Erkenntnisse vorliegen, die auf Mord weisen. Der Öffentlichkeit gegenüber werden die Fakten verschwiegen, um so lebhafter aber wird Desinformation gestreut. Was aber schreibt um diese Zeit der Chef der Ermittler, Heinrich Wille, an den Hamburger Anwalt Justus Warburg? Es gebe »nach wie vor keinen Anfangsverdacht eines Tötungsdeliktes«.

9. Kapitel: Ein Ende als Anfang?

Spuren im Sand

An Eifer lassen es die Ermittler vor Ort nicht fehlen, als sie die Spurensuche ab 1995 schließlich in deutsche Regie übernehmen. Zur »Ermittlungsgruppe Genf«, genannt »EG Genf«, ist der junge Staatsanwalt Bernd Kruse gestoßen, der »noch an die Gerechtigkeit glaubt«, wie sein Chef Heinrich Wille sich ausdrückt. Kruse koordiniert die Recherchen der Kriminalbeamten aus Kiel, die nun auch in Genf zu erstaunlichen Resultaten gelangen. Den Schuh zum Reden zu bringen ist eine ihrer exzellenten Leistungen. Kriminaltechnisch bemerkenswert auch die Entschlüsselung des auf der Gepäckablage vor dem Zimmerausgang gefundenen zusammengeknüllten Handtuchs: Ein Handabdruck wird sichtbar gemacht; jemand, der nicht der Bewohner von 317 gewesen sein konnte, hatte sich die Finger von solchem Schmutz gereinigt, der sich auch an dem linken Schuh im Badezimmer fand. Große Anerkennung verdient auch der Nachweis über den Weckauftrag, den der Nachtportier Di Natale im später unauffindlichen Weckbuch sah.

Und auch auf die Fährte von Werner Mauss hat sich die EG Genf gesetzt. Ein Genfer Journalist wird ausfindig gemacht, der »sieben bis zehn Tage nach dem Tod im Beau Rivage« zu einem Treffen jenseits der Grenze im französischen Annemasse gebeten worden war. Ein ihm unbekannter Mann, der sich als Diplomat vorstellte, ohne seinen Namen zu sagen, fragte, indem er vom Französischen ins Englische und Deutsche hin und her wechselte, den Kenntnisstand des Journalisten ab, der den Eindruck mitnahm, er sollte ausgehorcht werden. Von wem? Er konnte den Mann nur beschreiben, und dabei vergaß er nicht zu erwähnen, daß seinem Fragesteller an einer Hand ein Fingerglied fehlte. Nachweislich hatte der Agent zur fraglichen Zeit seine diversen Domizile nicht nur in Genf, sondern eines auch auf der anderen Grenzseite in Annemasse.

In dem geheim gebliebenen Lübecker »Bericht zum Verfahrensstand« vom 14. März 1997 heißt es: »Der Werner Mauss befand sich am tatkritischen Wochenende 10./11.10.1987 ebenfalls in Genf. Nach eigenem Bekunden soll dieser Genf-Aufenthalt ausschließlich im Zusammenhang gestanden haben mit seiner Vermittlungstätigkeit in der Entführungssache Schmidt/Cordes.« Daß Mauss tatsächlich für die Unternehmen Siemens und Hoechst »in Vermittlerfunktion in die Geiselbefreiungsaktion eingebunden war, ist als Tatsache anzusehen«, konstatiert der Bericht – aber war es nicht durchaus vorstellbar, daß ein vielseitig begabter Agent wie Mauss sich an dem »tatkritischen Wochenende« auch noch anderen Aufgaben gewidmet haben könnte? Der Zweifel bestand bei den Ermittlern fort. Hatte Mauss ein falsches Alibi geliefert? Folgerichtig hält der Bericht denn auch fest: »Es ist sodann auch beabsichtigt, zur Klärung einer Vielzahl weiterer offener Fragen« den Agenten und ggf. auch seine Ehefrau, »die damals in Genf stets mit anwesend war, zu vernehmen.« – Daraus wurde nichts.

Von der Anwaltskanzlei des Agenten läßt sich die Lübecker Staatsanwaltschaft belehren, daß von des Mandanten grundsätzlicher Aussagebereitschaft zwar »weiter ausgegangen werden könne«, so steht es im »Gesamtbericht«, dem 1998 alle Ermittlungen beendenden Schlußdokument. Der Anwalt habe »allerdings auch darauf hingewiesen, daß nach seiner Auffassung« sein Mandant »alles, was er zu dieser Angelegenheit sagen könnte, bereits gesagt hat. Von der ursprünglich vorgesehenen Vernehmung des Werner Mauss ist abgesehen worden, da Erkenntnisgewinne nicht zu erwarten sind.«[105] Gerade noch hatten die eigenen Ermittler neue Indizien in die Hand bekommen und von »einer Vielzahl weiterer offener Fragen« um Mauss gesprochen. Den Verdächtigen gänzlich unbefragt davonkommen zu lassen, ist ersichtlich ein Handstreich gegen die Wahrheitsfindung, geleitet von politischem Interesse.

Erst sehr viel später nimmt Werner Mauss zu den Ereignissen in Genf Stellung: »Leicht amüsiert habe er beispielsweise verfolgt, wie man ihn 1987 mit dem Tod von Uwe Barschel in Verbindung brachte. ›Das war doch Blödsinn. Wir hatten damals unser Quartier in Genf, weil wir mit der Hisbollah Verhandlungen über die Freilassung der beiden deutschen Geiseln im Libanon, Schmidt und Cordes, führten. An dem Tag, an dem Barschel im Beau Rivage abstieg, hatten wir ebenfalls für dieses Hotel gebucht. Doch als uns die Leute von der Hisbollah am Flughafen abholten, haben sie uns im Richemond nicht weit vom Beau Rivage untergebracht. Wir haben sogar unsere Kinder samt Kindermädchen mit unserer Chartermaschine einfliegen lassen. Mit dem Tod von Barschel hatte das alles nichts zu tun. Wir wollten Geiseln befreien.‹« Und er behauptet auch: »Wenn ich Uwe Barschel gekannt hätte, würde er heute noch leben.«[106]

Mit vielen anderen potentiellen Zeugen wurde ähnlich verfahren. Einem leitenden BKA-Beamten, der in engem Kontakt zu dem unter mysteriösen Umständen in Zürich tot aufgefundenen Privatdetektiv Jean-Jacques Griessen gestanden hatte, ließ man seine »extreme Aussageunwilligkeit« folgenlos durchgehen. Weil der mit einem Doktortitel gezierte Mann nicht mochte, brauchte er auch nicht auszusagen. Dabei besteht der dringende Verdacht, daß er derjenige BKA-Mann war, der Griessen zum Treffen nach Zürich gelockt hatte.

Lang ist die Liste der Zeugen, die eigentlich hätten vernommen werden müssen. Auch der legendäre Stasichef Markus Wolf konnte sich durch den simplen Hinweis seines Anwalts allen lästigen Fragen entziehen: Der Mandant könnte zur Aufklärung des Todesfalls nichts beitragen. Wolf, der rechtzeitig vor dem Kollaps der DDR sein gefährlich werdendes Spitzenamt geräumt hatte, um sich nach dem Fall der Mauer erst einmal nach Moskau in Sicherheit zu bringen, war so umfassend wie kaum ein zweiter über alle Waffengeschäfte im Bilde, die von der DDR unter Bruch der Embargo-Bestimmungen der Vereinten Nationen abgewickelt wurden. Wenn auch nur eines der vom bundesdeutschen BND immer wieder gestreuten Gerüchte, wonach Uwe Barschel in den illegalen Waffenhandel der DDR verstrickt gewesen sein sollte, ein Körnchen Wahrheit enthielte, Wolf hätte es leicht beweisen können. Und Alexander Schalck-Golodkowski auch.

»Der dicke Alex« war der Cheforganisator der gewaltigen Waffenschiebungen, die von den Schalck-Firmen IMES und WITRA größtenteils über den Seehafen Rostock und den Flughafen Berlin-Schönefeld nächtens und unter den Augen der Stasi abgewickelt wurden. Er begab sich in Westberlin erst einmal in Schutzhaft, bevor er die voll wirksam schützende Hand des amerikanischen Geheimdienstes CIA über sich wußte. Wie einstmals Reinhard Gehlen wurde nun Schalck zwei, drei Monate lang in Virginia am Hauptsitz der »Firma« zum sprudelnden Quell der Information. Ob Schalck seine Hände schon im Spiel hatte, als in den ersten Stunden nach dem Mauerfall die Personenkartei mit den Klar- und Decknamen aller für die Stasi im Westen tätigen Agenten und »inoffiziellen Mitarbeiter«, der IM, in US-Besitz überwechselte, ist sehr wahrscheinlich, aber es ist nie geklärt worden. Die sogenannten »Rosenholtz-Papiere«, falsch mit t geschrieben, haben der einzig verbliebenen Supermacht ein unglaubliches Wissens-, Herrschafts- und Erpressungspotential verschafft. Klar, daß der dicke Alex in der Bundesrepublik fortan unangreifbar war. Der Schalck-Untersuchungsausschuß des Bonner Parlaments endete ohne Ergebnis, nachdem die interessanten Ergebnisse im Panzerschrank des BND verschwunden waren. Schalck als Zeugen im Fall Barschel zu laden, fehlte den Staatsanwälten die Traute und die politische Genehmigung.

Entlastung vom Vorwurf heimlicher Waffendeals mit der DDR erfuhren beide Brüder Barschel zwar nicht durch Wolf oder Schalck, dafür aber von glaubhaften Zeugen. Eine der beiden für den Waffenhandel zuständigen DDR-Firmen war nach ihrem Gründer Erhard Wiechert benannt, aber statt der Langform Wiechert Trading hieß die Firma kurz WITRA. Ab 1984 war Wiechert als Hauptgeschäftsführer für die andere Waffenfirma, die Import-Export GmbH, kurz IMES, verantwortlich. Wenn es Geschäfte mit den Barschels gegeben hätte, Wiechert wären sie nicht entgangen. Vor den Staatsanwälten erklärte er: »Ich kann mit Bestimmtheit sagen, daß ich weder Herrn Dr. Uwe Barschel noch seinen Bruder Eike Barschel jemals persönlich getroffen habe oder mit ihnen geschäftlich zu tun hatte.« Wiecherts Erklärung verdient deshalb Beachtung, weil er sich zum Zeitpunkt dieser Aussage, 1995, längst dem BND anvertraut hatte, dessen Interesse erkennbar in der Beschuldigung der Gebrüder Barschel lag und nicht in deren Entlastung.

Am selben Tag wie Wiechert wurde in Berlin der Zeuge Willi Koch vernommen, der in Diensten der Stasi-Hauptverwaltung Aufklärung von seinem plötzlich verstorbenen Vorgänger eine heiße Erbschaft zu übernehmen hatte: die im Panzerschrank gelagerten sensiblen Unterlagen der Hauptabteilung »HA XVIII/8«, die alle brisanten Embargogeschäfte enthielten, die von der DDR je abgewickelt worden sind. »Die meisten Embargogeschäfte sind, und das möchte ich betonen, mit Zustimmung des BND gelaufen«, führte Zeuge Koch aus. Alle sensiblen Unterlagen aus dem Panzerschrank hat Koch »im Mai 1990 dem BND übergeben«. »Herr Koch erklärte nachdrücklich, daß der BND aufgrund der vorliegenden Unterlagen in der Lage sein müßte, darüber Auskunft zu geben, ob Dr. Uwe Barschel oder die Firma Wild-Leitz an Waffen- oder Embargogeschäften evtl. beteiligt gewesen sein könnten.«[107]

Während der drei Jahre der eigenen Ermittlungen ist die EG Genf vom BND ständig auf neue Fehlspuren geführt worden. Als die unendlichen Waffenstorys, mit denen die Presse gefüttert wurde, absolut nichts mehr hergeben wollten, zog der BND die Geschichte von der Mafia aus dem Hut. Ein Überläufer aus der neapolitanischen Camorra wollte Gespräche mitgekriegt haben, die sich um einen Auftrag zur Ermordung des deutschen Politikers drehten. Der Zeuge, der die geradezu rührende Fürsorge des Bundeskriminalamts genoß, tischte den EG-Genf-Kriminalen haarsträubende Geschichten auf, die vom BKA immer wieder gestützt wurden. Irgendwann konnte den geschulten Ermittlern nicht mehr verborgen bleiben, daß sie Opfer gezielter Desinformation waren. Und irgendwann haben sie schließlich beschlossen, Rache dafür zu nehmen, daß ihre Zeit, ihre Mittel und ihre Energie von zwei Bundesbehörden systematisch verschwendet wurden.

Während das BKA ihrem reuigen Camorristen ständigen Zeugenschutz angedeihen ließ und ihm uneingeschränkte Glaubwürdigkeit bescheinigte, deckten die Schleswig-Holsteiner in den Aussagen des Italieners immer neue Widersprüche auf. Nach Monaten der Recherche auf falschen Spuren verweigert sich der Pentito schließlich total. »Der Zeuge ist offenkundig nicht bereit, an der Sachverhaltsaufklärung mitzuwirken«, vermerken die Staatsanwälte zerknirscht, bevor sie ihrem schon lange schwelenden Verdacht Ausdruck geben, daß ihnen der Italiener vom BKA nur zu dem einen Zweck zugeführt worden ist, sie von zielführenden Ermittlungen abzulenken: »... drängt sich der Eindruck auf, daß die Ermittlungen bewußt in eine falsche Richtung gelenkt werden sollten. Wer daran allerdings ein Interesse haben könnte, konnte im Rahmen dieses Ermittlungsverfahrens nicht aufgeklärt werden.«[108] Schon einmal haben die Lübecker ihrer Wut darüber, zum Narren gehalten zu werden, ein Ventil gegeben. Das war, als sie, von einer BND-geführten Journalistin mit Legenden über die konspirativen Verwicklungen Barschels in verbotene DDR-Geschäfte zugepflastert, nicht mehr zu sinnvoller Arbeit kamen: »Zwischenzeitlich ist von hier auch angedacht worden, ob nicht durch die Mitteilung des BND die Staatsanwaltschaft bewußt zu Ermittlungen ›verleitet‹ werden sollte. Tatsächlich waren die in dieser Spur vorgenommenen Ermittlungen arbeitsintensiv, haben jedoch bis jetzt zu keinen konkreten Ergebnissen geführt.«[109]

Auch diese BND-Mitteilung war nicht unbedingt erhellend: Eine Stasi-Mitarbeiterin namens »Dr. M« habe angegeben, ihr Führungsoffizier sei ein gewisser »Robert Roloff« gewesen, und der wäre in Genf mit Uwe Barschel zusammengetroffen. Oder was sollten die Staatsanwälte von dieser Information halten: Über eine seiner »nachrichtendienstlichen Verbindungen« sei dem BND mitgeteilt worden, in Genf wäre Barschel mit Ahmed Khomeini, dem Sohn des iranischen Ajatollahs, in Streit geraten; er hätte vom Iran für einen Neuanfang in Kanada zehn Millionen Dollar verlangt, woraufhin Ahmed Khomeini den Befehl gab, den Deutschen umzubringen. Überhaupt soll Barschel ein sehr habgieriger Mensch gewesen sein, sagt die Geheimdienstquelle.

Geheimdienste sind nicht so naiv, von der gläubigen Aufnahme jeder einzelnen der von ihnen gepflanzten Informationen auszugehen. Deshalb legen sie vielerlei Spuren und finden überall ihre Abnehmer – mit Sicherheit bei den Verbindungsleuten, die im Tarnanzug des Journalisten wirken (von denen es übrigens einen besonders bedeutenden in der Nähe der BND-Zentrale von Pullach gibt). Wer es unter den Zeitungsleuten aber ernst meint mit der Sorgfaltspflicht, der überprüft eine Meldung, bevor er sie veröffentlicht, möglichst aus anderen Quellen. Dabei trifft er etwa auf die gesicherte Information, daß der Sohn des Ajatollahs zur tatkritischen Zeit tatsächlich in Genf mit einem halben Dutzend Waffenhändlern konferiert hat. Warum also sollte er sich nicht auch mit Barschel getroffen haben? Aus Kreisen seiner Familie wird bestätigt, daß sich Uwe Barschel tatsächlich mit dem Gedanken an einen Neubeginn in Kanada trug. Also passen dazu auch die zehn Millionen. Ein Gerücht wird so zur denkbaren Möglichkeit und mutiert zur Wahrscheinlichkeit, um in gedruckter Form, zumal wenn es aus der Auslandspresse wieder zurückkommt, schließlich in den Rang der unbezweifelbaren Wahrheit aufzusteigen. – Staatsanwälte, die immer auch alle einschlägigen Veröffentlichungen in ihre Ermittlungen einbeziehen müssen, haben es in solchermaßen medienbestimmten Zeiten nicht ganz leicht, zu ihrer Wahrheit vorzudringen.

Die Lübecker Ermittler haben außerdem noch viel Pech gehabt. Da stirbt ihnen doch ein ums andere Mal wieder ein äußerst vielversprechender Zeuge einfach weg.

In den einander überschneidenden Kreisen der Waffenhändler und der Geheimdienste ist Dirk Stoffberg seit den 1970er Jahren eine herausragende Figur. Der gelernte Bankkaufmann, der im neuen Metier auch die Aliasnamen Derik Strauss, Francis Borg oder Herbert Tanzer benutzt – jeweils auch paßunterlegt –, ist Staatsbürger der Republik Südafrika. Er ist blitzgescheit und körperlich durchtrainiert wie ein Zehnkämpfer. Schnell mit der Waffe ist er sowieso. Einer, der versucht hatte, ihm einen ungedeckten Scheck anzudrehen, lernte auch die Entschlußkraft des Athleten kennen. Anläßlich eines Restaurantbesuchs stand Stoffberg wie aus dem Nichts plötzlich hinter dem Schuldner und zerschnitt ihm das Gesicht. Die Warnung soll geholfen haben, und so behielt der beschädigte Mann immerhin sein Leben.

Seine Agententätigkeit für den südafrikanischen Geheimdienst lastet Stoffberg nicht aus, und sie läßt sich glänzend mit dem Waffenhandel vereinbaren, den er betreibt – aber nur, soweit es um verbotene Geschäfte geht: das sind Lieferungen in Länder, die gemäß den internationalen Embargobestimmungen nicht beliefert werden dürfen. Und es geht bevorzugt um solche A-, B- oder C-Waffen, die für jeglichen Handel komplett tabu sind, tolerabel allenfalls von Regierung zu Regierung. Unter den Dikta-

Spuren im Sand

toren dieser Welt werden von Stoffberg viele der übelsten dennoch ohne Schwierigkeiten mit Massenvernichtungswaffen beliefert, darunter die von Chile, Libyen, Irak und Iran. Möglich macht Stoffberg die einträglichen Transaktionen mit Zertifikaten, die den Endverbleib der Waffen garantieren. Die muß der Händler den Herstellern der zu liefernden Waffen aushändigen. Kein Problem für Stoffberg, der meistens Endverbleibsbescheinigungen mit den Hoheitssiegeln von Nigeria verwendet, wo sich die Politiker schon immer gern etwas dazuverdient haben.

Zur Abrundung seiner vielseitigen Unternehmungen begibt sich Dirk Stoffberg auch noch in die Dienste einer US-amerikanischen Firma mit dem auch recht deutsch klingenden Namen Adler Research, angeblich eine Art Unternehmensberatung. Tatsächlich ist die in Boston/Massachusetts domizilierende Firma eine gutgetarnte Tochter der CIA, und der tatsächliche Firmenzweck sind Auftragsmorde, auszuführen gegen gute Bezahlung überall auf der Welt, wo jemand der CIA oder der NSA besonders lästig wird. Die Geschäfte florieren.

Ein Journalist, der früher einmal beim *stern* arbeitete, trifft zu Beginn der 1990er Jahre zum erstenmal mit Dirk Stoffberg zusammen. Man sieht sich dann öfters und findet einander nicht unsympathisch. Der Doppelagent und Waffenhändler erzählt über sein Metier und erhebt auch keine grundsätzlichen Bedenken, als der Journalist eine Veröffentlichung vorschlägt. Weil vieles von dem Gehörten aber geradezu unglaublich klingt, entwirft der Journalist zusammen mit seinem Interview-Partner eine eidesstattliche Erklärung, in der Stoffberg versichert, daß er sich in allem, was er berichten will, streng an die Tatsachen hält.

Das Interview führt der Journalist zur Video-Aufzeichnung vor laufender Kamera. Zu einer Veröffentlichung sollte es nie kommen, weder gedruckt noch elektronisch. Aber der Lübecker Staatsanwaltschaft gegenüber hat sich der Journalist offenbart, die ihn zu seinem Schutz in allen mündlichen wie schriftlichen Äußerungen niemals mit seinem Namen, sondern immer nur verdeckt »X« nennt. Weil die Aussagen von Dirk Stoffberg einen Beitrag zur Klärung des Todesgeschehens leisten können, sollen die wichtigsten Passagen des Interviews, so wie sie nach der Übersetzung aus dem Englischen im staatsanwaltlichen Bericht stehen, hier wiedergegeben werden.

»Amerikanischer Entscheidungsfeldzug«

»Es war kein Zufall gewesen, daß Dr. Uwe Barschel nach Genf gekommen ist. Er wurde gerufen ... Uwe Barschel mußte nach Genf kommen, um einige Probleme auszuräumen, das war auch eine sehr sensible Situation, und Uwe Barschel hatte auch Angst ... Ja, Uwe Barschel hatte sehr eindringliche Drohungen von der CIA erhalten ... Uwe Barschel hatte die Absicht, darüber zu sprechen, er wurde bedroht, er wollte umfangreiche Fälle von Korruption in der deutschen Regierung aufdecken, die von den Amerikanern kontrolliert wurden ... Barschel war in verschiedene Waffenhandelsgeschäfte verwickelt, sogar mit unserem Land hier. Er konnte mit seinem Gewissen nicht länger die amerikanische Außenpolitik vereinbaren, die darin bestand, Kontrolle über bestimmte Personen in der deutschen Regierung auszuüben, er wollte diese Bedrohung, die über ihm schwebte, abwerfen und bestimmte Enthüllungen machen, die einige der Politiker der Regierungen bloßgestellt hätten. Im Waffenhandelsgeschäft macht man so etwas nicht, und es ist die Vorgehensweise aller Geheimdienste, daß Menschen, die aus der Reihe tanzen, so wie es auch in der Mafia-Politik gehalten wird, eliminiert werden ... Barschel hätte zuviel über Waffengeschäfte gewußt und gedroht, diese aufzudecken ... Uwe Barschel wurde nach Genf zitiert, um einige Fragen zu beantworten, man hatte den Eindruck, daß er eine Bedrohung für die Sicherheit war, weil Geheimnisse über Waffengeschäfte mit bestimmten Staaten an ihn weitergegeben worden waren. Er wollte sich nicht länger erpressen lassen, er wollte der Presse und seinen Angehörigen gegenüber ein Geständnis ablegen, was auch immer seine Rolle war ...«

Auf die Interviewfrage von »X«, ob Barschel nicht vielleicht doch zufällig nach Genf gekommen wäre, lautet die Antwort: »Nein, er bekam einen Telefonanruf, es war mehr als eine Einladung von einem hochrangigen CIA-Offizier.« Und Stoffberg nennt den Namen des Mannes, der wenige Tage vor dem Tod von Genf in derselben Maschine mit dem Ehepaar aus Schleswig-Holstein von Frankfurt nach Genf geflogen war – »Robert (Bob) Gates«. Nochmals fragt »X« nach dem Motiv, und die Antwort lautet: »Uwe Barschel war zu diesem Zeitpunkt sehr nervös, er wollte einige Enthüllungen machen, die sehr unangenehme Dinge über die deutsche Regierung beinhalteten und die amerikanische Regierung und viele andere. Er wurde zu einem sehr hohen Grade erpreßt. Er hatte das Gefühl, den Druck nicht länger ertragen zu können ...« – Ob er dann nicht doch

Selbstmord begangen haben könnte? »Nein«, lautet die Antwort, »es war kein Selbstmord, es war, nennen wir es ›ein amerikanischer Entscheidungsfeldzug‹. Die Amerikaner seien in den Tod Barschels verwickelt gewesen, ›wie sie in viele Ermordungen in der ganzen Welt verwickelt waren‹.«

Auf die Frage, ob die CIA oder ein dieser Nahestehender die Ermordung des Dr. Barschel durchgeführt habe, erklärt Stoffberg: »Vertraulich gesagt, ja.« – Ja, lautet auch die Antwort, als »X« fragt, ob Uwe Barschel in den U-Boot-Deal zwischen Deutschland und Südafrika verwickelt gewesen sei. Ob Mauss mit dem Tod von Genf etwas zu tun hätte? – Dazu, antwortet Stoffberg »sinngemäß«, dazu möchte er keine Angaben machen, aber es handele sich um eine gute Frage.

Nicht nur zu den Hintermännern und Auftraggebern weiß der ehemalige Angestellte der amerikanischen Killerfirma Interessantes zu berichten. Er kannte auch einen der mutmaßlich Tatbeteiligten und den Täter selbst. Mit beiden habe er in seinen Adler-Jahren eng zusammengearbeitet. Einer der beiden soll sein Nachfolger als Chef der Adler Research geworden sein, nachdem Stoffberg 1986 die Bostoner Dienste quittiert haben will. Der Nachfolger soll hier nur mit seinem Aliasnamen Rolf König genannt werden. Er erzählte Stoffberg noch am Abend des 10. Oktober 1987, daß er den deutschen Politiker im Hotel Beau Rivage soeben angerufen hätte, »um ihn zu warnen«. Am nächsten Tag, dem Sonntag, sprachen Stoffberg und König wieder miteinander. Da sagte König, der Täter hätte ihm Vollzug gemeldet; es sei der von beiden so genannte »Spinnenmann« gewesen, »Spiderman«, der den Auftrag zum Mord an Uwe Barschel von Gates erhalten habe.

Die vorgesehene Veröffentlichung des Interviews scheiterte an Stoffbergs fehlender Unterschrift unter der eidesstattlichen Erklärung. Sie konnte nach dem 20. Juni 1994 nicht mehr geleistet werden. Dirk Stoffberg war einen plötzlichen Tod gestorben, »unter noch nicht geklärten Umständen«, wie es im staatsanwaltlichen Bericht heißt. Der gesprächsbereite Doppelagent war zusammen mit seiner siebenten Ehefrau Susanne, einer Deutschen, die, von dem Abenteurer aus Südafrika fasziniert, Mann und Kinder verlassen hatte, in seinem Haus bei Pretoria von der Polizei erschossen aufgefunden worden. Weder die Neigung noch die Veranlagung zu Suizid sind dem Vielzweckmann jemals nachgesagt worden. Und von Gewissensbissen war er erkennbar auch nicht geplagt. Als er in einem großangelegten Fernsehporträt der südafrikanischen TV-Produktion »Agenda« ein Jahr zuvor gefragt wurde, ob er sich für irgend etwas schuldig fühle, das er getan habe, antwortete Stoffberg: »Natürlich nicht. Hat man je gehört, daß sich ein Soldat für schuldig hält, weil er auf die Feinde schießt?«

Das Interview haben die Staatsanwälte wissenschaftlich untersuchen lassen. Der bekannte Kieler Polizeipsychologe Professor Wegener wurde mit einem Gutachten beauftragt und kommt auf 23 Seiten zu den folgenden Ergebnissen:

1. »Die Darstellung der Waffenhändlerszene und der Geheimdienstaktivitäten erscheint konsistent und ohne Widersprüche innerhalb des gezeichneten Bildes«; Stoffbergs »eigene Kompetenz als Kenner der Situation« ist unbezweifelbar, was durch die »Tendenz zu einer streng zensierten Selektion im Antwortverhalten« aus Gründen der Vorsicht nur zu verständlich sei. Schließlich will sich der Interviewte nicht um Kopf und Kragen reden.

2. Dagegen würden »alle Angaben betr. B. (gemeint ist Barschel) auffallend distanziert und unpersönlich abgegeben. An keiner Stelle wird von persönlichen Kontakten mit B. gesprochen, vielmehr wird auf andere Informanten oder auf das allgemeine Wissen verwiesen. Auch hinsichtlich der Todesumstände werden keine präzisen Darstellungen bestimmter Umstände gegeben, vielmehr nur Vermutungen und Hinweise auf parallel liegende andere Todesfälle.«

Das Resümee des Wissenschaftlers: Die »auffallende Diskrepanz« zwischen 1. und 2. sei »aussagepsychologisch positiv zu interpretieren: Offensichtlich ist S. nicht der naheliegenden Versuchung erlegen ... Todesumstände, persönliche Beziehungen, Gespräche oder Beobachtungen über B. zu konfabulieren. Angesichts seiner umfangreichen Kenntnisse des Milieus in Genf und der Eloquenz wäre dies dem Befragten wahrscheinlich ohne große Schwierigkeiten möglich gewesen. Er hat von dieser Möglichkeit keinen Gebrauch gemacht und damit Zurückhaltung und Verzicht auf sensationelle Dramatisierung bewiesen ... Insgesamt wird aussagepsychologisch davon ausgegangen, daß S. in seinen Angaben während des Interviews keine Falschinformationen vorsätzlich eingeführt hat, sondern um eine Beschränkung auf tatsächlich Erlebtes oder Gehörtes bedacht war.«

Es ist nicht das schlechteste Zeugnis, das dem Waffenhändler und Doppelagenten damit post mortem ausgestellt wird. Für die Staatsanwälte sollte das ein Ansporn sein, endlich auch die Suche nach den Motiven für den Mord in Genf energisch zu betreiben und den namentlich genannten Auftraggebern auf den Pelz zu rücken. In der Tat klopfen die Ermittler der

EG Genf auch in Langley/Virginia bei der CIA-Zentrale an. Sie fragen schriftlich nach dem damaligen Aufenthalt von Robert Gates. Die Antwort, die im Dezember 1996 – nach über einem halben Jahr – aus Amerika einging, war beweisbar unrichtig: »Die Unterlagen der CIA sind überprüft worden, und es hat sich ergeben, daß Robert Gates, der zu dem Zeitpunkt stellvertretender Direktor der CIA war, an dem oder den fraglichen Tag(en) mit vollem Terminplan im Gebiet von Washington tätig war.« Und die Auskunft zu Stoffberg und König hätte lapidarer nicht ausfallen können: »Aus grundsätzlichen Erwägungen wird die CIA irgendwelche Behauptungen über geheime Beziehungen weder bestätigen noch dementieren.«

Was aber tut der Schleswiger Generalstaatsanwalt Ostendorf, um die Arbeit der Lübecker Staatsanwaltschaft zu unterstützen, ihren Anforderungen etwa den notwendigen politischen Nachdruck zu verleihen? Statt dessen stellt er dem Justizminister gegenüber das gutachterliche Urteil über die Aussagen Stoffbergs zur beliebigen politischen Verwendung einfach auf den Kopf. »In jenem Zwischenbericht wird eine aussagepsychologisch durchaus positiv zu bewertende distanzierte Darstellung des Stoffberg so dargestellt, als würden sich daraus geradezu notwendig Vorbehalte gegen eine wahrheitsgemäße Darstellung durch Stoffberg ableiten lassen«, beschweren sich die Lübecker über das Verhalten des Vorgesetzten[110].

In der von Stoffberg gewiesenen Richtung sucht der junge Lübecker Staatsanwalt Bernd Kruse tatsächlich weiter. Ein im Exil lebender Iraner hat sich in letzter Zeit mehrfach zu Wort gemeldet und an der deutschen wie an der amerikanischen Regierung Kritik geübt. Es war nicht irgendein Iraner. Abhol Hassan Bani Sadr war einmal der erste im Iran je frei gewählte Präsident. Er mußte auf der Flucht vor den Todeskommandos des 1980 nach Teheran zurückgekehrten Ajatollah Khomeini sein Land verlassen und ging nach Frankreich ins Exil. Seine guten Verbindungen bis in die Spitzen von Militär und Politik behielt Bani Sadr, der sich in den Medien nun auch öfters zu den Todesumständen von Genf äußerte. Wie sich bei seiner Befragung in seinem Haus in Versailles herausstellte, besaß Bani Sadr zu den Todesumständen nur Hinweise vom Hörensagen. Vieles an Schuld projizierte der Exilpolitiker zudem auf das verhaßte Regime der Mullahs. Aber seine Informationen zum militärpolitischen Hintergrund, vor dem sich das Geschehen von Kiel und Genf abgespielt hatte, waren doch aufschlußreich.

Nach Beginn des Krieges zwischen Iran und Irak im Juni 1981 wurden die Schweiz und die Bundesrepublik zu den wichtigsten Einsatzländern der Abgesandten aus Teheran. Während in Genf und Zürich die Finanztransaktionen abgewickelt wurden, dienten die iranischen Konsulate von Hamburg und Frankfurt als zentrale Schaltstellen für alle logistischen Fragen – und immer ging es um Waffenlieferungen aus Deutschland selbst, vor allem aber durch deutsche Vermittlung aus anderen Ländern. Alexander Haig, der ehemalige Oberbefehlshaber der Nato in Europa, war mittlerweile amerikanischer Außenminister geworden. Seine engen Beziehungen zur Regierung Kohl im Verein mit der militärischen Kompetenz prädestinierten ihn, eine delikate Aufgabe zu bewältigen: umfängliche Waffenlieferungen, durchweg unter Bruch der UN-Embargo-Bestimmungen so zu organisieren, daß keine verräterischen Spuren auf die beiden Hauptveranlasser wiesen, die USA und Israel, die beide ein lebhaftes Interesse daran hatten, den Krieg zwischen Bagdad und Teheran mit ständigem Nachschub auf Touren zu halten. Der kommerzielle Vorteil spielte dabei eine Rolle. Wichtiger aber war der strategische Gewinn: Zwei starke Regionalmächte, beide potentielle Rivalen der Militärmacht Israel, bluten sich wechselseitig aus, was längerfristig auch den Zugriff auf die gewaltigen Erdölreserven der beiden nur erleichtern kann.

Das alles wußte Bani Sadr sehr genau. Ob er aber über die Rolle des ehemaligen Ministerpräsidenten von Schleswig-Holstein richtig informiert worden war, muß bezweifelt werden. Ihm wies der Expräsident neben dem damaligen Außenminister Genscher eine Schlüsselrolle im heimlichen Waffenhandel zu. Stoffberg war der nachweislich falschen Ansicht, Barschel wäre an dem U-Boot-Deal zwischen Deutschland und Südafrika beteiligt gewesen. Stoffberg wußte nicht, daß es sich im Gegenteil so verhielt: Der Deal war von Bonner und Kieler Politikern hinter seinem Rücken und zu seiner hellen Empörung lanciert worden. »Was immer seine Rolle tatsächlich gewesen sein mag«, so hatte Stoffberg eine Beteiligung des umgekommenen Politikers aus Schleswig-Holstein am internationalen Waffengeschäft umschrieben. Fest steht damit, daß der gut informierte Agent und Waffenhändler kein eigenes Wissen über eine solche Rolle Uwe Barschels hatte, sondern nur Vermutungen wiedergeben konnte. Von der gleichen Beschaffenheit war auch das Wissen des Expräsidenten Bani Sadr. Und viel spricht dafür, daß sogar die deutschen Geheimdienste die Vermutung hegten, Barschel und sein Bruder seien in Waffengeschäfte verstrickt. Als sie ihren Part bei der Einkreisung des unbequem gewordenen deutschen Landespolitikers übernahmen, waren BND und Verfassungsschutz sicherlich davon überzeugt, daß sie einem Täter auf der Spur waren – und damit gewissermaßen einem unbotmäßigen Konkurrenten. Die Kontrolle des internationalen Waffenhandels betrachteten sie als ihre Domäne, in der ein auf eigene Faust handelnder Politiker nichts verloren hatte.

Zu Rolf König, dem möglicherweise letzten Telefongesprächspartner Uwe Barschels, hat der Journalist »X« über den Tod von Stoffberg hinaus Kontakt gehalten, ihn mehrfach wiedergesehen und häufig mit ihm telefoniert. Der gebürtige Deutsche, der australischer Staatsbürger geworden ist, war bereit, sich von dem zuständigen Staatsanwalt in Lübeck vernehmen zu lassen. Zur Bedingung machte er allerdings die Zusicherung des »freien Geleits«. Mit einer solchen Zusage tat sich die deutsche Behörde indessen schwer. Angeblich liegt in den Vereinigten Staaten ein Haftbefehl gegen König vor, so daß der Zeuge bei seiner Einreise in die Bundesrepublik Deutschland mit seiner Festnahme und anschließenden Auslieferung in das Land zu rechnen hätte, über das er viel zu erzählen hat. Die auch einmal erwogene Möglichkeit einer Vernehmung durch australische Justizbeamte lehnt Rolf König ab, weil er fürchtet, daß seine Aussage in die falschen Kanäle gelangt. – So kommt es, daß die für das Todesgeschehen von Genf wichtigsten Zeugen bis heute stumm geblieben sind – bis auf einen, dessen Enthüllungen sogar ein Millionenpublikum gefunden haben.

Unverhoffte Offenbarung

»Für mich war der Dienst im Mossad das Höchste, was man erreichen konnte. Bei uns wurde gescherzt, daß der Messias, sofern es denn eine Wiederkunft gab, mit Sicherheit ein Mossad-Mann sein würde.«[111] Zwischen der anfänglichen Begeisterung für den Geheimdienst seines Landes und der totalen Ernüchterung lagen für den israelischen Patrioten vier Jahre, in denen er es als Mossad-Mann bis zum Major bringen sollte – und zu der Erkenntnis, daß er Mitglied einer skrupellosen Verbrecher-Organisation war. Er beschloß, nicht bloß auszusteigen, sondern, indem er die übelsten der Mossad-Machenschaften aufdeckte, »das Land von einer Pest zu befreien«.[112]

Das Buch von Victor Ostrovsky erschien fast zeitgleich in Amerika und in deutscher Übersetzung im Spätsommer 1994 unter dem Titel »Geheimakte Mossad – Die schmutzigen Geschäfte des israelischen Geheimdienstes«. Es wurde ein Welterfolg, den der Autor allerdings nur überlebte, weil er sich rechtzeitig nach Kanada in Sicherheit bringen konnte und weil er auch nach seinem Ausscheiden in engster Verbindung zu einigen der Mossad-Offiziere stand, die wie er eine radikale Reform des Dienstes anstrebten. Sie konnten den Autor vor den auf ihn angesetzten Todeskommandos warnen, vor den Elementen, die vorerst noch das Sagen im Mossad hatten, Leute aus dem Umfeld von Shamir, Sharon und Netanyahu, die »... nur daran denken, Chaos zu stiften. Sie verstehen nicht, daß der Dschungel, den sie schaffen, eines Tages auch sie verschlingen wird«[113], wie Ostrovsky einen seiner Verbündeten zitiert.

Für die in Deutschland immer noch alle Ermittlungen im Todesfall Barschel Blockierenden ist die Veröffentlichung ein weiterer schwerer Schock. Der zweite Kieler Untersuchungsausschuß entlastet den früheren Ministerpräsidenten von nahezu allen Schuldvorwürfen, der Schweizer Toxikologe Brandenberger gutachtet, daß Selbstmord als Todesursache ausscheidet – und nun stellt ein Insider der Geheimdienstszene auch noch detailliert die Zusammenhänge zwischen den Kieler Ereignissen und dem Mord in Genf dar. Die drohende Buchveröffentlichung ist schon schlimm genug; aber daß die *BILD-Zeitung* Ostrovskys Schilderungen nun auch noch in einer Serie über mehrere Ausgaben hinweg vorab druckt, macht die Lage der Verhinderer hoffnungslos. An den eigenen Ermittlungen führt kein Weg mehr vorbei. Im politisch zensierten »Gesamtbericht« windet sich Autor Heinrich Wille später mit sichtlich angestrengter Prosa um die Begründung herum: »Maßgeblich für die dann im Dezember 1994 erfolgte Aufnahme eines Anfangsverdachts waren keine einzelnen spektakulären Erkenntnisse. Vielmehr führte die Gesamtschau der zwischenzeitlich angefallenen Gesichtspunkte gleichsam mosaikartig zu der Bewertung, daß zureichende tatsächliche Anhaltspunkte für das Vorliegen einer Straftat, die zum Tode Dr. Dr. Barschels führte, vorlagen.«[114]

Die Ratlosigkeit, wie mit den Enthüllungen des Mossad-Dissidenten umzugehen sei, spricht denn auch aus allen Zeilen der Bewertung, die das Buch im »Gesamtbericht« erfährt. In einer langen Passage wird die Darstellung der Mordaktion im Hotelzimmer 317 zunächst unkommentiert zitiert, um darauf dann die staatsanwaltliche Behauptung zu stützen: »Festzustellen ist, daß die von Ostrovsky geschilderte Art der Tötung nicht mit den gerichtsmedizinischen bzw. toxikologischen Befunden in Einklang steht.« – Diese Behauptung ist irreführend. Sie läßt gänzlich außer acht, daß die Schilderung von Ostrovsky zum Ablauf des Geschehens sehr wohl weitgehend durch andere Erkenntnisse gedeckt ist. So schreibt der Autor, daß Uwe Barschel zunächst mit vergiftetem Wein bewußtlos gemacht wurde, um ihm anschließend über einen bis in den Magen eingeführten »gutgeölten Gummischlauch« Gift zu intubieren. Für einen solchen Ablauf sprechen auch alle übrigen bis dahin getroffenen seriösen Feststellungen. Es handelt sich also nicht um die Kernaussage, sondern lediglich um Details, die sich in den Schilderungen Ostrovskys mit den medizinischen Erkenntnissen nicht vollständig decken. Anders als im Buch beschrieben, ist Uwe Barschel nicht an einer plötzlichen Herzattacke gestorben, nachdem er in das kalte Wasser gelegt wurde. Tatsächlich hat er lebend im komatösen Zustand bei funktionierendem Stoffwechsel noch mehrere Stunden in der Wanne gelegen. Das nicht so präzise berichtet zu haben darf Ostrovsky indessen nicht den Vorwurf einbringen, sein Buchkapitel über Uwe Barschels Ende erfunden zu haben. Darin, wie in den übrigen Kapiteln, präsentiert der Autor eine Fülle von überprüfbaren Fakten, die seine Versicherung glaubhaft machen, daß er keinen Roman, sondern einen Tatsachenbericht vorlegt. »Ich glaube behaupten zu können, daß das Buch bis beinahe in die kleinsten Details hinein exakt ist«, schreibt er in seiner »Vorbemerkung«.

Fehler im Detail sind auch bei Ostrovsky trotz redlichen Bemühens um Wahrheit nicht auszuschließen. Der Autor macht ja auch kein Hehl daraus, daß er die Ereignisse um Uwe Barschel nicht als Augenzeuge miterlebt hat, sondern daß sie ihm von mehreren anderen Mossad-Leuten berichtet worden sind, während er selbst im »dänischen Ressort« des Mossad nicht weit von Kiel tätig war. Die Verwechslung einer plötzlichen Herzattacke mit einem durch Gifteinwirkung eingetretenen Herz- und Hirnstillstand muß nicht einmal auf einen Fehler in der Übermittlung zurückgehen. Ihr kann schlicht auch eine Fehleinschätzung der unmittelbar Tatbeteiligten zugrunde liegen. Es war schließlich kein Arzt in dem Killerkommando, dem sogenannten »Kidon-Team«, das aus Brüssel, dem Europa-Hauptquartier des Mossad, nach Genf gereist war.

Von der Absicht, den Buchautor nach entsprechendem Rechtshilfeersuchen in Kanada zu vernehmen, hat die Lübecker Staatsanwaltschaft später Abstand genommen: »Mit Rücksicht auf die geschilderten offenkundigen Diskrepanzen«, heißt es zur Begründung. Neben den monierten kleinen Diskrepanzen sollen die schwergewichtigen Evidenzen offenbar gar nicht zählen. Geradezu verräterisch aber ist, was der »Gesamtbericht« zum brisanten Inhalt der »Geheimakte Mossad« verschweigt: Er enthält kein Wort über die ausführliche Schilderung der Ereignisse von Kiel aus dem Wahljahr 1987. Nur soviel erfährt der Leser des »Gesamtberichts«, um sich einen Rest des immer wieder gestreuten Mißtrauens zu bewahren, der ehemalige Ministerpräsident könnte möglicherweise doch etwas mit verbotenen Geschäften zu tun gehabt haben: »Uwe Barschel hat erhebliches Wissen über geheimdienstliche Aktionen, die auch im Bereich Schleswig-Holstein gelaufen sind und in die u.a. sowohl Israel als auch der Iran involviert waren. Nach seinem Sturz wurde Uwe Barschel zu einem Sicherheitsfaktor, da nicht gewährleistet war, daß er über seine Kenntnisse Schweigen bewahren würde. Es wurde deshalb beschlossen, ihn umzubringen.«[115]

Über die Motive, wie sie Ostrovsky schildert, erfährt der Leser des Gesamtberichts kaum etwas und gar nichts über die Intrigen gegen Uwe Barschel, deren Geflecht der Autor haarklein beschreibt.

Der Ministerpräsident wurde dem Mossad gefährlich, als er etwa um die Jahreswende 1986/87 von den Aktivitäten erfuhr, die die Israelis auf schleswig-holsteinischem Boden zusammen mit dem deutschen Verfassungsschutz und dem BND betrieben. Es waren dunkle Geschäfte, bei denen »der deutsche Geheimdienst als Strohmann« gegenüber dem Iran diente, der für seine ramponierte Luftwaffe im Krieg gegen den Irak dringend Ersatzteile brauchte. Für Israel lag der Verkauf der dort reichlich vorhandenen Flugzeugteile nahe, »zumal die Verlängerung des Iran-Irak-Krieges ein erklärtes Ziel des Mossad war. Dabei wurde auch nicht vergessen, bei dem Deal einen finanziellen Gewinn herauszuschlagen. Da der Iran und sein Ajatollah Khomeini nicht gerade begeistert waren, direkt mit Israel, das zu zerstören sie täglich schworen, Geschäfte zu machen, wurden die Deutschen als Zwischenhändler eingeschaltet. Der BND, der deutsche Bundesnachrichtendienst, wurde ausgesucht, um den Job zu machen, obwohl der Mossad die örtlichen Dienststellen des Verfassungsschutzes sowohl in Hamburg als auch in Kiel auf dem laufenden hielt.«[116]

In Spezial-Containern verließen die Sendungen den israelischen Hafen Ashdod Richtung Italien, wo der dem Mossad eng verbundene Geheimdienst SISMI und die Gefolgsleute von Licio Gelli, dem Führer der kriminellen Geheimloge »Propaganda due«, die Verladung von Bordradar, Elektronik, kompletten Motoren und zerlegten Flügeln überwachten, damit sie per LKW als »italienische Agrarprodukte« nach Deutschland weiterrollen konnten. Nach einem Zwischenstopp im Hamburger Freihafen ging die Fracht nach Schleswig-Holstein, wo die Iraner in der Nähe von Kiel einen verlassenen Flughafen gemietet hatten. Ein iranischer Ingenieur, der in Deutschland studiert hatte, prüfte die Ladung und leistete in bar die Hälfte des vereinbarten Kaufpreises, bevor die Flugzeugteile nach Dänemark weiterrollten, wo nun der dortige Geheimdienst die Verladung auf dänische

Schiffe mit Reiseziel Persischer Golf überwachte. Weil alles reibungslos funktionierte, beschloß der Mossad, einen weiteren iranischen Wunsch zu erfüllen: die Ausbildung von Piloten durch israelische Fluglehrer. Zu dem Zweck flogen bald ein paar umgebaute Cessnas über das Marschland, und in großen alten Flugzeug-Hangars neben dem Rollfeld übten die Iraner in den installierten Simulatoren für den Einsatz im Krieg.

Es war ein BND-Mann, dem es irgendwann angeraten schien, den Ministerpräsidenten des Landes in die Geheimnisse einzuweihen. Man brauchte seine Zustimmung auch, weil es in Dänemark unvermutet Ärger gegeben hatte. Die Gewerkschaften waren auf die heiße Fracht gestoßen und drohten mit der Sperrung der dänischen Häfen. Auf Empfehlung des Bonner Mossad-Residenten suchte der BND Uwe Barschel mit dem verlockenden Angebot zu ködern, sich in Bonn für die großzügige Förderung eines überregionalen Flughafens in Schleswig-Holstein einzusetzen. Aber die Versprechungen nützten nichts. Der MP lehnte die Benutzung der Häfen für die verbotenen Waffenlieferungen rundweg ab. »Der BND hatte Barschels Festigkeit in dieser Angelegenheit falsch eingeschätzt. Als Barschel ablehnte, gerieten alle in Panik. Sie erkannten, daß Barschel für sie zu einer Bedrohung werden könnte ...«[117]

Der Mossad begann, Verbindungen zum Führer der Oppositionspartei zu knüpfen, und »fühlte ihm auf den Zahn, ob er, für den Fall, daß er die Wahl gewänne, zur Mitarbeit mit denen, die ihm geholfen hätten, bereit wäre und sich erkenntlich zeigen würde. Jenem Oppositionspolitiker wurde bedeutet, daß der BND hinter ihnen stehe und alles im besten Interesse Deutschlands geschehe. Die Antwort übertraf alle Erwartungen: Der Oppositionspolitiker, der keine Chance sah, die Wahl zu gewinnen, war zu jedem Versprechen bereit.«[118] »Eine neue Pfeife und etwas Tabak«, dann hatte der Mossad den Politiker »sicher in der Tasche«. – Die Rekrutierung eines weiteren Helfers war auch nicht viel schwerer.

Es war offenbar kein Problem für den Mossad, die Namen aller Mitarbeiter aus der Staatskanzlei »durch die Polizeicomputer von Kiel und Hamburg zu jagen«. Wenn der Verfassungsschutz hilft, geht das. Auf der Suche nach einem dunklen Fleck im Vorleben eines Barschel-Mitarbeiters wurden die Agenten fündig. Ein Apparatschik, den sie »Whistler« nannten – zu deutsch Pfeifer –, wurde ihr Zielobjekt. Ein Mossad-Mann trat als reicher Kanadier auf, der in Schleswig-Holstein investieren wollte. Er machte Whistler mit seinem »Berater« bekannt, der den zu Rekrutierenden nun in die Zange nahm: Zweifellos wäre seine politische Karriere jäh zu Ende, würde der dunkle Fleck in seiner Vita bekannt werden. Das ließe sich vermeiden, wenn sich Whistler bereit fände, am Sturz von Barschel mitzuarbeiten. »Whistler sagte klipp und klar, daß er kein Fan von Barschel sei und alles tun würde, um ihn dranzukriegen.«[119] Punkt für Punkt ging der »Berater« mit dem frisch Angeworbenen nun den Plan durch, den er fertig in der Tasche hatte. Er wollte Whistler ein Gefühl von der eigenen Wichtigkeit geben, das Gefühl, am Planungsprozeß beteiligt zu sein, was auch den Vorteil hatte, ihm die Schuld zuschieben zu können, »falls etwas schiefging«. Auch erhielt Whistler das Versprechen, »daß man sich finanziell großzügig um ihn kümmern werde, falls diese Operation seine politische Zukunft gefährde«. Und er erhielt den unmißverständlichen Hinweis, daß es für ihn nun kein Zurück mehr gebe, da er jetzt »zu einer Organisation nach Art der Mafia« gehöre.

Den deutschen Geheimdiensten gegenüber wurde der neue Mitarbeiter Whistler verschwiegen. Statt dessen fütterte der Mossad BND und Verfassungsschützer jeweils getrennt mit »falschen Informationen über Barschels angeblich geheime Waffengeschäfte und sonstige illegale Transaktionen, an denen sein Bruder beteiligt sei, quasi als Strohmann«. Im Kontakt untereinander tauschten die beiden deutschen Geheimdienste Informationen über Barschel aus, von denen keiner wußte, daß sie durchweg vom Mossad erfunden waren. Als die Israelis als quasi dritte unabhängige Instanz die Bezichtigungen als richtig bestätigten, hatten die Deutschen keinen Zweifel mehr, daß der Ministerpräsident von Schleswig-Holstein ein Dunkelmann wäre. Ihn gemeinsam mit dem Mossad einzukreisen, hielten sie folglich für nicht ganz illegitim. Und sie glaubten wohl auch Pfeiffer, als der sich kurz vor der Wahl offenbarte und den Ministerpräsidenten der Anstiftung beschuldigte. Engholm gewann die Wahl. Aber war sein wichtigster Wahlhelfer nun Pfeiffer im Verbund mit dem *Spiegel* gewesen, oder war es eigentlich der Mossad, der, wie Ostrovsky ausführt, mit dem von ihm inszenierten Intrigenspiel Barschel von der politischen Bühne warf?

Pfeiffer hat mit seinen Aktionen aus der Staatskanzlei manche Rätsel aufgegeben. Wer hatte ihm bei der Steueranzeige gegen Engholm geholfen, ihm insbesondere auf den Pfennig genau die Höhe der Abfindung genannt, die der SPD-Politiker bei seinem Weggang aus Bonn vereinnahmt hatte? Wie konnte Pfeiffer von den Schwierigkeiten des Schwarzkopf-Geschäftsführers Ballhaus erfahren haben und davon, daß er darüber mit Uwe Barschel gesprochen hatte? – Es gab noch eine Reihe weiterer Informationen, die Pfeiffer eigentlich gar nicht hätte besitzen können, es sei denn, sie wären ihm von den Geheimdiensten zugänglich gemacht worden, die ihre Tentakeln bis in die privatesten Sphären ausstrecken. – Ostrovskys Darstellung hat manche Plausibilität für sich. Sie hätte nicht in allen Punkten für bare Münze genommen werden müssen. Aber überaus wichtige Hypothesen bot sie allemal. Den ehemaligen Agenten gründlich zu befragen, seine Aussagen auf Unklarheiten oder Widersprüche abzuklopfen, wenn man solche denn ausmacht, das zumindest wäre die Pflicht der Ermittler gewesen.

Bei einer Anhörung in Lübeck hat Eike Barschel den Staatsanwälten berichtet, Victor Ostrovsky sei mit seiner Vernehmung einverstanden, und ihnen sogar seine Telefonnummer hinterlassen. Hier war ihnen ein Mordmotiv samt allen Einzelheiten über die Vorbereitung und die Ausführung eines die Gesellschaft aufwühlenden Kapitalverbrechens frei Haus geliefert worden, samt einem kooperationsbereiten Zeugen. Daß Ostrovsky den Staatsanwälten manches mehr zu sagen haben würde, läßt eine Passage vermuten, in der er den Druck beschreibt, unter den Barschel seine Feinde gesetzt hatte. Nach der Wahlniederlage kontaktierte der zurückgetretene MP erneut den Gesprächspartner vom BND, der vergeblich um seine Einwilligung zur Benutzung der Häfen des Landes gebeten hatte. »Er drohte, das Fehlverhalten des BND in vollem Umfang offenzulegen, wenn der BND nicht alles tun würde, um seinen Namen reinzuwaschen. Der BND, der seine Informationen vom Verfassungsschutz bezog – dieselben Informationen, die dieser vom Mossad erhalten hatte –, zweifelte nicht daran, daß Barschel Dreck am Stecken hatte, und bat den Mossad um Hilfe ... Der BND-Kontaktmann sagte dem Mossad-Verbindungsoffizier, daß innerhalb weniger Tage einige Anhörungen vor einem Untersuchungsausschuß stattfinden würden, und würde Barschel vorher nicht Genüge getan, würde er auspacken. Der Zeitrahmen war zu knapp für den Mossad, um die Operation auf den beiden Flugfeldern abzubrechen und die israelischen Mannschaften mitsamt ihrem Material rechtzeitig herauszuholen. Barschel mußte gestoppt werden, bevor er als Zeuge aussagen konnte.«[120]

Wer hat die Lübecker Staatsanwälte gestoppt, diesen Hinweisen nachzugehen?

Nochmals Kalter Krieg

Ostrovsky klagt den Mossad an; aber er ist peinlich darauf bedacht, jegliche Beschuldigung des engsten Mossad-Verbündeten zu vermeiden. Das ist begreiflich, denn zu den vielen Feinden, die er sich unter Israelis macht, will er nicht auch noch die Amerikaner gegen sich aufbringen und seine Sicherheit im kanadischen Exil zusätzlich gefährden. Aber ohne Frage weiß der Exagent um die enge Kooperation, und er kennt das Netzwerk der Amerikaner genau. Die »Nord-Süd-Route« hat just an seinem Einsatzort Kopenhagen ihren nördlichen logistischen Knotenpunkt in diesem den ganzen Globus umspannenden Netzwerk. Die Spinne in diesem Netz ist der ehemalige Vietnam-Kriegsheld Oliver North, enger Vertrauter des damaligen Vizepräsidenten der Vereinigten Staaten, George Bush der Erste, der zuvor Direktor der CIA war und sich nun anschickte, Nachfolger von Ronald Reagan zu werden.

Welche Ausmaße die unterhalb der Schwelle öffentlicher Wahrnehmung florierenden Geschäfte des Oliver North haben, wird zum erstenmal andeutungsweise sichtbar, als in nächster Nähe des dänischen Ressorts von Ostrovsky, grad gegenüber auf der anderen Seite des Öresund, Ende September 1985 die Büros des Kaufmanns Karl-Erik Schmitz in Malmö durchsucht werden. Die schwedische Zollverwaltung ist einem Hinweis auf verbotene Waffengeschäfte gefolgt und stellt in Schmitzens »Scandinavian Commodities AB« nun allerlei Unterlagen sicher, darunter auch Belege über die rege Nutzung der »St. Lucia Airways«, einer Luftfrachtgesellschaft, die der CIA gehört. Schmitz steht in enger Geschäftsverbindung zum größten schwedischen Sprengstoffhersteller, der »Bofors Nobelkrut AG« in Karlskoga, für die er die Waffenhändler dieser Welt beliefert. Für das sogenannte »Sprengstoffkartell« bietet der Eiserne Vorhang eine geradezu ideale Tarnung. Wer sollte schon auf den Gedanken kommen, daß die DDR als Moskaus strammster Gefolgsmann ausgerechnet im Waffenhandels-Geflecht von Oberstleutnant Oliver North eine Schlüsselrolle übernommen hat? Von Schweden aus darf Pankow als eines der »roten Länder« zwar nicht direkt beliefert werden; aber Österreich ist ein »grünes Land«. Also rollt die Sprengstoff-Fracht – aus praktischen Gründen bereits »seefest verpackt« – zunächst im Güterzug durch die Bundesrepublik. Noch weisen die Frachtpapiere die »Dynamit Nobel GmbH« in Wien als Empfänger aus, die darin eine Änderung vornimmt und den Zug zum DDR-Grenzbahnhof Gutenfürst dirigiert. Von dort rollt die volle Sprengstoffladung zum Seehafen Rostock, wird auf dänische Schiffe verladen und mit neuen Begleitpapieren in den syrischen Zielhafen bei Damaskus geschippert.

Der ganze multinationale Konzern des Oliver North gerät in Aufregung, als die Schweden sich daranmachen, die Akten von Schmitz und auch noch tonnenweise bei Bofors Nobel beschlagnahmte Unterlagen auszuwerten.

In den Geheimdiensten wird hinter den Aktivitäten von Zollverwaltung und Staatsanwaltschaften als treibende Kraft kein Geringerer als der schwedische Ministerpräsident persönlich vermutet. Olof Palme ist schon 1981 von UNO-Generalsekretär Pérez de Cuéllar zum Sonderbotschafter und Vermittler zwischen den kriegführenden Ländern Iran und Irak ernannt worden. Es ist deshalb nicht verwunderlich, daß ihn die massive Belieferung dieser beiden Länder mit Sprengstoff aus Schweden und der permanente Bruch der Embargo-Bestimmungen stört. Am 28. Februar 1986 wird Olof Palme in Stockholm auf offener Straße erschossen. Die Mörder werden nie gefaßt, wie das bei Geheimdienst-Morden die Regel ist. Aber in der schwedischen Zeitung *Aftonbladet* ist nachzulesen, warum der Ministerpräsident starb. In der Ausgabe vom 3. November 1987 erklärt der ehemalige iranische Präsident Abhol Hassan Bani-Sadr: »Olof Palme wurde ermordet, weil er von Schwedens Waffenhandel mit dem Iran wußte und ihn untersuchen wollte. Das habe ich von zwei verläßlichen Quellen erfahren.« Unaufgeklärt bleibt auch der Tod des schwedischen Konteradmirals Carl Algeron, der am 15. Januar 1987 in Stockholm vor eine U-Bahn stürzt. Algeron war Rüstungsinspekteur im schwedischen Außenministerium, verantwortlich für die Ausgabe von Exportlizenzen für Waffenlieferungen. Er stirbt kurz vor seiner geplanten Vernehmung zu den dunklen Geschäften von Bofors[121].

Weil er den illegalen Waffenhandel stört, stirbt auch der österreichische Botschafter in Griechenland, Herbert Amry, im Juli 1986 einen plötzlichen Tod. Der Diplomat hat seine Erkenntnisse über die Lieferung von Kanonen aus der Waffenschmiede Voest-Alpin nach Wien gemeldet: Anders als deklariert, verblieben die Haubitzen nicht im Natoland der Hellenen, sondern wurden in den Iran weiterverschifft. Wenige Tage bevor Amry vor dem rasch gebildeten Untersuchungsausschuß seine Aussage machen will, wird er tot aufgefunden. »Herzversagen« ist die medizinische Diagnose, die exakt auch wieder so lautet, als ein Jahr später vor demselben Ausschuß der Generaldirektor des staatseigenen Waffenherstellers Voest-Alpin über die illegalen Lieferungen befragt werden soll. Herbert Apfalter kann nun nicht mehr erklären, warum, auf wessen Veranlassung und in welchem Beziehungsgeflecht sein Staatskonzern die Gesetze und den strikten Neutralitätsstatus der Alpenrepublik verletzt hat.

Mit der Neutralität der Neutralen ist es ohnehin nicht weit her, wenn es um die Teilhabe am lukrativen Handel mit verbotenem Kriegsmaterial geht. Die Schweiz ist dafür ein prominentes Beispiel. Hier siedeln viele der Firmen, von denen die Embargogeschäfte »abgewickelt« werden, ohne daß dort je auch nur ein Stück der verbotenen Frachten auftaucht. Dem Hersteller gegenüber tritt die Schweizer Firma unter unverdächtigem Namen als Käufer auf, im Durchgangsland ist sie Transport-Auftraggeber und zugleich Verkäufer, und zwischen Durchgangsland und Endabnehmer fungiert sie als Lieferant. Außerdem regelt sie die Finanzierung wie folgt: Der Endabnehmer wird veranlaßt, bei einer Schweizer Bank ein Akkreditiv zu eröffnen, dessen Summe so aufgeteilt wird, daß bei Lieferung alle Beteiligten ihren vereinbarten Anteil erhalten. »Danach sind alle glücklich und zufrieden«, heißt es in einer bei Bofors Nobelkrut beschlagnahmten Anleitung zum erfolgreichen Waffenschmuggel.

Meist per Zufall sind hin und wieder Zoll- oder Seefahrtsbehörden auf rätselhafte Schiffsbewegungen gestoßen. So wurde in Panama der dänische Spezialfrachter »Pia Vesta« durchsucht. Von dem auf diskrete Gefahrgut-Transporte spezialisierten Reeder Svend Andersen war das Schiff zu einem Tagespreis von 11 000 Dänenkronen für eine Fahrt nach Rostock und weiter nach Südamerika geordert worden. Beladen mit 32 Armeelastwagen und 200 Tonnen Waffen, darunter 1500 sowjetische AK-47-Sturmgewehre und 1440 RPG-Raketen, war sie für die dem US-Vizepräsidenten George Bush unterstellte »Special Situation Group« unterwegs. Verkäufer der als »32 Sonderfahrzeuge und Ersatzteile« deklarierten Ladung war die DDR-Firma IMES GmbH, einer der großen Devisenbringer aus der »Kommerziellen Kooperation« des Alexander Schalck.

Die Beamten der panamaischen Regierung glaubten dem dänischen Kapitän kein Wort, als sie die gefälschten Papiere der IMES durchsahen, auf denen als Empfänger die peruanische Regierung in Lima angegeben war. Sie nahmen vielmehr an, daß die Waffen für die Konterrevolutionäre in Nicaragua bestimmt waren, die als sogenannte Contras mit US-Unterstützung die sozialistische Regierung der Sandinisten bekämpften. Ob sie mit der Vermutung richtiglagen oder ob als »Empfänger« vielleicht die marxistischen Rebellen in El Salvador ausersehen waren, ist nicht so wichtig. Entscheidend aber ist, daß die Waffen, wo immer sie auftauchten, als Beweis dafür dienen sollten, wie aggressiv der kommunistische Ostblock im Kalten Krieg die Einkreisung Amerikas betrieb. Da sieht alle Welt wieder einmal, wie wichtig die gesteigerten Rüstungsanstrengungen der USA sind und wie notwendig ihre militärische Präsenz in ganz Lateinamerika. Panamas Präsident, Manuel Noriega, ein alter Bush-Gefährte, hat das Spiel durchschaut. Ihn hatte der US-Vize vergeblich gedrängt, sein Territorium als Aufmarschgebiet zur Verfügung zu stellen und Panamas Soldaten zum Kampf gegen die Sandinisten nach Nicaragua zu schicken. Nun überzog er sein Konto im Weißen Haus nochmals, indem er die »Pia Vesta« an die Kette legte.

Die DDR-Firma IMES erhielt trotz des Fehlschlages ihr Geld. Die 3,6 Millionen Dollar zahlte ein mit Oliver North eng verbundener Unternehmer aus Genf. Der französische Staatsbürger George Starkmann ist Inhaber der »Star Production SA«, die als Geschäftszweck niedlicherweise »Herstellung und Verbreitung von Kinderfilmen und -kassetten« ausweist. Die Überweisung an die DDR-Waffenhandelsfirma nahm Monsieur Starkmann aber nicht etwa von einem seiner Schweizer Konten vor, sondern über eine spanisch-arabische Bank in Madrid. Man kann ja nicht vorsichtig genug sein.

Mit der Aufbringung der »Pia Vesta« war die Decke des Verschweigens um die großen Geheimnisse von George Bush und seinem umtriebigen Adlatus Oliver North immerhin einen Zipfel weit gelüftet. Die innige Geschäfts- und Interessenverbindung aber ging über die Ernährung der Kriege in Zentralamerika weit hinaus. Die IMES war, wie diverse Lieferanten aus Deutschland-West, beispielsweise auch bei der Bewältigung der Nachschubaufgaben an Iran und Irak, ein stets williger Helfer der Vereinigten Staaten von Nordamerika. Alles lief unter den wachsamen Augen sämtlicher Geheimdienste wie am Schnürchen. Die meisten Menschen glaubten an den lieben Gott, manche auch an den Weihnachtsmann, und fast alle glaubten sie an den Kalten Krieg – bis Leute wie Olof Palme und Uwe Barschel daherkamen und alles zerstörten. Zumindest war das ihre Absicht.

Bekenntnisse

Als sich die Nachrichten über den Tod in Genf noch überschlugen, erhielten die Hinterbliebenen Berge von Post, darunter Briefe aus aller Welt. Unter den Kondolenzbriefen waren viele mit gutgemeinten Hinweisen. Selbsternannte Privatdetektive wollten genau wissen, warum Uwe Barschel sterben mußte, wie er zu Tode kam oder wer seine Mörder sind. Die Flut der Zuschriften ist längst verebbt, als am 27. Oktober 2001 im Hausbriefkasten des Rechtsanwalts der Familie ein zwei Tage zuvor in Basel abgestempelter Brief steckt: »Dr. Justus R. G. Warburg« lautet der Empfängername korrekt. Der Absender hat sich das Siegel »PRIORITY – PRIORITAIRE« zudem ein Extraporto kosten lassen. Der Brief ist aber nicht dem Anwalt zugedacht. Er hat folgenden Wortlaut:

Verehrte Frau Freya Barschel-von Bismarck
Wenn Sie erlauben mir Ihre geschätzte Aufmerksamkeit zu schenken.

Meine Person ist nicht mehr von Wichtigkeit, es ist vielmehr mein Gewissen wie auch meine nicht ruhende Seele die mich nach jahrelangem Schweigen dazu bewegt hat Ihnen zu schreiben.

Den Verlust Ihres Mannes, Dr. Uwe Barschel, den Sie empfinden, dessen bin ich mir sehr wohl bewusst, muss so unfassbar für Sie sein, dass meine tröstenden Worte Ihren Kummer nicht zu lindern vermögen, ich möchte es trotzdem nicht unversucht lassen und hoffe Sie in Ihrer Jahre andauernden Trauer, mit dem Gedanken zu trösten, dass Ihnen nun dass Wissen das ich vermitteln werde, Ihre Seele zur Linderung zu verhelfen.

Tag für Tag kann ich mich nun seit nunmehr vierzehn Jahren den quälenden Gedanken nicht erwehren Ihnen wenigstens die Gewissheit zu vermitteln, dass Ihr geschätzter Mann nicht durch den Freitod aus dem Leben schied. Die Gründe für seine »Beseitigung«, verzeihen Sie mir bitte diese Wortwahl ist aber gemessen an der Bedeutung der beteiligten angemessen, lagen darin Ihren Mann zum Schweigen zu bringen. Ihr geschätzter Mann trug sich mit der Absicht die Verstrickungen der damaligen Bundesregierung in die »unglaublichsten« Geschäfte aufzudecken. Es handelte sich um einen Staatsakt indem ausnahmslos die höchsten Gremien West- und Ostdeutschlands sowie die der CIA verwickelt waren. Das Wissen, dass Ihr Mann bereit war aufzudecken hätte verheerende Konsequenzen für die gesamte westliche Welt gehabt.

Das Wissen selbst, hatte Ihrem Mann den Ausweg ins Leben versperrt. Meine Aufgabe bestand darin Ihren Mann zu schützen. Dieses Ziel habe ich zu meinem tiefsten bedauern nicht erfüllt. In der Hoffnung und im bestreben Ihnen die Möglichkeit einer seelischen Genugtuung zu verschaffen, ist meine Person zu einem Leben im seelischen Exil verdammt, würde ich meine Kenntnisse über diese Tragödie kundtun würden weitere mir sehr wichtige Menschen dafür mit Ihrem Leben bezahlen. Neben dem unsäglichen Leid das ich Ihnen mit meinem jahrelangen schweigen auferlegt habe bekenne ich mich zutiefst schuldig versagt zu haben, durch meine Unfähigkeit wurde das Leben Ihres Mannes ausgelöscht.

Ich bette das der himmlische Vater Ihren Schmerz über den Verlust lindern möge, dass Ihnen die Erinnerung an Ihren Mann bleibt wie er Ihnen lieb war und teuer und das es Sie mit Stolz erfülle, dass Ihr Mann auf dem Altar der Freiheit und Gerechtigkeit ein so kostbares Opfer dargebracht hat.

Aufrichtig und mit all meinem Respekt

Nach der Grußformel fehlt die Unterschrift, wie die Seite in Schreibmaschinenschrift überhaupt jeglichen handschriftlichen Vermerk vermissen läßt. Der ohne Absenderangabe abgeschickte anonyme Brief ist auf einer zum Gebrauch in der deutschsprachigen Schweiz gedachten Tastatur geschrieben worden, auf der das deutsche »ß« offenbar fehlt (es wird in der Schweiz nicht verwendet), wohingegen die Tasten für die Umlaute ä, ö und ü vorhanden sind, die es auf französischen, italienischen oder englischen Tastaturen nicht gibt. Der Stil des Briefes läßt auf einen Verfasser schließen, der keineswegs als ungebildet abzuqualifizieren ist. Viele Wendungen verraten sprachliches Differenzierungsvermögen, beispielsweise: »nicht mehr von Wichtigkeit«, »dessen bin ich mir sehr wohl bewusst«, »Ihren Kummer nicht zu lindern vermögen«, »nicht durch den Freitod aus dem Leben schied«, »Ihr geschätzter Mann trug sich mit der Absicht«, »ausnahmslos die höchsten Gremien«, »würde ich meine Kenntnisse über diese Tragödie kundtun«, »auf dem Altar der Freiheit und Gerechtigkeit ein so kostbares Opfer dargebracht« …

Im Widerspruch dazu scheinen die vielen eklatanten Fehler im Text zu stehen. Groß- und Kleinschreibung, Zeichensetzung und Satzbau lassen indessen auf einen Schreiber schließen, dessen früher einmal gute Deutschkenntnisse durch Mangel an Gebrauch gelitten haben. So ergeht es im Ausland Lebenden, die sich im täglichen Umgang und in ihrer Mediennutzung über Jahre hinweg in einer fremden Sprache bewegen. Dabei kann auch das Gefühl für das Maß an noch erträglichem Pathos schwinden, das der anonyme Absender verfehlt hat. Den Brief zu schreiben ist ihm offenkundig nicht leichtgefallen. Er scheint damit einer Art innerem Zwang gefolgt zu sein, scheint sich in einer Ausnahmesituation zu befinden, die eine Erklärung für die schwülstigen Gefühlswallungen sein könnte. Aber die Unzulänglichkeiten im schriftlichen Ausdruck mindern die Qualität der Aussage nicht.

Der Kern der Botschaft ist so ungeheuerlich wie wahrscheinlich. Anders als bis heute immer wieder von einzelnen Medien verbreitet, hat sich Uwe Barschel nicht das Leben genommen, was zu versichern dem anonymen Schreiber wichtig ist. Er müht sich zudem mit der Frage ab, ob er der Witwe gegenüber gestehen soll, wer den Mord begangen hat. Damit aber würde er das Leben anderer Menschen gefährden, auch im Oktober 2001 noch. Soviel aber gibt er immerhin preis: »Verstrickungen der damaligen Bundesregierung in die ›unglaublichsten‹ Geschäfte« hat Uwe Barschel gekannt; der Mord war ein »Staatsakt«, in den »die höchsten Gremien West- und Ostdeutschlands sowie der CIA verwickelt waren«. »Verheerende

Konsequenzen für die gesamte westliche Welt« hätte es gehabt, wenn Uwe Barschel seine Absicht hätte ausführen können. In diesem letzten Satz liegt eine Interpretation der vermeintlichen Notwendigkeit, Uwe Barschel zum Schweigen zu bringen: Die Räson des Staates habe seine Tötung erfordert. Zu solcher Perversion des Denkens haben sich viele verführen lassen, die an den schmutzigen Waffendeals mitgewirkt haben. Es ist die Moral der Geheimdienste, wonach nicht etwa ihre Machenschaften, sondern deren Enthüllungen das Verwerfliche sind. So und nicht anders ist auch der pathetische Schlußsatz vom Altar der Freiheit und der Gerechtigkeit zu verstehen, auf dem Uwe Barschel geopfert wurde.

Gerade weil der um Anonymität strikt Besorgte die Behörden BND und BKA nicht erwähnt, mag er einer dieser beiden Organisationen angehört haben. Von denen könnte er tatsächlich den Marschbefehl »Schutz des Politikers« auf die Reise nach Genf mitbekommen haben. Wie Ostrovsky schreibt, ist der Mordbefehl erst gegeben worden, nachdem der Versuch gescheitert war, Barschel mit viel Geld und guten Worten von seinem Entschluß zur offenen Aussage vor dem Ausschuß abzubringen. Die Verschwörer sahen demnach noch am Samstag abend eine Chance, das für den Ernstfall angeforderte Mordkommando nicht zum Einsatz kommen zu lassen. Wie erinnerlich, wird eine entsprechende Aussage völlig unabhängig davon auch von dem Abenteurer Stoffberg getroffen, dem der wissenschaftliche Experte Glaubwürdigkeit bescheinigt.

Mit dem Einverständnis seiner Mandantin liefert Rechtsanwalt Warburg den Brief samt Umschlag im Original unverzüglich in Lübeck ab. Nach fast 15 Jahren intensivster Arbeit an dem »Fall seines Lebens« wollte der Ausnahmejurist diesen Bekennerbrief aber ganz und gar nicht wie so vieles andere unter Desinformation oder als Wichtigtuerei abgetan wissen. Nachdrücklich weist er die Staatsanwaltschaft in seinem Begleitschreiben darauf hin, daß die vielen Formfehler keineswegs auf Unfug in der Sache schließen lassen dürften. Im Gegenteil. Was der anonyme Schreiber über die Hintergründe und die Tatbeteiligten bei der »Beseitigung« ausführt, nicht zuletzt zur Rolle der CIA, unterstreicht der Jurist aus seinen eigenen Einsichten: Es »entspricht genau meinem von Anfang der Ermittlungen an vertretenen Standpunkt, daß weder die Bundesregierung noch später die Landesregierung Schleswig-Holsteins ein ernsthaftes Interesse an der Aufklärung des ›Falles Dr. Barschel‹ bekundeten«. – Wie man in der Lübecker Behörde den Brief aus Basel einschätzt, ist nicht bekannt. Dort seien die Dokumente kriminalpolizeitechnisch untersucht worden, hieß es, aber ohne Befund. Fingerabdrücke konnten nicht gesichert werden. Die mitgeteilten Inhalte bewertete man wohl als unbedeutend. Auf sein Begleitschreiben erhielt der Anwalt jedenfalls nie eine Antwort.

Die gleiche unerklärliche Lethargie legte der Leitende Oberstaatsanwalt Heinrich Wille auch zwei Jahre später an den Tag, als wieder ein Bekennerschreiben einging, das ebenfalls erkennbar nicht von einem Wichtigtuer stammen konnte. Dieser Brief an die Adresse »Mrs. Freya Barschel Moelln Germany« war im spanischen Marbella abgestempelt und trug das Datum: »August 31. 2003«. Auch ohne Angabe von Postleitzahl, Straße und Hausnummer wurde er von der Post prompt zugestellt. Er war handgeschrieben und hat nach der Anrede »Dear Mrs. Barschel« in deutscher Übersetzung folgenden Inhalt:

»mein Leben dürfte zu Ende gehen wegen medizinischer Probleme. Bevor ich meinen letzten Weg gehe, will ich versuchen, reinen Tisch zu machen.

Ich habe in meinem Leben eine Menge schlimmer Dinge getan, einige würden das mit anderen Augen sehen. Es tut mir sehr leid Mrs. Barschel, aber ich tötete Ihren Mann in Genf. Es war nur einer von ungefähr zweihundert Kontrakten, aber es war ein schwieriger Job. Ihr Mann benutzte ›T‹, ein spezielles Psychopharmakum, das mir große chemische Probleme bereitete meinen Job zu erledigen. Glauben Sie mir, Ihr Mann Uwe hat nicht gelitten. In meinem Beruf ist es nicht üblich zu reden, aber ich brauche jetzt etwas Abstand. Der Kontrakt wurde mit einem Mann gemacht, der der gegenwärtigen deutschen Regierung nahesteht, und finanziert wurde er durch die größte deutsche Partei.

Noch einmal, sorry.«

Es folgt noch ein handschriftliches Unterschriftenkürzel, das wie ein großes »H« aussieht oder auch wie zwei miteinander verbundene Kleinbuchstaben, zwei »f« oder »tf«.

Ein Historiker vom »Centre for American Studies« an der Kanadischen University of Western Ontario hat den Brief aus Marbella auf Wunsch des Autors dieses Buches einer ersten wissenschaftlichen Prüfung unterzogen: Professor Andrew M. Johnston kommt dabei zu dem Ergebnis: »My sense is the letter was written by someone who speaks solid English, but may have tried to make literal sense of some vernacular expressions« (Meine Erklärung ist, der Brief wurde von jemandem geschrieben, der ganz ordentlich Englisch spricht, aber versucht haben dürfte, anderssprachige Ausdrücke zu übertragen). – Eine zweite, sehr eingehende wissenschaftliche Untersuchung des handschriftlichen Bekennerschreibens verdankt dieses Buch der Linguistin Professor Jenny Cheshire von der Queen Mary University in London. Ihre Expertise, die im Wortlaut als Faksimile im Anhang abgedruckt ist, kommt zu dem wohlbegründeten Ergebnis, daß der Absender weder Engländer noch muttersprachlich in einem anderen englischsprachigen Land zu Hause ist.

Und einen weiteren wichtigen Fingerzeig gibt die Londoner Professorin: Der Text ist nicht einfach so dahingeschrieben. Er wurde mit Sorgfalt abgefaßt, was u.a. durch die angebrachten Korrekturen belegt ist. Die ausgeschriebene Handschrift verrät der Linguistin ferner, daß der Verfasser im Schreiben durchaus geübt ist, also auch kein ganz ungebildeter Mensch sein kann. Zusammengenommen sind die Feststellungen der beiden Wissenschaftler Indikatoren des ernsthaften Bemühens, von dem sich der Briefschreiber hat leiten lassen. Das aber gibt zumindest ein starkes Indiz dafür ab, daß der Brief auch inhaltlich ernst zu nehmen ist.

Beim ersten Lesen weigert sich der Verstand, die Ungeheuerlichkeit des Geständnisses zu akzeptieren. »I killed your husband in Geneva« und »It was only one of arround two hundred contracts«. Das Vorstellungsvermögen des Normalbürgers muß von den Dimensionen der eingestandenen Verbrechen überfordert sein. Aber ist das Geständnis damit unglaubwürdig? Uwe Barschel ist in Genf ohne jeden Zweifel Opfer einer von professionellen Killern ausgeführten Mordtat geworden. In einer für die Bürger nicht wahrnehmbaren Schattenwelt haben Geheimdienste und organisierte Kriminalität arbeitsteilig eine regelrechte Infrastruktur zur Erledigung unterschiedlicher Aufgaben errichtet. Drogenhandel, Waffenschmuggel und Geldwäsche gehören zu der vermummten Gegenwelt – und Auftragsmorde ebenfalls. »In my profession it's not usal to speak but I need a distance now.« Ein Berufskiller sucht sich vor seinem nahenden Ende Entlastung im Geständnis zu verschaffen. Und es kommt ihm sehr darauf an, von der Adressatin auch richtig verstanden zu werden. Zu diesem Zweck verwendet er als Code einen Buchstaben, den er kräftig konturiert, mit einem Punkt als Abkürzung kenntlich gemacht, in Parenthese setzt – »T.«. Der Schreiber weiß, daß sein T nicht für jedermann Sinn macht, wohl aber für die Empfängerin des Briefes. »Your husband used ›T.‹ a special psychopharmaca which caused me big chemical problems doing my job.«

Uwe Barschel hat über mehrere Jahre hinweg das Medikament »Tavor« eingenommen, das er sich von zweien seiner Ärzte verschreiben ließ. Eine starke Gewöhnung, möglicherweise auch eine Abhängigkeit von dem beruhigenden und angstdämpfenden, die Verstandestätigkeit aber nicht

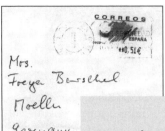

August
31. 2003

Dear Mrs. Barschell,

my life might come to end cause of medical problems. Befor I go my last way I will try to wipe off.
I've done a lot of bad things in my life, some would see that with other eyes. I'm very sorry Mrs. Barschel but I killed your husband in Geneva. It was only one of around two hundred contracts but it was a difficult job. Your husband used "T." a special psychopharmaca which caused me big chemical problems doing my job. Believe me your husband did did not suffer. In my profession it's not usal to speak but I need a distance now. The contract was made with a man near to the actual German government and financed from the biggest German party.
Once again, sorry.

H.

beeinträchtigenden Medikament hat bei ihm die Wirksamkeitsschwelle anderer Medikamente heraufgesetzt. Das war es, was dem Killer im Hotelzimmer zu schaffen machte. Es könnte auch die Erklärung für das ausgedehnte Hämatom am Hinterkopf des Opfers liefern: Weil die über den Wein (und über den Whiskey Jack Daniels) verabfolgten Substanzen nicht ausreichten, das Opfer zu betäuben, mußte das flexible Werkzeug, die »Katze«, zusätzlich eingesetzt werden. Um den Zweck ganz sicher zu erreichen, wurde ein weiteres Sedativum mit dem Lösungsmittel DMSO dem Opfer über seinen Schuh verabreicht. Und um ganz sicher zu gehen, könnte dem schließlich Bewußtlosen nach der Intubierung auch noch rektal in Zäpfchenform ein Mittel zugeführt worden sein, das die von Professor Brandenberger identifizierten Spuren von Metyprylon zu erklären vermag.

»Believe me your husband Uwe did not suffer«, schreibt der Namenlose der Witwe als das einzig Tröstliche, was er anzubieten vermag. Dafür scheint er im Gegenzug von der Frau, der er unendliches Leid angetan hat, so etwas wie Verständnis zu erwarten – oder erhofft er sogar eine Art stiller Absolution? Um seiner Entlastung willen zeigt er sich sogar bereit, ein Gesetz seiner Profession zu brechen und zu reden. »The contract was made with a man near to the actual German Government and financed from the biggest German Party.« Auf deutsch: Der Vertrag wurde mit einem der gegenwärtigen deutschen Regierung nahestehenden Mann geschlossen und von der größten deutschen Partei finanziert. Wahrlich, ein brisantes Geständnis.

Die Bekennerbriefe sind beide nur Steinchen in einem Mosaik, wie es nach jedem sich nicht von selbst erklärenden Verbrechen hergestellt werden muß. Es ist nicht zu bezweifeln, daß die zur Aufklärung des Mordfalls Uwe Barschel Berufenen dazu auch in der Lage sein werden, wenn die politischen Vorgaben ihnen diese Arbeit nur endlich gestatten. – Dem Leitenden Oberstaatsanwalt Heinrich Wille schrieb der langjährige, unermüdliche Anwalt der Familie Justus Warburg mit seinen Grüßen und guten Wünschen für das neue Jahr 2006: »Die Wahrheit über den uns beide verbindenden Fall wird die Zentrifugalkraft unseres rotierenden Planeten kurz über lang bescheren.«

Anhang

Linguistische Analyse des »Bekennerschreibens«
vom 15. August 2005

Danksagung

Anmerkungen

Literaturverzeichnis

Abkürzungsverzeichnis

Zeittafel

Personenregister

Queen Mary
University of London

Queen Mary, University of London
Mile End Road, London E1 4NS
Telephone 020 7882 3335
Facsimile 020 8980 5400

School of Modern Languages
Email sml@qmul.ac.uk
Website
www.modern-languages.qmul.ac.uk

Jenny Cheshire
Professor of Linguistics
Email. J.L.Cheshire@qmul.ac.uk
http://alpha.qmul.ac.uk/~uglv003.

August 15, 2005

Opinion on letter to Mrs. Barschell dated August 31 2003

There are four features in this letter that in my professional opinion indicate conclusively that the writer was not a native speaker of English. They are:

- the word *psychopharmaca*. This is not an English word: the equivalent in English would be *drug*, *chemical*, *pharmaceutical substance* or, possibly, psychopharmaceutical *substance*.

- the preposition *from* with the verb *finance*. A native speaker of English would use the preposition *by* i.e. *financed by the biggest German party*. Non-native speakers frequently confuse English prepositions; native speakers do not.

- use of the verb *make* with the noun *contract*. An English speaker would use *take out* or *agree*. Non-native speakers frequently over-generalise the common verb *make*.

- the expressions *go my last way*, *wipe off*, and *need a distance*. These appear to be attempts at idiomatic expressions – perhaps direct translations of idiomatic expressions in another European language. They are not English idioms, although their meaning can be understood. Non-native speakers often transfer idioms from their own first languages to a second language, but idioms are notoriously difficult to translate directly.

There are three other features that add support to the view that the writer is not a native speaker of any variety of English, although taken alone they would not constitute conclusive evidence.

Patron: Her Majesty The Queen

Incorporated by Royal Charter as
Queen Mary & Westfield College,
University of London

- there are three unusual orthographic errors: *befor* for *before*, *usal* for *usual* and *arround* for *around*. Native speakers make spelling mistakes, of course, but they do not usually spell these very common words wrongly.

- the word *an* is omitted before *end* in the first line of the letter. A native speaker could make a careless mistake of this kind, but the letter as a whole seems carefully written, even to the extent that there are two corrections (to *Uwe* and *caused*) indicating that the writer had checked the letter carefully after having written it.

- the use of *cause* in the first line of the letter is linguistically interesting and difficult to interpret. The standard English construction would be *because of medical problems*. *Cause* for *because* is very unlikely to be an orthographical error. It could on the other hand be the mark of a poorly educated speaker: in spoken English *because* is frequently pronounced 'cos', and English speakers who are unused to writing sometimes write *cos* or *cause* for *because*. However there are no further indications that the writer is poorly educated, and indeed the handwriting suggests that the writer is practised in writing. Possibly the syntax is wrong, such that *cause* was intended to be used as a verb (in which case the expression should have been *caused by medical problems*). This would add further support to the conclusion that the writer is not a native speaker of English.

Taken together, there is no doubt in my mind that the letter was written by a person who was not a native speaker of English.

Yours sincerely

Jenny Cheshire

Die Analyse des »Bekennerschreibens« vom 15. August 2005, wie sie auf Wunsch des Autors von der bekannten englischen Linguistin Jenny Cheshire vorgenommen worden ist, zeigt, was Wissenschaft bei der Aufklärung von Verbrechen zu leisten imstande ist. Aufgabe der Ermittler sollte es sein, zusätzlich zur sprachwissenschaftlichen Untersuchung noch sprachvergleichende, graphologische und kriminalpsychologische Expertisen in Auftrag zu geben, die das Profil des möglichen Täters zusätzlich konturieren und so den polizeilichen Ermittlungen zum Erfolg verhelfen.

Danksagung

Aus meinem Zweifel an der gängigen Version der Ereignisse von Kiel und Genf wäre nie und nimmer dieses Buch entstanden, wenn ich nicht die Förderung durch eine große Zahl von Helfern gefunden hätte. Von vielen darf an dieser Stelle nicht einmal der Name genannt werden; das verbietet der strikte Informantenschutz, den ich all denen schulde, die mit ihrer Kooperation persönliche Risiken eingegangen sind und im Falle ihrer Offenbarung noch heute erhebliche Nachteile zu befürchten hätten. Den mutigen Politikern, Beamten, Angestellten, Anwälten und Wissenschaftlern, die in einer schwierigen Gewissensentscheidung zwischen dem ihnen abverlangten Stillschweigen und dem rechtsstaatlichen Wahrheitsgebot den riskanten Weg gewählt haben, gilt mein ganzer Respekt und mein erster Dank.

Zu großem Dank verpflichtet bin ich unter den Autoren, auf deren Arbeit ich aufbauen durfte, insbesondere zweien, die über ihre brillanten Veröffentlichungen hinaus auch noch geduldig alle meine Fragen beantwortet haben. Es sind dies der Bremer Jurist und Kriminologe Dr. Herbert Schäfer und die Medienforscherin Sylvia Green-Meschke aus dem nördlichen Schleswig-Holstein.

Den Hinterbliebenen des ermordeten Politikers an dieser Stelle meinen aufrichtigen Dank für die mannigfache Unterstützung abzustatten, die ich von ihnen erfahren durfte, ist mir gleichfalls ein aufrichtiges Bedürfnis. Die Mutter, die Witwe und die Schwester des Opfers bewundere ich um der Größe willen, mit der sie ihren schweren Schicksalsschlag und alle weiteren Bedrängnisse ertragen haben. Meine Bewunderung verdient auch der Bruder des Getöteten, der zehn Jahre seines Lebens aufopferungsvoll in den Dienst der Aufklärung der Todesumstände gestellt hat.

Unter den Freunden, die mir mit gutem Rat, mit Kritik und Anregungen nicht selten zu neuer Zuversicht verholfen haben, kommen insbesondere Lisa, Nick und Leo nicht ohne meine tiefempfundene Dankbarkeit davon. Mein Bruder Karl Gunther war ein nie versiegender Quell der Ermutigung, wenn die Schwierigkeiten auf dem Weg zur Veröffentlichung wieder einmal unüberwindlich zu werden drohten. Meine Söhne Florian und Ulrich haben mich mit kluger Kritik und mit gründlichen Korrekturen vor mancherlei Fehlern bewahrt, und den Beitrag meiner lieben Frau am Entstehen dieses Buches angemessen zu würdigen würde mehr zusätzliche Seiten erfordern, als meine beiden überaus verdienstvollen Geburtshelferinnen, meine Verlegerin Brigitte Fleissner-Mikorey und meine Lektorin Dr. Carmen Sippl, mir je zubilligen könnten.

Wolfram Baentsch
Köln, im August 2006

Anmerkungen

1 Bericht zum Verfahrensstand vom 14. März 1997, Landeskriminalamt Kiel, S. 14f.
2 Ebenda, S. 19f.
3 Eine Veröffentlichung des Bildes in Schwarzweiß findet sich bei Kalinka, Der Fall B., S. 35.
4 Kommentar zur Strafprozeßordnung von Lutz Meyer-Gabner, 47. Aufl.
5 *Frankfurter Allgemeine Zeitung (FAZ)* vom 12. Juni 2003.
6 Meyer-Gabner, a.a.O.
7 Green-Meschke, Gegendarstellung zum Fall Barschel, S. 237ff.
8 Schäfer, Pfeiffer contra Barschel, S. 79.
9 Ebenda, S. 73f.
10 Pötzl, Der Fall Barschel, S. 219.
11 Schäfer, Pfeiffer contra Barschel, S. 47.
12 Kieler Untersuchungsausschuß I (im folgenden: PUA I), S. 62.
13 Schäfer, Pfeiffer contra Barschel, S. 56.
14 Interview der Wochenzeitung *Die Zeit* vom 1. Januar 1987.
15 PUA I, S. 182.
16 Schäfer, Pfeiffer contra Barschel, S. 19.
17 PUA I, S. 41f.
18 Ebenda, S. 1.
19 Schäfer, Pfeiffer contra Barschel, S. 17.
20 Ebenda, S. 16.
21 Ebenda, S. 119.
22 Grosser/Seifert, Die *Spiegel*-Affäre.
23 Kalinka, Der Fall B., S. 255.
24 Ebenda, S. 257.
25 Ebenda, S. 256.
26 Aussage Gerd-Harald Friedersen bei der Staatsanwaltschaft Lübeck vom 23. Januar 1996.
27 Joachim Siegerist, Das Testament des Uwe Barschel, S. 82.
28 Friedersen, a.a.O.
29 Green-Meschke, Gegendarstellung zum Fall Barschel, S. 54, 74f.

30 Ebenda (übereinstimmende Aussage der Gesprächsteilnehmer J. Lambrecht und H. Ahrendsen).
31 Vgl. den Brief Gerd Behnkes bei Kalinka, Opfer Barschel, S. 88.
32 Green-Meschke, Gegendarstellung zum Fall Barschel, S. 67f.
33 Kieler Untersuchungsausschuß II (im folgenden: PUA II), S. 381.
34 Ebenda., S. 154ff.
35 Klose, Untersuchungen zur Pathomechanik, S. 541.
36 Ebenda, S. 542.
37 Ebenda, S. 545.
38 Green-Meschke, Gegendarstellung zum Fall Barschel, unpaginiertes Beiblatt.
39 Ebenda.
40 Kalinka, Opfer Barschel, S. 212.
41 *Zeitung am Sonntag (ZaS)*, Nr. 4 vom 13. September 1987.
42 Kalinka, Opfer Barschel, S. 212f.
43 Schäfer, Pfeiffer contra Barschel, S. 112.
44 Zitiert nach PUA II, S. 289.
45 Ebenda, S. 301.
46 Beide Zitate ebenda, S. 174.
47 Ebenda, S. 172.
48 Ebenda, S. 174.
49 Ebenda, S. 360.
50 Green-Meschke, Gegendarstellung zum Fall Barschel, S. 205.
51 Kalinka, Opfer Barschel, S. 214.
52 *Der Spiegel* 39/1987.
53 Zitiert nach: Schäfer, Pfeiffer contra Barschel, S. 146.
54 Ebenda, S. 61.
55 *Der Spiegel* 38/1987.
55a PUA I, S. 243.
56 Kalinka, Opfer Barschel, S. 243.
57 Ulfkotte, Verschlußsache BND, S. 203.
58 Ebenda, S. 305.
59 Ebenda, S. 125.
60 Ebenda, S. 121.
61 Mohr, Waffen für Israel, passim.
62 Ebenda, S. 117.
63 Gieselher Wirsing in der Wochenzeitung *Christ und Welt* vom 5. Februar 1965.
64 Ulfkotte, Verschlußsache BND, S. 310.

65 Ulfkotte, Der Krieg im Dunkeln, S. 165.
66 Bericht des Echelon-Ausschusses des EU-Parlaments in Straßburg 2004.
67 v. Bülow, Im Namen des Staates, S. 359f.
68 Ulfkotte, Verschlußsache BND, S. 157.
69 Vgl. Igel, Terrorjahre.
69a Zum Schutz der Privatsphäre der Zeugin wird hier ein Pseudonym verwendet.
70 *Der Spiegel* 43/1987.
71 Ebenda.
72 Raddatz, Unruhestifter, u.a. S. 376.
72a Der Lufthansa-Pilot Reiner Dethmers nahm angesichts vieler Ungereimtheiten um den Tod von Genf eigene Recherchen auf. Doch er hatte nicht mit den Schwierigkeiten gerechnet, auf die er stieß: seine Telefongespräche wurden abgehört; er stellte Manipulationen an seinem Auto fest; im Sicherheitsbereich von Flughäfen wurde er beschattet; auf der Autobahn wurde er bei Tempo 190 von der Fahrbahn abgedrängt; seine Post wurde gefilzt; seine Familie erlebte Telefonterror und Drohanrufe; sein Sohn wurde von einem später nicht auffindbaren Messerstecher lebensgefährlich am Hals verletzt ...
73 Gesamtbericht der Staatsanwaltschaft Lübeck, S. 55.
74 Bericht zum Verfahrensstand.
75 *FAZ* vom 22. April 1997.
76 Mergen, Tod in Genf, S. 11.
77 Ebenda, S. 16.
78 Ebenda, S. 17.
79 Ebenda, S. 78.
80 Ebenda, S. 78.
81 *stern* Nr. 44 vom 22. Oktober 1987.
82 Ebenda.
83 *Der Spiegel* 43/1987.
84 Gutachten des Toxikologen Prof. Dr. Brandenberger vom 20. April 1994.
85 *Deutsches Ärzteblatt* Nr. 85 vom 28. Januar 1988.
86 *stern* Nr. 17 vom 15. April 1992. Vgl. auch oben S. 260.
87 Mergen, Tod in Genf, S. 71.
88 Genfer Kantonalgericht, Urteil gegen Louis Demartin wegen passiver Bestechung von 1992.
89 *stern* Nr. 17 vom 15. April 1992.

90 Ebenda.
91 Ulfkotte, Verschlußsache BND, S. 54.
92 Ebenda, S. 55.
93 Kalinka, Opfer Barschel, S. 104.
94 PUA II, S. 311f.
95 *Der Spiegel* 34/1991.
96 *Der Spiegel* 42/1987.
97 *Der Spiegel* 12/1993.
98 *Der Spiegel* 11/1993.
99 *Der Spiegel* 19/1993.
99a *Der Spiegel* 24/1993.
100 PUA II, S. 488.
101 Brief des Lt. OStA Wille an RA Warburg vom 3. November 1994.
102 Prof. M. Oehmichen am 6. Mai 1995 (unveröffentlichtes Gutachten).
103 Prof. Brandenberger, Ergänzende Bemerkungen zum Runden Tisch der Toxikologen, vom 5. Juni 1997 (vgl. www.herbig-verlag.de).
104 *stern* Nr. 7/1993.
105 Gesamtbericht der Staatsanwaltschaft Lübeck, S. 212.
106 Im Interview mit der *Zeit* vom 14. Mai 1998 und mit der *Welt* vom 31. Juli 1998, wie sie auf der Homepage von Werner Mauss dokumentiert sind: www.werner-mauss.de.
107 Ebenda, S. 120.
108 Ebenda, S. 249.
109 Ebenda, S. 115.
110 Ebenda, S. 151.
111 Ostrovsky, Geheimakte Mossad, S. 27.
112 Ebenda, S. 282.
113 Ebenda, S. 254.
114 Gesamtbericht der Staatsanwaltschaft Lübeck, Vorbemerkungen, S. IV.
115 Ebenda, S. 191.
116 Ostrovsky, Geheimakte Mossad, S. 287.
117 Ebenda, S. 191.
118 Ebenda, S. 292.
119 Ebenda, S. 293.
120 Ebenda, S. 295.
121 Zum »Sprengstoff-Kartell« und zum Netzwerk des Oliver North vgl. EIRNA-Dossier, Mordfall Barschel, Wiesbaden 1995.

Literaturverzeichnis

Bericht zum Verfahrensstand vom 14. März 1997, Landeskriminalamt Kiel
Der Kieler Untersuchungsausschuß (I), Herausgeber Schleswig-Holsteinischer Landtag, Kiel 1988
Der Kieler Untersuchungsausschuß II, Herausgeber Schleswig-Holsteinischer Landtag, Kiel 1996
Gesamtbericht der Staatsanwaltschaft Lübeck in dem Ermittlungsverfahren gegen Unbekannt wegen Verdachts des Mordes an Dr. Dr. Uwe Barschel, Lübeck, 27. April 1998
Barschel, Uwe; Gebel, Volkram, Landessatzung für Schleswig-Holstein – Kommentar, Neumünster 1976
Behling, Klaus, Spione in Uniform. Die Alliierten Militärmissionen in Deutschland, Stuttgart-Leipzig 2004
Bülow, Andreas von, Im Namen des Staates – CIA, BND und die kriminellen Machenschaften der Geheimdienste, München 1998
EIRNA-Dossier, Mordfall Barschel. Ad-hoc-Dossier über den größten internationalen Verbrechensskandal der letzten 20 Jahre, Executive Intelligence Review-Nachrichtenagentur, Wiesbaden 1995
Gehlen, Reinhard, Der Dienst, Erinnerungen 1942–1971, Mainz-Wiesbaden 1971
Green-Meschke, Sylvia, Gegendarstellung zum Fall Barschel. Die Beschreibung eines verdeckten Skandals, Böblingen 1993
Grosser, Alfred; Seifert, Jürgen, Die *Spiegel*-Affäre. I. Die Staatsmacht und ihre Kontrolle, Olten 1966
Hackett, Sir John, Welt in Flammen. Der Dritte Weltkrieg, Schauplatz Europa, München 1982
Huyser, Robert E., Putschen Sie, Herr General! Wie Washington den Iran retten wollte, Reinbek 1986
Igel, Regine, Terrorjahre. Die dunkle Seite der CIA in Italien, München 2006
Kalinka, Werner, Der Fall B. Der Tod, der kein Mord sein darf, Frankfurt/M.-Berlin 1993
Kalinka, Werner, Opfer Barschel. Deutschlands größte Polit-Affäre in neuem Licht, Frankfurt/M.-Berlin 1993

Kant, Immanuel, Schriften zur Ethik und Religionsphilosophie, Darmstadt 1968

Klose, Wolfgang, Untersuchungen zu Pathomechanik und Rekonstruktion des Flugunfalles von Lübeck-Blankensee, Kurzfassung als Vortrag vom 22. September 1988 in Kloster Banz

Koch, Egmont R., Das geheime Kartell. BND, Schalck, Stasi & Co., Hamburg 1992

Koch, Egmont R.; Wech, Michael, Deckname Artischocke. Die geheimen Menschenversuche der CIA, München 2002

Mauss, Werner, 40 Jahre Kriminalitätsbekämpfung – Pionier gegen das Verbrechen, www.werner-mauss.de

Mergen, Armand, Die BKA-Story, München-Berlin 1987

Mergen, Armand, Tod in Genf. Ermittlungsfehler im Fall Barschel: Mordthese vernachlässigt?, Heidelberg 1988

Michels, Bernd, Spionage auf deutsch. Wie ich über Nacht zum Top-Agent wurde, Düsseldorf 1992

Mohr, Marcus, Waffen für Israel. Westdeutsche Rüstungshilfe vor dem Sechstagekrieg, Berlin 2003

Müller, Peter F.; Mueller, Michael, Gegen Freund und Feind. Der BND: Geheime Politik und schmutzige Geschäfte, Reinbek 2002

Ostrovsky, Victor, Geheimakte Mossad. Die schmutzigen Geschäfte des israelischen Geheimdienstes, München 1994

Pötzl, Norbert F., Der Fall Barschel. Anatomie einer deutschen Karriere, *Spiegel*-Buch, Reinbek 1988

Raddatz, Fritz J., Unruhestifter. Erinnerungen, Berlin 2005

Rensmann, Michael, Besatzungsrecht im wiedervereinten Deutschland. Abbauprobleme und Restbestände, Baden-Baden 2002

Schäfer, Herbert, Pfeiffer contra Barschel. Zur Anatomie einer Beweisführung, Bremen 1991

Schmidt-Eenboom, Erich, Undercover. Wie der BND die deutschen Medien steuert, München 1999

Schnibben, Cordt; Skierka, Volker, Macht und Machenschaften. Die Wahrheitsfindung in der Barschel-Affäre. Ein Lehrstück, Hamburg 1988

Siegerist, Joachim, Das Testament des Uwe Barschel. Und andere faszinierende Reportagen, Bremen 1988

Ulfkotte, Udo, Verschlußsache BND, München, 2. Auflage 2003

Ulfkotte, Udo, Der Krieg im Dunkeln. Die wahre Macht der Geheimdienste, Frankfurt/M. 2006

Abkürzungsverzeichnis

BAZ	*Baseler Zeitung*
BfV	Bundesamt für Verfassungsschutz (dt. Inlandsgeheimdienst)
BGH	Bundesgerichtshof
BKA	Bundeskriminalamt
BND	Bundesnachrichtendienst (dt. Auslandsgeheimdienst)
CIA	Central Intelligence Agency (US-Auslandsgeheimdienst)
DGHS	Deutsche Gesellschaft für Humanes Sterben
DGSE	Direction Générale de la Sécurité Extérieure (franz. Auslandsgeheimdienst)
DMSO	Dimethyl Sulfoxid
FAZ	*Frankfurter Allgemeine Zeitung*
GVG	Gerichtsverfassungsgesetz
HDW	Howaldswerke – Deutsche Werft
IKL	Industrie-Kontor Lübeck
IM	Informeller Mitarbeiter des DDR-Geheimdiensts
LfV	Landesamt für Verfassungsschutz
LG	Landesregierung
LKA	Landeskriminalamt
MAD	Militärischer Abschirmdienst
MBB	Messerschmitt-Bölkow-Blohm
MfS	Ministerium für Staatssicherheit
MI 5	Military Intelligence Department 5 (brit. Inlandsgeheimdienst)
MI 6	Military Intelligence Department 6 (brit. Auslandsgeheimdienst)
MP	Ministerpräsident
MTU	Motoren- und Turbinen-Union Friedrichshafen
NSA	National Security Agency (technisch-elektronischer US-Geheimdienst)
PUA	Parlamentarischer Untersuchungsausschuß
Stasi	Staatssicherheitsdienst der DDR (Geheimdienst)
StPO	Strafprozeßordnung
UWSH	Unabhängige Wählergemeinschaft Schleswig-Holstein
ZaS	*Zeitung am Sonntag* (Wahlkampfzeitung der SPD)

Zeittafel

1944–1985 Am 13. Mai 1944 wird Uwe Barschel in Glienicke bei Berlin als zweiter Sohn des zur Wehrmacht eingezogenen Mathematikers Heinrich Barschel und seiner Ehefrau Marie-Elisabeth geboren. Der Vater wird bei einer der letzten Schlachten um Berlin vermißt. Die Mutter flieht hochschwanger zu ihren Eltern in Schleswig-Holstein.

Nach ersten politischen Aktivitäten in der Jungen Union Abitur, vorzeitiger Abschluß des juristischen Studiums und zweifache Promotion zum Dr. jur. und Dr. phil., wird der Rechtsanwalt und Notar mit Mitte 20 stellvertretender und kurz darauf Vorsitzender der CDU-Landtagsfraktion. Mit 35 wird er Minister, mit 38 ist er der jüngste Ministerpräsident, den es in der Bundesrepublik je gegeben hat. Der Reformer gewinnt seine erste Wahl mit absoluter Mehrheit für die CDU, gründet das Schleswig-Holstein-Festival und den Naturpark Wattenmeer.

Aus der Ehe mit Freya, geb. von Bismarck, gehen zwei Töchter und zwei Söhne hervor.

Als stellv. Vorsitzender der Landes-CDU tritt Barschel aus Protest gegen seinen MP-Vorgänger Stoltenberg zurück, der auch als Bundesfinanzminister den Vorsitz nicht abgeben will. Barschel wird in der Bundes-CDU gleichwohl als möglicher Kanzler-Kandidat und Kohl-Nachfolger gehandelt.

1986 In Stockholm wird der schwedische Ministerpräsident Olof Palme ermordet, der Lieferungen von Waffen in Spannungsgebiete verhindern wollte (1980–1988 führten Iran und Irak verlustreich Krieg gegeneinander).

In Bremen schwärmt der Journalist Reiner Pfeiffer davon, auch einmal eine Art Watergate zu inszenieren, einschließlich dem Einsatz von »Wanzen«.

(1986)	MP Barschel fragt im Hamburger Springer-Verlag an, ob man ihm wieder einen tüchtigen Journalisten für die Zeit des bevorstehenden Wahlkampfs ausleihen könnte. Gegen Ende des Jahres sitzt ihm Pfeiffer zu einem ersten Kennenlerngespräch gegenüber.

Im Kieler Landtag erklärt der MP, daß er von Waffenlieferungen an Südafrika und einem eventuellen Bruch der UN-Embargo-Bestimmungen gerade erst von Journalisten erfahren habe. Mit Stoltenberg kommt es darüber zu heftigen Zusammenstößen. |
| 1987 | Am 5. Januar fängt Pfeiffer als »Medienreferent« in der Pressestelle der Kieler Staatskanzlei an und beginnt seine Aktionen. Er läßt Oppositionsführer Engholm von Detektiven beobachten, erstattet unter Pseudonym »H. Sapiens« beim Finanzamt Anzeige gegen ihn wegen Steuerhinterziehung, ruft als »Dr. Wagner« bei Engholm und seinem Hausarzt an und äußert den Verdacht, der Oppositionsführer könnte sich mit Aids infiziert haben.

Im März erhält ein Exsoldat der niederländischen Armee telefonisch den Auftrag, Barschel zu ermorden.

Im April erkundigt sich Pfeiffer beim Bremer Senator Grobecker nach einer geeigneten Anlaufstelle bei der Kieler SPD und bekommt den Namen des Pressesprechers Nilius genannt.

Am 1. Mai bekommt Pfeiffer einen Besuchstermin in Barschels Privathaus in Mölln, vier Tage später sitzt er im Mitarbeiterkreis zum letztenmal dem MP gegenüber.

Am 31. Mai stürzt Barschel mit der Cessna einer Privatfluggesellschaft über dem Flughafen Lübeck-Blankensee ab und überlebt als einziger schwerverletzt. Die Augenzeugen des Unglücks werden nicht polizeilich befragt. Trotz vieler Hinweise, die auf ein Attentat deuten, finden keine staatsanwaltlichen Ermittlungen statt. Von Pfeiffer läßt sich der Patient während seines mehr als achtwöchigen Klinikaufenthalts weder besuchen noch telefonisch sprechen. |

Zeittafel

(**1987**) Ab Juli trifft Pfeiffer mehrmals konspirativ mit dem Engholm-Intimus und SPD-Sprecher Nilius zusammen, dem er diverse wahlkampf-verwendbare Regierungs- und CDU-Dokumente zuspielt. Nilius erhält auch die Kopie des Briefs, den die Mutter des tödlich verunglückten Piloten an den MP geschrieben hat. Der *stern* veröffentlicht diesen Brief, der den ungerechtfertigten Vorwurf enthält, Barschel hätte dem Piloten die Landung befohlen.

Im August wird Engholm von Finanzstaatssekretär Schleifer, der Barschel kein Wort davon sagt, über die pseudonyme Steueranzeige informiert. Schon im Frühjahr hatte Engholm davon erfahren, wie er auch durch die Polizei über den Detektiveinsatz unterrichtet war.

Im August kann Barschel auf Krücken seinen Wahlkampf wieder aufnehmen und muß sich mit dem Vorwurf auseinandersetzen, er trage die Schuld an dem Flugzeugabsturz mit drei Todesopfern.

Am 7. September erscheint der *Spiegel* mit der ersten seiner »Waterkantgate«-Geschichten, die sich auf Pfeiffers Beschuldigungen des vorerst noch nicht mit Namen genannten MP stützen; Engholm erstattet daraufhin Strafanzeige gegen Unbekannt wegen Bruchs des Steuergeheimnisses und anderer in Frage kommender Delikte.

Am selben Abend sitzt dieser »Unbekannt« im Lübecker Hotel-Restaurant Lysia dem SPD-Landesvorsitzenden Jansen gegenüber und erzählt, daß er, Pfeiffer, Steueranzeige und Detektiveinsatz inszeniert habe – angeblich auf Weisung des MP. Und Pfeiffer kündigt eine weitere Aktion an (die er schon vorbereitet hat, indem er dem MP einreden wollte, er sollte in seine dienstliche Telefonanlage, die seit längerem gestört war, ein kleines Abhörgerät, eine Wanze, einbauen, die er nach der Entdeckung dann seinem politischen Gegenspieler anlasten könnte).

In der Nacht vom 7. auf den 8. September unterrichtet Rechtsanwalt Schulz seinen Mandanten Engholm von den eben gehörten Pfeiffer-Erzählungen.

(1987) Am 8. September um 20.07 Uhr ruft Barschel aus dem Auto Pfeiffer an und fragt, was nun mit der Wanze wäre. Die Wanze interessiert ihn, weil er in seiner am nächsten Tag von Telefontechnikern zu wartenden Anlage so etwas vermutet. Es erweist sich, daß die Anlage in der Tat defekt ist.

Am 9. September geht Pfeiffer zusammen mit Nilius (SPD) zum Notar, wo er eidesstattliche Erklärungen unterzeichnet, um anschließend beim *Spiegel* auch noch seine Version der Wanzen-Geschichte zu plazieren. Die läßt sich der *Spiegel* noch zusätzlich an Eides Statt bekräftigen.

Am 12. September, dem Tag vor der Wahl, platzt mitten ins Unterhaltungsprogramm des NDR eine Vorabmeldung des *Spiegel*, zur nächsten Titelgeschichte »Watergate in Kiel – Barschels schmutzige Tricks«.

Am 13. September gehen viele Menschen nicht zur Wahl. Die CDU kommt auf eines ihrer schlechtesten, die SPD auf ihr bestes Ergebnis – eine Pattsituation. Engholm gibt an, erst an diesem Wahlabend von Kontakten zwischen Pfeiffer und der SPD gehört zu haben.

Barschel stellt Strafanzeige gegen Pfeiffer »und andere« (gemeint ist der *Spiegel*). Pfeiffer werden sämtliche Beschuldigungen gegen Barschel untersagt; er widerspricht keiner einzigen dieser gerichtlichen Entscheidungen.

Nach der Wahl sprechen Kabinett und Fraktion dem MP ihr Vertrauen aus. Die FDP, die als Koalitionspartner gebraucht wird, geht auf Distanz zu Barschel.

Noch am Wahltag stellt der Chef der Lübecker Staatsanwaltschaft Kleiner eine Ermittlungsgruppe zusammen, die Pfeiffer in einer *Spiegel*-Wohnung aufspürt und in dessen Notizbuch Beweise für frühe Kontakte zur SPD findet.

Am 18. September versichert Barschel im überfüllten Saal des Landeshauses vor Presse, Funk und Fernsehen, daß die gegen ihn im *Spiegel* erhobenen Vorwürfe haltlos sind, und bekräftigt die Unschuldsbeteuerung mit seinem Ehrenwort.

(1987) An diesem 18. gibt auch Engholm eine Pressekonferenz und läßt verlauten, daß es für Pfeiffer bei der SPD keine Anlaufstelle gegeben habe. Die Lüge, er sei erst am Abend der Wahl über vorangegangene Kontakte zu Pfeiffer informiert worden, wiederholt Engholm noch häufig in der Öffentlichkeit und vor dem Untersuchungsausschuß.

Am 21. September erhält Pfeiffer vom *Spiegel* 165 000 D-Mark Honorar (später noch weitere 35 000) plus Gratisurlaub und Anwalts- und Gerichtskosten.

Am 24. September sagt Finanzstaatssekretär Schleifer seinem Finanzminister Asmussen, schon »Ende Januar/Anfang Februar« hätte sich der MP bei ihm telefonisch nach der Steueranzeige gegen Engholm erkundigt. Also wäre die Aussage vor der Pressekonferenz wohl nicht richtig gewesen. Die beiden reden mit mehreren CDU-Funktionären über Schleifers Verdacht – aber keiner spricht den MP darauf an.

Am 25. September gibt Barschel seinen Rücktritt zum 2. Oktober bekannt, dem Datum, an dem der Landtag den auch vom MP beantragten Untersuchungsausschuß (PUA I) einsetzt.

Nach seinem Rücktritt erhält Barschel in seinem Haus in Mölln mehrmals Anrufe eines »Ro(h)loff«, der ihm Hilfe gegen Pfeiffer anbietet. Er fühlt sich bedroht und bittet seinen vorläufigen Nachfolger um Personen- und Objektschutz.

Am 27. September bittet Barschel seinen Vertrauten Ahrendsen, das am Abend des 8. September mit Pfeiffer im Auto geführte Telefonat auf seine Kappe zu nehmen. Ahrendsen verweigert den Freundschaftsdienst nicht. Beide machen sich damit einer Lüge schuldig.

Am 6. Oktober tritt das Ehepaar Uwe und Freya Barschel eine Urlaubsreise an. Die Presse weiß nicht, wohin die Reise geht, die Geheimdienste wissen es.

Am 7. Oktober verleben die Eheleute einen einzigen ungestörten Urlaubstag in ihrem Ferienhaus auf Gran Canaria. Am nächsten Morgen erfahren sie, daß Finanzminister Asmussen vor dem Untersuchungsausschuß ausgesagt hat, er

(1987) wüßte von Schleifer, daß sich Barschel schon früh im Jahr nach der Steueranzeige erkundigt habe. PUA und Medien meinen zu wissen, Barschel hätte sein Ehrenwort gebrochen.

Am 8. Oktober beschließt Barschel den Urlaub zu unterbrechen, um vor dem PUA auszusagen. Den Plan, am Sonntag, dem 11., über Madrid zurückzufliegen, ändert er nach einem weiteren Telefonat mit »Ro(h)loff«: Der stellt ihm ein Dokument in Aussicht, das angeblich Barschels Unschuld beweisen könne. Er fliegt nun über Genf, schon am Samstag, nachdem er am Freitag in der Inselhauptstadt seinen Flugschein hat umbuchen lassen.

Am 10. Oktober in Genf gelandet, wimmelt Barschel einen Journalisten und einen Fotografen ab und trifft sich mit »Ro(h)loff«, der ihm »schon viel erzählt«, aber noch nicht das Dokument gibt. Barschel bucht sich im Hotel Beau Rivage ein, das er bis dahin nicht gekannt hat. Er weiß nicht, daß er nun in einem von verschiedenen Geheimdiensten bevorzugten Haus wohnt, in dem viele Zimmer erst ein paar Wochen zuvor mit neuester elektronischer Überwachung versehen worden waren.

Im Hotelzimmer 317 angekommen, telefoniert Barschel mit seiner Frau auf Gran Canaria, mit seiner Schwester in Kiel und zweimal mit seinem Bruder, in dessen Haus die vier Kinder von Freya und Uwe Barschel gerade Ferien machen. Es erreicht ihn ein Anruf unbekannter Herkunft. Barschel gibt dem Portier den Auftrag, ihn am nächsten Morgen um 7 Uhr zu wecken. Diesen Auftrag ermitteln deutsche Kripo-Beamte nach 1995 zweifelsfrei, aber die Öffentlichkeit hat davon nie erfahren.

Am 11. Oktober wird Uwe Barschel tot in seinem Hotelzimmer, bekleidet mit Hemd, Hose, Socken und Krawatte, in der gefüllten Badewanne liegend, aufgefunden. Wer den Toten zuerst sah, ist ungewiß. Vor dem *stern*-Journalisten Knauer, der vom Tatort aus telefonierte und Fotoaufnahmen machte, hat eine Hotelangestellte den Toten in der Wanne gesehen. Die Polizei wird von dem eingedrun-

(1987)	genen Journalisten erst nach weit über einer Stunde verständigt.

Am Nachmittag verbreiten Rundfunk und Agenturen die Falschmeldung, Barschel hätte sich in Genf »erschossen«. Die Quelle der Fehlinformation bleibt im dunkeln.

Die Ermittler um die junge Untersuchungsrichterin Nardin leisten sich unerklärliche Fehler; am Abend wird der Leichnam obduziert; der Bericht läßt monatelang auf sich warten.

Der Lübecker Leitende Oberstaatsanwalt Kleiner leitet unter dem Aktenzeichen 705 JS 33247/87 deutsche Ermittlungen ein und trifft ein Rechtshilfeabkommen mit der Genfer Justiz.

Am 12. Oktober geben Eike und Freya Barschel in Genf bei ungewöhnlich starkem Andrang eine internationale Pressekonferenz und erklären: Es war Mord.

Am 18. Oktober kommt unter deutscher Beteiligung eine große Runde von Ermittlern zu dem Ergebnis, alle Anzeichen würden auf Selbstmord deuten, Spuren von Gewalt gebe es nicht.

An diesem Tag erscheint Pfeiffer in Kiel zum ersten- und letztenmal vor dem PUA I und weigert sich, die Fragen des Barschel-Anwalts Samson zu beantworten.

Am 24. Oktober wird im Hamburger Uni-Klinikum die zweite Obduktion des Leichnams vorgenommen. Die toxikologischen Untersuchungen sind wertlos, da weder Blut noch Urin zur Verfügung stehen.

Am 9. November wird Innenstaatssekretär Hans-Joachim Knack in Kiel tot aufgefunden – einen Tag bevor er vor dem PUA seine Aussage machen konnte. Eine Obduktion findet nicht statt. Barschel-Anwalt Samson fürchtet um sein Leben, bittet um Personenschutz und gibt das Mandat an die Familie zurück. Kurz darauf übernimmt der Hamburger Rechtsanwalt Justus Warburg, der sich von Drohungen und Einschüchterungsversuchen nicht beeindrucken läßt, die Vertretung der Familie Barschel.

(1987)	Am 22. Dezember erklärt der Schweizer Toxikologe Prof. Brandenberger vor der Kamera des ZDF, der Politiker sei wahrscheinlich vergiftet worden. Von vier im Körper gefundenen Giften hätten ihn drei zuerst bewußtlos gemacht, bevor ihm das vierte, das tödliche Gift verabreicht wurde.
1988	Anfang des Jahres 1988 verhindert Eike Barschel die von den Behörden beabsichtigte Einstellung des Todesermittlungsverfahrens.
	Ende Februar legt der PUA seinen Schlußbericht vor: Barschel wird für schuldig befunden, alle von Pfeiffer durchgeführten Aktionen angestiftet zu haben.
	Am 2. März 1988 stellt Eike Barschel in Genf »Strafanzeige gegen Unbekannt wegen vorsätzlicher Tötung«; seine Position als Top-Manager muß er aufgeben.
	Ebenfalls im März erhält Pfeiffer vom Kieler Amtsgericht wegen Fälschungen einen Strafbefehl über 9800 D-Mark.
	Wegen seiner Ermittlungen gegen Pfeiffer und Engholm findet sich der Cheffahnder Kleiner im Dauerfeuer der Kritik von Medien und Politikern; er erkrankt schwer und muß vorzeitig in den Ruhestand gehen.
	Am 8. Mai sind Neuwahlen in Schleswig-Holstein: Die CDU verliert mit dem schlechtesten Ergebnis ihrer Geschichte, die SPD gewinnt mit dem historisch besten Ergebnis die absolute Mehrheit im Landtag, Engholm wird MP und belohnt die PUA-Mitglieder. Der Vorsitzende Klingner wird Justizminister.
	In Lübeck erklärt der Nachfolger von Kleiner, deutsche Ermittlungen dürfe es aus Respekt vor der Schweizer Souveränität nicht geben.
	In Genf wird der Journalist Knauer wegen Hausfriedensbruchs zu einer Gefängnisstrafe auf Bewährung und zu einer Geldstrafe von 10 000 Franken verurteilt.
	Am 11. November erhält Pfeiffer heimlich bei Nacht an der Autobahn vom Boten Nilius einen Umschlag mit 25 000

(1988)	D-Mark (ein Jahr später unter den gleichen konspirativen Umständen weitere 25 000). Das Geld will der SPD-Vorsitzende in seiner Schreibtisch-Schublade für Pfeiffer angespart haben. Bis 1993 bleiben die Zahlungen geheim.
1992	Bis 1992 bemühen sich nur Eike Barschel und Justus Warburg um Aufklärung des Todesfalls. Der Bruder des Verstorbenen gibt bei Prof. Brandenberger ein Privatgutachten in Auftrag, das dessen These von einer Vergiftung durch Dritte stützt. Der Hamburger Anwalt betreibt gegenüber allen politischen Instanzen bis hinauf zum Bundeskanzler eine Wiederaufnahme der deutschen Ermittlungen.
	Bei seinen Recherchen wird Eike Barschel schließlich von einem ehemaligen Mitarbeiter des Agenten Mauss unterstützt, dem Genfer Privatdetektiv Jean-Jacques Griessen, der sich kurz vor der Lösung des Mordfalls wähnt, als er in Zürich am 9. November ermordet wird. Der Fall bleibt ungeklärt.
	Der Genfer Leiter der Kriminalpolizei wird wegen Bestechung verurteilt und unehrenhaft aus dem Polizeidienst entlassen.
	Im April erklärt der Genfer Generalstaatsanwalt Bertossa in einem *stern*-Interview, es sei möglicherweise Mord gewesen, und appelliert an die deutschen Ermittlungsbehörden, endlich ihre Arbeit zu machen. Der Ruf verhallt zunächst ungehört.
	Um die Jahreswende 1992/93 erfährt der Bremer Rechtsanwalt Herbert Schäfer von einer ehemaligen Lebensgefährtin Pfeiffers, daß dieser vor Gericht einen Meineid geleistet hat und aus SPD-Quellen zweimal 25 000 D-Mark erhielt.
1993	Engholms Vertrauter Nilius erfährt, daß der *stern* über die SPD-Zahlungen berichten wird. Am 10. März etabliert der Kieler Landtag einen neuen Untersuchungsausschuß (PUA II), der den Hintergrund für die Zahlungen ermitteln soll. Wegen der Herkunft des Geldes, das angeblich vom SPD-Vorsitzenden Jansen im Schreibtisch angespart worden sein

(1993) soll, wird vulgo vom »Schubladenausschuß« gesprochen. In drei Jahren gründlicher Arbeit bis Ende 1995 widerlegt der PUA II fast alle Ergebnisse des PUA I: Engholm, Jansen, Nilius und andere Genossen werden zahlreicher Lügen überführt. Barschel wird von fast allen Vorwürfen entlastet. Die Medien aber nehmen kaum Notiz von den Beweisen.

Im Mai tritt Engholm von seinen Ämtern als MP, Vorsitzender der Bundes-SPD und als Kanzler-Kandidat zurück. Er muß zugeben, daß er jahrelang gelogen hat.

Unterstützt von Bertossa, findet Eike Barschel in Genf endlich Gehör für seine Forderung nach einer neuen amtlichen medizinisch-toxikologischen Untersuchung der Todesursache. Prof. Brandenberger ist einer der beauftragten Experten.

1994 Im Frühjahr legt Prof. Brandenberger sein Gutachten vor, das die Lübecker Staatsanwälte sogar gegenüber Rechtsanwalt Warburg geheimhalten, um eilig ein Gutachten bei einem Münchner Pharmakologen zu bestellen, dessen Haltung bekannt ist. Im Unterschied zu Brandenbergers gründlicher Expertise wird der Münchner Schnellschuß von der Staatsanwaltschaft sofort veröffentlicht. Er enthält das erwünschte Resümee, es sei nicht sicher, daß das Opfer vor Aufnahme des tödlichen Giftes zunächst von den drei zuvor eingenommenen Giften handlungsunfähig gemacht worden sei. (1996 wird diese Streitfrage auch bei einem in Lübeck anberaumten »Runden Tisch« der Toxikologen nicht ausgeräumt.)

Im Frühjahr erscheint das Buch eines ehemaligen Mitarbeiters des israelischen Geheimdienstes Mossad. Darin wird detailliert beschrieben, daß Barschel mit Hilfe eines »Whistler« (zu deutsch Pfeifer) zunächst politisch ausgeschaltet wurde, weil er Waffenlieferungen aus schleswig-holsteinischen Häfen in den Iran unterbinden wollte. Weil der deutsche Politiker sich im PUA mit seinem Wissen an die Öffentlichkeit wenden wollte, wurde er in Genf – mit Unterstützung deutscher Stellen – von einem Killerkommando umgebracht.

(1994)	In dieser brisanten Lage entschließen sich die deutschen Behörden, dem Lübecker Staatsanwalt die Wiederaufnahme der Ermittlungen zu gestatten. Die Begründung für diesen Schritt lautet: Uwe Barschel sei deutscher Staatsbürger gewesen.
	Zehn Jahre nach dem Tod von Genf veröffentlicht der *Spiegel* eine Serie, in der das Blatt erstmals auf Distanz zur Selbstmordthese geht, indem es den Lesern Szenarien mit verschiedenen Möglichkeiten anbietet – Mord wird nun zur wahrscheinlichsten erklärt.
1997	Im März hält die Lübecker Staatsanwaltschaft in einem »Bericht zum Verfahrensstand« das Ergebnis kriminalpolizeilicher Ermittlungen fest: Es gibt klare Beweise für Gewaltanwendung – Uwe Barschel ist ermordet worden. Der Bericht wurde nie veröffentlicht.
1998	Mit einem im April 1998 vorgelegten »Gesamtbericht« schließt die Staatsanwaltschaft Lübeck die Ermittlungsakten unter dem Zeichen 705 JS 33247/87, ohne den Mordverdacht, für den vieles spreche, belegt zu haben und ohne Selbstmord sicher auszuschließen.
2003	Neue Hinweise werden von der Staatsanwaltschaft in Lübeck nur noch zur Kenntnis genommen. Ermittlungsaktivitäten löst nicht einmal mehr ein Bekennerschreiben aus, das die Witwe Freya Barschel Anfang September 2003 erreicht: Ein Berufsverbrecher bezichtigt sich, unter den rund 200 von ihm ausgeführten Auftragsmorden auch den Mord an Uwe Barschel begangen zu haben.

Personenregister

Adenauer, Konrad (CDU), Bundeskanzler 136
Ahlers, Klaus, HDW-Vorstandsvorsitzender 131
Ahrendsen, Herwig (CDU), stellv. Leiter der Pressestelle der LG Schleswig-Holstein 72, 75, 78–81, 99f., 104, 106, 117, 245f.
Algeron, Carl, schwed. Konteradmiral 279
Amry, Herbert, österr. Botschafter in Griechenland 279
Anders, Jörg, *stern*-Fotograf 27
Andersen, Svend, dän. Reeder 280
Apfalter, Herbert, Generaldirektor von Voest-Alpin 279
Arens, Heinz-Werner (SPD), Vorsitzender des PUA II 246–248
Asmussen, Claus, Referent für Personal und Besoldung in der Pressestelle der LG Schleswig-Holstein 80f.
Asmussen, Roger (CDU), Finanzminister von Schleswig-Holstein 159, 163, 165, 168
Augstein, Rudolf, Gründer und Eigentümer des *Spiegel* 42f., 97, 100, 172, 227, 240, 242

Ballhaus, Karl Josef, Geschäftsführer der Hamburger Kosmetikfirma Schwarzkopf GmbH 85–88, 93, 108, 246, 276
Bangemann, Martin (FDP), Bundeswirtschaftsminister 129
Bani Sadr, Abhol Hassan, iran. Präsident 269f., 279

Barbey, Carole, Untersuchungsrichterin in Genf 229f., 250
Barillon, Rechtsanwalt Eike Barschels in Genf 210, 221, 252
Barschel, Eike, Bruder von Uwe Barschel 15, 42, 59–61, 157, 162, 167–169, 173, 176–178, 187–193, 209–222, 228–230, 250, 252, 262, 270, 277
Barschel, Freya, Frau von Uwe Barschel 15, 42, 54, 63, 76, 99f., 121, 155, 157f., 162–166, 168–170, 173–176, 178, 188–190, 193, 206, 282–286, 288
Barschel, Heinrich, Vater von Uwe Barschel 59, 121, 192
Barschel, Maike, Hauke, Christian-Albrecht, Beatrice, Kinder von Uwe Barschel 63, 155, 167, 169, 173, 176f., 188, 190
Barschel, Marie-Elisabeth, Mutter von Uwe Barschel 42, 59f., 100, 158, 167, 169, 176f., 187f., 190, 192, 209
Barschel, Monique, Schwägerin von Uwe Barschel 167, 193, 215
Barzel, Rainer (CDU), Politiker 150
Bednarz, Klaus, Moskau-Korrespondent der ARD, Chef der Sendung »Monitor« 85
Behnke, Gerd, Staatssekretär und Leiter der Pressestelle der LG Schleswig-Holstein 71–74
Bendixen, Peter (CDU), Kultusminister von Schleswig-Holstein 68
Bernheim, Jacques, Gerichtsmediziner in Genf 205

Personenregister

Bernstein, Leonard, Komponist und Dirigent 68
Bertossa, Bernard, Generalstaatsanwalt in Genf 223–229, 233, 250, 253
Böhme, Erich, ehem. Chefredakteur des *Spiegel* 109
Bohta, Pieter-Willem, südafrikan. Premierminister 125, 127f.
Börnsen, Gert, Vorsitzender der SPD-Landtagsfraktion von Schleswig-Holstein, Mitglied des PUA I 52
Böttcher, Joachim, Leitender Oberstaatsanwalt in Lübeck 40f. 184, 226, 252
Brandenberger, Hans, Leiter der forensischen Toxikologie an der Universität Zürich 200f., 205–207, 229f., 233, 250–258, 272, 288
Brentano, Heinrich von (CDU), Bundesaußenminister 137
Bush, George H., US-Präsident 140, 144, 278, 280f.

Canaris, Wilhelm, Admiral, Chef der NS-Spionageabwehr 133
Carstensen, Peter-Harry (CDU), Ministerpräsident von Schleswig-Holstein 17
Corboz, Generalstaatsanwalt in Genf 222

Darnstädt, Thomas, *Spiegel*-Journalist 244f.
Demartin, Louis, Chef der 1. Sektion der Kripo Genf 193f., 213, 223–225
Dierken, Hermann, Detektiv 86
Dohnanyi, Klaus von (SPD), Präsident der Hamburger Bürgerschaft und Erster Hamburger Bürgermeister 132
Engholm, Barbara 90
Engholm, Björn (SPD), Ministerpräsident von Schleswig-Holstein 15f., 36–40, 46, 51f., 55f., 61, 70f., 78–81, 84-93, 100, 102f., 104f., 107–113, 115f., 159, 165, 235–237, 240–244, 246–249, 275f.
Erdsiek-Rave, Ute (SPD), Landtagspräsidentin von Schleswig-Holstein, derzeit Kultusministerin von Schleswig-Holstein 90
Erhard, Ludwig (CDU), Bundeskanzler 136–138

Flessner, Günther (CDU), Landwirtschaftsminister von Schleswig-Holstein 68
Fleury, leitender Inspektor bei der Kriminalpolizei in Genf 185, 188, 221f., 218, 223
Flick, Friedrich, dt. Unternehmer 87
Forth, Wolfgang, Mediziner an der Universität München 207
Frantz, Justus, Pianist und Dirigent 68, 156
Friedersen, Gerd-Harald (CDU), persönlicher Referent Barschels 66–68, 71f., 47f., 77, 84, 99, 102
Fryc, Oldrich, Chef der Gerichtsmedizin in Genf 192, 194–196, 199, 204–206, 214, 229f., 258
Funk, Werner, ehem. Chefredakteur beim *Spiegel*, dann beim *stern* 227f.

Gaddhafi, Moamar al, libyscher Staatschef 140
Gansel, Norbert (SPD), Bundestagsabgeordneter, ehemaliger Oberbürgermeister von Kiel 113, 241
Garbely, Frank, Genfer Korrespondent der Schweizer *Weltwoche* 170, 174, 181f., 185, 216
Gärtner, Inge, Krankengymnastin 101, 121
Gates, Robert (Bob), leitender Mitarbeiter, dann Direktor der CIA 158, 266f., 269

Gehlen, Reinhard, Leiter der Abteilung »Fremde Heere Ost« im Generalstab der Heeres, Leiter der »Organisation Gehlen«, erster Präsident des BND 133f., 138, 261
Geißler, Heiner, CDU-Generalsekretär 119
Gelli, Licio, Führer der ital. Geheimloge P II (Propaganda due) 274
Genscher, Hans-Dietrich (FDP), Bundesaußenminister 70, 122–124, 270
Gerstenmaier, Eugen (CDU), Bundestagspräsident 138
Green-Meschke, Sylvia, Buchautorin 82, 98
Griessen, Jean-Jacques, Generalkonsul afrikan. Staaten, Privatdetektiv in Genf 215–222, 261
Grobecker, Claus (SPD), Finanzsenator von Bremen 45, 89
Groß, Werner (Pseudonym), Toxikologe der DDR 257

Haig, Alexander, Oberbefehlshaber der NATO in Europa, US-Außenminister 270
Hebbeln, Hanns-Günther, Chef der Staatskanzlei, Staatssekretär im Finanzministerium von Schleswig-Holstein 75, 159, 168f.
Heise, Michael, Pilot 93–100
Heise, Mutter des Piloten Michael Heise 99f., 107, 113, 165
Hitler, Adolf 33
Hoffmann, Heiko (CDU), Justizminister von Schleswig-Holstein 40

Jabs, Elfriede, zeitweilige Lebensgefährtin von Rainer Pfeiffer 234f., 238
Jacobs, Kriminaloberkommissar der »Soko Genf« beim LKA Kiel 104
Jansen, Günther, SPD-Landesvorsitzender, Minister für Arbeit, Soziales, Jugend, Gesundheit und Energie von Schleswig-Holstein 15, 100, 102f., 238–241, 246f.
Jansen, Sabine, Ehefrau von Günther Jansen 238, 240
Jansen, Werner, Gerichtsmediziner in Hamburg 196-198, 204, 227, 231f.
Jantschar, Stane, Verleger in Bremen 236f.
Jensen, Angelika und Jens Christian, Bekannte des Ehepaars Engholm 90
Jensen, Uwe (SPD), Staatssekretär im Justizministerium von Schleswig-Holstein, Mitglied des PUA I 52
Jessen, Oskar, Dolmetscher, Verwaltungsangestellter in Bahia Felíz, Gran Canaria 160–162, 164, 168, 170
Johnson, Lyndon B., US-Präsident 137
Junker, Folke, Schwester von Uwe Barschel 15, 41f., 59–61, 100, 121, 155, 158, 165f., 168f., 173, 175–178, 187f.

Kalmanowitch, Shabtai, israel. Geschäftsmann 128
Kashoggi, Adnan, saud. Waffenhändler 166, 228
Kennedy, John F., US-Präsident 13
Kerssenbrock, Trutz Graf (CDU), stellv. Ausschußvorsitzender im PUA I 53f.
Khomeini, Achmed, Sohn des iran. Revolutionsführers 228, 263f.
Khomeini, Ajatollah, iran. Revolutionsführer 228, 263f., 269, 274
Kleiner, Oswald, leitender Oberstaatsanwalt in Lübeck 23, 36–40, 43f., 110, 250
Klingner, Klaus (SPD), Justizminister von Schleswig-Holstein, Vorsitzender des PUA I 22, 33, 52, 54, 230, 233, 247, 269
Klose, Ulrich, Rechtsmediziner an der Universität Lübeck 94, 96

Personenregister

Knack, Hans Joachim, Staatssekretär im Innenministerium von Schleswig-Holstein 122, 231
Knauer, Sebastian, *stern*-Reporter 27f., 42, 181f., 184–187, 214, 216
Koch, Willi, Mitarbeiter in der Stasi-Hauptverwaltung Aufklärung 262f.
Kohl, Helmut (CDU), Bundeskanzler 16, 53, 76, 119, 125–128, 130, 155, 234, 240f., 244, 270
Koschnick, Hans (SPD), Oberbürgermeister von Bremen 45
Kribben, Klaus, CDU-Fraktionsvorsitzender von Schleswig-Holstein 163f., 168
Kruse, Bernd, Staatsanwalt in Lübeck 26, 259, 269
Kubicki, Wolfgang (FDP), Politiker in Schleswig-Holstein 247
Kuby, Erich, Journalist 114

Lang, Kripo-Kommissar 184
Lechner, Rolf, Bauunternehmer 158, 165, 169, 173, 188

Mathiessen, Klaus, SPD-Vorsitzender von Schleswig-Holstein, dann Umweltminister von Nordrhein-Westfalen 70
Mergen, Armand, Kriminologe an der Universität Mainz 187, 189, 192, 201f., 212f.
Merkel, Angela (CDU), Bundeskanzlerin 140
Meyer, Ludwig von, Pharmakologe an der Universität München 251–256
Möllemann, Jürgen (FDP), Politiker 16
Mossier, Kriminalinspektor in Genf 185, 188
Mumme, Gerhard, stellv. Chefredakteur der *Bild*-Zeitung 45
Nardin, Claude-Nicole, Untersuchungsrichterin in Genf 185, 189, 192–194, 206, 209, 211, 229

Nasser, Gamal Abdel, ägypt. Präsident 138
Natale, Alain Di, Nachtportier im Hotel Beau Rivage 179, 181, 210f., 217, 259
Nehm, Kai, ehem. Generalbundesanwalt 143
Netanyahu, Benjamin, israel. Ministerpräsident, Vorsitzender des Likud-Blocks 272
Neumann, Bernd, CDU-Vorsitzender von Bremen, derzeit Staatsminister von Berlin 45
Nilius, Klaus (SPD), Pressesprecher der LG Schleswig-Holstein 39, 55, 89f., 92, 100–102, 107, 109f., 165, 237–241, 243, 246f.
Nixon, Richard, US-Präsident 239
Noriega, Manuel, Präsident von Panama 280f.
North, Oliver, ehem. Vietnam-Kriegsheld, Vertrauter von George H. Bush 278f., 281

Ohmen, Gisela, Büroangestellte in Bahia Felíz, Gran Canaria 162f., 170
Ostendorf, Heribert, Generalstaatsanwalt von Schleswig-Holstein 21, 23, 25–27, 30, 36f., 52, 148, 233, 253, 269
Ostrovsky, Victor, ehem. Mossad-Agent, Buchautor 271–274, 276–278, 284

Palme, Olof, schwed. Ministerpräsident 121, 279, 281
Pelny, Stefan (SPD), Chef der Staatskanzlei des Ministerpräsidenten Engholm, Mitarbeiter des PUA I 52
Pérez de Cuéllar, Javier, UN-Generalsekretär 279

Pfeiffer, Rainer, Journalist, zeitw.
Medienreferent in der LG Schleswig-
Holstein 15, 18, 37–40, 42–49, 51,
53–57, 59, 72–90, 92f., 100–117, 119,
159, 164f., 168–172, 175–177,
226–228, 230f., 233–248, 276
Piel, Harry, Inhaber einer Detektei
85–87, 235
Pohl-Winterberg, Kriminal-Haupt-
kommissarin 178–180
Pribilla, Otto, Leiter des Rechtsmedi-
zinischen Instituts an der Universität
Lübeck 251, 255
Prosch, Karl-Heinz, Fahrer von Uwe
Barschel 65f., 96f.
Püschel, Klaus, Mediziner an der
Universität Hamburg 196, 198,
204

Ramandani, Ramush, Hotelboy im
Hotel Beau Rivage 181, 210f.
Rave, Karl, SPD-Geschäftsführer 90
Reagan, Ronald, US-Präsident 278
Rechsteiner, Urs, Kriminalkommissar
in Genf 223f.
Reiter, Arthur, Gerichtschemiker in
Lübeck 255–257
Rexrodt, Günther (FDP), Wirtschafts-
senator von Berlin, Bundeswirt-
schaftsminister 132f.
Reyniers, Frans, Leiter der belg. Sicher-
heitspolizei 224
Ricoh, Bernadette, Aushilfskraft im
Hotel Beau Rivage 184f., 210, 214

Samson, Erich, Professor für Strafrecht
an der Universität Kiel 54, 115, 159,
168, 197, 230–232
Schaer, Meinhard, Schweizer Anästhe-
sist 201
Schäfer, Herbert, Rechtsanwalt,
ehem. Chef des Landeskriminalamts
in Bremen 49, 54–56, 233–235,
242

Schalck-Golodkowski, Alexander,
Devisenbeschaffer der DDR, Waffen-
händler 228, 239, 261f., 280
Schirach, Baldur von, Reichsjugend-
führer 149
Schleifer, Carl Hermann, Staatssekretär
im Finanzministerium von Schles-
wig-Holstein 84, 112, 116, 120f., 159,
163, 168, 246f.
Schmidt, Helmut (SPD), Bundeskanz-
ler 70, 122
Schmitz, Karl-Erik, Waffenhändler auf
Malmö 278
Schmoldt, Achim, Toxikologe an der
Universität Hamburg 196, 204,
255f.
Schnibben, Cordt, *Spiegel*-Journalist
243
Schröder, Gerhard (CDU), Bundes-
außenminister im Kabinett Erhard
137
Schröder, Gerhard (SPD), Bundeskanz-
ler 140, 241
Schröder, Jutta, Sekretärin in der
Informations- und Pressestelle der
LG Schleswig-Holstein 48, 71, 74–76,
78f., 83, 86, 114, 234
Schulz, Peter (SPD), Bürgermeister von
Hamburg und Rechtsanwalt 102f.,
111, 113, 241
Schwab, Peter, Oberstaatsanwalt in Kiel
153, 235
Schwarz, Henning (CDU),
geschäftsführender Ministerpräsi-
dent von Schleswig-Holstein 155,
188
Schwarzkopf, Peter, Unternehmer
85f.
Sela, Sönke, Oberstaatsanwalt in
Lübeck 26, 147f., 152, 250
Shamir, Yitzhak, israel. Ministerpräsi-
dent 272
Sharon, Ariel, israel. Ministerpräsident
272

Personenregister

Simonis, Heide (SPD), Ministerpräsidentin von Schleswig-Holstein 247
Sommer, Theo, Chefredakteur der *Zeit* 114
Stalin, Josef, Sowjetdiktator 134
Starkmann, George, Inhaber der »Star Production SA« in Genf 281
Staub, Christian, Toxikologe in Genf 195f., 200, 204–206, 229f., 252, 255
Steffen, Jochen, SPD-Landesvorsitzender von Schleswig-Holstein 70
Stein-Zenker, Michaela (SPD), Wahlkreishelferin 90
Stoffberg, Dirk, Agent beim südafrikan. Geheimdienst und Waffenhändler 264–271, 284
Stoltenberg, Gerhard, CDU-Vorsitzender von Schleswig-Holstein, Bundesfinanzminister im Kabinett Kohl 53, 62–64, 68f., 71f., 84, 120–124, 129, 159, 163, 168, 242, 246f.
Strauß, Franz Josef (CSU), Bundesverteidigungsminister 57, 125–128, 136, 234

Tamm, Peter, Vorstandsvorsitzender des Axel-Springer-Verlags 73
Teltschik, Horst, Ministerialdirektor, außenpolit. Berater von Helmut Kohl 125, 127

Titzck, Rudolf (CDU), Landtagspräsident von Schleswig-Holstein 81

Ulfkotte, Udo, Buchautor 135, 146, 232

Vergori, Zimmerkellner im Hotel Beau Rivage 30, 176

Walter, Gerd (SPD), Justizminister von Schleswig-Holstein 22
Warburg, Justus, Hamburger Anwalt der Familie Barschel 15, 213f., 230–232, 251–253, 258, 281, 285f., 288
Wegener, Polizeipsychologe in Kiel 268
Wehner, Herbert (SPD), Politiker 62
Westphal, Jürgen (CDU), Wirtschaftsminister von Schleswig-Holstein 64, 120f., 124
Wiechert, Erhard, Gründer einer DDR-Waffenhandelsfirma 262
Wille, Heinrich, Leitender Oberstaatsanwalt in Lübeck 21f., 25f., 36, 252f., 255, 258f., 272, 285, 288
Wolf, Markus, Chef der Staatssicherheit der DDR 261f.
Wörner, Manfred (CDU), Bundesverteidigungsminister 122–124

Zink, Leiter des Gerichtsmedizinischen Instituts der Universität Bern 193
Zoglmann, Siegfried, FDP-Politiker, später CDU 125, 127

Helmut Roewer
Stefan Schäfer / Matthias Uhl
*Lexikon der Geheimdienste
im 20. Jahrhundert*

Der geheime Krieg im Dunkeln

Dieses einmalige Nachschlagewerk bietet Übersichten und Details über die verborgene Arbeit der Geheimdienste vom Ersten Weltkrieg über die Zwischenkriegszeit, dem Zweiten Weltkrieg, dem Kalten Krieg bis in die Zeit nach dem Zusammenbruch des Sowjetimperiums.

Neben rund 2000 Sachstichworten und über 2000 Personenbeschreibungen enthält das Werk Hunderte von Abbildungen, die teilweise erstmals veröffentlicht werden.

520 Seiten mit 1465 Abbildungen u. Organigrammen
ISBN 3-7766-2317-9
Herbig

Lesetipp

BUCHVERLAGE
LANGENMÜLLER HERBIG NYMPHENBURGER
WWW.HERBIG.NET

Regine Igel
Terrorjahre

Die dunkle Seite der CIA in Italien

Die dramatischsten Politthriller schreibt die Politik selbst, und die Geheimdienste führen dabei die Feder. Dieses Buch basiert auf Justizakten und erzählt voller Spannung, wie vor allem die CIA zu Zeiten des Kalten Krieges den Terrorismus in Italien angeheizt hat. Was seinerzeit im Namen des Antikommunismus möglich war, kann auch in anderen Ländern passiert sein und lässt sich heute gegen neue Feindbilder einsetzen. Auch in Deutschland.

»Terror im Namen der Freiheit – das Buch dokumentiert auf beeindruckende Weise das komplexe, oft absichtlich chaotische Handeln der Geheimdienste in Italien.«
Frankfurter Rundschau

472 Seiten, ISBN 3-7766-2465-5
Herbig

Lesetipp

**BUCHVERLAGE
LANGENMÜLLER HERBIG NYMPHENBURGER**
WWW.HERBIG.NET

Alexander Solschenizyn
Zwischen zwei Mühlsteinen

Die Memoiren eines Unbeugsamen an sein Exil

»Der Mühlstein des KGB hörte nie auf, mich zu zermahlen, daran hatte ich mich gewöhnt, aber hier gesellte sich ihm der Mühlstein des Westens hinzu und begann ihm Amtshilfe zu leisten. Wie achtsam ich im Osten zu Recht gewesen war, so blind schien ich nun im Westen.«

1974 wurde der Literaturnobelpreisträger Alexander Solscheniyzn vom KGB verhaftet, in ein Flugzeug gesetzt und nach Deutschland ausgewiesen – die sowjetischen Machthaber wollten so ihren schärfsten Kritiker außer Gefecht setzen. In den Erinnerungen an seine ersten Jahre im Exil legt er nun ein literarisches Zeugnis über die Herausforderungen ab, denen er im Westen begegnete, und berichtet, wie er den Kampf gegen die Lüge auch im Ausland weiterführte.

432 Seiten, ISBN 3-7766-2450-7
Herbig

Lesetipp

BUCHVERLAGE
LANGENMÜLLER HERBIG NYMPHENBURGER
WWW.HERBIG.NET